Clean Code Kochbuch

Clean Code Kochbuch

*Rezepte für gutes Code-Design
und bessere Softwarequalität*

Maximiliano Contieri

*Deutsche Übersetzung von
Jens Olaf Koch*

O'REILLY®

Maximiliano Contieri

Lektorat: Ariane Hesse
Übersetzung: Jens Olaf Koch
Korrektorat: Claudia Lötschert, *www.richtiger-text.de*
Satz: III-satz, *www.drei-satz.de*
Herstellung: Stefanie Weidner
Umschlaggestaltung: Karen Montgomery, Michael Oréal, *www.oreal.de*
Druck und Bindung: mediaprint solutions GmbH, 33100 Paderborn

Bibliografische Information der Deutschen Nationalbibliothek
Die Deutsche Nationalbibliothek verzeichnet diese Publikation in der Deutschen Nationalbibliografie; detaillierte bibliografische Daten sind im Internet über *http://dnb.d-nb.de* abrufbar.

ISBN:
Print 978-3-96009-243-8
PDF 978-3-96010-862-7
ePub 978-3-96010-863-4

1. Auflage 2024

Wieblinger Weg 17
69123 Heidelberg

Hinweis:
Dieses Buch wurde mit mineralölfreien Farben auf PEFC-zertifiziertem Papier aus nachhaltiger Waldwirtschaft gedruckt. Der Umwelt zuliebe verzichten wir zusätzlich auf die Einschweißfolie. Hergestellt in Deutschland.

PEFC-zertifiziert
Dieses Buch stammt aus nachhaltig bewirtschafteten Wäldern und kontrollierten Quellen
PEFC
PEFC/04-31-0810
www.pefc.de

Schreiben Sie uns:
Falls Sie Anregungen, Wünsche und Kommentare haben, lassen Sie es uns wissen: *kommentar@oreilly.de*.

5 4 3 2 1 0

Inhalt

Geleitwort

»Software is eating the world.« Diese Aussage von Marc Andreessen ist eines meiner Lieblingszitate, fast schon ein Meme, das den gegenwärtigen Stand der Dinge beschreibt. Nie zuvor in der Geschichte der Menschheit gab es so viel Software wie heute, und noch nie zuvor war sie für so viele Aspekte des Lebens zuständig. Wer in einem urbanen Umfeld lebt, ist fast nur noch von Dingen umgeben, die durch Software gesteuert werden. Jedes Jahr übertragen wir mehr und mehr Kontrolle an Software. Und durch den explosiven und disruptiven Durchbruch der künstlichen Intelligenz wird dieser Trend nur noch verstärkt: Die KIs, mit denen wir interagieren, sind ebenfalls Software.

Ich gehöre zu einer Generation, in der es normal war, zuerst Programmierer zu werden, bevor man zu einem Anwender von Software wurde. Mit 16 fing ich an, meine ersten kleinen Programme zu schreiben. Mit 18 begann ich, an umfangreicheren Systemen zu arbeiten, und sah mich mit der grundlegenden Tatsache konfrontiert, die auch den Autor zu diesem willkommenen und notwendigen Buch motiviert hat: dass die Software, von der immer mehr abhängt, von Menschen geschrieben wird, als Code. Und die Qualität dieses Codes beeinflusst direkt die Qualität der Software, ihre Wartbarkeit, Lebensdauer, ihre Kosten und Leistung.

Bei der Arbeit an diesen frühen Systemen, die von sehr kleinen Teams von zwei oder drei Personen programmiert wurden, lernte ich auf die harte Tour, warum es so wichtig ist, Clean Code – sauberen Code – zu schreiben. Hätte ich damals ein Buch wie dieses gehabt, hätte ich viel Zeit sparen können.

Das bedeutet nicht, dass dieses Buch nur in den prähistorischen Zeiten der Informatik relevant gewesen wäre oder dass seine Zielgruppe aus Programmieranfängern besteht, denen die Grundlagen beigebracht werden müssen. Ganz im Gegenteil.

In diesem Buch finden Sie – ganz im Stil eines Kochbuchs – zahlreiche einfache Rezepte, um eine Vielzahl von Fallstricken und häufigen Fehlerquellen beim Programmieren zu vermeiden. Oft ist nicht das Rezept der wertvollste Teil, sondern die Tatsache, dass ein bestimmtes Thema angesprochen und diskutiert wird. Das gibt uns eine Grundlage, um darüber nachzudenken, wie wir dieses Problem in unserem Code lösen und die Sauberkeit – die »Cleanliness« – unserer Lösung bewerten können. Maximiliano Contieris Schreibstil ist klar und direkt, genau wie wir uns unseren Code wünschen. Jedes Rezept enthält Codebeispiele, um mögliche Zweifel an dessen korrekter Anwendung zu beseitigen.

Es scheint, als ob Sauberkeit und Klarheit des Codes nur Sache der Programmierer wären. Tatsächlich beginnen die Probleme aber schon lange vorher, in der Entwurfsphase, und erstrecken sich bis zur Bereitstellung von Ressourcen, den Entwicklungsrichtlinien, dem Projekt- und Teammanagement, den Wartungs- und Entwicklungsphasen. Ich glaube, dass fast alle in der Softwarebranche von diesem Buch profitieren können, weil es eine Vielzahl von häufigen Problemen im Code – also in dem »Material«, aus dem Software gemacht wird: die Software, die die Welt »auffrisst« – sehr gut veranschaulicht und erklärt.

Man könnte denken, das Schreiben von Code sei überholt und KI und große Sprachmodelle würden das Programmieren bald ohne jegliches menschliches Zutun übernehmen. Den Beispielen zufolge, die mir täglich begegnen, sieht die Realität noch anders aus. Das Ausmaß der Halluzinationen (grundlegende Fehler, Interpretationsprobleme, Schwachstellen und Wartungsprobleme), die der von KI geschriebene Code aufweist, verhindern das. Wir befinden uns jedoch ganz eindeutig in einer Übergangsphase, in der »technologische Zentauren« von großer Bedeutung sein werden, also erfahrene Programmierer, die den von automatisierten Systemen produzierten Code überwachen, korrigieren und verbessern. Und solange Menschen Code lesen und pflegen müssen, ist Clean Code, so wie er in diesem Buch vermittelt wird, essenziell.

– Carlos E. Ferro
Lic. en Ciencias de la computación
Senior Software Engineer bei Quorum Software
Buenos Aires
20. Juni 2023

Vorwort

Code ist überall zu finden, von der Webentwicklung bis hin zu Smart Contracts, in eingebetteten Systemen, Blockchains, der Steuerungssoftware des James-Webb-Weltraumteleskops, chirurgischen Robotern und in vielen anderen Anwendungen. Software erobert tatsächlich die Welt, und wir erleben derzeit den Aufstieg professioneller KI-Tools zur Codeerzeugung. Das macht Clean Code wichtiger denn je. Da wir mit immer größeren proprietären oder Open-Source-Codebasen arbeiten, ist Clean Code der Schlüssel, um die Codebasis frisch und entwicklungsfähig zu halten.

Für wen dieses Buch gedacht ist

Dieses Buch hilft Ihnen, häufig auftretende Probleme im Code zu identifizieren, erklärt die Konsequenzen dieser Probleme und bietet einfache, nachvollziehbare Rezepte, um sie zu vermeiden. Es unterstützt Programmierer, Code-Reviewer, Softwarearchitekten und Studierende dabei, ihre Programmierfähigkeiten zu verbessern und damit auch die bereits bestehende Software.

Wie dieses Buch aufgebaut ist

Dieses Buch umfasst 25 Kapitel. Jedes Kapitel beginnt mit einigen Prinzipien und Grundlagen, die die Vorteile von Clean Code, seine Konsequenzen und die Nachteile aufzeigen, die bei falscher Anwendung entstehen. Das erste Kapitel behandelt die wesentliche Grundregel für Clean Code: Bilden Sie in Ihrem Design reale Entitäten 1:1 ab. Diese Regel dient als Basis, von der aus alle anderen Prinzipien abgeleitet werden können.

In jedem Kapitel finden Sie mehrere thematisch gruppierte Rezepte, die Werkzeuge und Tipps zur Änderung Ihres Codes enthalten. Alle Rezepten zielen darauf ab, positive Veränderungen und Verbesserungen an Ihrem aktuellen Code vorzunehmen. Neben den Rezepten und Beispielen werden verschiedene Designprinzipien, Heuristiken und Regeln vorgestellt. Die Rezepte enthalten Codebeispiele in verschiedenen Programmiersprachen, denn Clean Code ist keine Eigenschaft, die sich einer bestimmten Programmiersprache zuordnen lässt. Viele Bücher über Refactoring konzentrieren sich auf eine einzige Sprache, und bei aktualisierten Neuausgaben beschäftigen sich die Autoren gerne mit der jeweils neuesten, angesagten Programmiersprache. Dieses Buch ist dagegen sprachagnostisch angelegt, und die meisten Rezepte gelten universell (es sei denn, es ist wird ausdrücklich etwas anderes angegeben).

Lesen Sie den Code als Pseudocode, auch wenn er größtenteils in der dargestellten Form lauffähig ist. Wenn ich mich zwischen Lesbarkeit und Performance entscheiden muss, wähle ich stets die Lesbarkeit. Im Laufe des Buchs definiere ich gängige Begriffe, aber Sie finden sie auch gesammelt im »Glossar«.

Was Sie zur Verwendung dieses Buchs benötigen

Um die Codebeispiele auszuführen, benötigen Sie eine Arbeitsumgebung wie die O'Reilly-Sandboxes (*https://learning.oreilly.com/interactive*) oder Replit (*https://replit.com*). Ich möchte Sie ermutigen, die Codebeispiele in Ihre bevorzugte Programmiersprache zu übersetzen. Das lässt sich mit KI-Codegeneratoren heutzutage kostenlos erledigen. Um die Codebeispiele in diesem Buch zu erstellen, habe ich Tools wie GitHub Copilot, OpenAI Codex, Gemini, ChatGPT und viele andere verwendet. Dadurch konnte ich in diesem Buch mehr als 25 verschiedene Sprachen verwenden, auch wenn ich in vielen davon kein Experte bin.

Zugang zur Digitalversion dieses Buchs

Eine kostenlose englischsprachige Version als stets verfügbare, durchsuchbare Onlineausgabe finden Sie unter *https://www.cleancodecookbook.com*.

Konventionen, die in diesem Buch verwendet werden

In diesem Buch werden die folgenden typografischen Konventionen verwendet:

Kursiv
: Zeigt neue Begriffe, URLs, E-Mail-Adressen, Dateinamen und Dateierweiterungen an.

`Nichtproportionalschrift`
: Wird für Programmlistings verwendet, aber auch innerhalb von Absätzen, um dort auf Programmelemente wie Variablen- oder Funktionsnamen, Datenbanken, Datentypen, Umgebungsvariablen, Anweisungen und Schlüsselwörter zu verweisen.

`Fette Nichtproportionalschrift`
: Zeigt Befehle oder anderen Text an, der vom Benutzer wortgetreu eingegeben werden muss.

`Kursive Nichtproportionalschrift`
: Zeigt Text an, der durch Benutzereingaben oder durch kontextabhängige Werte ersetzt werden soll.

Dieses Element weist auf einen Tipp oder Vorschlag hin.

Dieses Element kennzeichnet einen allgemeinen Hinweis.

Dieses Element weist auf eine Warnung hin.

Verwendung von Codebeispielen

Zusätzliches Material wie Codebeispiele und Übungen finden Sie zum Download unter: *https://github.com/mcsee/clean-code-cookbook*.

Bei technischen Fragen oder Problemen mit den Codebeispielen wenden Sie sich bitte per E-Mail an *bookquestions@oreilly.com*.

Dieses Buch soll Ihnen bei Ihren Aufgaben helfen. Sie dürfen den in diesem Buch bereitgestellten Beispielcode in Ihren Programmen und Ihrer Dokumentation verwenden, ohne uns um Erlaubnis bitten zu müssen, außer Sie reproduzieren einen wesentlichen Teil des Codes. Wenn Sie beispielsweis ein Programm schreiben, das mehrere Teile des Codes aus diesem Buch nutzt, benötigen Sie keine Genehmigung. Der Verkauf oder die Verbreitung von Beispielen aus O'Reilly-Büchern erfordert dagegen eine Genehmigung. Die Beantwortung einer Frage durch das Zitieren dieses Buchs und von Beispielcode ist nicht genehmigungspflichtig. Das Einbinden einer erheblichen Menge an Beispielcode aus diesem Buch in die Dokumentation Ihres Produkts erfordert dagegen eine Genehmigung.

Wir freuen uns über eine Quellenangabe, verlangen sie aber im Allgemeinen nicht. Eine Quellenangabe sollte in der Regel den Titel, den Autor, den Verlag und die ISBN umfassen. Zum Beispiel: Clean Code Kochbuch von Maximiliano Contieri (O'Reilly). Copyright 2024 Maximiliano Contieri.

Wenn Sie der Meinung sind, dass Ihre Verwendung von Codebeispielen nicht unter die Fair-Use-Regelung oder die oben genannte Erlaubnis fällt, können Sie uns bitte unter *permissions@oreilly.com* kontaktieren.

Danksagungen

Dieses Buch ist meiner Frau Maria Virginia gewidmet, die mich stets liebevoll unterstützt hat, sowie meinen geliebten Töchtern Malena und Miranda und meinen Eltern Juan Carlos und Alicia.

Ich bin Maximo Prieto und Hernan Wilkinson, die wesentlich zu den Ideen beigetragen haben, die in diesem Buch vorgestellt werden, zu großem Dank für ihre wertvollen Einsichten und ihr Fachwissen verpflichtet. Mein Dank gilt auch meinen Kollegen von Ingenieria de Software dafür, dass sie ihre Ideen mit mir geteilt haben, und meinen Kolleginnen und Kollegen an der Ciencias Exactas, der Fakultät für Exakte und Naturwissenschaften der Universidad de Buenos Aires, für ihr geteiltes Wissens und ihrer Erfahrung über viele Jahre.

Abschließend möchte ich den technischen Gutachtern Luben Alexandrov, Daniel Moka und Carlos E. Ferro sowie meiner Lektorin Sara Hunter danken, deren Betreuung und Ratschläge dieses Buch erheblich verbessert haben.

KAPITEL 1

Clean Code

Als Martin Fowler in seinem Buch *Refactoring: Improving the Design of Existing Code* (dt. *Refactoring: Wie Sie das Design bestehender Software verbessern*) den Begriff »Refactoring« definierte, beschrieb er dessen Stärken und Vorteile und die Gründe für Refaktorierungen. Glücklicherweise kennen die meisten Entwickler mehr als zwei Jahrzehnten später die Bedeutung von Refactoring und Code-Smells. Entwickler kämpfen täglich mit technischen Schulden, und Refactoring ist zu einem zentralen Bestandteil der Softwareentwicklung geworden. In seinem grundlegenden Buch nutzt Fowler Refactorings, um Code-Smells zu eliminieren. Dieses Buch stellt einige dieser Refactorings in Form semantischer Rezepte vor, mit denen Sie Ihre eigenen Lösungen verbessern können.

Was ist ein Code-Smell?

Ein Code-Smell, wörtlich ein »übler Codegeruch«, signalisiert ein Problem im Code. Oft deuten Menschen das Vorhandensein von Code-Smells als Indiz dafür, dass das gesamte System auseinandergenommen und neu aufgebaut werden muss. Das widerspricht aber dem Geist der ursprünglichen Definition. Code-Smells sind lediglich Indikatoren für mögliche Verbesserungen. Ein Code-Smell verrät nicht direkt, was falsch ist, er mahnt nur zu besonderer Vorsicht.

Die in diesem Buch vorgestellten Rezepte bieten Lösungen für diese Symptome und ihre zugrunde liegenden Probleme. Wie in jedem Kochbuch sind auch diese Rezepte Vorschläge und die Hinweise zu Code-Smells Leitlinien und Heuristiken, keine starren Regeln. Bevor Sie ein Rezept blind anwenden, sollten Sie die zugrunde liegenden Probleme verstehen und die Vor- und Nachteile Ihres Entwurfs und Codes abwägen. Zu einem guten Codedesign gehört es, Leitlinien mit praktischen Überlegungen und dem jeweiligen Kontext in Einklang zu bringen.

Was ist Refactoring?

Fowler liefert in seinem Buch zwei sich ergänzende Definitionen:

> *Refactoring (Substantiv)*: eine Änderung der internen Struktur einer Software, um sie verständlicher und kostengünstiger veränderbar zu machen, ohne ihr beobachtbares Verhalten zu ändern.
>
> *refaktorieren (Verb)*: Software durch die Anwendung einer Serie von Refactorings zu restrukturieren, ohne ihr beobachtbares Verhalten zu verändern.

Der Begriff »Refactoring« wurde 1990 von Ralph Johnson und William Opdyke geprägt und im Jahr 1992 zum Thema von Opdykes Dissertation, »Refactoring Object-Oriented Frameworks« (*https://oreil.ly/zBCkI*). Populär wurden Refactorings später durch Fowlers Buch. Seit Fowlers Definition hat sich viel in diesem Bereich getan. Die meisten integrierten Entwicklungsumgebungen (IDEs) unterstützen heutzutage automatische Refactorings und führen strukturelle Änderungen sicher durch, ohne das Systemverhalten zu verändern. Dieses Buch enthält viele Rezepte für solche automatischen, sicher anwendbaren Refactorings. Es bietet darüber hinaus auch semantische Refactorings an, die allerdings nicht automatisch sicher sind, da sie das Systemverhalten ändern können. Seien Sie also bei der Anwendung von Rezepten mit semantischen Refaktorierungen vorsichtig, da sie Ihre Software in Mitleidenschaft ziehen können. Ich werde in entsprechenden Fällen darauf hinweisen. Wenn das Verhalten Ihres Codes durch Tests umfassend abgedeckt ist, können Sie sicher sein, dass wichtige Geschäftsszenarien nicht beeinträchtigt werden. Refactoring-Rezepte sollten nicht gleichzeitig mit Fehlerkorrekturen oder der Entwicklung neuer Funktionen angewendet werden.

Die meisten modernen Unternehmen nutzen in ihren CI/CD-Pipelines leistungsstarke Testsuiten. Sehen Sie sich auch *Software Engineering at Google* von Titus Winters et al. (O'Reilly 2020) an, um herauszufinden, ob diese Testabdeckungssuiten bei Ihnen vorhanden sind.

Was ist ein Rezept?

Ich verwende den Begriff »Rezept« in einem eher lockeren Sinne. Ein Rezept besteht aus einer Reihe von Anweisungen, um etwas zu erstellen oder zu verändern. Die Rezepte in diesem Buch funktionieren am besten, wenn Sie die dahinterstehende Absicht erfassen, es aber auf Ihre eigene Art und Weise umsetzen. Andere Kochbücher in dieser Reihe sind konkreter und enthalten Schritt-für-Schritt-Lösungen. Um die Rezepte dieses Buchs zu verwenden, müssen Sie sie in die von Ihnen genutzte Programmiersprache und für Ihr Softwaredesign übersetzen. Die Rezepte sollen Ihnen helfen, ein Problem zu verstehen, die damit verbundenen Konsequenzen zu erkennen und Ihren Code zu verbessern.

Warum Clean Code?

Clean Code – guter, sauber formulierter Code – lässt sich leicht lesen, verstehen und warten. Er ist gut strukturiert, präzise und verwendet aussagekräftige Bezeichnungen für Variablen, Funktionen und Klassen. Er orientiert sich zudem an etablierten Best Practices und Entwurfsmustern, wobei Lesbarkeit und Verhalten Vorrang vor Performance und Implementierungsdetails haben.

Clean Code ist in allen sich weiterentwickelnden Systemen, in denen tägliche Änderungen stattfinden, sehr wichtig. Das gilt ganz besonders für Umgebungen, in denen es nicht möglich ist, beliebig schnell Updates durchzuführen, wie etwa bei Embedded Systems, Raumsonden, Smart Contracts, mobilen Apps (zum Beispiel wegen Verzögerungen durch interne Reviews der Store-Anbieter).

Während sich klassische Refactoring-Bücher, Websites und IDEs auf Refaktorierungen konzentrieren, die das Systemverhalten nicht ändern, enthält dieses Buch sowohl Rezepte für solche Szenarien (z.B. sichere Umbenennungen), aber auch semantische Refactorings, bei denen sich die Art und Weise ändert, in der bestimmte Probleme gelöst werden. Es ist wichtig, den Code, die zugrunde liegenden Probleme und die Intention des Rezepts zu verstehen, um angemessene Anpassungen vornehmen zu können.

Lesbarkeit, Performance – oder beides?

Dieses Buch dreht sich um Clean Code. Einige der Rezepte mögen nicht zu den herausragend performanten Lösungen gehören. Im Zweifel ziehe ich aber die Lesbarkeit der Leistung vor. Deshalb widme ich ein ganzes Kapitel (Kapitel 16) der vorzeitigen Optimierung, bei der Leistungsprobleme adressiert werden, ohne dass für die Notwendigkeit der Optimierung ausreichende Evidenz vorliegt.

Für leistungsabhängige, unternehmenskritische Aufgaben besteht die beste Strategie darin, zunächst Clean Code zu schreiben und diesen mit Tests abzudecken, um anschließend die Engpässe unter Anwendung des Pareto-Prinzips zu verbessern. Dieses Prinzip, angewendet auf Software, besagt, dass man die Performance um 80 % steigern kann, wenn man 20 % der kritischen Engpässe bearbeitet.

Diese Herangehensweise wirkt der Tendenz entgegen, vorzeitige Optimierungen vorzunehmen, ohne dass dafür ausreichend Evidenz vorliegt. Vorzeitige Optimierungen führen meist nur zu geringen Verbesserungen und können Clean Code beeinträchtigen.

Arten von Software

Die meisten Rezepte in diesem Buch zielen auf Backend-Systeme mit komplexer Geschäftslogik. Der Simulator, dessen Konstruktion wir in Kapitel 2 beginnen werden, eignet sich perfekt dafür. Da die Rezepte domänenunabhängig sind, können Sie die meisten auch bei der Frontend-Entwicklung, für Datenbanken, Embedded Systems,

Blockchains und in vielen andere Szenarien anwenden. Es gibt zudem spezifische Rezepte mit Codebeispielen für UX, Frontend, Smart Contracts und andere Bereiche (siehe beispielsweise »Low-Level-Fehler vor Endbenutzern verstecken« auf Seite 362).

Maschinengenerierter Code

Muss man denn auch heute, da es eine Vielzahl von Tools für computergenerierten Code gibt, noch über Clean Code nachdenken? Die Antwort ist ein klares Ja. Sogar mehr denn je. Für die Programmierung gibt es viele kommerzielle Codeassistenten. Allerdings haben sie (noch) nicht die vollständige Kontrolle: Sie agieren als Copiloten und Helfer, aber die Designentscheidungen trifft weiterhin der Mensch.

Zum Zeitpunkt der Erstellung dieses Buchs erzeugen die meisten kommerziellen und KI-Tools anämische Lösungen und Standardalgorithmen. Sie sind jedoch erstaunlich nützlich, wenn einem gerade nicht einfällt, wie man eine kleine, spezifische Funktion erstellt, oder um zwischen Programmiersprachen zu übersetzen. Beim Schreiben dieses Buchs habe ich solche Werkzeuge intensiv genutzt. Ich beherrsche die mehr als 25 Programmiersprachen, die ich in den Rezepten verwendet habe, nicht alle selbst. Viele Codebeispiele habe ich mit der Unterstützung einer Vielzahl von Assistenztools in verschiedene Sprachen übersetzt und getestet. Ich möchte auch Sie dazu einladen, alle verfügbaren Werkzeuge zu nutzen, um die Rezepte dieses Buchs in Ihre bevorzugte Sprache zu übersetzen. Diese KI-Werkzeuge sind gekommen, um zu bleiben, und zukünftige Entwickler werden technologische Zentauren sein: halb Mensch, halb Maschine.

Hinweise zu verwendeten Begriffen

Im gesamten Buch verwende ich die folgenden Begriffe austauschbar:

- Methoden/Funktionen/Prozeduren
- Attribute/Instanzvariablen/Eigenschaften
- Protokoll/Verhalten/Interface/Schnittstelle
- Argumente/Kollaborateure/Parameter
- Anonyme Funktionen/Closures/Lambdas

Die Unterschiede zwischen diesen Begriffen sind subtil und teilweise sprachabhängig. Sofern notwendig, werde ich zur Klärung einen Hinweis hinzufügen.

Entwurfsmuster

In diesem Buch setze ich voraus, dass Sie als Leser über ein grundlegendes Verständnis objektorientierter Designkonzepte verfügen. Einige Rezepte basieren auf populären Entwurfsmustern, einschließlich jener, die im Buch »Gang of Four« *Design Patterns* vorgestellt werden. Andere Rezepte nutzen weniger bekannte Muster wie das *Nullobjekt* oder das *Methodenobjekt*. Darüber hinaus bietet dieses Buch Erklärungen und Anleitungen zum Ersetzen von Mustern, die heute als Antipatterns angesehen werden, wie beispielsweise das *Singleton*-Muster in »Singletons ersetzen« auf Seite 265.

Paradigmen der Programmiersprachen

David Farley schreibt:

> Die Besessenheit unserer Branche von Sprachen und Tools hat unserem Beruf geschadet. Das bedeutet nicht, dass es keine Fortschritte im Sprachdesign gibt. Doch die meisten Veränderungen in diesem Bereich scheinen sich auf die falschen Dinge zu konzentrieren, wie zum Beispiel syntaktische statt strukturelle Verbesserungen.

Die Clean-Code-Konzepte, die in diesem Buch vorgestellt werden, sind auf eine Vielzahl von Programmierparadigmen anwendbar. Viele dieser Ideen haben ihre Wurzeln in der strukturierten und der funktionalen Programmierung, während andere aus der objektorientierten Welt stammen. Diese Konzepte können Ihnen helfen, im Rahmen jedes Paradigmas eleganteren und effizienteren Code zu schreiben.

Die meisten Rezepte werde ich in objektorientierten Sprachen formulieren und einen Simulator namens *MAPPER* bauen, bei dem ich Objekte als Metaphern für reale Entitäten verwende. Ich werde im Verlauf des Buchs häufig auf den MAPPER Bezug nehmen. Viele Rezepte werden Sie ermutigen, an verhaltensorientierten und deklarativen Code (siehe Kapitel 6) statt an Implementierungscode zu denken.

Objekte versus Klassen

In den meisten Rezepten dieses Buchs geht es um Objekte und nicht um Klassen – obwohl es ein ganzes Kapitel über Klassenbildung gibt: Kapitel 19. Zum Beispiel lautet ein Rezept »Das Wesentliche Ihrer Objekte erkennen« auf Seite 37 und nicht »Das Wesentliche Ihrer Klassen erkennen«. In diesem Buch geht es um die Verwendung von Objekten zur Abbildung realer Gegenstände.

Sie können diese Objekte auf beliebige Art und Weise erstellen: durch Klassenbildung, Prototyping, Fabriken, Klonen usw. In Kapitel 2 erörtere ich die Bedeutung des Mappings Ihrer Objekte und die Notwendigkeit, Dinge zu modellieren, die Sie in der realen Welt beobachten können. Um Objekte zu erstellen, verwenden viele Sprachen *Klassen*, die künstliche bzw. abstrakte Konstrukte und in der realen Welt nicht offensichtlich sind. Natürlich benötigen Sie Klassen, wenn Sie eine klassenbasierte Programmiersprache verwenden. Sie stehen aber nicht im Mittelpunkt der Rezepte.

Veränderbarkeit

Bei Clean Code geht es nicht nur darum, dass Ihre Software korrekt arbeitet. Er soll auch gewährleisten, dass sie leicht zu warten und weiterzuentwickeln ist. Dave Farley betont in *Modern Software Engineering* (dt. *Modernes Software Engineering*), dass Sie darin versiert sein müssen, kontinuierlich zu lernen und Software so zu gestalten, dass sie flexibel anpassbar ist. Das stellt eine bedeutende Herausforderung für die Technologiebranche dar, und ich hoffe, dass Ihnen dieses Buch dabei helfen kann, mit diesen Entwicklungen Schritt zu halten.

KAPITEL 2

Festlegung der Axiome

Einführung

Eine gängige Definition von Software (*https://oreil.ly/MqGxG*) lautet:

> Die Befehle, die ein Computer ausführt, im Gegensatz zur Hardware, dem physischen Gerät, auf dem diese Befehle laufen.

Software wird hier durch ihr Gegenteil definiert: Sie ist demnach alles, was keine Hardware ist. Das ist keine besonders gute Beschreibung ihres Wesens. Eine weitere populäre Definition (*https://oreil.ly/SVbXv*) lautet:

> Software besteht aus Anweisungen, die einem Computer mitteilen, was er tun soll. Sie umfasst die Gesamtheit der Programme, Verfahren und Routinen, die mit dem Betrieb eines Computersystems zusammenhängen. Der Begriff »Software« dient dazu, diese Anweisungen von der Hardware, d.h. den physischen Komponenten eines Computersystems, zu unterscheiden. Ein Satz solcher Anweisungen, der die Hardware eines Computers anweist, eine Aufgabe auszuführen, wird als Programm oder Softwareprogramm bezeichnet.

Bereits vor vielen Jahrzehnten erkannten Entwickler, dass Software weit mehr ist als nur eine Reihe von Anweisungen. Im Laufe dieses Buchs werden wir uns mit Systemverhalten beschäftigen und erkennen, dass der Hauptzweck von Software darin besteht,

> etwas zu simulieren, das in einer möglichen Realität geschieht.

Diese Vorstellung führt uns zurück zu den Ursprüngen moderner Programmiersprachen wie *Simula*.

> **Simula**
>
> *Simula* war nicht nur die erste objektorientierte Programmiersprache, sondern auch die erste, die Klassen einführte. Der Name der Sprache deutet klar darauf hin, dass der Zweck der Softwareentwicklung die Schaffung einer Simulation war. Das gilt auch heute noch für die meisten Computerprogramme.

In der Wissenschaft erstellt man Simulationen, um die Vergangenheit zu verstehen und die Zukunft vorherzusagen. Seit Platon bemühen sich die Menschen darum, zutreffende Modelle der Wirklichkeit zu entwickeln. Wir können Software als den Bau eines Simulators definieren, der mit dem Akronym *MAPPER* umschrieben wird:

> **M**odell: **a**bstrakte, **p**artielle und **p**rogrammierbare **E**rklärung der **R**ealität

Dieses Akronym wird uns durch das ganze Buch hindurch begleiten. Schauen wir uns an, was diesen MAPPER ausmacht.

Warum ist es ein Modell?

Ein Modell entsteht, indem man einen bestimmten Aspekt der Realität aus einer speziellen Perspektive, unter Verwendung eines bestimmten Paradigmas, betrachtet. Es verkörpert keine endgültige, unveränderliche Wahrheit, sondern das genaueste Verständnis, das auf der Grundlage des jeweils aktuellen Wissensstands möglich ist. Die Aufgabe eines Softwaremodells, wie die jedes anderen Modells auch, ist die Vorhersage eines Verhaltens in der realen Welt.

> **Modell**
>
> Ein *Modell* erklärt den Gegenstand, den es beschreibt, durch intuitive Konzepte oder Metaphern. Das Endziel eines Modells ist das Verständnis, wie etwas funktioniert. Peter Naur (*https://oreil.ly/6FiD8*) zufolge bedeutet Programmieren, Theorien und Modelle zu entwickeln.

Warum ist es abstrakt?

Das Modell ist mehr als die Summe seiner Teile. Man kann es nicht vollständig verstehen, wenn man nur die einzelnen Komponenten betrachtet. Das Modell basiert auf Vereinbarungen und Verhaltensweisen, die nicht notwendigerweise im Detail beschreiben, wie bestimmte Dinge zu tun sind.

Warum ist es programmierbar?

Ihr Modell sollte innerhalb eines Simulators ausgeführt werden, der die gewünschten Bedingungen nachbildet. Das könnte ein Turing-Modell sein (wie heutige kommerzielle Computer), ein Quantencomputer (Computer der Zukunft) oder jeder andere Simulator, der mit der Entwicklung des Modells Schritt halten kann. Sie können das Modell so programmieren, dass es auf Ihre Eingriffe in bestimmter Weise reagiert, und dann beobachten, wie es sich verändert.

> **Turing-Modell**
>
> Ein Computer, der auf dem *Turing-Modell* basiert, ist eine theoretische Maschine, die jede berechenbare Aufgabe ausführen kann, die durch einen Satz von Anweisungen oder einen Algorithmus beschrieben wird. Die Turing-Maschine gilt als die theoretische Grundlage der modernen Informatik und dient als Modell für den Entwurf und die Analyse von heutigen Computern und Programmiersprachen.

Warum ist es partiell?

Um das Problem zu modellieren, das Sie interessiert, werden Sie nur einen spezifischen Teilaspekt der Realität betrachten. In wissenschaftlichen Modellen ist es üblich, irrelevante Aspekte zu vereinfachen, um ein Problem besser isolieren zu können. Bei der Durchführung wissenschaftlicher Experimente werden nur spezifische, isolierte Variablen kontrolliert verändert, um Hypothesen testen zu können.

In Ihrem Simulator werden Sie nicht die gesamte Realität abbilden können, sondern nur einen wesentlichen Teil davon. Es ist nicht notwendig, den gesamten Beobachtungsgegenstand, also die reale Welt, zu modellieren, sondern nur ein spezifisches Verhalten, das von Interesse ist. Viele Rezepte in diesem Buch adressieren das Problem, dass Modelle unter Overdesign leiden, weil sie zu viele unnötige Details enthalten.

Warum ist es erklärend?

Das Modell sollte hinreichend deklarativ gestaltet sein, um seine Entwicklung beobachten und das Verhalten in der modellierten Realität zu verstehen und dieses vorherzusagen zu können. Es sollte in der Lage sein, zu erklären, was es tut und wie es sich verhält. Viele moderne Algorithmen, die auf maschinellem Lernen beruhen, neigen dazu, als Blackbox zu agieren, und liefern wenig Informationen darüber, wie genau sie ihren Output generieren (und halluzinieren bisweilen). Modelle sollten aber fähig sein, zu erklären, was sie getan haben, auch wenn sie die spezifischen Schritte, die sie dazu unternommen haben, nicht preisgeben.

Erklären

Aristoteles sagte, dass »Erklären bedeutet, die Ursachen zu finden«. Seiner Auffassung zufolge hat jedes Phänomen oder Ereignis eine oder mehrere Ursachen, die es hervorrufen oder bestimmen. Das Ziel der Wissenschaft ist es, die Ursachen von Naturphänomenen zu erkennen und zu verstehen und daraus abzuleiten, wie sich diese in der Zukunft verhalten werden.

Für Aristoteles bestand das »Erklären« darin, all diese Ursachen zu identifizieren und zu verstehen, wie sie miteinander interagieren, um ein bestimmtes Phänomen zu erzeugen. Beim »Vorhersagen« geht es hingegen um die Fähigkeit, dieses Wissen über die Ursachen zu nutzen, um zu prognostizieren, wie sich ein Phänomen in der Zukunft verhalten wird.

Wieso geht es um Realität?

Das Modell muss Bedingungen reproduzieren, die in einer beobachtbaren Umgebung auftreten. Letztlich geht es darum, wie bei jeder Simulation, Verhalten in der realen Welt vorherzusagen. In diesem Buch werden Sie viel über die Realität, die reale Welt und reale Entitäten hören. Die reale Welt wird Ihre ultimative Quelle der Wahrheit sein.

Ableitung der Regeln

Nachdem wir nun verstanden haben, was Software ist, können wir beginnen, gute Modellierungs- und Designpraktiken abzuleiten. Die MAPPER-Prinzipien werden in den Rezepten dieses Buchs regelmäßig erwähnt.

In den folgenden Kapiteln lernen Sie Prinzipien, Heuristiken, Rezepte und Regeln kennen, um hervorragende Softwaremodelle zu erstellen, die auf dem bereits vorgestellten, einfachen Axiom basieren: *Modell: abstrakte, partielle und programmierbare Erklärung der Realität*. Die Arbeitsdefinition von Software für dieses Buch lautet: »Ein Simulator, der den MAPPER-Prinzipien entspricht.«

> **Axiom**
>
> Ein *Axiom* ist eine Aussage oder ein Satz, der ohne Beweis als wahr angenommen wird. Es bildet die Grundlage für ein logisches System, das Schlussfolgerungen und Deduktionen ermöglicht. Durch die Festlegung einer Reihe grundlegender Konzepte und Beziehungen können weitere wahre Aussagen abgeleitet werden.

Das einzig wahre Entwurfsprinzip für Software

Wenn wir das gesamte Paradigma des Softwaredesigns auf einer einzigen Regel aufbauen, können wir es einfach halten und gleichzeitig ausgezeichnete Modelle erstellen. Minimalistisch und axiomatisch zu sein, bedeutet, aus einer einzigen Definition einen Satz von Regeln ableiten zu können:

> Das Verhalten jedes einzelnen Elements ist insofern Teil der Architektur, als es dabei helfen kann, über das System nachzudenken. Das Verhalten von Elementen umfasst ihre Interaktion untereinander und mit der Umwelt. Das ist eindeutig Teil unserer Architekturdefinition und wirkt sich auf die Eigenschaften des Systems aus, z.B. auf seine Laufzeitleistung.
>
> – *Bass et al., Software Architecture in Practice, 4. Auflage*

Eines der am meisten unterschätzten Qualitätsmerkmale von Software ist ihre Vorhersehbarkeit. In der Literatur wird oft betont, dass Software schnell, zuverlässig, robust, beobachtbar, sicher sein sollte. Vorhersehbarkeit zählt selten zu den fünf Top-Prioritäten bei der Entwicklung. Stellen Sie sich als Gedankenexperiment vor, Sie würden objektorientierte Software nach einem einzigen Prinzip entwerfen (wie in Abbildung 2-1 dargestellt): »Jedes Domänenobjekt muss durch ein einzelnes Objekt im berechenbaren Modell dargestellt werden und umgekehrt.« Versuchen Sie dann, alle Entwurfsregeln, Heuristiken und Rezepte aus dieser Prämisse abzuleiten, um Ihre Software gemäß den Rezepten dieses Buchs vorhersehbar zu machen.

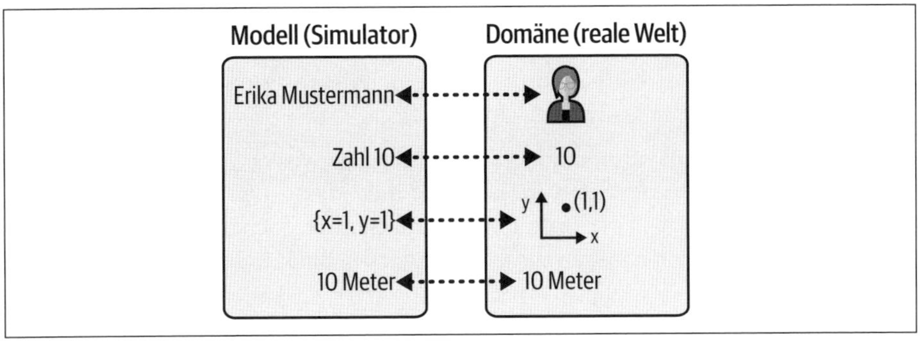

Abbildung 2-1: Es besteht eine 1:1-Beziehung zwischen den Objekten des Modells und den Entitäten der realen Welt

Das Problem

Beim Lesen der Rezepte für Clean Code werden Sie feststellen, dass die meisten in der Industrie verwendeten Sprachimplementierungen darauf verzichten, das gesamte Softwaredesign auf einem einzigen Axiom aufzubauen. Das führt zu erheblichen Problemen. Die meisten modernen Sprachen entstanden, um Implementierungsprobleme zu lösen, die vor drei oder vier Jahrzehnten auftraten, als Ressourcen knapp und Berechnungen vom Programmierer zu optimieren waren. Heute treten solche Probleme nur noch in wenigen Bereichen auf. Die Rezepte in diesem Buch werden Ihnen helfen, diese Probleme zu erkennen, zu verstehen und anzugehen.

Modelle als Retter in der Not

Bei der Entwicklung von Modellen jeder Art ist es entscheidend, die Bedingungen der realen Welt zu simulieren. Sie können jedes Element, für das Sie sich interessieren, in der Simulation verfolgen und auf unterschiedlicher Weise stimulieren, um zu beobachten, ob es sich in gleicher Weise verändert wie in der realen Welt. Meteorologen nutzen mathematische Modelle, um das Wetter vorherzusagen, und viele andere wissenschaftliche Disziplinen stützen sich ebenfalls auf Simulationen. Die Physik sucht nach vereinheitlichenden Modellen, die die Regeln der realen Welt erklären und deren Verhalten vorhersagen. Mit dem Aufkommen des maschinellen Lernens werden auch opake Modelle erstellt, um Verhalten in der realen Welt zu visualisieren.

Die Bedeutung der Bijektion

In der Mathematik ist eine *Bijektion* eine eineindeutige Funktion, die jedes Element der Definitionsmenge auf genau ein Element der Zielmenge abbildet. Umgekehrt ordnet sie jedes Element der Zielmenge genau einem Element der Definitionsmenge zu. Mit anderen Worten: Eine Bijektion ist eine Funktion, die eine *1:1-Beziehung* zwischen den Elementen zweier Mengen herstellt.

Ein *Isomorphismus* ist hingegen eine stärkere Form der Korrespondenz zwischen zwei mathematischen Strukturen, die die Struktur der zugehörigen Objekte bewahrt. Insbesondere ist ein Isomorphismus eine bijektive Funktion, die zusätzlich die Operationen der Strukturen bewahrt.

Eine Bijektion ist also eine eineindeutige Zuordnung zwischen zwei Mengen. Übertragen auf den Bereich der Software bedeutet dies, dass es immer nur ein einziges Objekt geben sollte, das eine reale Entität repräsentiert. Schauen wir uns an, was passiert, wenn man sich nicht an die Grundsätze der Bijektion hält.

Häufige Fälle, bei denen gegen das Bijektionsprinzip verstoßen wird

Es gibt vier häufige Fälle, bei denen das Bijektionsprinzip verletzt wird.

Fall 1

In Ihrem Modell gibt es ein Objekt, das mehr als eine reale Entität repräsentiert. Viele Programmiersprachen modellieren beispielsweise algebraische Maße unter Verwendung nur des skalaren Betrags. In einem solchen Szenario passiert Folgendes, wie in Abbildung 2-2 dargestellt.

- Man kann *10 Meter* und *10 Zoll* (zwei völlig unterschiedliche Entitäten in der realen Welt) durch ein einziges Objekt (*die Zahl 10*) darstellen.
- Man könnte sie im Modell einfach addieren, wobei dann die *Zahl 10* (für *10 Meter*) und die *Zahl 10* (für *10 Zoll*) zusammen die *Zahl 20* ergeben, bei der vollkommen unklar ist, was sie repräsentiert.

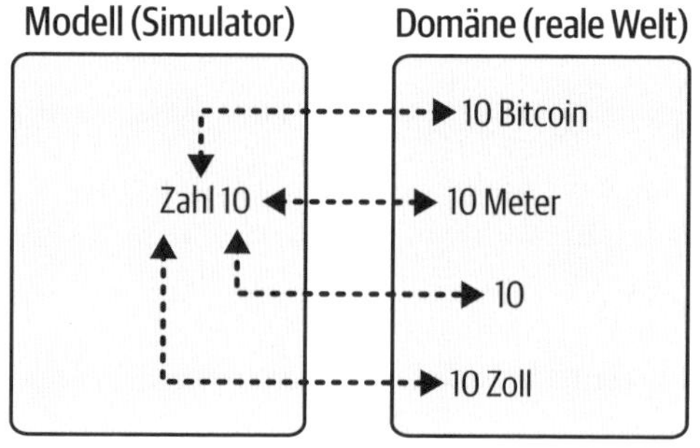

Abbildung 2-2: Die Zahl 10 repräsentiert unterschiedliche Entitäten der realen Welt.

Die Bijektion ist gebrochen: Das führt zu Problemen, die nicht immer rechtzeitig erkannt werden. Da es sich um ein semantisches Problem handelt, wirkt sich der Fehler oft erst nach längerer Zeit aus, wie im berühmten Fall des Mars Climate Orbiters.

Mars Climate Orbiter

Der *Mars Climate Orbiter* war eine robotische Raumsonde, die 1998 von der NASA mit dem Ziel gestartet wurde, das Klima und die Atmosphäre des Mars zu untersuchen. Die Mission scheiterte schließlich wegen eines Problems mit dem Leit- und Navigationssystem. Die Triebwerkssteuerung des Raumschiffs war so programmiert, dass sie metrische Krafteinheiten verwendete, während das Bodenkontrollteam mit angloamerikanischen Krafteinheiten operierte. Dieser Fehler führte dazu, dass sich das Raumschiff der Oberfläche des Planeten zu weit näherte und beim Eindringen in die Marsatmosphäre zerstört wurde. Das Problem bestand also darin, dass die Maßeinheiten nicht aufeinander abgestimmt bzw. korrekt umgerechnet wurden, was zu einem katastrophalen Fehler bei der Berechnung der Flugbahn des Raumschiffs führte. Das Scheitern der Mission war ein großer Rückschlag für die NASA, kostete die Raumfahrtagentur 125 Millionen Dollar und hatte einer Reihe von Änderungen bei der NASA zur Folge, einschließlich der Gründung einer neuen Abteilung für Missionssicherheit (siehe »Versteckte Annahmen explizit machen« auf Seite 263).

Fall 2

Das Modell stellt dieselbe reale Einheit durch zwei Objekte dar. Angenommen, in der realen Welt existiert eine Athletin namens *Erika Mustermann*, die in einer bestimmten Disziplin antritt, aber zugleich in einer anderen Disziplin als Kampfrichterin fungiert. Eine einzelne Person in der realen Welt sollte im berechenbaren Modell durch ein einzelnes Objekt abgebildet werden. Sie müssen nur das minimal notwendige Verhalten modellieren, um eine partielle Simulation zu erstellen.

Wenn es zwei verschiedene Objekte gibt (eine Teilnehmerin und eine Kampfrichterin), die die reale Erika Mustermann repräsentieren, wird es früher oder später zu Inkonsistenzen kommen, wenn Sie einem der beiden Objekte eine Verantwortlichkeit zuweisen, die sich im anderen nicht widerspiegelt (wie in Abbildung 2-3 dargestellt).

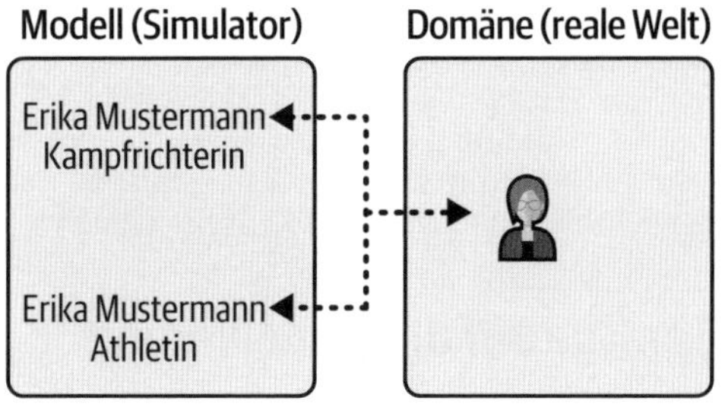

Abbildung 2-3: Erika Mustermann wird im Modell durch zwei verschiedene Entitäten dargestellt.

Fall 3

Ein Bitcoin-Wallet könnte als anämisches Objekt mit einigen wenigen Eigenschaften in Bezug auf Adresse, Kontostand usw. dargestellt werden (siehe »Anämische

Objekte in Rich Objects konvertieren« auf Seite 36), aber auch als Rich Object, das für den Empfang von Transaktionen, das Schreiben in eine Blockchain, die Ausgabe und Fortschreibung des Kontostands usw. zuständig ist. Egal wie das Objekt letztlich ausgestaltet wird, es wäre in beiden Fällen eine Repräsentation desselben realen Konzepts.

Sie sollten Entitäten nicht als Datenstrukturen mit Attributen betrachten, sondern als Objekte, und erkennen, dass es sich um ein und dasselbe Objekt handelt, das je nach Kontext, in dem es interagiert, unterschiedliche Rollen erfüllt. Kapitel 3 enthält mehrere Rezepte, um Objekte besser zu reifizieren und in Verhaltenseinheiten (Behavorial Entities) umwandeln zu können.

> **Objektreifikation**
>
> Die *Objektreifikation* oder *Objektverdinglichung* ist ein Prozess, bei dem abstrakten Konzepten oder Ideen eine konkrete Form gegeben wird, um spezifische Konzepte oder Ideen darzustellen und anämischen und datenorientierten Objekten Verhalten zu verleihen. Dadurch kann man mit diesen Konzepten systematisch und strukturiert arbeiten und sie manipulieren.

Fall 4

In den meisten modernen objektorientierten Programmiersprachen kann aus den Angaben *Tag, Monat und Jahr* ein *Datum* konstruiert werden. Wenn Sie das mit Angaben für einen »31. November 2023« versuchen, werden viele gängige Programmiersprachen in milder Nachsicht ein gültiges Objekt zurückgeben (wahrscheinlich den »1. Dezember 2023«).

Dieses Verhalten wird als Vorteil dargestellt, verdeckt aber bestimmte Fehler, die beim Einlesen von Daten auftreten können. Das kann beispielsweise während eines nächtlichen Batchlaufs passieren, wenn solche ungültigen Datumsangaben – weit »entfernt« von der Ursache – verarbeitet werden, wodurch das Fail-Fast-Prinzip verletzt wird (siehe Kapitel 13).

> **Fail-Fast-Prinzip**
>
> Das *Fail-Fast-Prinzip* (»Prinzip des frühzeitigen Scheiterns«) besagt, dass Sie die Ausführung so früh wie möglich unterbrechen sollten, wenn ein Fehler auftritt, anstatt ihn zu ignorieren und dadurch einen erst später auftretenden Fehler in Kauf zu nehmen.

Der Einfluss von Sprache auf die Modellierung

In diesem Buch geht es um die Verbesserung von »schmutzigem«, nicht-deklarativem, kryptischem und vorzeitig optimiertem Code. Das Wissen über die Welt wird durch die Sprache geformt, die man spricht, und man braucht gute Metaphern für seine Objekte und Verhaltensweisen, wie es die Sapir-Whorf- Hypothese postuliert.

Sapir-Whorf-Hypothese

Die *Sapir-Whorf-Hypothese*, auch bekannt als Theorie der sprachlichen Relativität, besagt, dass die Struktur und der Wortschatz der Sprache eines Menschen seine Wahrnehmung der Welt beeinflussen und formen können. Die eigene Sprache reflektiert und repräsentiert nicht nur die Realität, sondern spielt auch eine Rolle bei ihrer Gestaltung und Konstruktion. Das bedeutet, dass die Art und Weise, wie man die Welt »denkt« und erlebt, durch die Sprache, mit der man sie beschreibt, mitbestimmt wird.

Wenn Sie Objekte als reine Datencontainer betrachten, verlieren Ihre Modelle die Bijektivität und verletzen die MAPPER-Prinzipien. Viele Rezepte dazu finden Sie in Kapitel 3. Wenn Sie Objekte als Datencontainer behandeln, wird Ihr Modell (die Software, die Sie erstellen) nicht in der Lage sein, die reale Welt genau vorherzusagen und zu simulieren, und wird zu Softwarefehlern führen (oft und unpassend als Bugs bezeichnet). Und Ihre Kunden werden feststellen, dass die Software sie nicht mehr korrekt bei ihrer Arbeit unterstützt.

Bug

Der Begriff *Bug* ist ein in der Industrie weit verbreiteter missverständlicher Begriff. In diesem Buch spreche ich stattdessen von Defekten oder einfach von Fehlern. Der Begriff »Bug« (wörtlich »Wanze» oder »Ungeziefer») stammt aus einer Zeit, als bei den ersten Computern Insekten von außen in die Schaltkreise eindrangen und zu Fehlern und falschen Ausgaben führten. Das kommt heutzutage nicht mehr vor. Ich empfehle, stattdessen den Begriff *Defekt* zu verwenden, da er sich auf etwas bezieht, das wir selbst in unsere Programme eingebracht haben, und nicht auf einen Eindringling von außen zurückgeht.

KAPITEL 3

Anämische Modelle

Korrektheit ist die entscheidende Eigenschaft. Wenn ein System nicht das tut, was es soll, dann wird alles andere nebensächlich.

– Bertrand Meyer, Object-Oriented Software Construction
(dt. Objektorientierte Softwareentwicklung)

Einführung

Anämische Domänenmodelle, oder einfach anämische Objekte, sind Objekte, die lediglich eine Ansammlung von Attributen sind, ohne echtes Verhalten zu besitzen. Ein anämisches Objekt wird oft als »Datenobjekt« bezeichnet, da es hauptsächlich dem Speichern von Daten dient, jedoch keine sinnvollen Methoden oder Operationen aufweist, die mit diesen Daten ausgeführt werden können.

Es kann das Prinzip der *Kapselung* verletzen, wenn man Daten über *Getter* und *Setter* öffentlich verfügbar macht, weil auf diese Weise externen Parteien erlaubt wird, auf die Daten eines Objekts zuzugreifen und sie möglicherweise zu verändern, anstatt ihre Verwaltung ausschließlich im Objekt selbst zu belassen. Das macht ein Objekt anfälliger für Beschädigungen oder unbeabsichtigte Änderungen.

Zudem fördert ein anämischer Entwurfsansatz einen eher prozeduralen Programmierstil, bei dem die Manipulation von Daten im Vordergrund steht, anstatt die Daten in Objekten mit bedeutungsvollem Verhalten zu kapseln. Mit diesem Buch möchte ich Sie ermutigen, *Rich Objects* zu erstellen: Rich Objects verfügen über einen robusteren Satz von Verhaltensweisen und Methoden, um sinnvolle Operationen durchzuführen und einen singulären Zugriffspunkt zu bieten, sodass keine Logik dupliziert wird.

Kapselung

Kapselung zielt darauf ab, die Verantwortlichkeiten eines Objekts zu schützen. Dies lässt sich in der Regel durch Abstraktion der eigentlichen Implementierung erreichen. So lässt sich auch der Zugriff auf die Methoden eines Objekts steuern. In vielen Programmiersprachen kann man die Sichtbarkeit der Eigenschaften und Methoden eines Objekts festlegen und dadurch kontrollieren, wie und ob andere Programmteile darauf zugreifen oder sie ändern können. Das erlaubt Entwicklern, die internen Implementierungsdetails eines Objekts zu verbergen und nur dasjenige Verhalten offenzulegen, das von anderen Teilen des Programms benötigt wird.

Anämische Objekte in Rich Objects konvertieren

Problem

Sie möchten Ihre Objekte vor externen Eingriffen schützen und Verhalten statt Daten und Strukturen offenlegen, um die Ausbreitung von Änderungen einzuschränken.

Lösung

Setzen Sie die Sichtbarkeit aller Attribute auf *private*.

Diskussion

Stellen Sie sich vor, eine Domäne hätte sich weiterentwickelt und Sie müssten mit den Geschäftsregeln Ihrer Kunden Schritt halten. Ein Beispiel aus der Musikindustrie wäre die zusätzliche Anforderung, alle Titel einem Genre zuzuordnen und wesentliche Eigenschaften zu schützen. Betrachten wir eine Klassendefinition für die Metadaten eines Musiktitels:

```
public class Song {
   String name;
   String authorName;
   String albumName;
}
```

In diesem Beispiel wird `Song` als Tupel dargestellt, mit dem Ziel, seine Attribute an verschiedenen Stellen im Code zu manipulieren, um den Künstler oder das Album bearbeiten zu können.

Ändern Sie die Sichtbarkeit der Attribute von `public` auf `private`:

```
public class Song {
   private String name;
   private Artist author; // Referenziert Rich Objects
   private Album album; // anstelle von primitiven Datentypen.

   public String albumName() {
      return album.name() ;
   }
}
```

Durch die Änderung der Sichtbarkeit auf `private` müssen Sie das öffentliche Verhalten von `Song` nutzen, was die Kapselung verstärkt.

Auf Attribute können Sie jetzt erst zugreifen, wenn Sie dafür neue Methoden hinzufügen. Externe Manipulationen werden typischerweise an unterschiedlichen Stellen in einem System vorgenommen (siehe »Wiederholten Code entfernen« auf Seite 149).

Wenn Ihre Objekte öffentlich zugängliche Attribute haben, können sie sich unerwartet verändern.

Gemäß dem in Kapitel 2 definierten MAPPER sollten Sie Objekte basierend auf ihrem Verhalten und nicht als anämische Objekte entwerfen, die ausschließlich Daten modellieren. Beachten Sie, dass in einigen Sprachen wie Java, C++, C# oder Ruby die Sichtbarkeit von Attributen festgelegt werden kann, während in anderen Sprachen wie beispielsweise JavaScript diese Option fehlt. Einige Sprachen, wie Python oder Smalltalk, folgen bestimmten Konventionen, bei denen die Sichtbarkeit dokumentiert, aber nicht erzwungen wird. Das widerspricht der Definition von sicherem Refactoring aus Kapitel 1. Die Änderung der Sichtbarkeit eines Attributs kann bestehende Abhängigkeiten unterbrechen.

> Die Anwendung dieses und vieler anderer Rezepte setzt eine umfassende Testsuite voraus, die als Sicherheitsnetz fungiert, um mögliche neu eingeführte Fehler zu identifizieren. Michael Feathers erläutert in seinem Buch *Working Effectively with Legacy Code* (dt. *Effektives Arbeiten mit Legacy Code*), wie ein solches Sicherheitsnetz erstellt und genutzt wird.

Verwandte Rezepte

»Automatische Eigenschaften entfernen« auf Seite 42

»Wiederholten Code entfernen« auf Seite 149

Das Wesentliche Ihrer Objekte erkennen

Problem

Sie möchten Invarianten (siehe »Vorbedingungen durchsetzen« auf Seite 191) für Ihre Objekte definieren und sicherstellen, dass diese eingehalten werden.

Lösung

Verhindern Sie Änderungen an den wesentlichen Eigenschaften oder Verhaltensweisen. Legen Sie die wesentlichen Attribute bei der Objekterstellung fest und schützen Sie sie vor späteren Änderungen.

Diskussion

Jede reale Entität besitzt essenzielles Verhalten, das seine Identität ausmacht: Es ist genau dieses Objekt und kein anderes. Dieses Verhalten findet sich in der *Bijektion*, die Objekt und reale Welt aufeinander abbildet. Die Essenz ist die DNA eines Objekts. Einmal erzeugt, lässt sich die Essenz eines Objekts nicht mehr verändern. Objekte können sich in akzidentellen, nebensächlichen Aspekten ändern, aber nicht in ihrem Wesenskern.

Essenz und Zufall

In seinem Buch *The Mythical Man-Month* (dt. *Vom Mythos des Mann-Monats*) verwendet Fred Brooks die Begriffe »accidental« (zufällig, sekundär) und »essential« (essenziell, wesentlich), um zwei Arten von Komplexität in der Softwareentwicklung zu beschreiben, angelehnt an Aristoteles' Definition.

»Wesentliche« Komplexität ist dem zu lösenden Problem inhärent und unvermeidlich, da sie notwendig ist, damit das System wie beabsichtigt und wie in der realen Welt funktioniert. Beispielsweise ist die Komplexität des Landesystems einer Raumsonde essenziell, da diese Komponente für die sichere Landung eines Rovers unentbehrlich ist.

»Zufällige« oder »nicht wesentliche« Komplexität ergibt sich aus der Art und Weise, wie ein System entworfen und implementiert wird, und nicht aus der Natur des Problems selbst. Zufällige Komplexität lässt sich durch gutes Design reduzieren. Sie stellt eine der größten Herausforderungen in der Softwareentwicklung dar, und in diesem Buch finden Sie viele Ansätze, um sie zu minimieren oder zu vermeiden.

Schauen wir uns an, was passiert, wenn man den Monat eines Datumsobjekts (`Date`) ändert:

```
const date = new Date();
date.setMonth(4);
```

In der realen Welt findet man keine direkte Entsprechung für die isolierte Änderung des Monats eines Datums, da der Monat eine wesentliche Eigenschaft eines jeden Datums ist. Dennoch erlauben viele Programmiersprachen diese Art der Modifikation. Beim Aufruf von `setMonth()` wird nur der Wert für den Monat aktualisiert, während die Werte für Tag und Jahr gleich bleiben.

Alle anderen Objekte, die sich auf dieses Datum beziehen, ändern sich jetzt kaskadierend, ähnlich einer sich ausbreitenden Welle (Ripple-Effekt). Nehmen wir an, es gäbe eine finanzielle Forderung, die an einem zuvor festgelegten Datum fällig wird. Wird nun dieses Datum geändert, wird davon unweigerlich auch die Zahlung beeinflusst. Eine bessere Lösung wäre es, eine bestehende Referenz auf `payment` auf ein neues Datum verweisen zu lassen, indem man eine Methode wie `defer()` aufruft. Diese Änderung hätte dann nur begrenzte Auswirkungen auf das `payment`-Objekt.

Ripple-Effekt

Ein *Ripple-Effekt* (oder *Welleneffekt*) tritt auf, wenn eine Änderung oder Modifikation an einem Teil eines Systems unbeabsichtigte Auswirkungen auf andere Teile des Systems hat. Eine Änderung an einem Objekt kann Auswirkungen auf Systemteile haben, die von diesem Objekt abhängig sind, und dort zu Folgefehlern oder unerwartetem Verhalten führen.

Das wäre eine bessere Lösung:

```
const date = new ImmutableDate("2022-03-25");
// Die Essenz des Datums ist identifiziert und wird von nun an nicht mehr geändert.
```

Sobald das Datum erstellt wurde, ist es unveränderlich. Sie können darauf vertrauen, dass es stets derselben realen Entität zugeordnet bleibt. Es ist wichtig, im Modell festzulegen, welche Attribute und Verhaltensweisen essenziell und welche akzidentell sind: Was in der realen Welt wesentlich ist, muss auch in Ihrem Modell wesentlich sein und umgekehrt.

> Viele moderne Programmiersprachen versäumen es, das Wesen von Objekten zu identifizieren und zu schützen. Die Klasse `Date` ist ein gängiges Beispiel dafür. Für die meisten Sprachen stehen jedoch auch alternative, robuste Pakete zur Manipulation von Kalenderdaten zur Verfügung.

Verwandte Rezepte

»Veränderungen der Objektessenz verbieten« auf Seite 76

»Ripple-Effekt vermeiden« auf Seite 281

Objekte von Settern befreien

Problem

Sie möchten Ihre Objekte vor externen Manipulationen durch Setter – auch als Zugriffsfunktionen oder Akzessoren bekannt – schützen und bevorzugen Unveränderbarkeit.

Lösung

Nachdem Sie die Sichtbarkeit Ihrer Attribute auf private geändert haben (siehe »Anämische Objekte in Rich Objects konvertieren« auf Seite 36), entfernen Sie alle Setter.

Diskussion

Hier ein klassisches Beispiel für eine `Point`-Klasse mit Settern:

```
public class Point {
   protected int x;
   protected int y;

   public Point() { }

   public void setX(int x) {
        this.x = x;
   }

   public void setY(int y) {
        this.y = y;
  }
}
```

```
Point location = new Point();
// Hier ist noch nicht klar, welche Punkte dargestellt werden.
// Es hängt vom Konstruktor ab.
// Punkt könnte null sein oder einer anderen Konvention folgen.

location.setX(1);
// Jetzt hat der Punkt die Koordinaten (1,0).

location.setY(2);
// Jetzt hat der Punkt die Koordinaten (1,2).

// Wenn Sie wesentliche Eigenschaften festlegen, verschieben Sie
// sie in den Konstruktor und entfernen die Setter-Methode.
```

Hier ist eine kürzere Version, nach Anwendung des Rezepts und Entfernung der Setter:

```
public class Point {
   public Point(int x, int y) {
        this.x = x;
        this.y = y;
     // Entfernen Sie die Setter.
   }

Point location = new Point(1, 2);
```

Setter begünstigen Mutabilität (siehe Kapitel 5) und anämische Modelle. Sie sollten Änderungen an Ihren Objekten ausschließlich durch den Aufruf einer Methode vornehmen, deren Sekundäreffekt die gewünschte Änderung ist. Dies folgt dem Prinzip »Tell, don't ask«.

»Tell, don't ask«-Prinzip

Das »Tell, don't ask«-Prinzip definiert eine Interaktionsweise mit Objekten, bei der Methoden aufgerufen werden, anstatt nach Daten zu fragen.

Das Hinzufügen von Settern zu einem Objekt ermöglicht unerwartete Veränderungen, und Sie sind gezwungen, an verschiedenen Stellen des Systems invariante Integritätskontrollen hinzuzufügen. Das wiederum führt zu Duplizierung (siehe »Wiederholten Code entfernen« auf Seite 149). Methoden mit dem Namen *setXXX()* verletzen das MAPPER-Prinzip, da es dazu selten eine Entsprechung in der realen Welt gibt. Die Essenz von Objekten zu verändern, sollte vermieden werden (vgl. das Kapitel 4). Viele Sprachen ermöglichen die Manipulation von Datumswerten (z.B. mit `date.setMonth(5)`), aber solche Operationen beeinflussen alle darauf basierenden Objekte.

Verwandte Rezepte

»Automatische Eigenschaften entfernen« auf Seite 42

»Leere Konstruktoren vervollständigen« auf Seite 46

»Getter entfernen« auf Seite 48

Auf Generatoren verzichten, die anämischen Code produzieren

Problem

Sie nutzen Codegeneratoren, möchten jedoch mehr Kontrolle über Ihre Attribute haben, Rich Objects verwenden, Duplizierung vermeiden und den Fokus auf Verhalten statt auf Daten legen.

Lösung

Verzichten Sie auf Codeassistenten und -generatoren. Wenn Sie sich wiederholende Arbeiten vermeiden möchten, wenden Sie das Rezept »Wiederholten Code entfernen« auf Seite 149 an und legen ein Zwischenobjekt an, das das wiederkehrende Verhalten enthält.

Diskussion

Codeassistenten waren in den 90er-Jahren sehr beliebt. Projekte wurden oft nach der Anzahl ihrer Codezeilen bewertet, und eine große Codebasis galt als erstrebenswert. Man verwendete automatische Codegeneratoren, die nur eine Klassenvorlage mit Attributen benötigten. Das führte zu Codeduplizierung und schwer wartbaren Systemen.

Heute erstellen Codeassistenten wie *Codex*, *Code Whisperer*, *ChatGPT* oder *GitHub Copilot* auf Anfrage Code auf ähnliche Weise. Wie bereits in früheren Rezepten besprochen, sollten Sie anämischen Code vermeiden – genau das aber produzieren KI-Codeassistenten auf dem aktuellen Stand der Technik.

Hier ein Beispiel für eine anämische Klasse, die durch Metaprogrammierung erstellt wurde (siehe Kapitel 23):

```
AnemicClassCreator::create(
    'Employee',
    [
        new AutoGeneratedField(
            'id', '$validators->getIntegerValidator()'),
        new AutoGeneratedField(
            'name', '$validators->getStringValidator()'),
        new AutoGeneratedField(
            'currentlyWorking', '$validators->getBooleanValidator()')
    ]);
```

Metaprogrammierung erzeugt automatisch magische Setter und Getter:

```
getId(), setId(), getName(), ....
// Validierung ist nicht explizit.
```

Die Klasse wird per Autoloader geladen:

```
$john = new Employee;
$john->setId(1);
```

```
$john->setName('John');
$john->setCurrentlyWorking(true);

$john->getName();
// Gibt 'John' zurück.
```

Um dieses Rezept anzuwenden, sollten Sie den Code explizit, lesbar und debugfähig gestalten:

```
final class Employee {
    private $name;
    private $workingStatus;

    public function __construct(string $name, WorkingStatus $workingStatus) {
        // Konstruktor- und Initialisierungscode hier.
    }

    public function name(): string {
        return $this->name;
        // Das ist keine Getter-Methode. Es liegt in der Verantwortung
        // des Mitarbeiters, seinen Namen zu nennen.
        // Versehentlich haben Sie ein Attribut gleichen Namens implementiert.
    }
}

// Es gibt keine magischen Setter oder Getter.
// Alle Methoden sind real und testbar.
// Validierungen sind implizit, da das WorkingStatus-Objekt
// bereits aufgrund seiner Konstruktion gültig ist.

$john = new Employee('John', new HiredWorkingStatus());
$john->name(); // Gibt 'John' zurück.
```

Es mag mühsam erscheinen, aber es ist viel besser, fehlende Abstraktionen zu identifizieren und expliziten Code zu verwenden, als anämischen Code zu erzeugen.

Verwandte Rezepte

»Wiederholten Code entfernen« auf Seite 149

»Metaprogrammierung entfernen« auf Seite 365

Automatische Eigenschaften entfernen

Problem

Sie arbeiten mit Code, der automatische Eigenschaften verwendet und dadurch die schnelle und unkontrollierte Erstellung von anämischen Objekten begünstigt, anstatt den Fokus zunächst auf das Verhalten zu legen.

Lösung

Entfernen Sie automatische Eigenschaften. Definieren Sie manuell genau die Eigenschaften, die Sie wirklich benötigen, und implementieren Sie im MAPPER klar definiertes Verhalten.

Diskussion

Anämische Objekte und Setter verstoßen gegen Integritätskontrollen und das Fail-Fast-Prinzip. Mehr dazu in Kapitel 13. Hier ein Beispiel für ein `Person`-Objekt, bei dem die Akzessoren `getName()` und `setName()` automatisch generiert werden:

```
class Person
{
  public string name
  { get; set; }
}
```

Das fördert die Erstellung anämischer Objekte. Die Lösung besteht in einer expliziten Implementierung:

```
class Person
{
  private string name;

  public Person(string personName)
  {
    name = personName;
    // Unveränderlich.
    // Keine Getter, keine Setter.
  }

  // Weiteres Verhalten, das wahrscheinlich den Zugriff auf die private
  // Variable name umfasst.
}
```

> *Setter* und *Getter* zu nutzen, ist eine schlechte Praxis in der Branche. Obwohl es sich um ein verbreitetes Sprachmerkmal handelt und viele IDEs diese Praxis unterstützen, sollten Sie sorgfältig überlegen, ob Sie aus Bequemlichkeit den Zugriff auf Ihre Objekte freigeben wollen.

Einige Sprachen bieten explizite Unterstützung für die Erstellung von anämischen Modellen und *DTOs* (siehe »DTOs entfernen« auf Seite 44). Sie sollten sich der Konsequenzen bewusst sein, die mit der Nutzung dieser Art von Features einhergehen. Denken Sie nicht in Eigenschaften, sondern konzentrieren Sie sich ausschließlich auf Verhalten.

Verwandte Rezepte

»Anämische Objekte in Rich Objects konvertieren« auf Seite 36

»Objekte von Settern befreien« auf Seite 39

»Auf Generatoren verzichten, die anämischen Code produzieren« auf Seite 41

»DTOs entfernen« auf Seite 44

»Getter entfernen« auf Seite 48

»Unnötige Eigenschaften entfernen« auf Seite 66

DTOs entfernen

Problem

Sie möchten vollständige Objekte verwenden und diese zwischen verschiedenen Schichten Ihres Codes übertragen.

Lösung

Verzichten Sie auf Datenobjekte und nutzen Sie echte Objekte. Sie können anämische Daten stattdessen mit Arrays oder Dictionaries übertragen. Und wenn Sie Teilobjekte übergeben müssen, können Sie *Proxies* oder *Nullobjekte* (siehe »Nullobjekte erstellen« auf Seite 231) verwenden, um den Referenzgraphen zu unterbrechen.

Diskussion

DTOs

Ein *DTO (Data Transfer Object)* wird verwendet, um Daten zwischen verschiedenen Schichten einer Anwendung zu transferieren. Es ist ein einfaches, serialisierbares und unveränderliches Objekt, das Daten zwischen Client und Server einer Anwendung überträgt. Ein DTO hat ausschließlich den Zweck, eine Standardmethode für den Datenaustausch zwischen verschiedenen Bereichen einer Anwendung bereitzustellen.

DTOs oder *Datenklassen* sind weit verbreitete Werkzeuge für anämische Objekte. Sie setzen keine Geschäftsregeln durch, und die erforderliche Logik wird häufig dupliziert. Einige Architekturstile favorisieren die Erstellung zahlreicher DTOs, die reale Objekte widerspiegeln. Diese Praxis belastet den Namensraum mit anämischen Objekten und erschwert die Wartung des Systems. Eine Änderung an einem Objekt zieht notwendigerweise eine Aktualisierung des entsprechenden DTO nach sich, was zu erheblichem Mehraufwand führen kann.

DTOs sind anämisch, können inkonsistente Daten enthalten, fördern die Duplizierung von Code, überfrachten den Namensraum (siehe »Globale Klassen entfernen« auf Seite 299) mit nutzlosen Klassen und können Welleneffekte erzeugen. Sie erschweren zudem die Gewährleistung der Datenintegrität, da Daten im gesamten System dupliziert werden können.

Hier ist eine Domänenklasse `SocialNetworkProfile` mit einem zugehörigen DTO `SocialNetworkProfileDTO`, um Informationen zu übertragen:

```
final class SocialNetworkProfile {

    private $userName;
    private $friends; // friends ist eine Referenz auf eine große Collection.
    private $feed; // feed verweist auf den gesamten Benutzer-Feed.

    public function __construct($userName, $friends, UserFeed $feed) {
        $this->assertUsernameIsValid($userName);
```

```
        $this->assertNoFriendDuplicates($friends);
        $this->userName = $userName;
        $this->friends = $friends;
        $this->feed = $feed;
        $this->assertNoFriendOfMyself($friends);
    }
}

// Wenn Sie Daten auf ein externes System übertragen wollen, müssen Sie
// die Struktur duplizieren (und pflegen).

final class SocialNetworkProfileDTO {

    private $userName; // Dupliziert, um synchronisiert zu werden.
    private $friends; // Dupliziert, um synchronisiert zu werden.
    private $feed; // Dupliziert, um synchronisiert zu werden.
    public function __construct() {
        // Leerer Konstruktor ohne Validierungen.
    }

    // Kein Protokoll, nur Serialisierungen.
}

// Wenn Sie Daten an ein externes System übertragen müssen, erstellen
// Sie ein anämisches DTO.
$janesProfileToTransfer = new SocialNetworkProfileDTO();
```

Hier ist eine explizite Variante ohne anämische DTOs:

```
final class SocialNetworkProfile {

    private $userName;
    private $friends;
    private $feed;

    public function __construct(
        $userName,
        FriendsCollection $friends,
        UserFeedBehavior $feed)
        {
            $this->assertUsernameIsValid($userName);
            $this->assertNoFriendDuplicates($friends);
            $this->userName = $userName;
            $this->friends = $friends;
            $this->feed = $feed;
            $this->assertNoFriendOfMyself($friends);
        }
    // Viele Protokolle, die mit dem Profil verknüpft sind.
    // Kein Serialisierungsprotokoll.
    // Keine Duplizierung von Verhalten oder Attributen.
}

interface FriendsCollectionProtocol { }

final class FriendsCollection implements FriendsCollectionProtocol { }

final class FriendsCollectionProxy implements FriendsCollectionProtocol {
    // Proxy-Protokoll.
```

```
    // Reist als leichtgewichtiges Objekt und kann bei Bedarf Inhalte abrufen.
}

abstract class UserFeedBehavior { }

final class UserFeed extends UserFeedBehavior { }

final class NullFeed extends UserFeedBehavior {
    // Klasse löst einen Fehler aus, wenn nach dem Verhalten gefragt wird.
}

// Wenn Sie Daten an ein externes System übertragen müssen, erstellen Sie ein
// gültiges Objekt.
$janesProfileToTransfer = new SocialNetworkProfile(
    'Jane',
    new FriendCollectionProxy(),
    new NullFeed()
);
```

Suchen Sie nach anämischen Klassen, die keine Verhaltenslogik von Geschäftsobjekten enthalten, und entfernen Sie Serialisierer, Konstruktoren, Mutatoren usw.

> DTOs sind ein Werkzeug und eine in manchen Sprachen etablierte Praxis. Sie sollten sie mit Bedacht und verantwortungsvoll einsetzen. Seien Sie besonders vorsichtig, wenn Sie Objekte an andere Applikationsbereiche übergeben und dazu zerlegen müssen, denn zerlegten Objekten fehlen die Integritätssicherungen.

Verwandte Rezepte

»Anämische Objekte in Rich Objects konvertieren« auf Seite 36

»Leere Konstruktoren vervollständigen« auf Seite 46

»IDs für Objekte vermeiden« auf Seite 246

»Geschäftslogik aus der Benutzeroberfläche entfernen« auf Seite 284

Siehe auch

Martin Fowlers Blogbeitrag zum Missbrauch von DTOs (*https://oreil.ly/OmEg8*)

»Data Class« auf Refactoring Guru (*https://oreil.ly/XdV_U*)

Leere Konstruktoren vervollständigen

Problem

Sie verwenden leere Konstruktoren ohne wesentliche Initialisierung, obwohl solche leeren Objekte in der realen Welt nicht existieren. Stattdessen möchten Sie vollständige und valide Objekte nutzen.

Lösung

Übergeben Sie bei der Erstellung von Objekten alle wichtigen Argumente und nutzen Sie einen einzigen, vollständigen Konstruktor.

Diskussion

Objekte, die ohne Argumente erstellt werden, neigen dazu, veränderlich, inkonsistent und unvorhersehbar in ihrem Verhalten zu sein. Nicht parametrisierte Konstruktoren sind ein Code-Smell und Anzeichen für ein fehlerhaftes Objekt, das sich in gefährlicher Weise verändern kann. Unvollständige Objekte führen zu zahlreichen Problemen. Sie sollten das essenzielle Verhalten eines Objekts nach seiner Erstellung nicht mehr ändern. Wenn Sie die Objekte verändern, werden ab diesem Zeitpunkt alle Ihre Referenzen unzuverlässig sein. Wir werden dieses Problem ausführlich in Kapitel 5 behandeln. Tatsächlich erlauben viele Sprachen die Erstellung ungültiger Objekte, beispielsweise die Erzeugung eines leeren Datums.

Hier ein Beispiel für eine anämische, veränderbare und inkonsistente »Person«:

```
public Person();
// Anämisch und mutabel.
// Es fehlt die Essenz einer echten Person.
```

Ein besseres Modell mit den wesentlichen Attributen einer `Person` wäre:

```
public Person(String name, int age) {
     this.name = name;
     this.dateOfBirth = dateOfBirth;
     }

// Dem Objekt wird nur dessen Essenz "übergeben",
// damit es unveränderlich ist.
```

Ein Gegenbeispiel sind zustandslose Objekte, auf die Sie dieses Rezept nicht anwenden sollten.

> Einige Persistenz-Frameworks in statisch typisierten Sprachen verlangen einen leeren Konstruktor. Das ist, auch wenn man damit leben kann, keine ideale Lösung, denn es bietet eine Hintertür für schlechte Modelle. Sie sollten grundsätzlich vollständige Objekte erstellen und dafür sorgen, dass sie essenziel unveränderlich sind.

Ein Objekt muss von Beginn an gültig sein und benötigt dazu seine Essenz. Das steht in Einklang mit Platons Vorstellung von der Unveränderlichkeit des Wesens. Zufällige Merkmale wie Alter (im Gegensatz zum essenziellen und unveränderlichen Geburtsdatum) und Wohnort können sich dagegen ändern. Unveränderliche Objekte fördern die Bijektion und bleiben im Zeitverlauf beständig.

Verwandte Rezepte

»Anämische Objekte in Rich Objects konvertieren« auf Seite 36

»Objekte von Settern befreien« auf Seite 39

»Getter entfernen« auf Seite 48

»Überflüssige Argumente reduzieren« auf Seite 167

Getter entfernen

Problem

Sie möchten die Kontrolle über den Zugriff auf Ihre Objekte haben und die zufällige Darstellung so weit wie möglich verbergen, um später Änderungen vornehmen zu können, ohne die Integrität der Anwendung zu beeinträchtigen.

Lösung

Entfernen Sie die Getter Ihres Objekts. Rufen Sie stattdessen explizite Methoden auf, die auf Verhalten und nicht auf Daten basieren, und schützen Sie so Ihre Implementierungsentscheidungen. Verwenden Sie domänenspezifisch benannte Methoden.

Diskussion

Indem Sie auf Methoden der Form `getXXX` verzichten, verbergen Sie Informationen und verstärken die Kapselung, sodass Ihr Entwurf seltener geändert werden muss. Modelle mit Gettern sind in der Regel enger gekoppelt und schwächer gekapselt.

Informationskapselung

Informationskapselung, auch bekannt als »Geheimnisprinzip«, zielt darauf ab, die Komplexität eines Softwaresystems zu reduzieren, indem dessen interne Abläufe von den externen Schnittstellen getrennt werden. Dadurch kann die interne Implementierung eines Systems geändert werden, ohne die Nutzung durch andere Systeme oder Benutzer zu beeinträchtigen.

Eine Möglichkeit, Informationen zu verbergen, ist die Verwendung von Abstraktionen im MAPPER, wodurch eine vereinfachte Sicht der Systemfunktionalität ermöglicht wird und die zugrunde liegenden Details verborgen bleiben.

Hier ist eine typische Implementierung einer Klasse *Window*:

```
final class Window {
    public $width;
    public $height;
    public $children;

    public function getWidth() {
        return $this->width;
    }
```

```
    public function getArea() {
        return $this->width * $this->height;
    }

    public function getChildren() {
        return $this->children;
    }
}
```

Auf die Eigenschaften eines Fensters sollte nicht über Getter zugegriffen werden. Hier eine verbesserte, aber inkompatible Version, die sich auf das tatsächliche Verhalten des Fensters konzentriert:

```
final class Window {
    private $width;
    private $height;
    private $children;

    public function width() {
        return $this->width;
    }

    public function area() {
        return $this->height * $this->width;
    }

    public function addChildren($aChild) {
        // Geben Sie keine internen Attribute preis.
        return $this->children[] = $aChild;
    }
```

In bestimmten Szenarien haben Getter echte Zuständigkeiten. Es ist sinnvoll, dass ein Fenster seine Farbe zurückgibt und gegebenenfalls als zufällige Eigenschaft speichert. Daher könnte eine Methode `color()`, die ein entsprechendes Attribut `color` zurückliefert, eine gute Lösung sein. `getColor()` hingegen verstößt gegen die Bijektionsregel, da es implementierungsspezifisch ist und kein echtes Gegenstück im MAPPER besitzt.

Einige Sprachen nutzen Getter, die Referenzen auf private Objekte zurückgeben und so die Kapselung durchbrechen. Einige Getter liefern interne Collections (anstelle von Kopien), sodass ein Kunde Elemente ändern, hinzufügen oder entfernen kann, ohne sicherere und schützende Protokolle aufzurufen. Das verstößt gegen das Gesetz von Demeter:

Das Gesetz von Demeter

Das *Gesetz von Demeter* besagt, dass ein Objekt nur mit seinen unmittelbaren Nachbarn kommunizieren und das Innenleben anderer Objekte nicht kennen sollte. Um das Demetersche Gesetz zu befolgen, müssen Sie lose gekoppelte Objekte erstellen, die voneinander möglichst unabhängig sind. Dadurch wird das Gesamtsystem modularer, flexibler und besser wartbar, da Änderungen an einem Objekt mit geringerer Wahrscheinlichkeit unbeabsichtigte Auswirkungen auf andere Objekte haben.

```
public class MyClass {
  private ArrayList<Integer> data;

  public MyClass() {
    data = new ArrayList<Integer>();
  }

  public void addData(int value) {
    data.add(value);
  }

  public ArrayList<Integer> getData() {
    return data; // Durchbrechen der Verkapselung.
  }
}
```

In diesem Java-Beispiel gibt die Methode `getData()` eine Referenz auf die interne Daten-Collection zurück, anstatt eine Kopie davon zu erstellen. Das hat zur Folge, dass alle Änderungen, die außerhalb der Klasse an der Collection vorgenommen werden, sich direkt auf die internen Daten auswirken und zu unerwartetem Verhalten oder Fehlern im Code führen können.

> Es ist wichtig, zu beachten, dass dies eine Sicherheitslücke darstellen kann: Ein Client kann den internen Zustand des Objekts ändern, ohne das dafür vorgesehene Verhalten, d. h. die Methoden der Klasse, zu verwenden (siehe Kapitel 25).

Verwandte Rezepte

»Anämische Objekte in Rich Objects konvertieren« auf Seite 36

»Objekte von Settern befreien« auf Seite 39

»Automatische Eigenschaften entfernen« auf Seite 42

»Getter-Kommentare entfernen« auf Seite 132

»Unangemessene Intimität auflösen« auf Seite 290

Objektorgie verhindern

Problem

Sie verwenden Code, der das Kapselungsprinzip verletzt und direkt auf die Eigenschaften anderer Objekte zugreift.

Lösung

Schützen Sie die Eigenschaften der Objekte und legen Sie nur das Verhalten offen.

Diskussion

> **Objektorgie**
>
> Der Begriff *Objektorgie* beschreibt eine Situation, in der Objekte unzureichend gekapselt sind, sodass ein uneingeschränkter Zugriff auf ihre Interna möglich ist. Das wird in der objektorientierten Programmierung als verbreitetes Antipattern betrachtet und kann durch die damit verbundene höhere Komplexität zu erhöhtem Wartungsaufwand führen.

Wenn Sie Ihre Objekte als Datencontainer behandeln, verletzen Sie deren Kapselung. Das sollte vermieden werden: Wie im echten Leben sollte immer um Erlaubnis gebeten werden, bevor auf Eigenschaften anderer Objekte zugegriffen wird. Der direkte Zugriff auf Eigenschaften anderer Objekte bricht das Prinzip der Informationskapselung und führt zu einer starken Kopplung. Eine Kopplung an essenzielles Verhalten, Schnittstellen und Protokolle ist einer Kopplung an Daten und zufällige Implementierungen vorzuziehen. Betrachten wir das vertraute Beispiel `Point`:

```
final class Point {
    public $x;
    public $y;
}

final class DistanceCalculator {
    function distanceBetween(Point $origin, Point $destination) {
        return sqrt((($destination->x - $origin->x) ^ 2) +
            (($destination->y - $origin->y) ^ 2));
    }
}
```

Nun eine abstraktere Variante von `Point`, die von der Art der Datenspeicherung abhängt und dem »Tell, don't ask«-Prinzip folgt (siehe »Objekte von Settern befreien« auf Seite 39). Dabei wurde die interne Darstellung von `Point` so geändert, dass die Position in Polarkoordinaten gespeichert wird:

```
final class Point {
    private $rho;
    private $theta;

    public function x() {
        return $this->rho * cos($this->theta);
    }

    public function y() {
        return $this->rho * sin($this->theta);
    }
}

final class DistanceCalculator {
    function distanceBetween(Point $origin, Point $destination) {
        return sqrt((($destination->x() - $origin->x() ^ 2) +
            (($destination->y() - $origin->y()) ^ 2)));
    }
}
```

Wenn Ihre Klassen mit Settern, Gettern und öffentlichen Methoden überfrachtet sind, besteht das Risiko, sich zu sehr an deren Implementierungsdetails zu binden.

Verwandte Rezepte

»Anämische Objekte in Rich Objects konvertieren« auf Seite 36

»Objekte von Settern befreien« auf Seite 39

Dynamische Eigenschaften entfernen

Problem

Sie verwenden in einer Klasse Eigenschaften, ohne sie explizit zu deklarieren.

Lösung

Deklarieren Sie alle Attribute explizit.

Diskussion

Dynamische Eigenschaften sind schwer lesbar und ihr Geltungsbereich bleibt unklar. Sie sollten Programmiersprachen bevorzugen, die die Verwendung dynamischer Eigenschaften unterbinden. Das ist insbesondere wichtig, weil sie die Typsicherheit beeinträchtigen können, leicht zu schwer erkennbaren Tippfehlern oder der Verwendung falscher Eigenschaftsnamen führen können. Das wiederum kann Laufzeitfehler verursachen, die insbesondere bei größeren Codebasen nur schwer zu beheben sind. Zudem verbergen dynamische Eigenschaften mögliche Namenskonflikte und können unerwartetes Verhalten nach sich ziehen, falls dynamische Eigenschaften denselben Namen haben wie bereits in der Klasse oder dem Objekt definierte Eigenschaften.

Hier ein Beispiel für eine nicht definierte Eigenschaft:

```
class Dream:
    pass

nightmare = Dream()

nightmare.presentation = "I am the Sandman"
# Darstellung ist nicht definiert.
# Es ist eine dynamische Eigenschaft.

print(nightmare.presentation)
# Ausgabe: "I am the Sandman"
```

Wenn Sie die Eigenschaft in der Klasse definieren:

```
class Dream:
    def __init__(self):
        self.presentation = ""

nightmare = Dream()

nightmare.presentation = "I am the Sandman"

print(nightmare.presentation)
# Ausgabe: "I am the Sandman"
```

Dynamische Eigenschaften werden von vielen Programmiersprachen unterstützt, beispielsweise in PHP, Python, Ruby, JavaScript, C#, Objective-C, Swift oder Kotlin. In diesen Sprachen können Objekten zur Laufzeit dynamische Eigenschaften hinzugefügt werden, auf die dann mittels der Eigenschafts-Akzessoren des Objekts zugegriffen werden kann. Viele dieser Sprachen bieten jedoch auch Compiler-Optionen an, um die Verwendung von dynamischen Eigenschaften zu verbieten.

Verwandte Rezepte

»Anämische Objekte in Rich Objects konvertieren« auf Seite 36

»Automatische Eigenschaften entfernen« auf Seite 42

KAPITEL 4

Primitive Obsession

> Die Besessenheit von primitiven Datentypen ist selbst eine primitive Obsession.
>
> – *Rich Hickey*

Einführung

Viele Entwicklerinnen und Entwickler sehen Software hauptsächlich als Mittel zum »Verschieben von Daten«. Objektorientierte Schulen und Fachliteratur legen den Schwerpunkt bei der Modellierung der realen Welt oft auf Daten und Attribute, eine Sichtweise, die in den 1980er- und 1990er-Jahren an Universitäten vorherrschte. Branchentrends förderten das Erstellen von Entity-Relationship-Diagrammen (ERDs) und das Nachdenken über Geschäftsdaten, statt sich auf Verhaltensaspekte zu konzentrieren.

Daten sind heutzutage wichtiger denn je: Die Bedeutung von Data Science nimmt zu, und die ganze Welt scheint sich um Daten zu drehen. Es geht darum, einen Simulator zu entwickeln, der Daten verwaltet und schützt, Verhalten offenlegt, dabei jedoch zufällige Darstellungen und Informationen verbirgt, um Kopplung zu vermeiden. Die Rezepte dieses Kapitels leiten dazu an, Small Objects zu erkennen und akzidentelle Darstellungen zu verbergen. Sie werden viele kohäsive Small Objects entdecken, die in unterschiedlichen Kontexten wiederverwendet werden können.

Kohäsion

Kohäsion misst, wie stark die Komponenten innerhalb einer Klasse oder eines Moduls zusammenwirken, um eine einzige, wohldefinierte Aufgabe zu erfüllen. Sie beschreibt, wie eng die Objekte zusammenhängen und auf das Hauptziel des Moduls abgestimmt sind. Im Softwaredesign ist eine hohe Kohäsion erstrebenswert, da sie anzeigt, dass die Komponenten eines Moduls eng miteinander verbunden sind und effizient zusammenarbeiten, um ein spezifisches Ziel zu erreichen.

Small Objects erstellen

Problem

Sie verwenden umfangreiche Objekte, die lediglich Felder mit primitiven Datentypen enthalten.

Lösung

Ermitteln Sie Zuständigkeiten für Small Objects und verdinglichen Sie diese im Rahmen des MAPPER-Ansatzes.

Diskussion

Seit den frühen Tagen der Informatik neigen Entwickler dazu, alles, was ihnen begegnet, den vertrauten primitiven Datentypen wie *String*, *Integer* und *Collection* zuzuordnen. Die Abbildung durch diese Datentypen kann jedoch manchmal Abstraktionsprinzipien und das Fail-Fast-Prinzip verletzen. Ein Personenname verhält sich beispielsweise anders als ein einfacher String:

```
public class Person {
    private final String name;

    public Person(String name) {
        this.name = name;
    }
}
```

Der Begriff eines Namens wird hier als eigenständiges Konzept behandelt:

```
public class Name {
    private final String name;

    public Name(String name) {
        this.name = name;
        // Ein Name hat eigene Regeln für die Erstellung, eine eigene
        // Vergleichsmethode und kann sich von einem String unterscheiden.
    }
}

public class Person {
    private final Name name;

    public Person(Name name) {
        // Der Name wird als gültiger Name festgelegt,
        // keine zusätzlichen Validierungen nötig.
        this.name = name;
    }
}
```

Betrachten Sie das beliebte Spiel *Wordle*, bei dem Wörter mit jeweils fünf Buchstaben eingegeben werden, um ein Lösungswort zu finden. Ein solches »Wordle-Wort« hat nicht die gleichen Zuständigkeiten wie ein `char(5)`. Wenn Sie einen Wordle-Klon programmieren, werden sich aufgrund dieser unterschiedlichen Zuständigkeiten die Bijektionen eines Wordle-Worts und eines `Strings` oder `char(5)` unterscheiden: Ein `String` muss beispielsweise nicht ermitteln können, wie viele Übereinstimmungen es mit dem Lösungswort gibt, und ein Wordle-Wort muss keine Verkettungen bilden können.

> **Wordle**
>
> Wordle ist ein populäres Onlinespiel, bei dem ein Spieler sechs Versuche hat, um ein ausgewähltes Fünf-Buchstaben-Wort zu erraten. Bei jedem Versuch wird angezeigt, welche Buchstaben korrekt sind und sich an der richtigen Stelle befinden (grün markiert) und welche Buchstaben zwar korrekt sind, sich aber an der falschen Stelle befinden (gelb markiert).

Nur in seltenen Fällen von unternehmenskritischen Systemen muss man einen Kompromiss zwischen Abstraktion und Leistung eingehen. Um vorzeitige Optimierung zu vermeiden (siehe Kapitel 16), sollten Sie der Leistungsfähigkeit moderner Computer und optimierter virtueller Maschinen vertrauen und, wie immer, in dieser Hinsicht nur bei eindeutigen Beweisen aus realen Einsatzszenarios aktiv werden. Small Objects zu definieren, erfordert Erfahrung, um hochwertige Ergebnisse zu erzielen und Overdesign zu vermeiden. Es gibt keinen Königsweg, um zu entscheiden, wie und wann etwas abstrahiert werden soll.

> **»No silver bullet«**
>
> Der Ausdruck »No silver bullet« wurde von dem Informatiker und Pionier der Softwareentwicklung Fred Brooks in seinem 1986 erschienenen Aufsatz »No Silver Bullet: Essence and Accidents of Software Engineering« (*https://oreil.ly/XeO8Y*) geprägt. Brooks argumentiert, dass es keine einzelne Lösung oder Methode gibt, die alle Probleme der Softwareentwicklung adressieren oder die Produktivität und Effektivität signifikant steigern kann. (Der Ausdruck entstammt der Vorstellung, dass magische, silberne Kugeln in einigen Mythen und Legenden die einzigen Waffen sind, die gegen bestimmte übernatürliche Wesen wirken.)

Verwandte Rezepte

»Primitive Datentypen in Objekte umwandeln« auf Seite 57

»Datumsintervalle berechnen« auf Seite 68

Primitive Datentypen in Objekte umwandeln

Problem

Ihre Objekte enthalten zu viele primitive Datentypen.

Lösung

Ersetzen Sie primitive Objekte durch Small Objects.

Diskussion

Nehmen wir an, Sie entwickeln einen Webserver:

```
int port = 8080;
InetSocketAddress in = open("example.org", port);
String uri = urifromPort("example.org", port);
String address = addressFromPort("example.org", port);
String path = pathFromPort("example.org", port);
```

Dieses einfache Beispiel offenbart zahlreiche Schwachstellen. Es missachtet das Fail-Fast- und das »Tell, don't ask«-Prinzip (siehe »Objekte von Settern befreien« auf Seite 39). Zudem ignoriert es die MAPPER-Regel und das Prinzip der Kapselung von Teillogiken. Der Code enthält viele redundante Abschnitte zur Manipulation dieser Objekte, weil das »Was« nicht deutlich vom »Wie« getrennt ist.

In unserer Industrie ist man in dieser Hinsicht ziemlich zögerlich, weil das Entdecken solcher Abstraktionen zusätzlichen Aufwand bedeutet. Es ist wichtig, das Protokoll und das Verhalten kleiner Komponenten zu betrachten, ohne die *inneren Aspekte* ihrer Funktionsweise verstehen zu wollen. Eine bijektionskonforme Lösung könnte wie folgt aussehen:

```
Port server = Port.parse(this, "www.example.org:8080");
// Port ist ein Small Object mit Zuständigkeiten und Verhalten.

Port in = server.open(this); // Gibt einen Port zurück, keine einfache Zahl.
URI uri = server.asUri(this); // Gibt einen URI zurück.
InetSocketAddress address = server.asInetSocketAddress();
// Gibt eine Adresse zurück.
Path path = server.path(this, "/index.html"); // Gibt einen Pfad zurück.
// Das sind alles validierte, eng begrenzte Bijektionsobjekte
// mit nur wenigen und präzisen Zuständigkeiten.
```

Verwandte Rezepte

»Small Objects erstellen« auf Seite 56

»Keine Strings missbrauchen« auf Seite 60

»String-Validierungen in Objekte umwandeln« auf Seite 63

»Datenklumpen beseitigen« auf Seite 289

Siehe auch

»Primitive Obsession« auf Refactoring Guru (*https://oreil.ly/ByDW-*)

Assoziative Arrays in Objekte umwandeln

Problem

Sie verwenden einfache assoziative Arrays *(Schlüssel-/Wert-Paare)*, um reale Objekte abzubilden.

Lösung

Beim Rapid Prototyping können Arrays nützlich sein, doch für die endgültige Implementierung sollten Sie Objekte einsetzen.

Diskussion

> **Rapid Prototyping**
>
> *Rapid Prototyping* ist eine Methode in der Produktentwicklung, um in sehr kurzer Zeit funktionierende Prototypen zu erstellen und durch Endbenutzer testen zu lassen. Entwickler können so frühzeitig Entwürfe testen und verfeinern, bevor sie konsistenten, robusten und eleganten Clean Code erstellen.

Assoziative Arrays sind eine einfache Möglichkeit, um anämische Objekte darzustellen. Dieses Rezept leitet dazu an, diese Konzepte zu verdinglichen und die Arrays durch Rich Objects zu ersetzen. Solche Objekte fördern Clean Code, da sie das schnelle Scheitern (Fail-Fast-Prinzip) unterstützen, die Integrität sichern, Duplizierung vermeiden und die Kohäsion erhöhen.

Viele Programmierer leiden unter »Primitive Obsession«, einer Fixierung auf primitive Datentypen, und betrachten Rich Objects als Overdesign. Bei der Softwareentwicklung geht es jedoch darum, Entscheidungen zu treffen und Vor- und Nachteile abzuwägen. Das Leistungsargument ist heutzutage hinfällig, da moderne virtuelle Maschinen mit kleinen, kurzlebigen Objekten effizient umgehen können.

Hier ist ein Beispiel für Code, der von primitiver Besessenheit geprägt ist:

```
$coordinate = array('latitude'=>1000, 'longitude'=>2000);
// Es sind nur Arrays. Ein Haufen Rohdaten.
```

Ein Ansatz, der dem *Bijektionskonzept* besser entspricht:

```
final class GeographicCoordinate {
    function __construct($latitudeInDegrees, $longitudeInDegrees) {
        $this->longitude = $longitudeInDegrees;
        $this->latitude = $latitudeInDegrees;
    }
}

$coordinate = new GeographicCoordinate(1000, 2000);
// Sollte einen Fehler auslösen, da solche Werte auf der Erde nicht existieren.
```

Sie sollten mit Objekten arbeiten, die von Beginn an gültig sind:

```
final class GeographicCoordinate {
    function __construct($latitudeInDegrees, $longitudeInDegrees) {
        $this->longitude = $longitudeInDegrees;
        $this->latitude = $latitudeInDegrees;
    }
}

$coordinate = new GeographicCoordinate(1000, 2000);
// Sollte einen Fehler auslösen, da solche Werte auf der Erde nicht existieren.
```

```
final class GeographicCoordinate {
    function __construct($latitudeInDegrees, $longitudeInDegrees) {
        if (!$this->isValidLatitude($latitudeInDegrees)) {
            throw new InvalidLatitudeException($latitudeInDegrees);
            }
         $this->longitude = $longitudeInDegrees;
         $this->latitude = $latitudeInDegrees;
        }
    }
}

$coordinate = new GeographicCoordinate(1000, 2000);
// Löst einen Fehler aus, da solche Werte auf der Erde nicht existieren.
```

Es existiert ein spezifisches Small Object (siehe »Small Objects erstellen« auf Seite 56), um den Breitengrad zu modellieren:

```
final class Latitude {
    function __construct($degrees) {
        if (!$degrees->between(-90, 90)) {
            throw new InvalidLatitudeException($degrees);
        }
    }
}

final class GeographicCoordinate {

    function distanceTo(GeographicCoordinate $coordinate) { }
    function pointInPolygon(Polygon $polygon) { }
}

// Nun bewegen Sie sich in der Welt der Geometrie, nicht der Arrays.
// Jetzt können Sie auf sichere Weise viele spannende Dinge tun.
```

Wenn Sie Objekte erstellen, sollten Sie diese nicht nur als *Datenspeicher* betrachten. Das ist ein weit verbreitetes Missverständnis. Bleiben Sie dem Bijektionskonzept treu und identifizieren Sie echte Objekte.

Verwandte Rezepte

»Anämische Objekte in Rich Objects konvertieren« auf Seite 36

Keine Strings missbrauchen

Problem

Sie greifen zu häufig auf Funktionen zur Stringmanipulation wie Parsing, Exploding, reguläre Ausdrücke, Vergleiche von Zeichenketten oder Suchen in Substrings zu.

Lösung

Verwenden Sie echte Abstraktionen und reale Objekte, statt Strings akzidentell zu manipulieren.

Diskussion

Missbrauchen Sie keine Strings, sondern bevorzugen Sie reale Objekte. Identifizieren Sie fehlendes Verhalten, um sie deutlich von Strings zu unterscheiden. Im Folgenden wird eine Vielzahl von Manipulationen an primitiven Zeichenfolgen vorgenommen:

```
$schoolDescription = 'College of Springfield';

preg_match('/[^ ]*$/', $schoolDescription, $results);
$location = $results[0]; // Ergibt 'Springfield'.

$school = preg_split('/[\s,]+/', $schoolDescription, 3)[0]; // 'College'
```

Der Code lässt sich deklarativer gestalten:

```
class School {
    private $name;
    private $location;

    function Beschreibung() {
        return $this->name . ' of ' . $this->location->name;
    }
}
```

Indem Sie auf der Basis des MAPPER-Ansatzes vorhandene Objekte identifizieren, wird Ihr Code deklarativer und besser test- und wartbar. Den neuen Abstraktionen können auch Beschränkungen hinzugefügt werden. Die Verwendung von Zeichenketten zur Repräsentation realer Objekte zeugt von »Primitive Obsession« und ist ein Anzeichen für vorzeitige Optimierung (siehe Kapitel 16). Zwar ist eine String-Version manchmal etwas leistungsfähiger, aber wenn Sie sich zwischen der Anwendung dieses Rezepts und Low-Level-Manipulationen entscheiden müssen, sollten Sie immer reale Nutzungsszenarien zugrunde legen und nach signifikanten Verbesserungen suchen.

Verwandte Rezepte

»Primitive Datentypen in Objekte umwandeln« auf Seite 57

»String-Validierungen in Objekte umwandeln« auf Seite 63

Zeitstempel in Sequenzierung umwandeln

Problem

Ihr Code basiert auf Zeitstempeln, obwohl Sie eigentlich nur eine Sequenzierung benötigen.

Lösung

Nutzen Sie für die Sequenzierung keine Zeitstempel. Zentralisieren und sperren Sie Ihren Zeitgeber.

Diskussion

Die Verwaltung von Zeitstempeln über verschiedene Zeitzonen hinweg und in Szenarien mit hoher Nebenläufigkeit ist eine bekannte Herausforderung. Oft fühlt man sich versucht, eine sequenzielle Ordnung mittels Zeitstempeln herzustellen. Es gilt aber, zuerst die *essenziellen* Probleme zu verstehen, anstatt voreilig *zufällige, akzidentelle* Implementierungen vorzunehmen.

Eine Lösung könnte die Verwendung einer zentralen Instanz oder komplexer, dezentraler Konsensalgorithmen sein. Dieses Rezept hinterfragt die Notwendigkeit von Zeitstempeln, wenn man eigentlich nur eine geordnete Sequenz benötigt. Zeitstempel sind zwar ein verbreitetes Feature vieler Programmiersprachen und allgegenwärtig, Sie sollten sie aber nur einsetzen, wenn Sie diese auch in der Bijektion entdecken.

Das Problem beim Einsatz von Zeitstempeln zeigt sich hier:

```
import time

# ts1 und ts2 speichern die Zeit in Sekunden.
ts1 = time.time()
ts2 = time.time() # Könnte identisch sein!
```

Eine bessere Lösung für eine Sequenzierung, die ohne Zeitstempel auskommt:

```
numbers = range(1, 100000)
# Generieren Sie eine Zahlenfolge und verwenden Sie diese an einem
# kritischen Punkt.

# Oder:
sequence = nextNumber()
```

Verwandte Rezepte

»Singletons ersetzen« auf Seite 265

»Globale Datumserstellung anpassen« auf Seite 301

»Gleitkommazahlen in Dezimalzahlen konvertieren« auf Seite 380

Teilmengen als Objekte modellieren

Problem

Beim Modellieren von Objekten in einer übergeordneten Domäne kommt es zur Duplizierung von Validierungen.

Lösungen

Erstellen Sie Small Objects, um einen spezifischeren Anwendungsbereich zu validieren.

Diskussion

Auf die Modellierung von Teilmengen zu verzichten, ist ein spezieller Fall der »Primitive Obsession«. Da die Teilmengenobjekte in der Bijektion präsent sind, müssen sie auch in der Simulation abgebildet werden. Zudem sollte gemäß Fail-Fast-Prinzip (siehe Kapitel 13) sofort eine Fehlermeldung generiert werden, sobald der Versuch unternommen wird, ein ungültiges Objekt zu erstellen. Beispiele für die fehlende Modellierung von Teilmengen sind die Behandlung von *E-Mails* als *einfache Zeichenketten*, von *gültigen Altersangaben* als *echte Zahlen* und *Ports* als *Ganzzahlen*. Unsichtbare Objekte verfügen über Regeln, die zentral durchgesetzt werden müssen.

Betrachten wir ein Beispiel:

```
validDestination = "destination@example.com"
invalidDestination = "destination.example.com"
// Hier wird kein Fehler ausgelöst.
```

Eine bessere Beschränkung auf Domänenebene wird wie folgt erreicht:

```
public class EmailAddress {
    public String emailAddress;

    public EmailAddress(String address) {
        string expressions = @"^\w+([-+.']\w+)*@\w+([-.]\w+)*\.\w+([-.]\w+)*$";
        if (!Regex.IsMatch(email, expressions) {
          throw new Exception('Invalid email address');
        }
        this.emailAddress = address;
    }
}

destination = new EmailAddress("destination@example.com");
```

Diese Lösung sollte nicht mit einer anämischen Java-Implementierung (*https://oreil.ly/lAn5N*) verwechselt werden. Es ist entscheidend, der Bijektion zwischen den Objekten und ihrer realen Entsprechung treu zu bleiben.

Verwandte Rezepte

»Primitive Datentypen in Objekte umwandeln« auf Seite 57

»Benutzereingaben bereinigen« auf Seite 383

String-Validierungen in Objekte umwandeln

Problem

Sie validieren eine Teilmenge von `strings`.

Lösung

Suchen Sie beim Validieren von Zeichenfolgen nach fehlenden Domänenobjekten, und verdinglichen (reifizieren) Sie sie.

Diskussion

In qualitativ hochwertiger Software werden häufig String-Validierungen durchgeführt. Oft sind sie aber nicht an den richtigen Stellen platziert, was die Anwendung fehleranfälliger macht. Die einfache Lösung ist die Erstellung von realitätsnahen und gültigen Abstraktionen:

```
// Erstes Beispiel: Überprüfung von Adressen
class Address {
  function __construct(string $emailAddress) {
     // String-Validierung für die Klasse Address verstößt gegen
     // das Single-Responsibility-Prinzip.
     $this->validateEmail($emailAddress);
     // ...
   }

  private function validateEmail(string $emailAddress) {
    $regex = "/[a-zA-Z0-9_-.+]+@[a-zA-Z0-9-]+.[a-zA-Z]+/";
    // Das Regex ist ein Beispiel / Es könnte falsch sein.
    // E-Mails und URLs sollten Objekte erster Klasse sein.

    if (!preg_match($regex, $emailAddress))
    {
      throw new Exception('Invalid email address ' . emailAddress);
    }
  }
}

// Zweites Beispiel: Wordle

class Wordle {
  function validateWord(string $wordleword) {
    // Ein Wordle-Wort sollte eine reale Entität sein. Keine Teilmenge von Strings.
  }
 }
```

Hier eine bessere Lösung:

```
// Erstes Beispiel: Überprüfung von Adressen
class Address {
  function __construct(EmailAddress $emailAddress) {
     // E-Mail ist immer gültig. / Code ist sauberer und wird nicht dupliziert.
     // ...
   }
}

class EmailAddress {
  // Sie können dieses Objekt ohne Copy/Paste wiederverwenden.
  string $address;
  private function __construct(string $emailAddress) {
    $regex = "/[a-zA-Z0-9_-.+]+@[a-zA-Z0-9-]+.[a-zA-Z]+/";
```

```
      // Das Regex ist ein Beispiel. / Es könnte falsch sein.
      // E-Mails und URLs sollten Objekte erster Klasse sein.

      if (!preg_match($regex, $emailAddress))
      {
        throw new Exception('Invalid email address ' . emailAddress);
      }
      $this->address = $emailAddress;
    }
  }

  // Zweites Beispiel: Wordle

  class Wordle {
    function validateWord(WordleWord $wordleword) {
      // Ein Wordle-Wort sollte eine reale Entität sein. Keine Teilmenge von Strings.
    }
   }

  class WordleWord {
    function __construct(string $word) {
      // Vermeiden Sie ungültige Wordle-Wörter.
      // Zum Beispiel Länge != 5.
    }
   }
```

Single-Responsibility-Prinzip

Das *Single-Responsibility-Prinzip* (Prinzip der eindeutigen Verantwortlichkeit) besagt, dass jedes Modul oder jede Klasse in einem Softwaresystem genau *eine* festgelegte Aufgabe übernehmen sollte und dass diese Zuständigkeit vollständig in dem Modul oder der Klasse gekapselt sein sollte. Mit anderen Worten: Es sollte nie mehr als einen Grund geben, eine Klasse zu ändern.

Small Objects sind schwer zu definieren, aber sie folgen dem Fail-Fast-Prinzip beim Versuch, ungültige Objekte zu erstellen. Das neu umgewandelte Objekt befolgt außerdem das *Single-Responsibility*- und das *DRY-Prinzip*. Diese Abstraktionen erfordern die Implementierung spezifischer Verhaltensweisen, die bereits in den Objekten selbst enthalten sind. Beispielsweise ist ein `WordleWord` kein `String`, aber man benötigt möglicherweise einige Funktionen der `String`-Klasse und muss eventuell neue hinzufügen oder vorhandene überschreiben.

DRY-Prinzip: Don't Repeat Yourself

Das *DRY-Prinzip* fordert, dass in Softwaresystemen Redundanzen und Codeduplizierung vermieden werden sollten. Ziel ist es, die Wartbarkeit, Flexibilität und Verständlichkeit von Software zu verbessern, indem Wissen, Code und Informationen möglichst nicht an verschiedenen Stellen wiederholt werden.

Wird Effizienz als Argument gegen diese neuen Ansätze angeführt, droht *vorzeitige Optimierung*. Optimierungen sollten nur aufgrund von konkreten Beweisen für andernfalls eintretende erhebliche Nachteile, basierend auf realen Anwendungsszenarien der Kunden, vorgenommen werden. Indem man diese neuen, kleinen Konzepte erstellt, folgt das Modell der Bijektion, und man stellt sicher, dass die Modelle immer robust bleiben.

> **SOLID-Prinzipien**
>
> Das Akronym *SOLID* steht für fünf wesentliche Prinzipien der objektorientierten Programmierung, die von Robert C. Martin (*https://oreil.ly/nzwH1*) definiert wurden. Sie dienen als Leitlinien und Heuristiken, nicht als starre Regeln. Sie werden in den entsprechenden Kapiteln näher erläutert:
>
> - Single-Responsibility-Prinzip (siehe »String-Validierungen in Objekte umwandeln« auf Seite 63)
> - Open-Closed-Prinzip (siehe »Boolesche Variablen reifizieren« auf Seite 209)
> - Liskovsches Substitutionsprinzip (siehe »Tiefe Vererbungshierarchien verflachen« auf Seite 303)
> - Interface-Segregation-Prinzip (siehe »Überladene Interfaces verschlanken« auf Seite 176)
> - Dependency-Inversion-Prinzip (siehe »Interfaces entfernen, die nur an einer Stelle genutzt werden« auf Seite 184)

Verwandte Rezepte

»Keine Strings missbrauchen« auf Seite 60

»Reguläre Ausdrücke dokumentieren« auf Seite 96

Unnötige Eigenschaften entfernen

Problem

Objekte wurden auf der Grundlage ihrer Eigenschaften anstelle ihres Verhaltens erstellt.

Lösung

Entfernen Sie unwesentliche Eigenschaften. Fügen Sie zuerst das erforderliche Verhalten hinzu, und dann nur jene akzidentellen Eigenschaften, die dieses Verhalten unterstützen.

Diskussion

In vielen Lehransätzen der Programmierung wird Ihnen beigebracht, rasch die Teile eines Objekts zu bestimmen und Funktionen darum zu entwickeln. Doch solche Modelle neigen zu enger Kopplung und sind oft weniger wartbar als Modelle, die auf dem gewünschten Verhalten basieren. Wendet man das *YAGNI*-Prinzip (»You aren't gonna need it«) an, erkennt man, dass viele dieser Eigenschaften oft gar nicht benötigt werden (siehe Kapitel 12).

Beim Modellieren einer Person oder eines Mitarbeiters neigen insbesondere Anfänger oder Studierende dazu, reflexartig Attribute wie id oder name hinzuzufügen, ohne wirklich zu hinterfragen, ob diese benötigt werden. Man sollte Attribute jedoch erst »bei Bedarf« gezielt hinzufügen, wenn das benötigte Verhalten die entsprechende Evidenz dafür liefert. Objekte sollten nicht bloß als Behältnisse für Daten angesehen werden.

Ein klassisches Beispiel zur Veranschaulichung:

```
class PersonInQueue
  attr_accessor :name, :job

  def initialize(name, job)
    @name = name
    @job = job
  end
end
```

Indem Sie den Fokus auf das Verhalten legen, werden Sie in der Lage sein, bessere und sinnvollere Modelle zu entwickeln.

```
class PersonInQueue

  def moveForwardOnePosition
    # Protokoll implementieren
  end
end
```

Testgetriebene Entwicklung ist eine Methode, die Sie dazu anhält, das Verhalten und das Protokoll Ihrer Software iterativ zu entwickeln. Dabei wird die Umsetzung akzidenteller Aspekte so lange wie möglich zurückgestellt.

Testgetriebene Entwicklung

Testgetriebene Entwicklung, kurz TDD für *Test-Driven Development*, basiert auf einem Entwicklungszyklus, der sich durch häufige, kurze Wiederholungen auszeichnet. Der Prozess beginnt mit dem Verfassen eines automatisierten Tests, der zunächst fehlschlägt. Dieser Test dient dazu, eine erwünschte Verbesserung oder ein neues Verhalten zu definieren. Anschließend entwickelt man den minimal notwendigen Code, um den Test zu bestehen. Erst danach wird der Code refaktorisiert, um ihn an übliche Standards anzupassen. Ein zentrales Ziel von TDD ist es, durch strukturierten und nach bewährten Designprinzipien gestalteten Code die Wartung zu vereinfachen. Zudem fördert TDD die frühzeitige Fehlererkennung, da neu hinzugefügter Code sofort getestet wird.

Verwandte Rezepte

»Anämische Objekte in Rich Objects konvertieren« auf Seite 36

»Automatische Eigenschaften entfernen« auf Seite 42

»DTOs entfernen« auf Seite 44

»Fungible Objekte konvertieren« auf Seite 292

Datumsintervalle berechnen

Problem

Sie müssen Datumsintervalle modellieren, wobei Ihnen Anfangs- und Enddatum vorliegen. Allerdings fehlen Invarianten wie die Regel, dass das Anfangsdatum immer vor dem Enddatum liegen muss.

Lösung

Verdinglichen Sie dieses Small Object und befolgen Sie dabei die MAPPER-Regel.

Diskussion

Dieses Rezept stellt eine häufig benötigte Abstraktion vor – anhand eines Beispiels, das ähnliche Probleme aufweist, wie sie bereits in den Beispielen anderer Rezepte dieses Kapitels aufgetaucht sind: fehlende Abstraktionen, duplizierter Code, nicht durchgesetzte Invariante (siehe »Vorbedingungen durchsetzen« auf Seite 191), »Primitive Obsession« und die Missachtung des Fail Fast-Prinzips. Die Bedingung, dass das Anfangsdatum vor dem Enddatum liegen muss, stellt sicher, dass das definierte Intervall logisch konsistent ist.

Eine solche Regel mag offensichtlich erscheinen, muss aber dennoch in der Implementierung eines `Interval`-Objekts im Code ausgedrückt werden. Würden Sie ein Datum als ein Trio von ganzen Zahlen modellieren? Sicherlich nicht.

Hier ein anämisches Beispiel:

```
val from = LocalDate.of(2018, 12, 9)
val to = LocalDate.of(2022, 12, 22)

val elapsed = elapsedDays(from, to)

fun elapsedDays(fromDate: LocalDate, toDate: LocalDate): Long {
    return ChronoUnit.DAYS.between(fromDate, toDate)
}

// Diese Funktion müssen Sie in Ihrem Code mehrmals anwenden.
// Sie prüft jedoch nicht, ob das Anfangsdatum vor dem Enddatum liegt.
// Es sollten aber keine Intervalle mit einem negativen Wert erzeugt werden.
```

Nach der Reifizierung des `Interval`-Objekts:

```
data class Interval(val fromDate: LocalDate, val toDate: LocalDate) {
    init {
        if (fromDate >= toDate) {
            throw IllegalArgumentException("From date must be before to date")
        }
        // Das Intervall muss unveränderlich sein, was durch
        // die Verwendung des Kotlin-Schlüsselworts 'data' sichergestellt wird.
    }
```

```
    fun elapsedDays(): Long {
        return ChronoUnit.DAYS.between(fromDate, toDate)
    }
}

val from = LocalDate.of(2018, 12, 9)
val to = LocalDate.of(2002, 12, 22)

val interval = Interval(from, to) // Ungültig.
```

Das ist ein Beispiel für primitive Besessenheit und betont die Wichtigkeit der Modellierung in der Softwareentwicklung. Fehlen einfache Validierungen in einer Software, ist meist einiges an Reifizierung nötig.

Verwandte Rezepte

»Small Objects erstellen« auf Seite 56

»Primitive Datentypen in Objekte umwandeln« auf Seite 57

»Wiederholten Code entfernen« auf Seite 149

KAPITEL 5

Mutabilität

Man kann nicht zweimal in denselben Fluss steigen, denn es ist nicht mehr derselbe Fluss und nicht mehr derselbe Mensch.

– *Heraklit*

Einführung

Seit der Einführung gespeicherter Programme gilt, dass Software aus Programmen und Daten besteht. Es ist klar, dass es ohne Daten keine Software gibt. In der objektorientierten Programmierung erstellt man Modelle, die sich im Laufe der Zeit weiterentwickeln und mit denen man das Wissen nachbildet, das man durch die Beobachtung der Realität gewonnen hat. Allerdings führt man solche Änderungen bisweilen unsachgemäß durch und verstößt dabei gegen das wichtigste Designprinzip, weil man unvollständige (und somit ungültige) Repräsentationen erzeugt und in der Folge einen Ripple-Effekt auslöst.

Im funktionalen Paradigma wird dies elegant durch das Verbot von Mutationen gelöst. Sie können sich (etwas) weniger drastisch verhalten. Wenn Sie in Ihrem Modell gemäß der Definition in Kapitel 2 der Bijektion treu bleiben, sollten Sie unterscheiden können, wann sich ein Objekt in Bezug auf seine *akzidentellen, zufälligen* oder *wesentlichen* Eigenschaften ändert – und Letzteres unterbinden (da es gegen das Bijektionsprinzip verstoßen würde).

Immutabilität bzw. Unveränderlichkeit ist ein zentrales Konzept der funktionalen Programmierung, und in vielen objektorientierten Sprachen werden zunehmend Werkzeuge angeboten, um dieses Konzept zu unterstützen. Trotzdem enthalten viele dieser Sprachen Altlasten in zentralen Klassen wie `Date` oder `String`. Objekte sollten sich gegen ungültige Repräsentationen zu schützen wissen.

Schauen wir uns die Klasse `Date` in den heutzutage am häufigsten verwendeten Programmiersprachen an:

Go (https://oreil.ly/LNc2M)
: `Date` ist ein Struct.

Java (https://oreil.ly/m4Hx3)
: Mutabel (veraltet).

PHP (https://oreil.ly/ye01k)
: Mutabel (durch Missbrauch von Settern).

Python (https://oreil.ly/2eOOJ)
: Mutabel (alle Attribute sind in Python öffentlich).

JavaScript (https://oreil.ly/e6Vph)
: Mutabel (durch Missbrauch von Settern).

Swift (https://oreil.ly/GAdBG)
: Mutabel.

Die Darstellung von Zeiten und Daten ist wahrscheinlich eine der ältesten und größten Herausforderungen der Menschheit. Dass diese *Getter* gemäß der offiziellen Dokumentation einiger der aufgeführten Sprachen veraltet sind, deutet auf ein mangelhaftes anfängliches Design der meisten modernen Programmiersprachen hin.

Ein anderer Ansatz für Mutabilität

Ein mögliches Vorgehen besteht in der Umkehr der Beweislast. Objekte sind grundsätzlich unveränderlich, sofern nicht anders angegeben. Wenn sie sich verändern, darf dies grundsätzlich nur ihre *akzidentellen* Aspekte betreffen. Niemals ihre *Essenz*, ihren Wesenskern. Und solche Änderungen sollten sich nicht auf andere Objekte, von denen sie verwendet werden, auswirken können (siehe »Das Wesentliche Ihrer Objekte erkennen« auf Seite 37).

Wenn ein Objekt ab seiner Erstellung vollständig ist, kann es jederzeit Funktionen ausführen. Ein Objekt muss die modellierte Entität von Anfang an korrekt repräsentieren. Wenn Sie in einer Umgebung mit Nebenläufigkeit arbeiten, ist es entscheidend, dass die Objekte jederzeit gültig sind. Ein Objekt muss unveränderlich sein, wenn die Entität, die es repräsentiert, unveränderlich ist – und die meisten Entitäten der realen Welt *sind* unveränderlich. Die Unveränderlichkeit ist Teil der Bijektion.

Diese Regeln stellen sicher, dass das Modell mit der realen Entität übereinstimmt. Aus dem Gesagten können wir eine Reihe von Regeln ableiten:

- Folgerung 1: Objekte müssen von ihrer Erstellung an vollständig sein (»Veränderungen der Objektessenz verbieten« auf Seite 76).
- Folgerung 2: Es sollte keine Setter geben (»Objekte von Settern befreien« auf Seite 39).
- Folgerung 3: Es sollte keine Getter geben (es sei denn, sie existieren in der realen Welt, sodass die Bijektion gültig ist). Es liegt nicht in der Verantwortung einer realen Entität, auf eine *getXXX()*-Nachricht zu antworten, da die `get()`-Verantwortlichkeit nicht Teil irgendeines Objektverhaltens ist (»Getter entfernen« auf Seite 48).

Variablen von var in const ändern

Problem

Sie haben konstante Variablen mit `var` deklariert.

Lösung

Definieren Sie Variablennamen, Geltungsbereich und Veränderbarkeit mit Bedacht.

Diskussion

Viele Programmiersprachen unterstützen das Konzept von Variablen und Konstanten. Um dem Prinzip des frühen Scheiterns (Fail-Fast-Prinzip) gerecht zu werden, ist es notwendig, einen korrekten Geltungsbereich festzulegen. In den meisten Sprachen sind Variablendeklarationen optional und in einigen kann man die Veränderlichkeit einer Variablen definieren. Sie sollten aber bei Ihren Deklarationen streng und explizit vorgehen und alle Variablen als `const` deklarieren, wenn Sie deren Wert nicht ändern müssen.

Im folgenden Beispiel ist zu sehen, dass eine fragwürdige Neuzuweisung des Werts von Pi nicht als Problem erkannt wird:

```
var pi = 3.14
var universeAgeInYears = 13.800.000.000

pi = 3.1415 // Kein Fehler.
universeAgeInYears = 13.800.000.001 // Kein Fehler.
```

Ein korrekter Ansatz wäre, die Variable pi als `const` zu definieren:

```
const pi = 3.14 // Wert kann nicht mutieren oder sich ändern.
let universeAgeInYears = 13.800.000.000 // Wert kann sich ändern.

pi = 3.1415 // Fehler, kann nicht zugewiesen werden.
universeAgeInYears = 13.800.000.001 // Kein Fehler.
```

Mit *Mutationstests* kann überprüft werden, ob ein Wert konstant bleibt, indem man eine Variable als `const` definiert. Das macht den Code zugleich deklarativer. In einigen Sprachen gibt es die Konvention, Konstanten in Großbuchstaben zu definieren. An diese Konvention sollten Sie sich halten, da sie die Lesbarkeit verbessert und es wichtig ist, Ihre Absichten und den Verwendungszweck im Code möglichst explizit zu formulieren.

Mutationstests

Mit *Mutationstests* können Sie die Qualität Ihrer Unit-Tests beurteilen. Dabei werden kleine, kontrollierte Änderungen (sogenannte »Mutationen«) am Code vorgenommen, um zu prüfen, ob die vorhandenen Unit-Tests diese Änderungen erkennen können. Dadurch lassen sich Bereiche im Code identifizieren, die zusätzliche Tests benötigen. Die Ergebnisse dienen als Maßstab für die Qualität der bestehenden Tests.

Eine Mutation kann beispielsweise darin bestehen, einen sehr kleinen Teil des Codes zu ändern – z. B. einen booleschen Wert zu negieren, eine arithmetische Operation zu ersetzen, einen Wert durch null zu ersetzen usw. – und anschließend zu prüfen, ob ein Test fehlschlägt.

Verwandte Rezepte

»Variablen als veränderlich deklarieren« auf Seite 74

»Veränderliche const-Arrays vermeiden« auf Seite 77

Variablen als veränderlich deklarieren

Problem

Sie weisen einer Variablen einen Wert zu und verwenden sie, ändern aber nie ihren Wert.

Lösung

Nutzen Sie die Möglichkeiten zur Steuerung der Mutabilität, sofern Ihre Programmiersprache dies unterstützt.

Diskussion

Sie müssen die Mutabilität der Bijektion beachten, die Variable zu einer Konstante machen und ihren Geltungsbereich klar definieren. Man lernt kontinuierlich aus der Anwendungsdomäne, sodass vorkommen kann, dass man zuerst annimmt, dass sich ein Wert ändern kann, man aber später feststellt, dass dies doch nicht der Fall ist und man die Variable in eine Konstanten umwandeln muss. Dadurch vermeidet man magische Konstanten (siehe »Magische Zahlen durch Konstanten ersetzen« auf Seite 94).

Im folgenden Codebeispiel sehen Sie ein Passwort, das als Variable definiert wird, obwohl es sich nie ändert:

```
function configureUser() {
  $password = '123456';
  // Einer Variablen ein Passwort zuzuweisen. Stellt eine Sicherheitslücke dar.
  $user = new User($password);
  // Beachten Sie, dass sich die Variable nicht ändert.
}
```

Sie können das Rezept anwenden und den Wert als Konstante deklarieren:

```
define("USER_PASSWORD", '123456')

function configureUser() {
  $user = new User(USER_PASSWORD);
}
```

```
// oder

function configureUser() {
  $user = new User(userPassword());
}

function userPassword() : string {
  return '123456';
}
```

> **Linter**
>
> Ein *Linter* prüft den Quellcode automatisch auf zuvor definierte Probleme. Dadurch sollen Fehler im Entwicklungsprozess möglichst frühzeitig erkannt werden, weil die Fehlerbehebung meist umso schwieriger und kostspieliger wird, je später sie erfolgt. Sie können Ihren Linter so konfigurieren, dass er auf eine Vielzahl von Problemen prüft, einschließlich Codierungsstil, Namenskonventionen oder Sicherheitslücken. Die meisten Linter können als Plug-ins in Ihrer IDE verwendet werden oder in Pipelines für Continuous Integration/Continuous Deployment (CI/CD) integriert werden. Dieselben Ergebnisse können Sie auch mit vielen generativen KI-Tools wie ChatGPT, Gemini und anderen erzielen.

Mit vielen Lintern können Sie prüfen, ob es für eine Variable nur eine einzige Zuweisung gibt. Sie können auch Mutationstests durchführen (siehe »Variablen von var in const ändern« auf Seite 73) und versuchen, die Variable zu ändern, um zu sehen, ob Tests fehlschlagen.. Bleiben Sie aufmerksam und refaktorieren Sie, wenn der Geltungsbereich der Variablen klar ist und Sie mehr über ihre Eigenschaften und Mutabilität erfahren.

> **Continuous Integration/Continuous Deployment**
>
> Die *CI/CD*-Pipeline automatisiert den Prozess der Softwareentwicklung, des Testens und der Bereitstellung. Die Pipeline ist darauf ausgelegt, den Entwicklungsprozess zu optimieren, Aufgaben zu automatisieren, die Codequalität zu verbessern und die Bereitstellung neuer Funktionen und Korrekturen in verschiedenen Umgebungen zu erleichtern.

Verwandte Rezepte

»Variablen von var in const ändern« auf Seite 73

»Veränderliche Konstanten einfrieren« auf Seite 80

»Geltungsbereich wiederverwendeter Variablen begrenzen« auf Seite 86

»Magische Zahlen durch Konstanten ersetzen« auf Seite 94

Veränderungen der Objektessenz verbieten

Problem

Ihre Objekte verändern sich in ihrer Essenz.

Lösung

Verbieten Sie die Änderung wesentlicher Attribute, nachdem sie festgelegt wurden.

Diskussion

Wie Sie in »Das Wesentliche Ihrer Objekte erkennen« auf Seite 37 gesehen haben, sollten Sie das Wesen eines Objekts nach dessen Erstellung nicht ändern, es sei denn, eine solche Änderung ist auch in der realen Welt möglich. Bevorzugen Sie unveränderliche Objekte, um den Ripple-Effekt zu vermeiden und referenzielle Transparenz zu fördern (siehe »Seiteneffekte beseitigen« auf Seite 82). Objekte sollten sich nur in unwesentlicher Hinsicht ändern, nicht in wesentlicher.

Objekt-Essenz

Das Wesen eines Objekts zu beschreiben, kann herausfordernd sein, da es ein tiefes Verständnis der Anwendungsdomäne erfordert, zu der es gehört. Wenn Sie ein Verhalten entfernen können und das Objekt weiterhin unverändert funktioniert, dann ist das entfernte Verhalten nicht wesentlich. Da Eigenschaften an das Verhalten gekoppelt sind, gilt für sie dieselbe Regel. Ein Auto kann seine Farbe ändern und bleibt doch dasselbe Auto, aber das gilt nicht, wenn sich das Modell ändert oder die Seriennummer. Diese Unterscheidungen sind allerdings sehr subjektiv, weil die reale Welt ebenfalls subjektiv ist. Es handelt sich um einen Konstruktionsprozess, nicht um einen wissenschaftlichen.

Denken Sie an das `Date`-Beispiel:

```
const date = new Date();
date.setMonth(4);
```

Die Referenz auf das `date` -Objekt ist konstant und wird immer auf das gleiche Datum zeigen. Auch wenn sich die Referenz nicht ändern kann, gilt das nicht für das `date`-Objekt: Greift man darauf mit einer beliebigen Methode zu, die den internen Zustand ändert, im vorliegenden Beispiel mit `setMonth()`, kann es sich sehr wohl ändern. Sie sollten alle Setter entfernen, die wesentliche Attribute ändern (siehe »Objekte von Settern befreien« auf Seite 39):

```
class Date {
// setMonth(month) {
// this.month = month;
// }
// ENTFERNT
}
```

Jetzt kann sich das Datum nicht mehr ändern, und alle darauf verweisenden Referenzen bleiben an das ursprünglich zugeordnete Datum gebunden.

> Das Entfernen der Setter im Produktionscode kann allerdings zu Fehlern führen. Sie können kleine Refaktorierungen an der Objekterstellung vornehmen und anschließend jeweils Ihre Tests laufen lassen.

Verwandte Rezepte

»Ripple-Effekt vermeiden« auf Seite 281

Veränderliche const-Arrays vermeiden

Problem

Sie deklarieren ein Array als `const`, es ist aber dennoch veränderlich.

Lösung

Seien Sie sehr vorsichtig mit sprachspezifischen Anweisungen zur Mutabilität und beachten Sie deren Geltungsbereich.

Diskussion

In einigen Sprachen werden Referenzen als konstant deklariert, was jedoch nicht gleichbedeutend mit Unveränderlichkeit ist. Sie können stattdessen – beispielsweise in JavaScript – den Spread-Operator verwenden:

```
const array = [1, 2];

array.push(3)

// array => [1, 2, 3]
// War es nicht konstant?
// konstant != unveränderlich?
```

Die Variable array ist als Konstante definiert, was bedeutet, dass ihrer Referenz kein anderer Wert zugewiesen werden kann. Wenn einer konstanten Variablen jedoch ein Array oder ein Objekt zugewiesen wurde, können weiterhin die Eigenschaften des Objekts oder die Elemente des Arrays geändert werden, da die konstante Variable nur die Referenz auf den Speicherort des Objekts oder Arrays enthält, nicht aber das Array oder Objekt selbst. Wenn Sie also `array.push(3)` aufrufen, ändern Sie zwar das Array, auf das die konstante Variable array verweist, Sie weisen aber der Variablen selbst keinen neuen Wert zu.

Spread-Operator

Der *Spread-Operator* in JavaScript wird durch drei Punkte (...) dargestellt und kann ein iterierbares Objekt (wie ein Array oder eine Zeichenkette) an Stellen erweitern, an denen null oder mehr Elemente (oder Zeichen) erwartet werden, z.B. bei Funktionsargumenten oder Variablen. Sie können damit zum Beispiel Arrays zusammenführen, Arrays kopieren, einem Array Elemente oder einem Objekt Eigenschaften eines anderen Objekts hinzufügen.

Hier ein eher deklaratives Beispiel:

```
const array = [1, 2];

const newArray = [...array, 3]
// array => [1, 2] - Hat sich nicht verändert.
// newArray = [1, 2, 3]
```

Der Spread-Operator erstellt eine flache Kopie des ursprünglichen Arrays, sodass die beiden Arrays unterschiedlich und voneinander unabhängig sind. Sie sollten grundsätzlich Unveränderlichkeit bevorzugen und auf mögliche Seiteneffekte achten, da es sich hier um ein Sprachmerkmal handelt.

Flache Kopie

Eine *flache Kopie* (Shallow Copy) ist eine Kopie eines Objekts, die eine neue Referenz auf denselben Speicherort erzeugt, an dem das Originalobjekt gespeichert ist. Sowohl das Originalobjekt als auch dessen flache Kopie teilen dieselben Werte. Die Änderungen, die Sie an den Werten eines dieser Objekte vornehmen, spiegeln sich auch im anderen Objekt wider. Bei einer tiefen Kopie (Deep Copy) wird dagegen eine völlig unabhängige Kopie des Originalobjekts mit eigenen Eigenschaften und Werten erstellt. Änderungen, die Sie an den Eigenschaften oder Werten des Originalobjekts vornehmen, wirken sich nicht auf die tiefe Kopie aus – und umgekehrt.

Verwandte Rezepte

»Variablen von var in const ändern« auf Seite 73

»Veränderliche Konstanten einfrieren« auf Seite 80

Siehe auch

»Spread Syntax (...)« auf Mozilla.org (*https://oreil.ly/Ihs4b*)

Lazy Initialization entfernen

Problem

Sie nutzen Lazy Initialization, eine verzögerte Initialisierung, um ressourcenintensive Objekte erst genau dann abzurufen, wenn Sie sie benötigen.

Lösung

Verwenden Sie keine verzögerte Initialisierung. Verwenden Sie stattdessen einen Objektprovider.

Diskussion

> **Lazy Initialization**
>
> Mit Lazy Initialization verzögern Sie die Erstellung eines Objekts oder die Berechnung eines Werts bis zu dem Moment, da es bzw. er tatsächlich benötigt wird. Ziel ist in der Regel, die Ressourcennutzung und die Leistung zu optimieren, indem der Initialisierungsprozess so spät wie möglich erfolgt.

Die verzögerte Initialisierung kann jedoch zu Problemen bei Nebenläufigkeit und zu Race Conditions führen, wenn mehrere Threads gleichzeitig versuchen, auf ein Objekt zuzugreifen und es zu initialisieren. Außerdem wird der Code dadurch komplexer, da es sich um ein klassisches Beispiel für vorzeitige Optimierung handelt (siehe Kapitel 16). In manchen Fällen kann das zu Deadlocks führen, wenn ein Thread auf die Initialisierung eines Objekts durch einen anderen Thread wartet, der gleichzeitig auf die Initialisierung eines anderen Objekts durch den ersten Thread wartet.

Hier ein einfaches Beispiel mit Pythons eingebauter verzögerter Initialisierung:

```
class Employee
  def emails
    @emails ||= []
  end

  def voice_mails
    @voice_mails ||= []
  end
end
```

In Python können Sie eine Eigenschaft oder einen Deskriptor verwenden, um die Erstellung einer Ressource zu verzögern, bis Sie das erste Mal darauf zugreifen. Die Methode `emails` verwendet den Operator `||=`, eine Kurzform für »oder gleich«. Dieser weist einer Variablen nur dann einen Wert zu, wenn sie null oder falsch ist – im vorliegenden Beispiel der Instanzvariablen `@emails` ein leeres Array `[]`.

Hier das gleiche Beispiel in einer Sprache, die Lazy Initialization nicht explizit unterstützt:

```
class Employee {
  constructor() {
    this.emails = null;
    this.voiceMails = null;
  }

  getEmails() {
    if (!this.emails) {
      this.emails = [];
    }
```

```
      return this.emails;
    }

    getVoiceMails() {
      if (!this.voiceMails) {
        this.voiceMails = [];
      }
      return this.voiceMails;
    }
  }
```

Sie sollten die verzögerte Initialisierung vollständig entfernen und die wesentlichen Attribute direkt bei der Objekterzeugung initialisieren, wie in anderen Rezepten gezeigt:

```
class Employee
  attr_reader :emails, :voice_mails

  def initialize
    @emails = []
    @voice_mails = []
  end
end
# Sie können auch ein Entwurfsmuster einfügen, um voice_mails
# extern zu behandeln, sodass Sie es in Ihren Tests simulieren können.
```

Lazy Initialization ist ein gebräuchliches Entwurfsmuster, um mit nicht initialisierten Variablen umzugehen. Vermeiden Sie jedoch vorzeitige Optimierungen. Wenn echte Leistungsprobleme auftreten, sollten Sie anstelle von *Singletons* einen *Proxy*, eine *Fassade* oder eine unabhängigere Lösung verwenden. Singletons sind ein weiteres Antipattern, das oft mit Lazy Initialization kombiniert wird (siehe »Singletons ersetzen« auf Seite 265).

Antipatterns
Ein Entwurfsmuster, das auf den ersten Blick eine gute Idee zu sein scheint, aber letztlich zu negativen Konsequenzen führt. Antipatterns wurden früher von vielen Experten als gute Lösung empfohlen, heutzutage gibt es jedoch starke Argumente, die gegen ihren Einsatz sprechen.

Verwandte Rezepte

»Nullobjekte erstellen« auf Seite 231

»Singletons ersetzen« auf Seite 265

Veränderliche Konstanten einfrieren

Problem

Sie deklarieren etwas mit dem Schlüsselwort const als konstant, aber Bestandteile lassen sich dennoch verändern.

Lösung

Verwenden Sie unveränderliche Konstanten.

Diskussion

Wahrscheinlich haben Sie in Ihrem ersten Programmierkurs gelernt, wie man Konstanten deklariert. Im Kern geht es nicht so sehr darum, dass etwas konstant ist, sondern vielmehr darum, dass es nicht mutiert. Dieses Rezept variiert in verschiedenen Programmiersprachen. JavaScript ist dafür bekannt, das Prinzip der geringsten Überraschung zu verletzen. Daher ist das folgende Verhalten nicht unbedingt überraschend:

```
const DISCOUNT_PLATINUM = 0.1;
const DISCOUNT_GOLD = 0.05;
const DISCOUNT_SILVER = 0.02;

// Da Variablen Konstanten sind, können Sie ihnen keine neuen Werte zuweisen.
const DISCOUNT_PLATINUM = 0.05; // Fehler

// Sie können sie gruppieren.
const ALL_CONSTANTS = {
  DISCOUNT: {
    PLATINUM = 0.1;
    GOLD = 0.05;
    SILVER = 0.02;
  },
};

const ALL_CONSTANTS = 3.14; // Fehler

ALL_CONSTANTS.DISCOUNT.PLATINUM = 0.08; // KEIN FEHLER. OOPS!

const ALL_CONSTANTS = Object.freeze({
  DISCOUNT:
    PLATINUM = 0.1;
    GOLD = 0.05;
    SILVER = 0.02;
});

const ALL_CONSTANTS = 3.14; // Fehler

ALL_CONSTANTS.DISCOUNT.PLATINUM = 0.12; // KEIN FEHLER. OOPS!
```

Bei Konstanten innerhalb von Konstanten müssen Sie aufpassen:

```
export const ALL_CONSTANTS = Object.freeze({
  DISCOUNT: Object.freeze({
    PLATINUM = 0.1;
    GOLD = 0.05;
    SILVER = 0.02;
  }),
});

const ALL_CONSTANTS = 3.14; // Fehler
```

```
ALL_CONSTANTS.DISCOUNT.PLATINUM = 0.12; // FEHLER
// Der Code funktioniert, aber er ist gekoppelt und kann nicht getestet werden.

Class TaxesProvider {
  applyPlatinum(product);
}

// Jetzt können Sie an ein Interface (mit dem benötigten Protokoll) koppeln.
// Da die Klasse keine Setter hat, ist sie konstant und unveränderlich,
// und Sie können sie bei Tests ersetzen.
```

Dieses knifflige Verhalten tritt neben JavaScript nur in wenigen Sprachen auf. Sie können Mutationstests durchführen (siehe »Variablen von var in const ändern« auf Seite 73), um veränderte Werte zu erkennen, und müssen die Unveränderlichkeit mit den geeigneten Werkzeugen erzwingen.

Das Prinzip der geringsten Überraschung

Das *Prinzip der geringsten Überraschung* (Principle of Least Surprise) besagt, dass ein System sich so verhalten muss, dass es seine Nutzer möglichst wenig überrascht und sich gemäß deren Erwartungen verhält. Wenn Sie diesem Prinzip folgen, kann der Benutzer leicht vorhersagen, was passieren wird, wenn er mit dem System interagiert. Entwickeln Sie Software, die möglichst intuitiv und einfach zu bedienen ist und dadurch zu einer höheren Benutzerzufriedenheit und Produktivität führt.

Verwandte Rezepte

»Veränderliche const-Arrays vermeiden« auf Seite 77

»Geltungsbereich wiederverwendeter Variablen begrenzen« auf Seite 86

»Magische Zahlen durch Konstanten ersetzen« auf Seite 94

Seiteneffekte beseitigen

Problem

Sie setzen Funktionen ein, die Seiteneffekte zur Folge haben.

Lösung

Vermeiden Sie Seiteneffekte.

Diskussion

Seiteneffekte führen zu Kopplung, unerwarteten Ergebnissen, möglichen Konflikten in Multiprocessing-Umgebungen und verletzen das Prinzip der geringsten Überraschung (siehe »Veränderliche Konstanten einfrieren« auf Seite 80). Sie können die referenzielle Transparenz fördern, indem Sie umsichtig nur mit »sich selbst« (im Sinne von »this« und »self«) und »Ihren« Argumenten interagieren.

Referenzielle Transparenz

Referenziell transparente Funktionen liefern bei identischer Eingabe immer dasselbe Ergebnis und haben keine Seiteneffekte, wie das Modifizieren globaler Variablen oder die Durchführung von I/O-Operationen. Mit anderen Worten: Eine Funktion (oder ein Ausdruck) ist referenziell transparent, wenn sie durch ihr ausgewertetes Ergebnis ersetzt werden kann, ohne das Verhalten des Programms zu verändern. Das ist ein grundlegendes Konzept im Paradigma der funktionalen Programmierung, demzufolge Funktionen als mathematische Ausdrücke behandelt werden, die Eingaben auf Ausgaben abbilden.

Hier eine Funktion, die sowohl eine globale Variable als auch eine externe Ressource beeinflusst:

```
let counter = 0;

function incrementCounter(value: number): void {
  // Zwei Seiteneffekte!
  counter += value; // Ändert die globale Variable counter.
  console.log(`Counter is now ${counter}`); // Protokolliert Meldung auf Konsole.
}
```

Durch die Vermeidung aller Seiteneffekte ist Ihre Funktion reentrant und vorhersehbar:

```
let counter = 0;

function incrementCounter(counter: number, value: number): number {
  return counter + value; // nicht sehr effizient
}
```

Die meisten Linter können Sie warnen, wenn auf den globalen Zustand oder Funktionen zugegriffen wird und Seiteneffekte erzeugt werden. Funktionale Programmierung ist erstaunlich und kann viel darüber lehren, wie man Clean Code schreibt.

Verwandte Rezepte

»Globale Funktionen reifizieren« auf Seite 295

Hoisting verhindern

Problem

Sie verwenden Variablen, bevor sie deklariert wurden.

Lösung

Deklarieren Sie Ihre Variablen und achten Sie auf den Geltungsbereich.

Diskussion

Hoisting beeinträchtigt die Verständlichkeit des Codes und verstößt gegen das Prinzip der geringsten Überraschung. Sie sollten Ihre Variablen immer explizit deklarieren, möglichst const-Deklarationen verwenden (siehe »Variablen von var in const ändern« auf Seite 73) und Variablen am Anfang eines Geltungsbereichs deklarieren. Hoisting erlaubt es, dass Variablen- und Funktionsdeklarationen, die mit var erstellt wurden, in einigen Sprachen während des Kompiliervorgangs an den Anfang ihres Geltungsbereichs verschoben werden.

In diesem Beispiel wird eine Variable verwendet, bevor sie definiert wurde:

```
console.log(willBeDefinedLater);
// Ausgabe: undefined (aber kein Fehler)

var willBeDefinedLater = "Beatriz";
console.log(willBeDefinedLater);
// Ausgabe: "Beatriz"
```

Bei der expliziten Deklaration mit const:

```
const dante = "abandon hope all ye who enter here";
// Deklaration einer Konstante 'dante'
// mit dem Wert "abandon hope all ye who enter here".

console.log(dante);
// Ausgabe: "abandon hope all ye who enter here"

dante = "Divine Comedy"; // Fehler: Zuweisung an eine konstante Variable.
```

Sie können mit Mutationstests prüfen, ob eine Änderung des Geltungsbereichs der Variablen zu unerwarteten Ergebnissen führt. Hoisting ist ein weiteres magisches Werkzeug, das einige Compiler bequemen Programmierern an die Hand geben. Das rächt sich beim Debuggen.

Verwandte Rezepte

»Variablen von var in const ändern« auf Seite 73

»Warnungen/Strict-Modus nicht ausschalten« auf Seite 349

Siehe auch

»Hoisting« in der Wikipedia (*https://oreil.ly/HuOXo*)

KAPITEL 6

Deklarativer Code

> Bei Software ist Verhalten entscheidend. Es ist das, worauf die Benutzer angewiesen sind. Benutzer schätzen es, wenn wir ein Verhalten hinzufügen (vorausgesetzt, es ist das, was sie wirklich wollten). Wenn wir jedoch ein Verhalten, auf das sie angewiesen sind, ändern oder entfernen (Fehler einführen), vertrauen sie uns nicht mehr.
>
> *– Michael Feathers, Working Effectively with Legacy Code (dt. Effektives Arbeiten mit Legacy Code: Refactoring und Testen bestehender Software)*

Einführung

Als deklarativer Code wird Programmcode bezeichnet, der beschreibt, *was* ein Programm tun soll, anstatt die Schritte zu spezifizieren, die das Programm zur Erledigung einer Aufgabe ausführen muss. Der Code konzentriert sich dabei also auf das gewünschte Ergebnis (das »Was«) und nicht auf den Prozess zur Erreichung dieses Ergebnisses (das »Wie«). Deklarativer Code ist im Vergleich zu imperativem Code, der die einzelnen Schritte angibt, die ein Programm ausführen soll, lesbarer und verständlicher. Zudem ist der Code prägnanter und fokussiert auf das Endergebnis, nicht auf die konkreten Details, wie dieses Ergebnis erreicht wird.

Deklarativer Code wird häufig in Programmiersprachen eingesetzt, die funktionale Programmierung unterstützen, ein Programmierparadigma, das die Verwendung von Funktionen zur Beschreibung der Berechnungen eines Programms betont. Beispiele für deklarative Programmiersprachen sind *SQL*, das für die Verwaltung von Datenbanken verwendet wird, und *HTML*, das zur Strukturierung und Formatierung von Dokumenten für das Web genutzt wird.

In der Softwareentwicklung herrscht eine gewisse Trägheit, die teilweise noch aus den Zeiten stammt, in denen Programme aus Zeit- und Platzgründen in Low-Level-Sprachen geschrieben werden mussten. Das ist heute nicht mehr der Fall. Moderne Compiler und virtuelle Maschinen sind leistungsfähiger denn je und überlassen den Entwicklern die wichtige Aufgabe, hochsprachlichen, deklarativen und sauberen Code zu schreiben.

Geltungsbereich wiederverwendeter Variablen begrenzen

Problem

Sie verwenden dieselbe Variable in verschiedenen Geltungsbereichen.

Lösung

Sie sollten dieselbe Variable nicht für verschiedene Zwecke verwenden, sondern für alle lokalen Variablen den minimal möglichen Geltungsbereich (und damit eine möglichst kurze Lebensdauer) festlegen.

Diskussion

Die Wiederverwendung von Variablen erschwert die Nachvollziehbarkeit von Geltungsbereichen und deren Grenzen und verhindert, dass Refactoring-Tools unabhängige Codeblöcke extrahieren können. Bei der Programmierung von Skripten ist es durchaus üblich, Variablen wiederzuverwenden. Nach einigen Kopieren-und-Einfügen-Operationen können umfangreiche, fortlaufende Blöcke entstehen. Die Hauptursache des Problems ist das Kopieren von Code. Sie sollten stattdessen das Rezept »Wiederholten Code entfernen« auf Seite 149 anwenden. Als Faustregel gilt, dass Sie den Geltungsbereich so weit wie möglich einschränken sollten, da ein zu umfangreicher Scope zu Verwirrung führt und die Fehlersuche erschwert.

Im folgenden Codebeispiel wird die Variable `total` wiederverwendet:

```
// Zeilensumme ausgeben.
double total = item.getPrice() * item.getQuantity();
System.out.println("Line total: " + total);

// Gesamtbetrag ausgeben.
total = order.getTotal() - order.getDiscount();
System.out.println( "Amount due: " + total );

// Variable "total" wird wiederverwendet.
```

Sie sollten den Geltungsbereich der Variablen eingrenzen und den Code in zwei separate Blöcke bzw. Funktionen aufteilen. Das können Sie erreichen, wenn Sie gemäß »Methode in ein Objekt extrahieren« auf Seite 159 vorgehen:

```
function printLineTotal() {
  double lineTotal = item.getPrice() * item.getQuantity();
  System.out.println("Line total: " + lineTotal);
}

function printAmountTotal() {
  double amountTotal = order.getTotal() - order.getDiscount();
  System.out.println("Amount due: " + amountTotal);
}
```

In der Regel sollten Sie Variablennamen nicht wiederverwenden. Verwenden Sie stattdessen lokale, spezifische und selbsterklärende Namen.

Verwandte Rezepte

»Wiederholten Code entfernen« auf Seite 149

»Methode in ein Objekt extrahieren« auf Seite 159

»Überlange Methoden unterteilen« auf Seite 165

»Überflüssige Variablen reduzieren« auf Seite 168

Absichtserklärender Code

Absichtserklärender Code (Intention-revealing Code) kommuniziert klar seinen Zweck oder seine Absicht an andere Entwickler, die ihn in der Zukunft lesen oder mit ihm arbeiten werden. Dadurch soll er verhaltensorientierter, deklarativer, lesbarer, verständlicher und wartbarer werden.

Code durch Aufteilung in Funktionen strukturieren

Problem

In Ihrem Code befinden sich längere Codeabschnitte, die durch Leerzeilen voneinander getrennt sind.

Lösung

Verwenden Sie »Methode in ein Objekt extrahieren« auf Seite 159, um durch Leerzeilen getrennte Codeblöcke sinnvoll zu strukturieren.

Diskussion

Kürzere Funktionen begünstigen die Lesbarkeit, verbessern die Wiederverwendbarkeit und folgen dem KISS-Prinzip. Hier ein Beispiel mit übermäßigem Gebrauch von Leerzeilen zur Trennung von Codeblöcken:

```
function translateFile() {
    $this->buildFilename();
    $this->readFile();
    $this->assertFileContentsOk(); // Und viele weitere Zeilen.

    // Eine Leerzeile signalisiert den Beginn eines weiteren Blocks.
    $this->translateHyperlinks();
    $this->translateMetadata();
    $this->translatePlainText();

    // Eine weitere Leerzeile signalisiert den Beginn noch eines Blocks.
    $this->generateStats();
    $this->saveFileContents(); // Und viele weitere Zeilen.
}
```

Indem Sie »Methode in ein Objekt extrahieren« auf Seite 159 anwenden, ergibt sich eine kürzere, besser strukturierte Version:

```
function translateFile() {
    $this->readFileToMemory();
    $this->translateContents();
    $this->generateStatsAndSaveFileContents();
}
```

Falls Sie einen Linter verwenden, können Sie diesen so einstellen, dass er Sie darauf hinweist, wenn Sie Leerzeilen verwenden oder Methoden zu lang werden. Leerzeilen als solche sind harmlos, bieten aber Anhaltspunkte, wie man den Code in kleinere logische Einheiten zerlegen kann. Falls Sie Ihren Code mit Kommentaren anstelle von (oder zusätzlich zu) Leerzeilen unterbrechen, ist dies ein Code-Smell, der nach einer Umstrukturierung verlangt (siehe »Kommentare innerhalb von Methoden entfernen« auf Seite 134).

Das KISS-Prinzip

Das Akronym *KISS* steht für »Keep It Simple, Stupid«. Das Prinzip besagt, dass Systeme am besten funktionieren, wenn man sie möglichst einfach hält und nicht überkompliziert. Einfachere Systeme sind leichter zu verstehen, zu verwenden und zu warten als komplexe Systeme, sodass die Wahrscheinlichkeit sinkt, dass sie versagen oder unerwartete Ergebnisse liefern.

Verwandte Rezepte

»Kommentare innerhalb von Methoden entfernen« auf Seite 134

»Methode in ein Objekt extrahieren« auf Seite 159

»Überlange Methoden unterteilen« auf Seite 165

Siehe auch

Dieses Rezept wird in Robert Martins Buch *Clean Code* ausführlich erklärt.

Versionierte Methoden entfernen

Problem

Im Code kommen Methoden mit Versionsangaben wie `sort`, `sortOld`, `sort20210117`, `sortFirstVersion`, `workingSort` usw. vor.

Lösung

Entfernen Sie die Versionsbezeichnung aus dem Namen und verwenden Sie stattdessen eine Versionsverwaltung.

Diskussion

Über den Namen versionierte Funktionen beeinträchtigen die Lesbarkeit und Wartbarkeit. Sie sollten nur jeweils eine Arbeitsversion eines Artefakts (Klasse, Methode, Attribut) behalten und die Versionierung einer Versionsverwaltung überlassen. Wenn Sie Code haben, der versionierte Methoden wie diese verwendet:

```
findMatch()
findMatch_new()
findMatch_newer()
findMatch_newest()
findMatch_version2()
findMatch_old()
findMatch_working()
findMatch_for_real()
findMatch_20200229()
findMatch_thisoneisnewer()
findMatch_themostnewestone()
findMatch_thisisit()
findMatch_thisisit_for_real()
```

... sollten Sie alle Varianten der Methode durch eine einzige ersetzen:

```
findMatch()
```

Wie bei vielen anderen Entwurfsmustern können Sie eine interne Richtlinie erstellen und diese klar kommunizieren; oder Sie fügen automatische Regeln hinzu, um versionierte Methodenbezeichnungen anhand von Suchmustern zu identifizieren. In der Softwareentwicklung spielt das Management der zeitlichen Codeevolution immer eine Rolle. Zum Glück gibt es dafür heutzutage ausgereifte Werkzeuge.

Versionsverwaltung

Eine Versionsverwaltung (Version Control System) ist ein Werkzeug, mit dem Entwickler Änderungen am Quellcode eines Softwareprojekts nachverfolgen können. Dadurch können viele Entwickler gleichzeitig an derselben Codebasis arbeiten, was die Zusammenarbeit, das Rollback von Änderungen und die Verwaltung verschiedener Codeversionen erleichtert. Derzeit ist Git das am meisten verwendete System.

Verwandte Rezepte

»Kommentare in Funktionsnamen umwandeln« auf Seite 133

Doppelte Verneinungen entfernen

Problem

Sie nutzen Methoden, die nach einer negativen Bedingung benannt sind.

Lösung

Verwenden Sie zur Benennung Ihrer Variablen, Methoden und Klassen immer positiv formulierte Bezeichnungen.

Diskussion

Bei diesem Rezept geht es vor allem um die Lesbarkeit: Beim Lesen negativer Bedingungen kann Ihr Gehirn auf eine falsche Fährte gelockt werden. Hier ein Beispiel für eine doppelte Verneinung:

```
if (!work.isNotFinished())
```

Wenn Sie es positiv formulieren:

```
if (work.isDone())
```

Sie können Ihren Linter anweisen, mit regulären Ausdrücken nach Zeichenketten oder Ausdrücken wie `!not` oder `!isNot` zu suchen und Warnungen auszugeben. Sie müssen der Testabdeckung vertrauen und sichere Umbenennungen und andere Refactorings erstellen.

Verwandte Rezepte

»Übertriebene Raffinesse aus dem Code entfernen« auf Seite 155

»Boolesche Variablen reifizieren« auf Seite 209

»Rückgabe boolescher Werte für Bedingungsprüfungen vermeiden« auf Seite 220

»Mit truthy-Werten umgehen« auf Seite 377

Siehe auch

»Remove Double Negative« auf Refactoring.com (*https://oreil.ly/bR1Sf*)

Falsch zugeordnete Verantwortlichkeiten verschieben

Problem

Methoden befinden sich in den falschen Objekten.

Lösung

Erstellen oder überladen Sie die richtigen Objekte, indem Sie mithilfe des MAPPER die passenden Stelle identifizieren.

Diskussion

Die geeigneten Objekte für bestimmte Zuständigkeiten zu finden, ist eine schwierige Aufgabe. Sie müssen die Frage beantworten: »Wer ist verantwortlich für ...?« Wenn Sie mit Personen außerhalb der Softwarewelt sprechen, können diese Ihnen Hinweise darauf geben, wo Sie die einzelnen Verantwortlichkeiten bzw. Zuständigkeiten platzieren sollten. Entwickler hingegen neigen dazu, Verhalten an sehr seltsamen Orten zu platzieren ... etwa in Hilfsfunktionen!

Hier einige Beispiele für die Zuständigkeit von `add`:

```
Number>>#add: a to: b
  ^ a + b

// Das ist in vielen Programmiersprachen normal, aber nicht im wirklichen Leben.
```

Hier ein anderer Ansatz:

```
Number>>#add: adder
  ^ self + adder

// Diese Variante kann in einigen Programmiersprachen nicht kompiliert werden,
// weil sie die Änderung bestimmter Verhaltensweisen in Basisklassen verbieten.
// Aber es ist der richtige Ort für diese Zuständigkeit.
```

Es gibt einige Sprachen, in denen man primitiven Typen Zuständigkeiten hinzufügen kann. Geschieht dies im geeigneten Objekt, findet man sie zuverlässig an der gleichen Stelle. Hier ein weiteres Beispiel, in dem die Konstante `PI` definiert wird:

```
class GraphicEditor {
  constructor() {
    this.PI = 3.14;
    // Sie sollten die Konstante nicht hier definieren.
  }

  pi() {
    return this.PI;
    // Liegt nicht in der Verantwortung dieses Objekts.
  }

  drawCircle(radius) {
    console.log("Drawing a circle with radius ${radius} " +
    "and circumference " + (2 * this.pi()) * radius");
  }
}
```

Wenn Sie die Zuständigkeit in ein Objekt `RealConstants` verschieben, vermeiden Sie die Wiederholung von Code:

```
class GraphicEditor {
  drawCircle(radius) {
    console.log("Drawing a circle with radius " + radius +
      " and circumference " + (2 * RealConstants.pi() * radius));
  }
}
// Die Definition von PI liegt in der Zuständigkeit von RealConstants
// (oder Number oder Ähnlichem).
```

```
    class RealConstants {
      pi() {
        return 3.14;
      }
}
```

Verwandte Rezepte

»Hilfsfunktionen und -klassen umbenennen und aufteilen« auf Seite 107

»Feature Envy vorbeugen« auf Seite 276

Explizite Iterationen ersetzen

Problem

Vermutlich sind Ihnen Schleifen bereits seit Ihren ersten Programmierschritten bekannt. Aber Enums und Iteratoren sind die nächste Generation, und Sie benötigen eine höhere Ebene der Abstraktion.

Lösung

Verwenden Sie bei der Iteration keine Indizes. Bevorzugen Sie Sammlungen höherer Ordnung.

Diskussion

Indizes verletzen oft die Kapselung und sind weniger deklarativ. Wenn eine Sprache dies unterstützt, sollten Sie foreach() oder Iteratoren höherer Ordnung bevorzugen. Sie können yield(), *Caches, Proxies, Lazy Loading* und vieles mehr verwenden, wenn Sie Ihre Implementierungsdetails verbergen.

Hier ein Beispiel, in dem eine strukturelle Iteration über den Index *i* durchgeführt wird:

```
for (let i = 0; i < colors.length; i++) {
  console.log(colors[i]);
}
```

Das folgende Beispiel ist deklarativer:

```
colors.forEach((color) => {
  console.log(color);
});

// Es werden Closures und Pfeilfunktionen verwendet.
```

Es gibt aber auch Ausnahmen. Wenn die Anwendungsdomäne verlangt, dass die Elemente (wie in Kapitel 2 definiert) auf natürliche Zahlen wie Indizes abgebildet werden, ist die erste Lösung (mit Index *i*) angemessen. Denken Sie daran, dass Sie immer Analogien zur realen Welt finden müssen. Dieser Code-Smell fällt vielen Entwicklern nicht negativ auf, weil sie glauben, dass es sich hierbei eher um eine Spitzfindigkeit handelt. Bei der Erstellung von Clean Code geht es aber um diese wenigen deklarativen Dinge, die einen Unterschied machen können.

Verwandte Rezepte

»Abkürzungen ausschreiben« auf Seite 105

Entwurfsentscheidungen dokumentieren

Problem

Sie haben nicht-triviale Entscheidungen bezüglich Ihres Codes getroffen und müssen die Gründe dafür dokumentieren.

Lösung

Verwenden Sie deklarative und absichtserklärende Namen.

Diskussion

Sie sollten Ihre Entwurfs- oder Implementierungsentscheidungen deklarativ formulieren, indem Sie beispielsweise die Entscheidung extrahieren und ihr einen klaren, absichtserklärenden Namen geben. Vermeiden Sie die Verwendung von Kommentaren, da Kommentare »toter Code« sind, der leicht veraltet und nicht kompiliert wird. Seien Sie explizit bezüglich Ihrer Entscheidung oder wandeln Sie den Kommentar in eine Methode um. Manchmal stößt man auf willkürliche Regeln, die nicht so leicht überprüfbar sind. Wenn Sie beispielsweise keinen Test schreiben können, sollten Sie, anstatt einen Kommentar zu verwenden, eine Funktion mit einem besonders aussagekräftigen und deklarativen Namen versehen, um vor zukünftigen Änderungen zu warnen.

Hier ein Beispiel für eine nicht explizit kommunizierte Entwurfsentscheidung:

```
// Der Prozess muss mit mehr Speicher ausgeführt werden.
set_memory("512k");

run_process();
```

Die folgende Variante ist dagegen eindeutig und gibt einen Hinweis auf die Gründe für den höheren Speicherbedarf:

```
increase_memory_to_avoid_false_positives();
run_process();
```

Code ist Prosa. Und Entwurfsentscheidungen sollten ihre Geschichte erzählen.

Verwandte Rezepte

»Kommentare in Funktionsnamen umwandeln« auf Seite 133

»Kommentare innerhalb von Methoden entfernen« auf Seite 134

Magische Zahlen durch Konstanten ersetzen

Problem

Sie verwenden eine Methode, die Berechnungen mit vielen Zahlen durchführt, ohne deren Bedeutung zu beschreiben.

Lösung

Vermeiden Sie die Verwendung *magischer Zahlen* ohne dazugehörige Erklärung. Sie kennen deren Quelle nicht und sollten sich davor hüten, sie zu ändern und Fehler zu provozieren.

Diskussion

Magische Zahlen verursachen Kopplung. Sie sind schwer zu testen und zu lesen. Geben Sie Konstanten semantische Namen (bedeutungsvoll und absichtserklärend) und ersetzen Sie sie durch Parameter, damit Sie sie mocken können (siehe »Mock-Objekte durch echte Objekte ersetzen« auf Seite 330). Eine Konstantendefinition ist oft ein anderes Objekt als der Nutzer dieser Konstante, und glücklicherweise können viele Linter Zahlliterale in Attributen und Methoden erkennen.

Hier eine wohlbekannte Konstante:

```
function energy($mass) {
    return $mass * (299792 ** 2);
}
```

Wenn Sie das Beispiel umformulieren, erhalten Sie:

```
function energy($mass) {
    return $mass * (LIGHT_SPEED_KILOMETERS_OVER_SECONDS ** 2);
}
```

Verwandte Rezepte

»Variablen als veränderlich deklarieren« auf Seite 74

»Veränderliche Konstanten einfrieren« auf Seite 80

»Übertriebene Raffinesse aus dem Code entfernen« auf Seite 155

»Überflüssige Klammern entfernen« auf Seite 170

»Versteckte Annahmen explizit machen« auf Seite 263

»God Objects aufspalten« auf Seite 268

»Was« und »Wie« trennen

Problem

Ihr Code konzentriert sich mehr auf die interne Funktionsweise als auf das Ergebnis.

Lösung

Kümmern Sie sich nicht um Implementierungsdetails. Seien Sie deklarativ, nicht imperativ.

Diskussion

Die Namensgebung ist wichtig, um versehentliche Kopplungen zu vermeiden. In der Softwarebranche kann die Trennung von Zuständigkeiten (Separation of Concerns) eine schwierige Aufgabe sein, aber funktionale Software besitzt die Fähigkeit, dem Test der Zeit standzuhalten. Implementierungsorientierte Software führt dagegen zu Kopplung und ist schwieriger zu ändern.

Manchmal werden Änderungen in Kommentaren dokumentiert. Da Kommentare nur selten gepflegt werden, ist das jedoch keine gute Lösung (siehe »Kommentare in Funktionsnamen umwandeln« auf Seite 133). Wenn Sie ein Design wählen, das auf Anpassungsfähigkeit und die Vermittlung seiner Absichten ausgerichtet ist, überlebt Ihr Code länger und funktioniert besser.

In diesem Codebeispiel ist die durchzuführende Aktion an die ausstehende Aufgabe von `stepWork` gekoppelt:

```
class Workflow {
    moveToNextTransition() {
        // Die Geschäftsregel wird mit der zufälligen Implementierung gekoppelt.
        if (this.stepWork.hasPendingTasks()) {
            throw new Error('Preconditions are not met yet..');
        } else {
            this.moveToNextStep();
        }
    }
}
```

Hier eine bessere Lösung:

```
class Workflow {
    moveToNextTransition() {
        if (this.canMoveOn()) {
            this.moveToNextStep();
        } else {
            throw new Error('Preconditions are not met yet..');
        }
    }

    canMoveOn() {
        // Die Implementierung (das "Wie") wird hinter
        // dem "Was" verborgen.
```

```
            return !this.stepWork.hasPendingTasks();
        }
    }
```

Um vorzeitige Optimierung zu vermeiden, sollten Sie gute Namen wählen und bei Bedarf Vermittlungsebenen hinzufügen (siehe Kapitel 16). Das Argument, dass man damit Ressourcen verschwendet und über einen tiefen Einblick verfügen muss, ist nicht stichhaltig. Zudem kann jede moderne virtuelle Maschine diese zusätzlichen Aufrufe cachen oder inline ausführen.

Verwandte Rezepte

»Kommentare in Funktionsnamen umwandeln« auf Seite 133

»Isolierte Klassen umbenennen« auf Seite 313

Reguläre Ausdrücke dokumentieren

Problem

Sie verwenden magische reguläre Ausdrücke, die schwer zu verstehen sind.

Lösung

Zerlegen Sie Ihre komplexen regulären Ausdrücke in kürzere und deklarativere Einheiten.

Diskussion

Reguläre Ausdrücke schaden der Lesbarkeit und erschweren die Wart- und Testbarkeit. Sie sollten sie nur für die Validierung von Zeichenketten verwenden. Wenn Sie Objekte manipulieren müssen, wandeln Sie diese nicht in Strings um: Erstellen Sie stattdessen kleine Objekte gemäß »Small Objects erstellen« auf Seite 56.

Hier ist ein Beispiel für einen regulären Ausdruck, der nicht deklarativ ist:

```
val regex = Regex("^\\+(?:[0-9][- -]?){6,14}[0-9a-zA-Z]$")
```

Diese Variante ist deklarativer und einfacher zu verstehen und zu debuggen:

```
val prefix = "\\+"
val digit = "[0-9]"
val space = "[- -]"
val phoneRegex = Regex("^$prefix(?:$digit$space?){6,14}$digit$")
```

Reguläre Ausdrücke sind ein sinnvolles Werkzeug. Es gibt allerdings nicht viele Möglichkeiten, um automatisch fehlerhafte Verwendungen zu entdecken. Eine Whitelist könnte hilfreich sein. Reguläre Ausdrücke sind auch ein hervorragendes Werkzeug für die Validierung von Strings. Sie sollten sie deklarativ und ausschließlich für Zeichenketten verwenden. Gute Bezeichnungen sind sehr wichtig, um die

Bedeutung von Suchmustern verstehen zu können. Wenn Sie Objekte oder Hierarchien manipulieren müssen, sollten Sie dies mithilfe von Objekten tun, es sei denn, es liegt überzeugende, auf Benchmarks basierende Evidenz dafür vor, dass ein Verzicht darauf einen *deutlichen* Leistungsvorteil bietet.

Verwandte Rezepte

»String-Validierungen in Objekte umwandeln« auf Seite 63

»Übertriebene Raffinesse aus dem Code entfernen« auf Seite 155

»Vorzeitige Optimierungen entfernen« auf Seite 248

»Problematische reguläre Ausdrücke ersetzen« auf Seite 388

Yoda-Conditions neu formulieren

Problem

In Ihren Bedingungen platzieren Sie den zu erwartenden Wert auf der linken Seite des Ausdrucks.

Lösung

Formulieren Sie Ihre Bedingungen so, dass der überprüfende Variablenwert auf der linken Seite und der erwartete Wert auf der rechten Seite steht.

Diskussion

Die meisten Programmierer nennen die Variable oder den zu prüfenden Ausdruck auf der linken Seite und den zu vergleichenden Wert auf der rechten Seite. Das ist auch die richtige Reihenfolge für Assertions. Yoda-Conditions, die diese Reihenfolge umkehren, werden manchmal verwendet, um in Sprachen, die dies erlauben, versehentliche Zuweisungen anstelle von Vergleichen zu verhindern.

Hier ein Beispiel für eine Yoda-Condition:

```
if (42 == answerToLifeMeaning) {
  // Verhindert eine versehentliche Zuweisung aufgrund eines Tippfehlers
  // mit nur einem Gleichheitszeichen,
  // da '42 = answerToLifeMeaning' immer ungültig ist.
}
```

So sollte es nach der Umformulierung aussehen:

```
if (answerToLifeMeaning == 42) {
  // Könnte allerdings mit 'answerToLifeMeaning = 42' verwechselt werden.
}
```

Nennen Sie den konstanten Wert, gegen den geprüft werden soll, immer auf der rechten Seite des Vergleichs.

Verwandte Rezepte

»Argumente je nach Rolle bzw. Aufgabe benennen« auf Seite 122

Scherzhaft benannte Methoden umbenennen

Problem

Es liegt Code vor, der andere Menschen beleidigen oder verletzten könnte.

Lösung

Drücken Sie sich nicht informell aus und seien Sie nicht beleidigend. Seien Sie freundlich zu Ihrem Code und Ihren Lesern.

Diskussion

Sie müssen den Code auf professionelle Weise schreiben und aussagekräftige Namen verwenden. Unser Beruf hat natürlich eine kreative Seite. Vielleicht langweilen Sie sich manchmal und versuchen, den Code witzig zu formulieren. Das schadet allerdings nicht nur der Verständlichkeit des Codes, sondern auch Ihrem Ruf. Hier ein Beispiel für eine unprofessionelle Methodenbezeichnung:

```
function eradicateAndMurderAllCustomers();
// Das ist unprofessionell und beleidigend.
```

Eine professionellere Benennung der Methode:

```
function deleteAllCustomers();
// Das ist deklarativer und professionell.
```

Sie können eine Liste mit verbotenen und obszönen Wörtern erstellen und automatisch oder in Code-Reviews daraufhin prüfen. Namenskonventionen sollten allgemein gehalten sein und Bezeichnungen keinen kulturellen Jargon enthalten. Sie sollten Produktionscode so schreiben, dass zukünftige Entwickler (inklusive Ihres eigenen zukünftigen Ichs) ihn leicht verstehen können.

Verwandte Rezepte

»Abstrakte Namen ändern« auf Seite 115

Callback Hell vermeiden

Problem

Es gibt asynchronen Code mit Callbacks, die übermäßig verschachtelt sind, wodurch der Code schwer zu lesen und zu pflegen ist.

Lösung

Verarbeiten Sie keine Aufrufe mit Callbacks. Rufen Sie sie stattdessen sequenziell auf.

Diskussion

In der Callback Hell landen Sie, wenn Ihr Code mehrere Callbacks ineinander verschachtelt, was zu einer komplexen und schwer lesbaren Codestruktur führt. Das ist häufig in JavaScript bei der asynchronen Programmierung zu beobachten, wenn eine Callback-Funktion als Argument an eine andere Funktion übergeben wird. Diese tiefe Verschachtelung erzeugt Code, der auch als Pyramide des Verderbens (Pyramid of Doom) bezeichnet wird.

Wenn Sie die innere Funktion aufrufen, gibt diese möglicherweise eine Funktion zurück, die einen Callback empfängt, was zu einer Kette von verschachtelten Callbacks führt, die schwer zu verfolgen und zu verstehen sind.

Hier ist ein kurzes Beispiel für diese »Callback-Hölle«:

```
asyncFunc1(function (error, result1) {
  if (error) {
      console.log(error);
  } else {
      asyncFunc2(function (error, result2) {
        if (error) {
           console.log(error);
        } else {
        asyncFunc3(function (error, result3) {
           if (error) {
             console.log(error);
           } else {
           // Der verschachtelte Callback setzt sich fort ...
         }
        });
      }
   });
  }
});
```

Sie können es so refaktorieren:

```
function asyncFunc1() {
  return new Promise((resolve, reject) => {
      // Asynchroner Vorgang.
      // ...

      // Bei Erfolg:
      resolve(result1);

      // Bei Fehler:
      reject(error);
  });
}
```

```
function asyncFunc2() {
  return new Promise((resolve, reject) => {
      // Asynchroner Vorgang.
      // ...

      // Bei Erfolg:
      resolve(result2);

      // Bei Fehler:
      reject(error);
   });
}

async function performAsyncOperations() {
  try {
      const result1 = await asyncFunc1();
      const result2 = await asyncFunc2();
      const result3 = await asyncFunc3();

      // Mit weiteren Operationen fortfahren.
  } catch (error) {
      console.log(error);
  }
}

performAsyncOperations();
```

Sie können Promises und async/await verwenden, um dieses Problem zu lösen, damit der Code lesbarer wird und leichter zu debuggen ist.

Verwandte Rezepte

»Übertriebene Raffinesse aus dem Code entfernen« auf Seite 155

»Verschachtelten Pfeilcode refaktorieren« auf Seite 219

Gute Fehlermeldungen formulieren

Problem

Sie müssen gute Fehlerbeschreibungen erstellen, sowohl für die Entwickler, die Ihren Code verwenden (und damit auch für sich selbst), als auch für die Endbenutzer.

Lösung

Verwenden Sie aussagekräftige Formulierungen und schlagen Sie Abhilfemaßnahmen vor. Es bringt viel, wenn Sie Ihren Nutzern mit Freundlichkeit begegnen.

Diskussion

Als Programmierer sind wir in den seltensten Fällen UX-Experten. Nichtsdestotrotz sollten Sie sinnvolle Fehlermeldungen verwenden, dabei an die Endbenutzer denken und Meldungen mit klaren Exit-Aktionen versehen. Folgen Sie dabei dem Prinzip der geringsten Überraschung (siehe »Veränderliche Konstanten einfrieren« auf Seite 80) für Ihre Benutzer.

Das ist eine schlechte Fehlermeldung:

```
alert("Cancel the appointment?", "Yes", "No");

// Keine Konsequenzen und Maßnahmen.
// Die Optionen sind nicht eindeutig.
```

Ein aussagekräftiger Fehlerhinweis sähe so aus:

```
alert("Cancel the appointment? \n" +
      "You will lose all the history",
      "Cancel Appointment",
      "Keep Editing");

// Die Konsequenzen sind klar.
// Die Auswahlmöglichkeiten bieten Kontext.
```

Verschleiern Sie Fehlersituationen nicht durch die Ausgabe von nichtssagenden internen Domänenwerten, und unterscheiden Sie klar zwischen einer Null und einem Fehler. Betrachten Sie den folgenden Code, der einen Netzwerkfehler verbirgt und fälschlicherweise einen Saldo von 0 anzeigt, was beim Endbenutzer leichte Panik auslösen könnte:

```
def get_balance(address):
    url = "https://blockchain.info/q/addressbalance/" + address
    response = requests.get(url)
    if response.status_code == 200:
        return response.text
    else:
        return 0
```

Diese Fassung ist klarer und deutlicher:

```
def get_balance(address):
    url = "https://blockchain.info/q/addressbalance/" + address
    response = requests.get(url)
    if response.status_code == 200:
        return response.text
    else:
        raise BlockchainNotReachableError("Error reaching blockchain")
```

Deklarative Beschreibungen von Ausnahmefehlern

Die Beschreibungen von Ausnahmefehlern (Exceptions) sollten die Geschäftsregel und nicht den Fehler erwähnen. Eine gute Beschreibung lautet: »Die Zahl sollte zwischen 1 und 100 liegen.« Eine schlechte Beschreibung wäre: »Wert außerhalb des gültigen Bereichs.« Denn wo liegen die Grenzen des gültigen Bereichs?

Sie sollten bei Code-Reviews alle Fehler- und Ausnahmemeldungen prüfen und immer die Perspektive der Endbenutzer mitdenken, wenn Sie Ausnahmen auslösen oder Meldungen anzeigen.

Verwandte Rezepte

»Nullobjekte erstellen« auf Seite 231

»Geschäftslogik aus der Benutzeroberfläche entfernen« auf Seite 284

»Keine Ausnahmen bei erwarteten Fällen auslösen« auf Seite 356

»Rückgabecodes durch Ausnahmen ersetzen« auf Seite 359

Magische Korrekturen vermeiden

Problem

Sie verwenden Anweisungen, die in einigen Sprachen gültig und auf magische Weise interpretiert bzw. korrigiert werden, die aber expliziter sein und dem Fail-Fast-Prinzip entsprechen sollten.

Lösung

Entfernen Sie magische Korrekturen aus Ihrem Code.

Diskussion

Einige Sprachen kehren Probleme sozusagen unter den Teppich und nehmen magische Korrekturen und obskure Typumwandlungen vor, was gegen das Fail-Fast-Prinzip verstößt. Sie sollten sich eindeutig ausdrücken und alle Unklarheiten beseitigen. Ändern Sie diese Art von magischen Ausdrücken:

```
new Date(31, 02, 2020);

1 + 'Hello';

!3;

// Das ist in den meisten Sprachen gültig.
```

Hier ist eine explizite Lösung:

```
new Date(31, 02, 2020);
// Lösen Sie eine Ausnahme aus.

1 + 'Hello';
// Typkonflikt.

!3;
// Negation ist eine boolesche Operation.
```

In Abbildung 6-1 sehen Sie das unerwartete Ergebnis der Addition einer Zahl zu einer Zeichenkette, ein Vorgang, der in der realen Welt nicht vorkommt und im Code eine Ausnahme auslösen sollte.

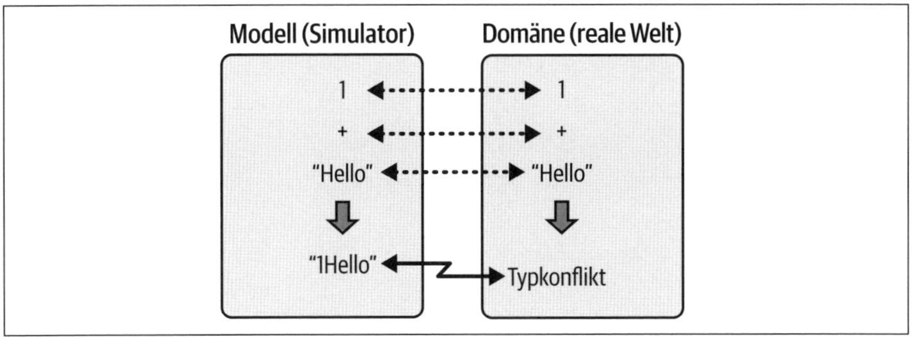

Abbildung 6-1: Die Ausführung der »+«-Methode führt zu unterschiedlichen Ergebnissen im Modell und in der realen Welt.

Viele dieser Probleme werden durch die Programmiersprachen selbst begünstigt. Formulieren Sie möglichst deklarativ und explizit. Verlassen Sie sich nicht auf sprachimmanente magische Lösungen (im Gegensatz zu rationalen). Viele Programmierer wollen besonders schlau erscheinen, indem sie bestimmte Sprachmerkmale ausnutzen. Das führt aber zu unnötig komplexem Code, der nur vortäuscht, besonders clever zu sein, tatsächlich aber das Gegenteil von Clean Code darstellt.

Verwandte Rezepte

»Übertriebene Raffinesse aus dem Code entfernen« auf Seite 155

»Mit truthy-Werten umgehen« auf Seite 377

KAPITEL 7

Namensgebung

> In der Informatik gibt es nur zwei komplizierte Dinge: Cache-Invalidierung und Namensgebung.
>
> – *Phil Karlton*

Einführung

Die Namensgebung ist ein wichtiger Aspekt der Softwareentwicklung. Sie wirkt sich direkt auf die Lesbarkeit, Verständlichkeit und Wartbarkeit von Code aus. Sie müssen für Objekte, Klassen, Variablen, Funktionen usw. gute Namen wählen. Aussagekräftige Namen tragen dazu bei, Verwechslungen und Fehler zu vermeiden, und erleichtern es anderen Entwicklern, den Code zu verwenden, zu ändern und zu debuggen. Für Compiler und Interpreter sind Namen irrelevant: Namen sind für Menschen gedacht. Eine schlechte Namensgebung kann zu Verwirrung, Missverständnissen und Defekten führen. Ist ein Name zu allgemein oder unklar, spiegelt er möglicherweise den Zweck oder das Verhalten eines Codeelements nicht genau genug wider und erschwert es dadurch anderen Entwicklern zu verstehen, wie das Element zu verwenden oder zu ändern ist, und führt dadurch zu Fehlern und Zeitverschwendung.

Abkürzungen ausschreiben

Problem

Sie benutzen mehrdeutige, abgekürzte Bezeichnungen.

Lösung

Wählen Sie aussagekräftige, ausreichend lange, eindeutige und beschreibende Namen.

Diskussion

Schlechte Namensgebung ist ein Problem, mit dem Programmierer in den meisten Softwareprojekten konfrontiert sind. Abkürzungen sind kontextabhängig und mehrdeutig. In der Vergangenheit verwendeten Programmierer Kurznamen vor allem, weil Speicher knapp war. Dieses Problem gibt es heutzutage praktisch nicht mehr. Sie sollten Abkürzungen in allen Bereichen vermeiden: bei Variablen, Funktionen, Modulen, Paketen, Namensräumen, Klassen usw. Sehen Sie sich das folgende Beispiel an, das den Standard-Namenskonventionen von Go folgt:

```
package main

import "fmt"
type YVC struct {
    id int
}

func main() {
    fmt.Println("Hello, World")
}
```

Diese Art der vorzeitigen Optimierung (siehe Kapitel 16) des Codes schadet der Lesbarkeit und Wartbarkeit. In einigen Programmiersprachen ist diese schlechte Praxis tief verankert und kann nicht umgangen werden. Das vorherige Beispiel sollte, sofern die Möglichkeit dazu besteht, in dieser Form refaktoriert werden:

```
package main

import "formatter"

type YouTubeVideoContent struct {
    imdbMovieIdentifier int
}

function main() {
    formatter.Printline("Hello, World")
}
```

Abbildung 7-1 zeigt, dass die Abkürzung `fmt` in der realen Welt verschiedenen Konzepten zugeordnet werden kann. Das ist bei Abkürzungen oft der Fall.

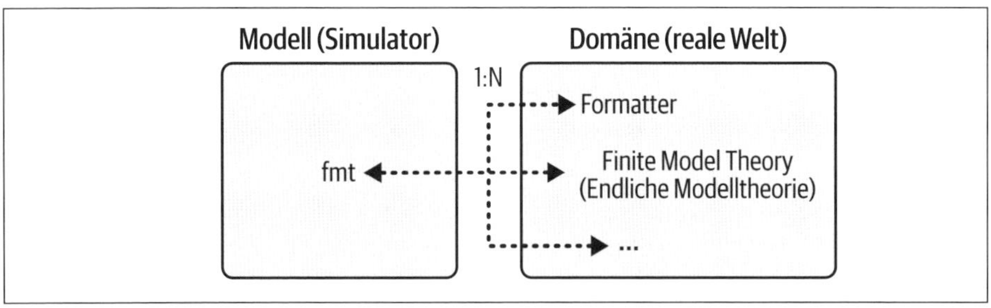

Abbildung 7-1: Der im Modell abgekürzte Name ist mehrdeutig und entspricht mehr als einem möglichen Konzept der realen Welt.

Die Informatik ist aus der Mathematik hervorgegangen, in der die Zuweisung von Variablen mit nur einem Buchstaben (*i*, *j*, *x*, *y*) üblich und sinnvoll ist. Der Begriff der Referenz ist aus der Variable entstanden, und es wurde oft gefragt, wieso Mathematiker mit so kurzen Variablennamen zurechtkommen, Informatiker aber nicht. Für Mathematiker verlieren Variablen, sobald sie in einer Formel verwendet werden, jegliche Semantik und werden ununterscheidbar. Mathematiker verwenden aber auch zahlreiche Namenskonventionen und denken über die verwendeten Namen sehr genau nach. Zudem gibt es in der Mathematik immer einen vollständig und formal definierten lokalen Kontext, bei dem ein einziger Buchstabe zur Unterscheidung der Variablen ausreicht.

Das ist beim Programmieren nicht der Fall, sodass Ihr Gehirn zu viel Energie darauf ver(sch)wenden muss, die Bedeutung einer Abkürzung zu verstehen – und selbst dann können Sie manchmal falsch liegen. Denken Sie daran: Sie schreiben Software für Menschen, nicht für Compiler. Einige Beispiele für mehrdeutige Namen: */usr* steht für *universal system resources*, nicht für *user* und */dev* steht für *device*, nicht *development*.

Verwandte Rezepte

»Zu lange Namen kürzen« auf Seite 114

»Übertriebene Raffinesse aus dem Code entfernen« auf Seite 155

Hilfsfunktionen und -klassen umbenennen und aufteilen

Problem

Sie verwenden eine Klasse mit dem Namen `Helper`, die kein kohäsives und klar definiertes Verhalten aufweist.

Lösung

Geben Sie der Hilfsklasse eine passendere Bezeichnung und teilen Sie die Zuständigkeiten auf.

Diskussion

In vielen Frameworks und Codebeispielen finden Sie Hilfsklassen oder -funktionen, die als »Helper« bezeichnet werden. Der Namensbestandteil »Helper« ist jedoch mehrdeutig und nichtssagend. Er verstößt normalerweise gegen das Prinzip der geringsten Überraschung (siehe »Veränderliche Konstanten einfrieren« auf Seite 80) und die Bijektion (wie in Kapitel 2 definiert) mit der realen Welt. Um dieses Problem zu lösen, sollten Sie einen geeigneten Namen festlegen. Handelt es sich bei dem Helper um eine Bibliothek, sollten Sie alle Dienste auf verschiedene Methoden aufteilen.

Betrachten Sie dieses Beispiel einer Hilfsklasse:

```
export default class UserHelpers {
  static getFullName(user) {
    return `${user.firstName} ${user.lastName}`;
  }

  static getCategory(userPoints) {
    return userPoints > 70 ? 'A' : 'B';
  }
}

// Beachten Sie die statischen Methoden.
import UserHelpers from './UserHelpers';

const alice = {
  firstName: 'Alice',
  lastName: 'Gray',
  points: 78,
};

const fullName = UserHelpers.getFullName(alice);
const category = UserHelpers.getCategory(alice);
```

Eine bessere Herangehensweise wäre es, geeignete Namen zu verwenden und die Zuständigkeiten aufzuteilen:

```
class UserScore {
  // Dies ist eine anämische Klasse, die ein besseres Protokoll enthalten sollte.

  constructor(name, lastname, points) {
    this._name = name;
    this._lastname = lastname;
    this._points = points;
  }
  name() {
    return this._name;
  }
  lastname() {
    return this._lastname;
  }
  points() {
    return this._points;
  }
}

class FullNameFormatter {
  constructor(userscore) {
    this._userscore = userscore;

 }
  fullname() {
    return `${this._userscore.name()} ${this._userscore.lastname()}`;
  }
}

class CategoryCalculator{
  constructor(userscore1) {
```

```
        this._userscore = userscore1;
    }
    display() {
      return this._userscore.points() > 70 ? 'A' : 'B';
    }
}

let alice = new UserScore('Alice', 'Gray', 78);

const fullName = new FullNameFormatter(alice).fullname();
const category = new CategoryCalculator(alice).display();
```

Eine andere Möglichkeit besteht darin, den ehemaligen Helper zustandslos zu machen, damit er – wie im folgenden Beispiel – wiederverwendet werden kann. Beachten Sie die Änderungen in der zweiten und dritten Klasse des Beispiels:

```
class UserScore {
  // Dies ist eine anämische Klasse, die ein besseres Protokoll enthalten sollte.

  constructor(name, lastname, points) {
    this._name = name;
    this._lastname = lastname;
    this._points = points;
  }
  name() {
    return this._name;
  }
  lastname() {
    return this._lastname;
  }
  points() {
    return this._points;
  }
}

class FullNameFormatter {
  fullname(userscore) {
    return `${userscore.name()} ${userscore.lastname()}`;
  }
}

class CategoryCalculator {
  display(userscore) {
    return userscore.points() > 70 ? 'A' : 'B';
  }
}

let alice = new UserScore('Alice', 'Gray', 78);

const fullName = new FullNameFormatter().fullname(alice);
const category = new CategoryCalculator().display(alice);
```

Abbildung 7-2 zeigt einen `NumberHelper`, der mehr Zuständigkeiten und Verhaltensweisen aufweist als sein reales Gegenstück.

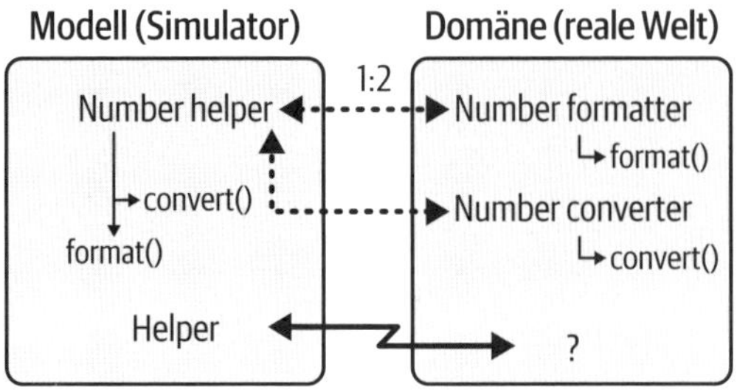

Abbildung 7-2: Es ist nicht möglich, den NumberHelper auf eine einzelne reale Entität abzubilden.

Verwandte Rezepte

»Falsch zugeordnete Verantwortlichkeiten verschieben« auf Seite 90

»Abstrakte Namen ändern« auf Seite 115

»Überflüssige Methoden entfernen« auf Seite 171

»Statische Funktionen reifizieren« auf Seite 296

»Anonyme Funktionen reifizieren« auf Seite 369

myObjects umbenennen

Problem

Sie verwenden Variablen oder Objekte, deren Namen mit dem Präfix »my« versehen sind.

Lösung

Benennen Sie Variablen oder Objekte, die das Präfix »my« verwenden, um.

Diskussion

Bei Objekten mit dem Präfix »my« fehlt oft der Kontext, und sie verletzen das Bijektionsprinzip. Sie sollten stattdessen einen rollenbeschreibenden Namen verwenden. In einigen älteren Tutorials wird das Präfix »my« aus Bequemlichkeit verwendet. Es ist ein sehr vager Namensbestandteil, der zu Kontextfehlern wie in diesem Beispiel führt:

```
MainWindow myWindow = Application.Current.MainWindow as MainWindow;
```

Hier ist eine verbesserte Version, in der die Aufgabe als »Schaufenster« deutlicher benannt wird:

```
MainWindow salesWindow = Application.Current.MainWindow as MainWindow;

/*
Da das Fenster instanziiert ist, arbeiten Sie gerade
mit einem speziellen Fenster, das eine besondere Aufgabe (Rolle) hat.
*/
```

Ergebnisvariablen umbenennen

Problem

Sie bezeichnen das Ergebnis einer Funktion, eines Methodenaufrufs oder einer Berechnung mit dem zweideutigen Namen »result«.

Lösung

Verwenden Sie immer aussagekräftige, rollenbeschreibende Namen. »result« ist immer eine schlechte Wahl.

Diskussion

Konzentrieren Sie sich auf die Bedeutung des Ergebnisses. Wenn Sie nicht sicher sind, wie Sie eine Variable benennen sollen, leiten Sie den Namen einfach aus dem Namen der zuletzt aufgerufenen Funktion ab. Hier sehen Sie eine Variable, der das Ergebnis eines Methodenaufrufs zugewiesen wird:

```
var result;
result = lastBlockchainBlock();

// ... viele Funktionsaufrufe ...
addBlockAfter(result);
```

Ein besserer Ansatz mit einem rollenbeschreibenden Namen wäre:

```
var lastBlockchainBlock;
lastBlockchainBlock = findLastBlockchainBlock();

// ... viele Funktionsaufrufe ...
// Es ist empfehlenswert, den Code so zu refaktorieren, dass der Abstand zwischen
// der Definition und der Verwendung einer Variablen möglichst gering ist.
addBlockAfter(lastBlockchainBlock);
```

»result« ist ein Beispiel für einen generischen und nichtssagenden Namen. Eine Umbenennung ist einfach durchzuführen und verbessert die Lesbarkeit des Codes ohne großen Aufwand. Wenn Sie auf solchen Code stoßen, sollten Sie die Pfadfinderregel beachten:

Pfadfinderregel

Die von Robert C. »Uncle Bob« Martin in seinem Buch *Clean Code: A Handbook of Agile Software Craftsmanship* (dt. *Clean Code: Refactoring, Patterns, Testen und Techniken für sauberen Code*) aufgestellte *Pfadfinderregel* empfiehlt, dass man Code in einem besseren Zustand hinterlassen sollte, als man ihn vorgefunden hat – so wie man als Pfadfinder einen Zeltplatz sauberer zurücklassen sollte, als er beim Betreten war. Diese Regel motiviert Entwickler, bei jedem Kontakt mit der Codebasis kleine, inkrementelle Verbesserungen vorzunehmen, anstatt technische Schulden (siehe Kapitel 21) anzuhäufen. Sie appelliert zudem an die Verantwortung, Dinge zu modifizieren, die nicht vollständig den Standards entsprechen. Diese Regel steht im Widerspruch zum »If it ain't broke, don't fix it«-Prinzip: »Wenn es nicht kaputt ist, repariere es auch nicht«.

`theResult` stellt ein ähnliches Problem dar, wie in diesem Beispiel zu sehen ist:

```
var result;
result = getSomeResult();

var theResult;
theResult = getSomeResult();
```

Die Anwendung des aktuellen Rezepts führt zu:

```
var averageSalary;
averageSalary = calculateAverageSalary();

var averageSalaryWithRaises;
averageSalaryWithRaises = calculateAverageSalary();
```

»If it ain't broke, don't fix it«-Prinzip

Eine verbreitete Ansicht in der Softwareentwicklung, die besagt, dass bei einem funktionierenden System keine Notwendigkeit besteht, Änderungen oder Verbesserungen vorzunehmen. Das Prinzip stammt aus einer Zeit, als es noch keine automatisierten Softwaretests gab und man bei jeder Änderung Gefahr lief, die bestehende Funktionalität zu gefährden. Meist tolerieren Benutzer Mängel bei neuen Funktionen, aber sie können negativ reagieren, wenn etwas, das zuvor problemlos lief, nicht mehr wie erwartet funktioniert.

Verwandte Rezepte

»Abstrakte Namen ändern« auf Seite 115

Siehe auch

Clean Code: A Handbook of Agile Software Craftsmanship von Robert C. Martin (dt. *Clean Code: Refactoring, Patterns, Testen und Techniken für sauberen Code*)

Variablen umbenennen, die nach Typen benannt sind

Problem

Es liegen Namen vor, die Typenbezeichnungen enthalten, obwohl Namen immer eine Rolle bzw. Aufgabe beschreiben sollten.

Lösung

Entfernen Sie den Verweis auf den Typ, da er unwesentlich ist und sich nicht aus der Bijektion ergibt.

Diskussion

Sie sollten immer im Hinblick auf spätere Änderungen programmieren, indem Sie sekundäre Implementierungsdetails verbergen. Benennen Sie Ihre Variablen entsprechend ihren Rollen um. Im folgenden Beispiel wird eine Instanz regex eines regulären Ausdrucks erzeugt:

```
public bool CheckIfPasswordIsValid(string textToCheck)
{
  Regex regex = new Regex(@"[a-z]{2,7}[1-9]{3,4}")
  var bool = regex.IsMatch(textToCheck);
  return bool;
}
```

So sähe es aus, wenn Sie der Variablen regex einen sinnvollen Namen geben:

```
public bool CheckIfStringHas3To7LowercaseCharsFollowedBy3or4Numbers(
  string password)
{
  Regex stringHas3To7LowercaseCharsFollowedBy3or4Numbers =
    new Regex(@"[a-z]{2,7}[1-9]{3,4}")
  var hasMatch =
    stringHas3To7LowercaseCharsFollowedBy3or4Numbers.IsMatch(password);
  return hasMatch;
}
```

Namen sollten lang genug sein, um verständlich zu sein, aber auch nicht *unnötig* lang (siehe das folgende Rezept »Zu lange Namen kürzen« auf Seite 114). Sie können die Einhaltung dieser semantischen Regel auch durch Konfiguration Ihres Linters sicherstellen, der Sie vor der Verwendung von zu implementierungsnahen Namen warnen kann, die sich auf bestehende Klassen, Typen oder reservierte Wörter beziehen. Der erste Name, der Ihnen beim Programmieren einfällt, mag einen sekundären Aspekt betonen. Es erfordert Zeit, um eine Theorie der Modelle zu entwickeln, die Sie mithilfe der MAPPER-Prinzipien erstellen, wie in Kapitel 2 definiert. Wenn das Modell finalisiert ist, müssen Sie Ihre Variablen gegebenenfalls umbenennen.

Verwandte Rezepte

»Zu lange Namen kürzen« auf Seite 114

»Abstrakte Namen ändern« auf Seite 115

»Klassennamen aus Attributen entfernen« auf Seite 116

Zu lange Namen kürzen

Problem

Sie verwenden sehr lange und redundante Namen.

Lösung

Die Namen sollten lang genug sein, um beschreibend zu sein, aber nicht *unnötig* lang. Kürzen Sie solche Namen, vermeiden Sie jedoch benutzerdefinierte Abkürzungen.

Diskussion

Lange Bezeichnungen können die Lesbarkeit beeinträchtigen und die kognitive Belastung erhöhen. Eine Faustregel lautet, Namen mit Bezug auf den MAPPER zu wählen. Abkürzungen, die auch in der realen Welt innerhalb einer bestimmten Anwendungsdomäne gebräuchlich sind (z. B. URL, HTTP, SSN), können natürlich verwendet werden, da sie eindeutig sind.

Hier ein Beispiel für einen langen und redundanten Namen:

```
PlanetarySystem.PlanetarySystemCentralStarCatalogEntry
```

Hier als kürzerer und prägnanterer Name:

```
PlanetarySystem.CentralStarCatalogEntry
```

Sie können Ihren Linter so konfigurieren, dass er vor zu langen Namen warnt. Bedenken Sie, dass es keine festen Regeln für die Länge von Namen gibt, sondern nur Heuristiken, die von Kontext zu Kontext variieren können.

> **Kognitive Belastung**
>
> *Kognitive Belastung* bezieht sich auf die Menge des mentalen Aufwands und der Ressourcen, die zur Verarbeitung von Informationen und zur Ausführung einer Aufgabe benötigt werden. Damit ist die Belastung des Arbeitsgedächtnisses einer Person gemeint, die versucht, viele Informationen gleichzeitig zu verarbeiten, zu verstehen und sich zu merken.

Verwandte Rezepte

»Abkürzungen ausschreiben« auf Seite 105

Siehe auch

»Long and Short of Naming« (*https://oreil.ly/G_69K*) von Agile Otter

Abstrakte Namen ändern

Problem

Ihre Namen sind zu abstrakt.

Lösung

Ersetzen Sie abstrakte Namen durch konkrete, indem Sie sich am MAPPER orientieren.

Diskussion

Namen sollten eine Bedeutung haben, die mit der realen Welt korrespondiert. Wenn Sie Entitäten benennen, ist es notwendig, abstrakte Namen auf reale Konzepte abzubilden. Diese Verallgemeinerungen entstehen im Laufe des Modellierungsprozesses, nachdem bereits viele konkrete Konzepte entwickelt wurden. In der Regel existieren passende Domänennamen, die jedoch schwerer zu identifizieren sind. Es ist zudem eine schlechte Praxis, pseudo-abstrakte Namen wie *abstract*, *base*, *generic*, *helper* usw. zu verwenden.

Beispiele für abstrakte Benennungen:

```
final class MeetingsCollection {}
final class AccountsComposite {}
final class NotesArray {}
final class LogCollector {}

abstract class AbstractTransportation {}
```

Bessere, konkretere Bezeichnungen, die sich auf die reale Welt beziehen, könnten sein:

```
final class Schedule {}
final class Portfolio {}
final class NoteBook {}
final class Journal {}
final class Vehicle {}
```

Sie können eigene Richtlinien und Regeln aufstellen, die vor bestimmten Wörtern wie *base, abstract, helper, manager, object* usw. warnen. Endgültige Namen sollten Sie immer ganz zum Schluss festlegen, nachdem Sie ein klares Verständnis der Geschäftslogik erlangt haben. Gute Namen lassen sich erst dann finden, wenn die Verhaltens- und Protokollgrenzen klar definiert sind.

Verwandte Rezepte

»Hilfsfunktionen und -klassen umbenennen und aufteilen« auf Seite 107

»Präfix/Suffix »Impl« aus Klassennamen entfernen« auf Seite 121

»Missbräuchlich verwendete Entwurfsmuster entfernen« auf Seite 185

Rechtschreibfehler korrigieren

Problem

Es gibt Namen mit Tipp- und Rechtschreibfehlern.

Lösung

Achten Sie auf die korrekte Schreibweise aller Namen. Verwenden Sie eine automatische Rechtschreibprüfung.

Diskussion

Lesbarkeit ist von grundlegender Bedeutung, und schlechte Rechtschreibung erschwert nicht nur die Textsuche im Code, sondern kann auch die Verständlichkeit erheblich beeinträchtigen. Insbesondere bei Polymorphie (siehe »Nicht-polymorphe Funktionen in polymorphe umwandeln« auf Seite 225) ist es essenziell, dass Methodennamen exakt übereinstimmen. Betrachten Sie folgendes Beispiel, das einen Rechtschreibfehler enthält:

```
comboFeededBySupplyer = supplyer.providers();
```

Korrekt geschrieben sieht es so aus:

```
comboFedBySupplier = supplier.providers();
```

Es ist wichtig, die Schreibweise Ihrer Namen sorgfältig zu überprüfen. Oftmals werden Sie selbst in einigen Monaten die erste Person sein, die versucht, den eigenen Code erneut zu verstehen oder zu erweitern.

Verwandte Rezepte

»Codestandards befolgen« auf Seite 139

Klassennamen aus Attributen entfernen

Problem

Es gibt Variablen, die einen Klassennamen enthalten.

Lösung

Stellen Sie Ihren Attributen keine Klassennamen voran.

Diskussion

Redundante Namensbestandteile sind ein Code-Smell. Betrachten Sie Attribute nicht isoliert: Sie werden durch ihren Kontext charakterisiert. Im folgenden Beispiel besitzt die Klasse Employee mehrere Attribute, denen jeweils das Präfix emp vorangestellt wurde:

```
public class Employee {
   String empName = "John";
   int empId = 5;
   int empAge = 32;
}
```

Indem Sie sie entfernen, vermeiden Sie Redundanz, außerdem wird der Code kompakter:

```
public class Employee {
   String name;
   int id; // Ids zu verwenden, ist ebenfalls ein Code-Smell.
   int age; // Das Alter (anstelle des Geburtsjahrs) zu verwenden, ebenso.
}
```

Ihr Linter kann Sie warnen, wenn der vollständige Name einer Klasse als Präfix in Attributnamen verwendet wird. Wie immer ist es besser, Namen basierend auf dem Verhalten und nicht anhand des Typs oder der Daten zu wählen.

Verwandte Rezepte

»myObjects umbenennen« auf Seite 110

»Variablen umbenennen, die nach Typen benannt sind« auf Seite 112

»Vorangestellte Buchstaben aus Namen von Klassen und Interfaces entfernen« auf Seite 117

Vorangestellte Buchstaben aus Namen von Klassen und Interfaces entfernen

Problem

Sie verwenden bei Ihren Klassennamen einen bestimmten Buchstaben als Präfix, um auf abstrakte Klassen oder die Funktion als Interface hinzuweisen.

Lösung

Verwenden Sie in den Namen Ihrer Klassen keine Präfixe oder Suffixe. Nutzen Sie immer vollständige Begriffe für Konzepte der realen Welt, die auf dem MAPPER beruhen.

Diskussion

Diese problematische Praxis ist in einigen Sprachen sehr verbreitet, beeinträchtigt aber die Lesbarkeit und führt zu kognitiver Belastung, wenn man das codierte Konzept verstehen will. Zudem legt es zufällige Implementierungsdetails offen. Sie sollten Ihre Objekte danach benennen, was sie tun, und nicht danach, was sie sind. In einigen Programmiersprachen gibt es Konventionen zur Namensgebung von Datentypen, abstrakten Klassen oder Interfaces. Solche Namen können Ihre Modelle belasten, da sie komplexe kognitive Transferleistungen erfordern und das KISS-Prinzip verletzen (siehe »Code durch Aufteilung in Funktionen strukturieren« auf Seite 87). In C# ist es zum Beispiel üblich, ein »I« vor den Namen eines Interface zu setzen, um zu kennzeichnen, dass es sich um eine Schnittstelle und keine Klasse handelt.

Hier ein Beispiel für ein Interface eines Motors und das abstrakte sowie das implementierte Auto:

```
public interface IEngine
{
    void Start();
}

public class ACar {}
```

Wenn Sie sich bei der Namensgebung an der Bijektion orientieren, könnte es folgendermaßen aussehen:

```
public interface Engine
{
    void Start();
}

public class Vehicle {}
public class Car {}
```

Verwandte Rezepte

»Klassennamen aus Attributen entfernen« auf Seite 116

»Präfix/Suffix »Impl« aus Klassennamen entfernen« auf Seite 121

Basic-/Do-Funktionen umbenennen

Problem

Sie verwenden viele Varianten derselben Aktionen wie `sort`, `doSort`, `basicSort`, `doBasicSort`, `primitiveSort`, `superBasicPrimitiveSort`.

Lösung

Eliminieren Sie die Wrapper solcher Funktionen, da sie Verwirrung stiften und wie Hacks aussehen.

Diskussion

Wrapper zu verwenden, beeinträchtigt die Lesbarkeit und erzeugt Kopplung zwischen Methoden, was es schwierig macht, den eigentlichen Einstiegspunkt zu identifizieren. Welche Methode würden Sie aufrufen? Wenn Sie Verhalten wrappen wollen, verwenden Sie geeignete Objekt-Wrapper, etwa dynamische Dekoratoren.

Hier eine `Calculator`-Klasse mit vielen Einstiegspunkten:

```
final class Calculator {

    private $cachedResults;

    function computeSomething() {
        if (isSet($this->cachedResults)) {
            return $this->cachedResults;
        }
        $this->cachedResults = $this->logAndComputeSomething();
    }

    private function logAndComputeSomething() {
        $this->logProcessStart();
        $result = $this->basicComputeSomething();
        $this->logProcessEnd();
        return $result;
    }

    private function basicComputeSomething() {
        // Die eigentliche Arbeit wird hier verrichtet.
    }
}
```

In diesem Snippet werden Objekte statt Methoden verwendet:

```
final class Calculator {
    function computeSomething() {
        // Die eigentliche Arbeit wird hier verrichtet.
    }
}

// Saubere und geschlossene Klasse, eindeutige Verantwortlichkeit.

final class CalculatorDecoratorCache {

    private $cachedResults;
    private $decorated;

    function computeSomething() {
        if (isset($this->cachedResults)) {
            return $this->cachedResults;
        }
        $this->cachedResults = $this->decorated->computeSomething();
    }
}

final class CalculatorDecoratorLogger {

    private $decorated;

    function computeSomething() {
        $this->logProcessStart();
        $result = $this->decorated->computeSomething();
```

```
        $this->logProcessEnd();
        return $result;
    }
}
```

Konfigurieren Sie Ihre statischen Linter, um Wrapping-Methoden zu identifizieren, deren Namen Konventionen wie *doXXX()*, *basicXXX()* usw. folgen.

> **Decorator-Entwurfsmuster**
> Das *Decorator-Entwurfsmuster* ermöglicht es, einem Objekt dynamisch zusätzliches Verhalten hinzuzufügen, ohne das Verhalten anderer Instanzen dieser Klasse zu beeinflussen.

Mit Pluralformen benannte Klassen auf Singularform ändern

Problem

Sie verwenden Klassennamen, die im Plural formuliert sind.

Lösung

Verwenden Sie bei der Benennung Ihrer Klassen den Singular. Klassen repräsentieren Konzepte, und Konzepte sind singulär.

Diskussion

Die Namensgebung erfordert einen gewissen Aufwand, und Sie sollten sich in Ihrem System auf bestimmte Regeln festlegen. Hier eine Klasse mit einer Bezeichnung im Plural:

```
class Users
```

Solche Klassen sollten Sie einfach umbenennen:

```
class User
```

Jetzt passt der Name der Klasse zur sequenziellen Erstellung einzelner Nutzer.

»Collection« aus Namen entfernen

Problem

Sie verwenden in Namen das Wort »Collection«.

Lösung

Vermeiden Sie die Nutzung des Begriffs »Collection« in Ihren Namen. Er ist für die Bezeichnung konkreter Konzepte zu abstrakt.

Diskussion

Namensgebung ist ein wesentlicher Aspekt des Programmierens, und man muss häufig mit Collections umgehen. Collections bieten den Vorteil, dass sie die Modellierung von Abwesenheit ohne Nullwerte ermöglichen. Eine leere Collection ist polymorph mit einer Collection, die Elemente enthält, was den Umgang mit *Nullwerten* und *bedingten Abfragen* überflüssig macht. Die Bezeichnung von Variablen oder Klassen mit dem Zusatz »Collection« kann die Lesbarkeit beeinträchtigen und verwendet ein abstraktes Konzept auf eine missbräuchliche Weise. Es ist besser, geeignete Namen im MAPPER zu suchen.

Hier ein kurzes Beispiel, in dem eine Variable den Namen `customerCollection` trägt:

```
for (var customer in customerCollection) {
    // Iteration mit aktuellem Kunden.
}

for (var currentCustomer in customerCollection) {
    // Iteration mit aktuellem Kunden.
}
```

Eine minimale, aber signifikante Namensänderung könnte so aussehen:

```
for (var customer in customers) {
    // Iteration mit aktuellem Kunden.
}
```

Linter können auf solche schlechten Benennungen hinweisen. Da sie jedoch auch falsch positive Ergebnisse liefern können, ist Aufmerksamkeit geboten. Pflegen Sie Ihren gesamten Clean Code, Ihre Variablen, Klassen und Funktionen, da präzise Namen für ein Verständnis Ihres Codes unerlässlich sind.

Verwandte Rezepte

»Geschäftsspezifische Collections ersetzen« auf Seite 186

Präfix/Suffix »Impl« aus Klassennamen entfernen

Problem

Sie verwenden Klassennamen, die das Präfix oder Suffix »Impl« enthalten.

Lösung

Benennen Sie Ihre Klassen nach Konzepten der realen Welt.

Diskussion

In manchen Programmiersprachen gibt es idiomatische Eigenheiten und typische Verwendungen, die einer sinnvollen Namensgebung entgegenstehen können. Trotzdem ist es wichtig, Namen sorgfältig zu wählen. Es ist schön, wenn man direkt erkennen kann, dass eine Klasse Schnittstellen implementiert. Wichtiger ist jedoch zu verstehen, was die Klasse tatsächlich tut. Betrachten Sie das folgende Beispiel eines Interface und einer Klasse, die dieses Interface implementiert:

```
public interface Address extends ChangeAware, Serializable {
    String getStreet();
}

// Falscher Name - in der realen Welt existiert kein Konzept "AddressImpl".
public class AddressImpl implements Address {
    private String street;
    private String houseNumber;
    private City city;
    // ..
}
```

Eine bessere Lösung wäre die direkte Benennung der Klasse nach dem Konzept, das sie repräsentiert – `Address`:

```
// Einfacher Ansatz:
public class Address {
    private String street;
    private String houseNumber;
    private City city;
    // ..
}

// ODER
// Beide Bezeichnungen haben Entsprechungen in der realen Welt.
public class Address implements ContactLocation {
    private String street;
    private String houseNumber;
    private City city;
    // ..
}
```

Wählen Sie Klassennamen entsprechend der wesentlichen Bijektion. Vermeiden Sie zufällige Implementierungsdetails in Ihren Namen und verwenden Sie weder ein »I« für Interface-Namen noch ein »Impl« für deren Implementierungen.

Verwandte Rezepte

»Variablen umbenennen, die nach Typen benannt sind« auf Seite 112

»Abstrakte Namen ändern« auf Seite 115

Argumente je nach Rolle bzw. Aufgabe benennen

Problem

Sie verwenden Methodenargumente, denen aussagekräftige, deklarative Namen fehlen.

Lösung

Benennen Sie Ihre Argumente gemäß ihrer Rolle und nicht basierend auf ihrer zufälligen Position innerhalb der Signatur.

Diskussion

Beim Schreiben von Methoden nimmt man sich oft nicht ausreichend Zeit, sinnvolle Namen festzulegen, und refaktoriert selten, um absichtserklärende Namen zu verwenden. Betrachten Sie die Argumentnamen in diesem Beispiel:

```
class Calculator:
  def subtract(self, first, second):
    return first - second
```

Indem Namen nach ihren Rollen benannt werden, erhalten wir klare, kontextbezogene Namen:

```
class Calculator:
  def subtract(self, minuend, subtrahend):
    return minuend - subtrahend
```

Hier ein Beispiel aus einem Unit-Test:

```
$this->assertEquals(one, another);
```

Benennen Sie die Argumente stattdessen um:

```
$this->assertEquals(expectedValue, actualValue);
```

Das ist umso wichtiger, je größer der Abstand zwischen der Definition des Arguments und seiner Verwendung ist. Ein nach der Rolle benanntes Argument ist kontextbezogener und hilfreicher.

Verwandte Rezepte

»Variablen umbenennen, die nach Typen benannt sind« auf Seite 112

Redundante Parameternamen ändern

Problem

Die Namen der Argumente Ihrer Methoden enthalten redundante Bestandteile.

Lösung

Entfernen Sie sich wiederholende Bestandteile in den Namen Ihrer Parameter. Die Namen sollten kontextbezogen und auf den lokalen Anwendungsbereich beschränkt sein.

Diskussion

Hierbei handelt es sich auch um eine Form der Codeduplikation. Ihre Argumente sollten kontextbezogene Namen besitzen und nicht den Namen der Klasse wiederholen. Obwohl das vorliegende Rezept klein und harmlos erscheinen mag, ist es dennoch von Bedeutung, da solche Konstruktoren anämische Eigenschaften aufweisen können. Wenn Sie den Klassennamen einbeziehen, erstellen Sie die Objekte möglicherweise eher auf der Basis von Eigenschaften als auf der Grundlage ihres Verhaltens. Bei der Verwendung von Namen kann man leicht übersehen, dass Wörter kontextbezogen und als vollständiger Satz gelesen werden müssen. Parameter sollten kurze und kontextbezogene Namen haben.

Betrachten Sie dieses Beispiel mit sich wiederholenden Namensbestandteilen:

```
class Employee
  def initialize(
    @employee_first_name : String,
    @employee_last_name : String,
    @employee_birthdate : Time)
  end
end
```

Wenn man die Redundanz entfernt, erhält man klarere und einfachere Namen:

```
class Employee
  def initialize(
    @first_name : String,
    @last_name : String,
    @birthdate : Time)
  end
end
```

Verwandte Rezepte

»Klassennamen aus Attributen entfernen« auf Seite 116

»Reihenfolge von Parametern vereinheitlichen« auf Seite 145

Überflüssigen Kontext aus Namen entfernen

Problem

Sie stellen Ihren Klassen einen globalen Identifier voran oder hängen ihn an.

Lösung

Fügen Sie Ihren Namen keine irrelevanten Informationen hinzu. Entfernen Sie diese Information, um den MAPPER zu berücksichtigen und die Textsuche im Code zu erleichtern.

Diskussion

Die Verwendung von Präfixen in Klassennamen war eine weit verbreitete Praxis, die vor Jahrzehnten genutzt wurde, um »Besitzansprüche« anzumelden. Heutzutage weiß man, dass klare, präzise Namen wichtiger sind. Überflüssiger Kontext liegt vor, wenn unnötigerweise zusätzliche Informationen oder Daten in den Code oder eine Benutzeroberfläche aufgenommen werden, die nicht zur Funktionalität oder Nutzbarkeit der Software beitragen.

Hier ein Beispiel, in dem unnötigerweise das Präfix »WEBB« verwendet wird:

```
struct WEBBExoplanet {
    name: String,
    mass: f64,
    radius: f64,
    distance: f64,
    orbital_period: f64,
}

struct WEBBGalaxy {
    name: String,
    classification: String,
    distance: f64,
    age: f64,
}
```

So sieht es aus, wenn man das überflüssige Präfix entfernt:

```
struct Exoplanet {
    name: String,
    mass: f64,
    radius: f64,
    distance: f64,
    orbital_period: f64,
}

struct Galaxy {
    name: String,
    classification: String,
    distance: f64,
    age: f64,
}
```

Die Umsetzung dieses Rezepts ist einfach, wenn Sie in Ihrer IDE über Werkzeuge zur Umbenennung verfügen. Denken Sie immer daran, dass Namen kontextbezogen sein sollten.

Verwandte Rezepte

»Klassennamen aus Attributen entfernen« auf Seite 116

»Vorangestellte Buchstaben aus Namen von Klassen und Interfaces entfernen« auf Seite 117

»Präfix/Suffix »Impl« aus Klassennamen entfernen« auf Seite 121

Benennung als »data« vermeiden

Problem

Sie verwenden zur Modellierung von Entitäten der Anwendungsdomäne nicht die entsprechenden Begriffe dieser Domäne.

Lösung

Bezeichnen Sie Ihre Variablen nicht einfach mit »data«.

Diskussion

Unpräzise Benennungen beeinträchtigen die Lesbarkeit. Sie sollten immer rollenbeschreibende Namen verwenden, die sich aus der Anwendungsdomäne ableiten. Die Verwendung des Namensbestandteils »data« fördert den anämischen Umgang mit Objekten. Sie sollten stattdessen nach domänenspezifischen und rollenbeschreibenden Namen suchen. Hier ein Beispiel, bei dem geprüft wird, ob Daten vorhanden sind:

```
if (!dataExists()) {
  return '<div>Loading Data...</div>';
}
```

Im Gegensatz dazu ein Beispiel, bei dem überprüft wird, ob Personen gefunden wurden:

```
if (!peopleFound()) {
  return '<div>Loading People...</div>';
}
```

Sie können in Ihrem Code nach dem Substring »data« suchen und Ihre Entwickler darauf hinweisen. Daten sind überall, wenn Sie die Welt ausschließlich als Ansammlung von Daten betrachten. Die Daten, mit denen Sie arbeiten, können Sie aber nie direkt sehen. Sie können sie nur durch das beobachtbare Verhalten ableiten. Sie kennen die aktuelle Temperatur nicht. Sie beobachten lediglich, dass ein Thermometer 35 Grad anzeigt. Die Namen Ihrer Variablen sollten die Anwendungsdomäne und die Aufgabe, die sie erfüllen, widerspiegeln.

Verwandte Rezepte

»Anämische Objekte in Rich Objects konvertieren« auf Seite 36

»Variablen umbenennen, die nach Typen benannt sind« auf Seite 112

KAPITEL 8

Kommentare

> Mit Kommentaren versuchen wir unser Unvermögen zu kompensieren, uns in Code auszudrücken.
>
> – *Robert C. Martin, Clean Code: A Handbook of Agile Software Craftsmanship (dt. Clean Code: Refactoring, Patterns, Testen und Techniken für sauberen Code)*

Einführung

In der Ära der Assemblerprogrammierung war der Abstand zwischen dem, was der Programmierer ausdrücken wollte, und der Funktionsweise des Computers enorm. Alle paar Zeilen (manchmal sogar in jeder Zeile) musste man erklären, was die folgenden Anweisungen bewirken. Heutzutage sind Kommentare oft ein Indiz dafür, dass versäumt wurde, aussagekräftige Namen zu wählen. Kommentare sind nur nötig, um wesentliche Designentscheidungen zu erläutern. Sie sind toter Code, da sie weder kompiliert noch ausgeführt werden. Kommentare tendieren dazu, sich von Code, den sie einst beschrieben haben, inhaltlich zu entfernen. Sie degenerieren zu treibenden Inseln der Irrelevanz und Irreführung. Clean Code kommt nahezu ohne Kommentare aus. Einige Kriterien für die Verwendung von Kommentaren finden Sie in den folgenden Rezepten.

Assemblersprache

Assemblersprache ist eine Low-Level-Programmiersprache, um Software für bestimmte Computerarchitekturen zu schreiben. Sie ermöglicht es, für Menschen lesbaren, imperativen Code zu schreiben, der so gestaltet ist, dass er leicht in Maschinensprache übersetzt werden kann, d.h. in eine Sprache, die von Computern verstanden wird.

Kommentierten Code entfernen

Problem

Es gibt kommentierte Codeabschnitte.

Lösung

Hinterlassen Sie in Ihren Programmen keinen kommentierten (oft auch als »auskommentiert« bezeichneten) Code. Nutzen Sie eine Versionsverwaltung, damit Sie den kommentierten Code gefahrlos entfernen können.

Diskussion

Bis in die 2000er-Jahre waren Versionsverwaltungen und automatisierte Tests noch nicht weit verbreitet. Um kleine Änderungen zu debuggen und zu testen, kommentierten Programmierer deshalb kleine oder größere Codeabschnitte. Heute ist das ein Zeichen mangelnder Sorgfalt. Es gibt verschiedene Werkzeuge, um frühere Versionen und Änderungen nachzuvollziehen, wie etwa `git bisect`.

Mit »Kommentare in Funktionsnamen umwandeln« auf Seite 133 können Sie den Code extrahieren und nur den Funktionsaufruf kommentieren. Wenn Sie sicher sind, dass Sie den betroffenen Code nicht benötigen, können Sie die kommentierte Funktion entfernen und möglicherweise den Code durch das Entfernen ungenutzter Methoden refaktorieren. Sobald alle Tests erfolgreich sind, entfernen Sie die Kommentare gemäß den Regeln für Clean Code.

Das folgende Beispiel enthält kommentierte Zeilen:

```
function arabicToRoman(num) {
  var decimal = [1000, 900, 500, 400, 100, 90, 50, 40, 10, 9, 5, 4, 1];
  var roman = ['M', 'CM', 'D', 'CD', 'C', 'XC',
               'L', 'XL', 'X', 'IX', 'V', 'IV', 'I'];
  var result = '';

  for(var i = 0; i < decimal.length; i++) {
    // print(i)
    while(num >= decimal[i]) {
      result += roman[i];
      num -= decimal[i];
    }
  }
  // if (result > 0 return ' ' += result)

 return result;
}
```

Sobald die Tests bestanden werden, können Sie die Kommentare entfernen:

```
function arabicToRoman(arabicNumber) {
  var decimal = [1000, 900, 500, 400, 100, 90, 50, 40, 10, 9, 5, 4, 1];
  var roman = ['M', 'CM', 'D', 'CD', 'C', 'XC',
               'L', 'XL', 'X', 'IX', 'V', 'IV', 'I'];
  var romanString = '';

  for(var i = 0; i < decimal.length; i++) {
    while(arabicNumber >= decimal[i]) {
      romanString += roman[i];
      arabicNumber -= decimal[i]
    }
  }

  return romanString;
}
```

Es ist schwierig zu erkennen, wann man dieses Rezept anwenden soll. Einige kommerzielle Linter und auf maschinellem Lernen basierende Analyseprogramme können Kommentare erkennen oder untersuchen und Sie bei der Entfernung dieser Kommentare unterstützen.

> **git bisect (Befehl)**
>
> Git ist eine Versionsverwaltung für die Softwareentwicklung. Es hilft Ihnen, Änderungen am Code zu verfolgen, mit anderen zusammenzuarbeiten und bei Bedarf zu früheren Versionen zurückzukehren. Git speichert den gesamten Versionsverlauf jeder einzelnen Datei und ermöglicht die problemlose Zusammenarbeit mehrerer Entwickler an derselben Codebasis.
>
> `git bisect` ist ein Befehl, der dabei hilft, ein Commit zu finden, mit dem eine bestimmte Änderung in den Code eingeführt wurde. Man beginnt diesen Prozess, indem man ein »gutes« Commit festlegt, von dem bekannt ist, dass es den Fehler nicht enthält, und ein »schlechtes« Commit, von dem bekannt ist, dass es die Änderung enthält. Durch Iteration kann das »schuldige« Commit gefunden und so die Ursache schnell ermittelt werden.

Verwandte Rezepte

»Veraltete Kommentare entfernen« auf Seite 129

»Temporäre logische Steuerungsanweisungen entfernen« auf Seite 130

»Kommentare in Funktionsnamen umwandeln« auf Seite 133

»Kommentare innerhalb von Methoden entfernen« auf Seite 134

Veraltete Kommentare entfernen

Problem

Es gibt Kommentare, die inhaltlich nicht mehr zutreffen.

Lösung

Entfernen Sie den überholten Kommentar.

Diskussion

Kommentare fügen Ihrem Code so gut wie keinen Mehrwert hinzu und sollten auf die wesentlichen Designentscheidungen beschränkt werden. Da die meisten Entwickler vergessen, Kommentare zu aktualisieren, wenn sie den Code ändern, veralten Kommentare oft. Überlegen Sie gut, bevor Sie einen Kommentar einfügen. Ist er einmal Teil der Codebasis, entzieht er sich Ihrer Kontrolle und wird Sie zu einem späteren Zeitpunkt möglicherweise in die Irre führen. Wie Ron Jeffries sagt: »Code lügt nie, ein Kommentar manchmal schon.« Sie können den Kommentar entfernen oder ihn durch Tests ersetzen (siehe »Kommentare durch Tests ersetzen« auf Seite 136).

Im folgenden Codebeispiel hat der Autor einen Kommentar hinterlassen, der auf einige nötige Änderungen hinweist:

```
void Widget::displayPlugin(Unit* unit)
{
  // TODO - Das Plug-in wird bald geändert, daher implementiere ich es
  // derzeit nicht.

  if (!isVisible) {
     // Alle Widgets verbergen.
     return;
  }
}
```

Sie sollten die Kommentare entfernen und keine *ToDos* oder *FixMes* hinterlassen (siehe »ToDos und FixMes verhindern und entfernen« auf Seite 350):

```
void Widget::displayPlugin(Unit* unit)
{
  if (!isVisible) {
    return;
  }
}
```

> Es gibt Ausnahmen, bei denen Sie dieses Rezept nicht anwenden sollten: Entfernen Sie keine Kommentare, die sich auf kritische Designentscheidungen beziehen und nicht durch Lösungen aus diesem Kapitel ersetzt werden können. Dazu gehören u.a. wichtige Entscheidungen bezüglich Performance oder Sicherheit, die von der tatsächlichen Funktionalität Ihres Code unabhängig sind.

Verwandte Rezepte

»Kommentierten Code entfernen« auf Seite 127

»Temporäre logische Steuerungsanweisungen entfernen« auf Seite 130

»Kommentare in Funktionsnamen umwandeln« auf Seite 133

»Kommentare durch Tests ersetzen« auf Seite 136

Temporäre logische Steuerungsanweisungen entfernen

Problem

Ihr Code enthält temporäre logische Steuerungsanweisungen, wie das Einfügen von `true` oder `false` in einer `if`-Anweisung, um bestimmte Codeabschnitte vorübergehend zu aktivieren oder zu deaktivieren.

Lösung

Ändern Sie nicht die Semantik des Codes, um Codeabschnitte zu überspringen. Beseitigen Sie die »toten« Bedingungen.

Diskussion

Temporäre Steuerungsanweisungen in If-Anweisungen, die auf der direkten Angabe boolescher Werte arbeiten, beeinträchtigen die Lesbarkeit, sind nicht absichtserklärend und zeugen von Schlampigkeit. Sie sollten sich auf Ihre Versionsverwaltung verlassen, um temporäre Änderungen vorzunehmen. Das Ändern von Code durch solche Hacks ist eine furchtbare Praxis, weil man sie manchmal *vergisst* und sie dauerhaft im Code verbleiben.

Hier der ursprüngliche Code:

```
if (cart.items() > 11 && user.isRetail()) {
  doStuff();
}
doMore();
// Produktionscode
```

So sieht es aus, nachdem eine `false`-Bedingung hinzugefügt wurde, um die Funktion `doStuff()` temporär zur schnelleren Fehlersuche zu überspringen:

```
// Das false bewirkt, dass die If-Anweisung temporär übersprungen wird.
if (false && cart.items() > 11 && user.isRetail()) {
  doStuff();
}
doMore();

if (true || (cart.items() > 11 && user.isRetail())) {
// Gleichartiger Hack, um die Bedingung zu erzwingen.
// Ausdrücke nach dem true werden nicht evaluiert.
```

Stattdessen sollten Sie die verschiedenen Fälle mit Unit-Tests abdecken, um ein korrektes Debugging zu ermöglichen:

```
if (cart.items() > 11 && user.isRetail()) {
  doStuff();
}
doMore();
// Produktionscode

// Wenn Sie die Bedingung erzwingen oder überspringen wollen,
// können Sie dies durch ein realistisches Testszenario
// prüfen, anstatt den Code zu hacken.

testLargeCartItems()
testUserIsRetail()
```

Die Trennung von Zuständigkeiten ist äußerst wichtig, und Geschäftslogik und Hacks sollten immer getrennt behandelt werden.

Separation of Concerns

Das Prinzip der *Trennung von Zuständigkeiten* zielt darauf ab, ein Softwaresystem in verschiedene, in sich geschlossene Bereiche zu unterteilen. Jeder Bereich behandelt einen bestimmten Aspekt oder eine bestimmte Aufgabe des Gesamtsystems. Dies fördert ein modulares und wartbares Design, das Wiederverwendbarkeit, Skalierbarkeit und Verständlichkeit des Codes verbessert. Er wird in kleinere, überschaubare Teile zerlegt, sodass sich die Entwickler jeweils auf ein einzelnes Anliegen konzentrieren können.

Verwandte Rezepte

»Kommentierten Code entfernen« auf Seite 127

Getter-Kommentare entfernen

Problem

Sie nutzen Getter, die triviale Kommentare enthalten.

Lösung

Verwenden Sie keine Getter. Kommentieren Sie keine Getter oder andere triviale Funktionen.

Diskussion

Dieses Rezept befasst sich mit dem doppelten Problem, Getter sowie triviale Kommentare zu verwenden. Vor einigen Jahrzehnten war es üblich, alle Methoden zu kommentieren, selbst die trivialen. Hier ein Beispiel für einen trivialen Kommentar in der Getter-Funktion `getPrice()`:

```
contract Property {
    int private price;

    function getPrice() public view returns(int) {
           /* Gibt den Preis zurück. */

        return price;
    }
}
```

So sieht es aus, nachdem der Kommentar entfernt wurde:

```
contract Property {
    int private _price;

    function price() public view returns(int) {
        return _price;
    }
}
```

Eine Ausnahme liegt vor, wenn Ihre Funktion tatsächlich einen nicht-trivialen Kommentar benötigt, weil er sich auf eine Designentscheidung bezieht, aber zugleich ein Getter ist.

Verwandte Rezepte

»Anämische Objekte in Rich Objects konvertieren« auf Seite 36

»Getter entfernen« auf Seite 48

»Kommentare in Funktionsnamen umwandeln« auf Seite 133

Kommentare in Funktionsnamen umwandeln

Problem

Ihr Code enthält viele Kommentare. Kommentare sind an die Implementierung gekoppelt und werden selten aktualisiert.

Lösung

Extrahieren Sie die Logik in eine Funktion, deren Name aus dem Kommentar abgeleitet wird.

Diskussion

Liegt ein Kommentar vor, der die Aufgabe einer Funktion beschreibt, ist es am besten, diesen in einen sprechenden Funktionsnamen zu überführen. Wählen Sie einen Namen, der den Zweck der Funktion beschreibt. Betrachten Sie die folgende Funktion, die einen ungeeigneten Namen hat, aber einen beschreibenden Kommentar enthält:

```
final class ChatBotConnectionHelper {
    // ChatBotConnectionHelper wird genutzt,
    // um Verbindungszeichenfolgen zur Bot-Plattform zu erzeugen.
    // Verwenden Sie diese Klasse mit der Funktion getString(),
    // um die Verbindungszeichenfolge zur Plattform zu erhalten.

    function getString() {
        // Verbindungszeichenfolge vom Chatbot abrufen.
    }
}
```

Nach der Anwendung des Rezepts gibt es beschreibende Klassen- und Funktionsnamen, die keine Kommentare benötigen:

```
final class ChatBotConnectionSequenceGenerator {

    function connectionSequence() {
    }
}
```

Sie können mit einem Linter das Verhältnis von Kommentaren zu Codezeilen auswerten (die Kommentardichte), wobei als Faustregel idealerweise ein Schwellenwert nahe 1 nicht überschritten werden sollte.

Verwandte Rezepte

»Kommentare innerhalb von Methoden entfernen« auf Seite 134

Kommentare innerhalb von Methoden entfernen

Problem

Es existieren Kommentare im Körper von Methoden.

Lösung

Verwenden Sie innerhalb Ihrer Methoden keine Kommentare. Extrahieren Sie die Logik und nutzen Sie beschreibende Kommentare nur für sehr komplexe Entwurfsentscheidungen.

Diskussion

Kommentare innerhalb von Methoden dienen oft dazu, umfangreiche Aktionen in kleinere zu unterteilen. Stattdessen sollten Sie »Methode in ein Objekt extrahieren« auf Seite 159 anwenden und die extrahierten Methoden dem Inhalt der ursprünglichen Kommentare entsprechend benennen. Hier ein Beispiel für eine umfangreiche Methode, die durch Kommentare in mehrere Abschnitte unterteilt ist:

```
function recoverFromGrief() {
    // Verleugnung
    absorbTheBadNews();
    setNumbAsProtectiveState();
    startToRiseEmotions();
    feelSorrow();

    // Zorn
    maskRealEffects();
    directAngerToOtherPeople();
    blameOthers();
    getIrrational();

    // Verhandlung
    feelVulnerable();
    regret();
    askWhyToMyself();
    dreamOfAlternativeWhatIfScenarios();
    postponeSadness();

    // Depression
    stayQuiet();
```

```
        getOverwhelmed();
        beConfused();

        // Akzeptanz
        acceptWhatHappened();
        lookToTheFuture();
        reconstructAndWalktrough();
    }
```

Nach der Refaktorierung, die zu einer besseren Lesbarkeit führt:

```
    function recoverFromGrief() {
        denialStage();
        angerStage();
        bargainingStage();
        depressionStage();
        acceptanceStage();
    }

    function denialStage() {
        absorbTheBadNews();
        setNumbAsProtectiveState();
        startToRiseEmotions();
        feelSorrow();
    }

    function angerStage() {
        maskRealEffects();
        directAngerToOtherPeople();
        blameOthers();
        getIrrational();
    }

    function bargainingStage() {
        feelVulnerable();
        regret();
        askWhyToMyself();
        dreamOfAlternativeWhatIfScenarios();
        postponeSadness();
    }

    function depressionStage() {
        stayQuiet();
        getOverwhelmed();
        beConfused();
    }

    function acceptanceStage() {
        acceptWhatHappened();
        lookToTheFuture();
        reconstructAndWalktrough();
    }
```

Kommentare sollten genutzt werden, um nicht offensichtliche Designentscheidungen zu dokumentieren, und nicht in den Körper einer Funktion eingefügt werden.

Verwandte Rezepte

»Code durch Aufteilung in Funktionen strukturieren« auf Seite 87

»Entwurfsentscheidungen dokumentieren« auf Seite 93

»Kommentare in Funktionsnamen umwandeln« auf Seite 133

»Methode in ein Objekt extrahieren« auf Seite 159

»Überlange Methoden unterteilen« auf Seite 165

Kommentare durch Tests ersetzen

Problem

In Ihrem Code finden sich Kommentare, die erläutern, was eine Funktion leistet und unter Umständen auch, wie sie dies tut. Allerdings bevorzugen Sie anstelle von statischen und möglicherweise veralteten Erklärungen eine lebendige, aktualisierte Dokumentation.

Lösung

Verdichten Sie Ihren Kommentar und benennen Sie Ihre Funktionen entsprechend um. Testen Sie die Änderungen und entfernen Sie dann die Kommentare.

Diskussion

Kommentare werden selten aktualisiert und sind oft schwerer zu lesen als Tests. Manchmal enthalten sie zudem irrelevante Implementierungsdetails. Sie können den Kommentar der Methode, der erklärt, was die Funktion tut, heranziehen, die Methode anhand der Kommentarbeschreibung (dem »Was«) umbenennen, Tests erstellen, um die beschriebene Funktionsweise zu überprüfen, und irrelevante Implementierungsdetails weglassen.

Hier ein triviales Beispiel für eine Funktion, die beschreibt, was sie tut und wie sie es erreicht:

```
def multiply(a, b):
    # Diese Funktion multipliziert zwei Zahlen und gibt das Ergebnis zurück.
    # Wenn eine der Zahlen null ist, ist das Ergebnis null.
    # Wenn beide Zahlen positiv sind, ist das Ergebnis positiv.
    # Wenn beide Zahlen negativ sind, ist das Ergebnis positiv.
    # Die Multiplikation erfolgt durch den Aufruf einer primitiven Operation.
    return a * b

# Dieser Code enthält einen Kommentar, der die Aufgabe der Funktion erklärt.
# Anstatt sich auf diesen Kommentar zu verlassen, um das Verhalten des Codes
# zu verstehen, können Sie Unit-Tests schreiben, die das Verhalten der
# Funktion überprüfen.
```

Nachdem Sie den Kommentar entfernt und die Testfälle erstellt haben:

```
def multiply(first_multiplier, second_multiplier):
    return first_multiplier * second_multiplier

class TestMultiply(unittest.TestCase):
    def test_multiply_both_possitive_outcome_is_possitive(self):
        result = multiply(2, 3)
        self.assertEqual(result, 6)
    def test_multiply_both_negative_outcome_is_positive(self):
        result = multiply(-2, -4)
        self.assertEqual(result, 8)
    def test_multiply_first_is_zero_outcome_is_zero(self):
        result = multiply(0, -4)
        self.assertEqual(result, 0)
    def test_multiply_second_is_zero_outcome_is_zero(self):
        result = multiply(3, 0)
        self.assertEqual(result, 0)
    def test_multiply_both_are_zero_outcome_is_zero(self):
        result = multiply(0, 0)
        self.assertEqual(result, 0)

# Sie definieren eine Testfunktion namens test_multiply,
# die die Multiplikationsfunktion mit verschiedenen Argumenten aufruft
# und mit der Methode assertEqual prüft, ob das Ergebnis korrekt ist.

# 1. Ziehen Sie den Kommentar der Methode heran, der erklärt, was die Funktion tut.
# 2. Benennen Sie die Methode gemäß der Beschreibung im Kommentar um (das "Was").
# 3. Erstellen Sie Tests, um die im bisherigen Kommentar beschriebene
#    Funktionsweise zu prüfen und den Kommentar überflüssig zu machen.
# 4. Verzichten Sie auf irrelevante Implementierungsdetails.
```

Sie können den Kommentar umschreiben und verdichten, aber nicht immer auf algorithmische Weise. Das beschriebene Vorgehen ist kein sicheres Refactoring, erhöht aber die Abdeckung. Private Methoden lassen sich allerdings nicht so leicht testen (siehe »Private Methoden testen« auf Seite 326). Im unwahrscheinlichen Fall, dass Sie den Kommentar einer privaten Methode ersetzen wollen, sollten Sie indirekt testen oder mit »Methode in ein Objekt extrahieren« auf Seite 159 ein Objekt extrahieren. Wichtige Designentscheidungen können und sollten weiterhin kommentiert werden.

Verwandte Rezepte

»Veraltete Kommentare entfernen« auf Seite 129

»Getter-Kommentare entfernen« auf Seite 132

»Methode in ein Objekt extrahieren« auf Seite 159

»Private Methoden testen« auf Seite 326

KAPITEL 9

Standards

Das Schöne an Standards ist, dass man so viele zur Auswahl hat. Und wenn Ihnen einer davon nicht gefällt, können Sie einfach auf die Version warten, die es nächstes Jahr geben wird.

– *Andrew S. Tanenbaum, Computer Networks, Fourth Edition (dt. Computernetzwerke)*

Einführung

In großen Organisationen ist es entscheidend, durch die Festlegung von Codekonventionen sicherzustellen, dass verschiedene Teams und Entwickler nach einem einheitlichen Satz von Regeln und Best Practices arbeiten. Das fördert die Erstellung von konsistentem und leicht verständlichem Code, erleichtert die Zusammenarbeit und Wartung und steigert die Gesamtqualität der Codebasis. Durch die Definition klarer Codestandards können Unternehmen gewährleisten, dass Entwickler Code schreiben, der mit höherer Wahrscheinlichkeit zuverlässig funktioniert und skalierbar sowie wartbar ist.

Codestandards befolgen

Problem

Sie arbeiten zusammen mit vielen anderen Entwicklern an einer großen Codebasis. In dieser Codebasis werden viele unterschiedliche Standards und Konventionen verwendet, was die Lesbarkeit beeinträchtigt.

Lösung

Halten Sie sich in Ihrer gesamten Organisation an dieselben Standards und setzen Sie diese konsequent um (wenn möglich automatisiert).

Diskussion

Die Arbeit an einem Einzelprojekt ist einfach (solange man nicht nach einigen Monaten erneut daran arbeiten muss). Die Zusammenarbeit mit vielen anderen Entwicklern erfordert jedoch unbedingt einige Absprachen. Die Einhaltung gemeinsamer Codestandards verbessert die Wart- und Lesbarkeit und unterstützt die Code-Reviewer. In den meisten modernen Sprachen existieren allgemeine Codestandards, wie beispielsweise PSR2 (*https://oreil.ly/DZlCv*) in PHP, und die meisten modernen IDEs setzen diese automatisch durch.

Hier ein Beispiel, in dem unterschiedliche Codestandards verwendet werden:

```
public class MY_Account {
    // Dieser Klassenname folgt keiner einheitlichen Nomenklatur und enthält
    // einen Unterstrich.

    private Statement privStatement;
    // Attribute haben Sichtbarkeitspräfixe.

    private Amount currentbalance = amountOf(0);

    public SetAccount(Statement statement) {
        this.statement = statement;
    }
    // Setter und Getter folgen keinem einheitlichen Muster.

    public GiveAccount(Statement statement)
    { this.statement = statement; }
    // Die Einrückung ist inkonsistent.
    // Geschweifte Klammern folgen keinem einheitlichen Schema.

    public void deposit(Amount value, Date date) {
        recordTransaction(
         value, date
        );
        // Einige Variablen sind nach ihrem Typ und nicht nach ihrer Rolle benannt.
        // Die Klammerung ist inkonsistent.
    }

    public void extraction(Amount value, Date date) {
        recordTransaction(value.negative(), date);
        // Die Benennung ist inkonsistent; das Gegenteil von "deposit" sollte
        // "withdrawal" sein.
    }

    public void voidPrintStatement(PrintStream printer)
    {
    statement.printToPrinter(printer);
    // Der Name ist redundant und unklar.
    }

    private void privRecordTransactionAfterEnteredthabalance(
        Amount value, Date date) {

        Transaction transaction = new Transaction(value, date);
        Amount balanceAfterTransaction =
```

```
                transaction.balanceAfterTransaction(balance);

            balance = balanceAfterTransaction;

            statement.addANewLineContainingTransation(
                transaction, balanceAfterTransaction);
            // Namensgebung und Zeilenumbruch sind inkonsistent.

        }
    }
```

Und so sieht es aus, wenn ein einheitlicher Codestandard befolgt wird:

```
public class Account {

    private Statement statement;

    private Amount balance = amountOf(0);

    public Account(Statement statement) {
        this.statement = statement;
    }

    public void deposit(Amount value, Date date) {
        recordTransaction(value, date);
    }

    public void withdrawal(Amount value, Date date) {
        recordTransaction(value.negative(), date);
    }

    public void printStatement(PrintStream printer) {
        statement.printOn(printer);
    }

    private void recordTransaction(Amount value, Date date) {
        Transaction transaction = new Transaction(value, date);
        Amount balanceAfterTransaction =
            transaction.balanceAfterTransaction(balance);
        balance = balanceAfterTransaction;
        statement.addLineContaining(transaction, balanceAfterTransaction);
    }
}
```

Linter und IDEs sollten die Einhaltung von Codestandards überprüfen, bevor ein Merge-Request akzeptiert wird. Sie können individuelle Regeln für die Benennung von Softwareelementen wie Objekten, Klassen, Interfaces, Modulen festlegen. Sauber formulierter und gut strukturierter Code hält sich stets an Standards bezüglich Benennung, Formatierung und Stil. Standards schaffen Klarheit und Bestimmtheit für alle, die Ihren Code lesen – Sie selbst eingeschlossen.

Die automatische und verbindliche Anwendung von Richtlinien zur Codeformatierung durch Parser oder Compiler gibt Feedback zur Interpretation Ihrer Anweisungen, verhindert Unstimmigkeiten und folgt dem Fail-Fast-Prinzip. Diese Praxis ist in großen Organisationen unverzichtbar, wenn Collective Ownership realisiert werden soll.

Collective Ownership

Collective Ownership besagt, dass jedes Mitglied eines Entwicklungsteams die Möglichkeit haben sollte, Änderungen an jedem Teil der Codebasis vorzunehmen, unabhängig davon, wer den Code ursprünglich geschrieben hat. Es fördert ein Gefühl der gemeinsamen Verantwortung für den Code, was dazu beiträgt, den Code überschaubarer und leichter verbesserbar zu machen.

Verwandte Rezepte

»Rechtschreibfehler korrigieren« auf Seite 116

»Übertriebene Raffinesse aus dem Code entfernen« auf Seite 155

Einrückungen standardisieren

Problem

In Ihrem Code werden sowohl Tabulatoren als auch Leerzeichen für die Einrückung verwendet.

Lösung

Verwenden Sie keine unterschiedlichen Arten der Einrückung. Entscheiden Sie sich für eine Methode und halten Sie diese konsequent durch.

Diskussion

Welcher Einrückungsstil der beste ist, ist ein häufig diskutiertes Thema. Treffen Sie Ihre eigene Entscheidung. Das Wichtigste ist die Konsistenz des Codes, die Sie mithilfe von Prüfwerkzeugen durchsetzen können. Hier ein Beispiel mit gemischten Stilen:

```
function add(x, y) {
   // --->..return x + y;
   return x + y;
}

function main() {
   // --->var x = 5,
   // --->....y = 7;
    var x = 5,
        y = 7;
}
```

So sieht es aus, wenn es standardisiert wird:

```
function add(x, y) {
    // --->return x + y;
    return x + y;
}
```

In einigen Sprachen, wie beispielsweise Python, sind Einrückungen Teil der Syntax. In diesen Sprachen dürfen Einrückungen nicht willkürlich vorgenommen werden, da sie die Bedeutung des Codes beeinflussen. Einige IDEs bieten die Möglichkeit, Code von einer Konvention in eine andere zu konvertieren.

Verwandte Rezepte

»Codestandards befolgen« auf Seite 139

Schreibweisen vereinheitlichen

Problem

Sie arbeiten an einer Codebasis, die von vielen verschiedenen, weltweit verstreuten Entwicklern gepflegt wird, die unterschiedliche Konventionen für die Groß- und Kleinschreibung verwenden.

Lösung

Vermeiden Sie die Nutzung unterschiedlicher Konventionen für Schreibweisen. Wählen Sie eine aus und setzen Sie diese konsequent um.

Diskussion

Wenn mehrere Personen zusammen Software entwickeln, können persönliche oder kulturelle Unterschiede sichtbar werden. Einige Entwickler bevorzugen camelCase (*https://oreil.ly/QyVTA*), andere snake_case (*https://oreil.ly/h-SFq*), MACRO_CASE oder weitere (*https://oreil.ly/o5tl-*) Varianten. Der Code sollte jedoch einheitlich und leicht lesbar sein. In einigen Programmsprachen gibt es eigene Konventionen für Schreibweisen, z.B. camelCase in Java oder snake_case in Python.

Hier ein Beispiel für eine JSON-Datei mit unterschiedlichen Schreibweisen:

```
{
    "id": 2,
    "userId": 666,
    "accountNumber": "12345-12345-12345",
    "UPDATED_AT": "2022-01-07T02:23:41.305Z",
    "created_at": "2019-01-07T02:23:41.305Z",
    "deleted at": "2022-01-07T02:23:41.305Z"
}
```

Und so sieht es aus, wenn eine einheitliche Schreibweise angewendet wird:

```
{
    "id": 2,
    "userId": 666,
    "accountNumber": "12345-12345-12345",
    "updatedAt": "2022-01-07T02:23:41.305Z",
    "createdAt": "2019-01-07T02:23:41.305Z",
```

```
    "deletedAt": "2022-01-07T02:23:41.305Z"
  // Das bedeutet nicht, dass DIESER Standard der richtige ist.
}
```

Stellen Sie Ihre Linter so ein, dass sie die unternehmensweit festgelegten Standards für Schreibweisen durchsetzen. Bei Neuzugängen im Team sollten automatisierte Tests bei Abweichungen höflich um eine Anpassung des Codes bitten. Wenn Sie jedoch mit Code arbeiten müssen, der nicht in Ihrem Verantwortungsbereich liegt, sollten Sie sich an die Standards des Kunden halten, nicht an Ihre eigenen.

Verwandte Rezepte

»Codestandards befolgen« auf Seite 139

Code auf Englisch schreiben

Problem

Im Code wird anstelle von Englisch eine andere lokale Sprache verwendet, da bestimmte Geschäftsbegriffe schwierig zu übersetzen sind.

Lösung

Bleiben Sie beim Englischen. Übersetzen Sie auch Geschäftsbegriffe ins Englische.

Diskussion

Alle Programmiersprachen verwenden Englisch für ihre Grundelemente und Frameworks, abgesehen von ein paar fehlgeschlagenen Experimenten in den 90er-Jahren. So wie im mittelalterlichen Europa Latein die Sprache der Gelehrten und Schriftsteller war, erfordert heute die Programmierung Kenntnisse in Englisch. Eine Mischung aus englischen und nicht-englischen Namen kann Polymorphie behindern (siehe »Nicht-polymorphe Funktionen in polymorphe umwandeln« auf Seite 225), die kognitive Belastung erhöhen, syntaktische Fehler verursachen, die Bijektion (wie in Kapitel 2 definiert) verletzen und mehr. Heutzutage bieten die meisten IDEs und Linter Übersetzungstools oder Thesauri an, sodass Sie problemlos englische Entsprechungen für fremdsprachliche Begriffe finden können.

Hier ein Beispiel, in dem Englisch mit Spanisch gemischt wird:

```
const elements = new Set();
elements.add(1);
elements.add(1);

// Dies ist das Standard-Set.
// Sets speichern keine Duplikate.
echo elements.size() // Liefert 1.
```

```
// Jetzt wird ein Multiset auf Spanisch definiert,
// weil die Domäne erweitert wird.
var moreElements = new MultiConjunto();

// "Multiconjunto" ist das spanische Wort für "Multiset".
// "agregar" ist das spanische Wort für "hinzufügen".
moreElements.agregar('hello');
moreElements.agregar('hello');
echo moreElements.size() // Liefert 2, da es sich um ein Multiset handelt.

// elements und moreElements sind NICHT polymorph.
// Ihre Implementierungen können nicht gegeneinander getauscht werden.

class Person {
  constructor() {
    this.visitedCities = new Set();
  }

  visitCity(city) {
    this.visitedCities.add(city);
    // Löst einen Fehler aus, wenn statt eines Sets, das "add()" erwartet,
    // visitedCities als MultiConjunto anleget wird, das "agregar()" erwartet.
  }
}
```

Und so sähe es aus, wenn durchgängig Englisch verwendet würde:

```
const elements = new Set();
elements.add(1);
elements.add(1);

// Dies ist das Standard-Set.
echo elements.size() // Liefert 1.

// Jetzt wird ein Multiset auf Englisch definiert.
var moreElements = new MultiSet();

moreElements.add('hello');
moreElements.add('hello');
echo moreElements.size() // Liefert 2, da es sich um ein Multiset handelt.
// elements und moreElements sind polymorph.
// Sie können in der Klasse Person beide verwenden, auch zur Laufzeit.
```

Reihenfolge von Parametern vereinheitlichen

Problem

Es gibt Inkonsistenzen bei der Verwendung von Parametern.

Lösung

Verwirren Sie Ihre Leser nicht. Halten Sie eine einheitliche Reihenfolge ein.

Diskussion

Code liest sich wie Prosa. Alle Methodensignaturen sollten gleichartig aufgebaut sein. Sie können auch benannte Parameter verwenden, wenn Ihre Programmiersprache dies unterstützt. Im folgenden Beispiel scheinen sich die beiden Methoden zu ähneln:

```
function giveFirstDoseOfVaccine(person, vaccine) { }

function giveSecondDoseOfVaccine(vaccine, person) { }

giveFirstDoseOfVaccine(jane, flu);
giveSecondDoseOfVaccine(jane, flu);
// Übersehener Fehler, da sich die Reihenfolge der Methodenparameter unterscheidet.
```

So sieht es aus, wenn Sie die Reihenfolge der Parameter beibehalten:

```
function giveFirstDoseOfVaccine(person, vaccine) { }

function giveSecondDoseOfVaccine(person, vaccine) { }

giveFirstDoseOfVaccine(jane, flu);
giveSecondDoseOfVaccine(jane, flu);
```

Und so sieht es mit benannten Argumenten aus:

```
function giveFirstDoseOfVaccine(person, vaccine) { }

giveFirstDoseOfVaccine(person=jane, vaccine=flu);
// Äquivalent zu giveFirstDoseOfVaccine( vaccine=flu, person=jane);
giveSecondDoseOfVaccine(person=jane, vaccine=flu);
// Äquivalent zu giveSecondDoseOfVaccine( vaccine=flu, person=jane);
```

Benannte Parameter (Named Parameters)

Benannte Parameter sind ein Merkmal vieler Programmiersprachen, das es ermöglicht, Werte Parametern durch Angabe des Namens statt der Position zuzuweisen. Sie werden auch als Schlüsselwortargumente bezeichnet.

Verwandte Rezepte

»Redundante Parameternamen ändern« auf Seite 123

»Überflüssige Argumente reduzieren« auf Seite 167

Kleine Mängel beheben

Problem

Sie ändern etwas am Code und stoßen dabei auf weiteren unsauberen Code.

Lösung

Folgen Sie der Pfadfinderregel (siehe »Ergebnisvariablen umbenennen« auf Seite 111) und hinterlassen Sie den Code sauberer, als Sie ihn vorgefunden haben. Wenn Sie auf Unordnung stoßen, räumen Sie sie schnell auf, unabhängig davon, wer sie verursacht hat. Wenn Sie ein Problem entdecken, beheben Sie es.

Diskussion

Als Programmierer lesen Sie viel öfter Code, als dass Sie selbst welchen schreiben. Übernehmen Sie Verantwortung für fehlerhaften Code, wenn Ihnen welcher begegnet, und hinterlassen Sie ihn in einem besseren Zustand. Wenn Sie bei der Durchführung anderer Änderungen beispielsweise auf solchen Code stoßen:

```
    int mult(int a,int other)
     { int prod
       prod= 0;
       for(int i=0;i<other ;i++)
         prod+= a ;
          return prod;
     }

// Formatierung, Namensgebung, Zuweisung und Standards sind inkonsistent.
```

Dann sollten Sie ihn durch die Anwendung einiger Rezepte verbessern:

```
int multiply(int firstMultiplier, int secondMultiplier) {
  int product = 0;
  for(int index=0; index<secondMultiplier; index++) {
    product += firstMultiplier;
  }
  return product;
}

// Oder multiplizieren Sie die Zahlen einfach :)
```

Scheuen Sie sich nicht, Änderungen vorzunehmen. Streben Sie immer eine gute Testabdeckung an, um sicherzustellen, dass die Geschäftslogik nicht beeinträchtigt wird. Und denken Sie daran, dass die Entwicklung von Software eine Teamaktivität ist, sodass Sie für diese Art von Änderungen einen Konsens im Team finden müssen.

Verwandte Rezepte

»Einrückungen standardisieren« auf Seite 142

»Schreibweisen vereinheitlichen« auf Seite 143

»ToDos und FixMes verhindern und entfernen« auf Seite 350

KAPITEL 10

Komplexität

> Die effektivste Methode zur Bewältigung von Komplexität ist Abstraktion. Es gibt viele Formen der Abstraktion, doch die Kapselung stellt die zentrale Abstraktionsform in der objektorientierten Programmierung dar, mit der Komplexität gehandhabt wird.
>
> – *Rebecca Wirfs-Brock und Brian Wilkinson, »Object-Oriented Design: A Responsibility-Driven Approach« (https://oreil.ly/WKGAl)*

Einführung

Nach David Farley müssen Sie als hervorragender Softwareentwickler Experte im Lernen sein. Und Ihre einzige Aufgabe besteht darin, zufällige Komplexität auf einem möglichst niedrigen Niveau zu halten. Komplexität existiert in jedem großen Softwaresystem und ist oft die Hauptquelle für Probleme. Einer der wesentlichen Unterschiede zwischen jungen und erfahrenen Entwicklern liegt darin, wie sie diese Komplexität bewältigen und auf ein Minimum reduzieren.

Wiederholten Code entfernen

Problem

In Ihrem Code kommt mehrmals das gleiche Verhalten vor.

Lösung

Sie müssen den fehlenden Abstraktionsschritt identifizieren und das wiederholte Verhalten extrahieren.

Diskussion

Duplizierter Code beeinträchtigt die Wartbarkeit und verstößt gegen das DRY-Prinzip: *Don't Repeat Yourself*. Das führt zu höheren Wartungskosten, Änderungen benötigen mehr Zeit, und die Fehleranfälligkeit steigt. Sollte der Code Fehler enthalten, können diese an mehreren Stellen auftreten. Duplizierter Code behindert außerdem die Wiederverwendbarkeit, da es an Abstraktion mangelt. Sie sollten diese Nachteile bedenken, bevor Sie voreilig Code kopieren und an anderer Stelle einfügen.

Hier ein Beispiel für duplizierten Code bei der Textersetzung, der in beiden Klassen `WordProcessor` und `Obfuscator` verwendet wird:

```
class WordProcessor {

    function replaceText(string $patternToFind, string $textToReplace) {
        $this->text = '<<<' .
            str_replace($patternToFind, $textToReplace, $this->text) . '>>>';
    }
}

final class Obfuscator {

    function obfuscate(string $patternToFind, string $textToReplace) {
        $this->text =
            strlower(str_ireplace($patternToFind, $textToReplace, $this->text));
    }
}
```

So sieht es aus, wenn Sie die Logik zur Textersetzung in einer neuen Abstraktion kapseln:

```
final class TextReplacer {
    function replace(
        string $patternToFind,
        string $textToReplace,
        string $subject,
        string $replaceFunctionName,
        $postProcessClosure) {
        return $postProcessClosure(
            $replaceFunctionName($patternToFind, $textToReplace, $subject));
    }
}

// Hier viele Tests der Textersetzung, damit Sie der Klasse vertrauen können.

final class WordProcessor {
    function replaceText(string $patternToFind, string $textToReplace) {
        $this->text = (new TextReplacer())->replace(
            $patternToFind,
            $textToReplace,
            $this->text,
            'str_replace', fn($text) => '<<<' . $text . '>>>');
    }
}

final class Obfuscator {
    function obfuscate(string $patternToFind, string $textToReplace) {
        $this->text = (new TextReplacer())->replace(
            $patternToFind,
            $textToReplace,
            $this->text,
            'str_ireplace', fn($text) => strlower($text));
    }
}
```

Linter können wiederholten Code erkennen, sind jedoch nicht besonders gut darin, ähnliche Muster zu identifizieren. Durch den Einsatz von KI könnte es bald leichter werden, mögliche Abstraktionen automatisch zu erkennen. Sie sollten betroffenen Code mit den üblichen Werkzeugen refaktorieren und dabei auf Ihre Tests als Sicherheitsnetz vertrauen.

> **Copy-and-paste-Programmierung**
>
> Bei der *Copy-and-paste-Programmierung* wird vorhandener Code kopiert und an einer anderen Stelle eingefügt, anstatt neuen Code zu schreiben. Wenn Sie viel mit Kopieren und Einfügen arbeiten, wird Ihr Code schwerer wartbar.

Verwandte Rezepte

»Subklassifizierung zur Wiederverwendung von Code auflösen« auf Seite 307

Einstellungen/Konfigurationen und Funktionsumschalter entfernen

Problem

Ihr Code stützt sich auf globale Konfigurationen, Einstellungen oder Feature-Toggles.

Lösung

Identifizieren, nachverfolgen und entfernen Sie Feature-Toggles und Anpassungen, sobald sie nicht mehr benötigt werden. Reifizieren Sie die Konfiguration in Small Objects.

Diskussion

> **Feature-Toggles**
>
> Ein *Feature-Toggle* (auch bekannt als *Feature-Flag* oder *Feature-Switch*) ermöglicht es, bestimmte Merkmale oder Funktionalitäten zur Laufzeit zu aktivieren oder zu deaktivieren, ohne dass eine erneute Bereitstellung erforderlich ist. Das erlaubt beispielsweise die Durchführung von A/B-Tests oder die Bereitstellung früher Beta- oder Canary-Releases, indem neue Funktionen für eine Untergruppe von Nutzern oder Umgebungen freigeschaltet werden, während sie für andere verborgen bleiben.

Die Möglichkeit, Systemverhalten über ein Dashboard zu ändern, mag der Traum jedes Kunden sein, ist jedoch der Albtraum eines Softwareentwicklers. Einstellungen führen zu globaler Kopplung, wenn nicht sogar Verschmutzung, und einer Explosion von Testszenarien. Sie können Ihre Konfiguration verwalten, indem Sie polymorphe Objekte erstellen und sie extern injizieren. Sie sollten Ihre Objekte so konfigurieren, dass sie sich auf verschiedene Weisen verhalten können, und zwar durch die Verwendung expliziter Verhaltensobjekte. Ein System mit 300 booleschen Schaltern benötigt mehr Testkombinationen (2^{300}) als die Anzahl der Atome im Universum (10^{80}).

Hier ein Beispiel, bei dem eine global injizierte Einstellung die Art und Weise beeinflusst, wie Sie die Objekte abrufen:

```
class VerySpecificAndSmallObjectDealingWithPersistency {
  retrieveData() {
    if (GlobalSettingsSingleton.getInstance().valueAt('RetrievDataDirectly')) {
      // Beachten Sie den kleinen Tippfehler in "RetrievDataDirectly".
      this.retrieveDataThisWay();
    }
    else {
      this.retrieveDataThisOtherWay();
    }
  }
}
```

Sie können explizit das Strategie-Entwurfsmuster verwenden (siehe »Switch-/Case-/Elseif-Anweisungen ersetzen« auf Seite 211) und es nach Beseitigung der globalen Kopplung testen:

```
class VerySpecificAndSmallObjectDealingWithPersistency {
  constructor(retrievalStrategy) {
    this.retrievalStrategy = retrievalStrategy;
  }
  retrieveData() {
    this.retrievalStrategy.retrieveData();
  }
}
// Durch die Verwendung einer polymorphen Strategie können Sie auf
// die If-Anweisung verzichten.
```

Da es sich um ein architektonisches Entwurfsmuster handelt, sollten Sie es kontrollieren oder in Ihren Designrichtlinien verbieten. Eine erwähnenswerte Ausnahme liegt vor, wenn man Feature-Toggles als Sicherheitsmechanismus einsetzt. In einem Legacy-System ist das akzeptabel, aber in einem CI/CD-System sollten diese Schalter sehr kurzlebig sein (einige Wochen).

A/B-Tests

Bei *A/B-Tests* werden zwei verschiedene Versionen einer bereitgestellten Software miteinander verglichen, um festzustellen, welche Version besser für die Endbenutzer geeignet ist.

Verwandte Rezepte

»Hartcodierte Geschäftsbedingungen reifizieren« auf Seite 227

»God Objects aufspalten« auf Seite 268

Zustand über Eigenschaften ändern

Problem

Sie nehmen Änderungen am Zustand vor, indem Sie einige interne Attribute modifizieren.

Lösung

Modellieren Sie den Zustand Ihres Objekts als Teilmengenbeziehung ähnlich der realen Metapher im MAPPER.

Diskussion

Dieses Rezept erscheint kontraintuitiv, es sei denn, man betrachtet es aus der Perspektive der Unveränderlichkeit. Zustände sollten als mathematische Teilmengenbeziehungen modelliert werden, da ein Zustand immer *zufällig* ist. Sie sollten ihn extrahieren und vom Objekt entfernen. Jedes Zustandsdiagramm des Lebenszyklus Ihres Objekts bietet eine Gelegenheit, dieses Rezept anzuwenden. Für Softwareentwickler ist es herausfordernd, robuste Modelle zu schaffen, die über die gesamte Lebensdauer hinweg bestehen bleiben, da solche Modelle selten sind.

Hier eine Klasse `Order` mit einem Attribut, das einen möglichen Zustand modelliert:

```
public abstract class OrderState {}

public class OrderStatePending extends OrderState {}
// Dies ist eine polymorphe Hierarchie mit unterschiedlichem Verhalten.
// Eine Aufzählung (Enum) reicht nicht aus, um den Zustand zu modellieren.

public class Order {
    public Order(LinkedList<int> items) {
        LinkedList<int> items = items;
        OrderState state = new OrderStatePending();
    }

    public function changeState(OrderState newState) {
        OrderState state = newState;
    }

    public function confirm() {
        state.Confirm(this);
    }

}
```

So sieht es aus, wenn man den Zustand aus `Order` herausnimmt, die Sammlungen nach Zustand gruppiert und den Zustand ändert, indem ein Objekt von einer Sammlung (einer Teilmenge der Menge aller Bestellungen) in eine andere verschiebt:

```
class Order {

    public Order(LinkedList<int> items) {
        items = items;
    }
}

class OrderProcessor {
    public static void main(String args[]) {

    LinkedList<int> elements = new LinkedList<int>();
    elements.add(1);
    elements.add(2);

    Order sampleOrder = new Order(elements);

    Collection<Order> pendingOrders = new LinkedList<Order>();
    Collection<Order> confirmedOrders = new LinkedList<Order>();

    pendingOrders.add(sampleOrder);

    pendingOrders.remove(sampleOrder);
    confirmedOrders.add(sampleOrder);
    }
}
```

In Abbildung 10-1 können Sie sehen, dass *Order 1* sowohl in der realen Welt als auch im Modell zur Menge der noch unbestätigten Bestellungen gehört. Das zu einem Zustand zu machen, würde die Bijektion verletzen. Aktuell liegen keine bestätigten Bestellungen vor.

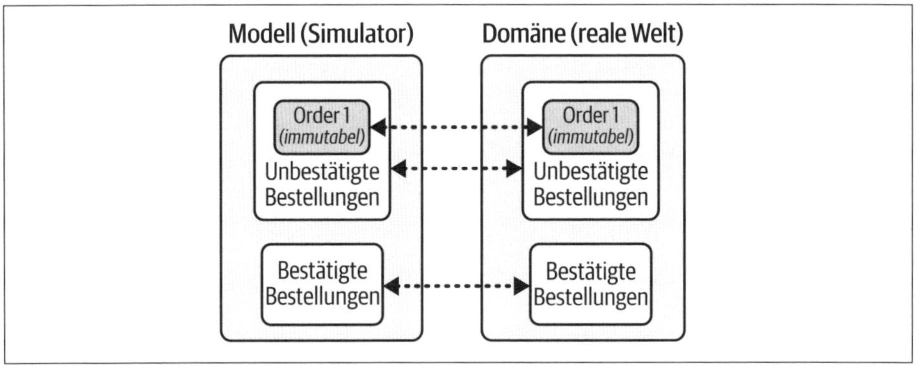

Abbildung 10-1: Im Modell und in der realen Welt gehören Aufträge zu den gleichen Mengen.

Wenn Sie einen extremen Standpunkt einnehmen möchten, können Sie *jeden* Setter als potenzielle Zustandsänderung betrachten. Es gibt keine Patentrezepte (siehe »Small Objects erstellen« auf Seite 56), die Sie vor Overdesign schützen. Ein Gegenbeispiel wäre die Farbänderung einer visuellen Komponente. Sie sollten achtsam und sehr vorsichtig vorgehen.

Overdesign

Overdesign liegt vor, wenn einer Anwendung unnötige, zufällige Komplexität hinzugefügt wird. Das kann geschehen, wenn man sich zu sehr darauf konzentriert, die Software so funktionsreich wie möglich zu gestalten, anstatt sie einfach zu halten und sich auf die Kernfunktionen zu konzentrieren.

Verwandte Rezepte

»Objekte von Settern befreien« auf Seite 39

»Vorzeitige Optimierungen entfernen« auf Seite 248

Übertriebene Raffinesse aus dem Code entfernen

Problem

Sie stoßen auf Code, der schwer lesbar ist und in dem zahlreiche Tricks und Kniffe sowie Namen verwendet werden, die keine Bedeutung vermitteln. Manchmal wird die zufällige Komplexität einer Programmiersprache im Code ausgenutzt.

Lösung

Entfernen Sie Tricks und Kniffe. Bleiben Sie bescheiden und protzen Sie nicht mit Ihrer Cleverness. Bei Clean Code sind Lesbarkeit und Einfachheit wichtiger als Microhacks.

Diskussion

Cleverness und übertriebene Raffinesse sind Feinde der Les- und Wartbarkeit. Cleverer Code, voller vorzeitiger Optimierungen, ist schwer zu warten und weist oft Qualitätsmängel auf. Hier ein Algorithmus zur Bestimmung der Primfaktoren einer Zahl:

```
function primeFactors(n){
  var f = [], i = 0, d = 2;

  for (i = 0; n >= 2; ) {
     if(n % d == 0){
       f[i++]=(d);
       n /= d;
    }
    else{
      d++;
    }
  }
  return f;
}
```

Sichern Sie den Algorithmus durch Tests ab, damit Sie keine Fehler einbauen. Nehmen Sie dann, basierend auf den Rezepten aus diesem Buch, kleine Refactorings und

Umbenennungen vor, die darauf abzielen, den Code sauberer zu gestalten. Auch hier gilt: Befolgen Sie die Pfadfinderregel und hinterlassen Sie den Code in einem besseren Zustand, als Sie ihn vorgefunden haben:

```
function primeFactors(numberToFactor) {
  var factors = [],
  divisor = 2,
  remainder = numberToFactor;

  while(remainder>=2) {
    if(remainder % divisor === 0){
       factors.push(divisor);
       remainder = remainder / divisor;
    }
    else {
      divisor++;
    }
  }
  return factors;
}
```

Eine erwähnenswerte Ausnahme, bei der Sie tatsächlich clever vorgehen sollten, betrifft optimierten Code für Low-Level-Operationen, da in solchen Szenarien die Leistung wichtiger ist als die Lesbarkeit. Sie können den Code zuerst normal schreiben, ohne ihn zu optimieren, um ihn dann durch Tests abzudecken, um dauerhaft sicherzustellen, dass er funktioniert. Nachdem Sie eine ausreichende Testabdeckung erreicht haben, können Sie den Code verfeinern, selbst wenn dies Abstriche bei der Lesbarkeit erfodert. Das ist auch eine Gelegenheit, die Methode der testgetriebenen Entwicklung (siehe »Unnötige Eigenschaften entfernen« auf Seite 66) auf bestehende Systeme anzuwenden.

Verwandte Rezepte

»Magische Zahlen durch Konstanten ersetzen« auf Seite 94

»Magische Korrekturen vermeiden« auf Seite 102

»Vorzeitige Optimierungen entfernen« auf Seite 248

Mehrere Promises parallel auflösen

Problem

In Ihrem Code existieren mehrere unabhängige Promises, und Sie müssen warten, bis alle erfüllt sind.

Lösung

Vermeiden Sie es, sequenziell auf die Auflösung einzelner Promises zu warten. Warten Sie stattdessen gleichzeitig auf alle Promises.

Diskussion

Im Kontext von Betriebssystemen sind Ihnen wahrscheinlich Semaphore bekannt, die verwendet werden, um auf die vollständige Erfüllung mehrerer Bedingungen zu warten, unabhängig von ihrer Reihenfolge.

> **Semaphor**
>
> Ein *Semaphor* ist ein Synchronisationsmechanismus, der den Zugriff auf gemeinsam genutzte Ressourcen regelt und die Koordination zwischen parallel laufenden Prozessen oder Threads erleichtert. Der Begriff geht auf die optischen Signalmasten zurück, die vor allem im 19. Jahrhundert zur Nachrichtenübermittlung verwendet wurden.

Hier ein Beispiel mit seriellen Promises:

```
async fetchLongTask() { }
async fetchAnotherLongTask() { }

async fetchAll() {
  let result1 = await this.fetchLongTask();
  let result2 = await this.fetchAnotherLongTask();
  // Aber sie können parallel ausgeführt werden!
}
```

So sieht es aus, wenn Sie parallel auf die Auflösung aller Promises warten:

```
async fetchLongTask() { }
async fetchAnotherLongTask() { }

async fetchAll() {
  let [result1, result2] =
      await Promise.all([this.fetchLongTask(), this.fetchAnotherLongTask()]);
      // Sie warten, bis ALLE fertig sind.
}
```

Stellen Sie Ihre Linter so ein, dass sie spezielle Muster beim Warten auf Promises erkennen. Folgen Sie so weit wie möglich der tatsächlichen Geschäftslogik. Wenn die Logik verlangt, dass auf *alle* Vorgänge gewartet werden muss, sollten Sie keine spezifische Reihenfolge erzwingen.

> **Promise**
>
> Ein *Promise* ist ein Objekt, das für das Ergebnis einer asynchronen Operation steht, sei es deren erfolgreicher Abschluss oder Fehlschlag, zusammen mit dem daraus resultierenden Wert.

Lange Kollaborationsketten auflösen

Problem

Es gibt lange Ketten von Methodenaufrufen.

Lösung

Lange Ketten von Methodenaufrufen erzeugen Kopplung und Ripple-Effekte. Jede Änderung innerhalb der Kette kann Fehler nach sich ziehen. Die Lösung liegt darin, Nachrichten nur an direkte Kollaborateure zu senden.

Diskussion

Bei langen Methodenketten breitet sich die Kopplung vom ersten bis zum letzten Aufruf aus. Solche Ketten verletzten zudem die Kapselung, das Gesetz von Demeter (siehe »Getter entfernen« auf Seite 48) und das Prinzip »Tell, don't ask« (siehe »Objekte von Settern befreien« auf Seite 39). Um dieses Problem zu lösen, können Sie Zwischenmethoden und übergeordnete Nachrichten einsetzen.

Im folgenden Beispiel werden die Pfoten eines Hundes aufgefordert, sich zu bewegen:

```
class Dog {
  constructor(feet) {
     this.feet = feet;
  }
  getFeet() {
    return this.feet;
  }
}

class Foot {
   move() { }
}

feet = [new Foot(), new Foot(), new Foot(), new Foot()];
dog = new Dog(feet);

for (var foot of dog.getFeet()) {// Aufruftiefe= 2
  foot.move();
}
// Äquivalent zu dog.getFeet()[0].move(); dog.getFeet()[1].move() ...
```

So sieht es aus, wenn Sie die Verantwortlichkeit, das Ziel zu erreichen, an den Hund delegieren:

```
class Dog {
   constructor(feet) {
     this.feet = feet;
  }
  walk() {
    // Hier wird der Gang des Hundes gekapselt.
    for (var foot of this.feet) {
      foot.move();
    }
  }
}

class Foot {
  move() { }
}
```

```
feet = [new Foot(), new Foot(), new Foot(), new Foot()];
dog = new Dog(feet);
dog.walk();
```

Vermeiden Sie aufeinanderfolgende Nachrichtenaufrufe. Versuchen Sie, die zwischengeschalteten Kollaborationen zu verbergen und stattdessen neue Protokolle zu erstellen.

Verwandte Rezepte

»Vermittlerobjekte entfernen« auf Seite 278

Methode in ein Objekt extrahieren

Problem

Ihr Code beinhaltet eine lange algorithmische Methode, die Sie verstehen, testen und teilweise wiederverwenden wollen.

Lösung

Verlagern Sie sie in ein Objekt und unterteilen Sie sie.

Diskussion

Umfangreiche Methoden lassen sich nur schwer debuggen und testen, insbesondere wenn sie eine eingeschränkte Sichtbarkeit (wie »protected«) aufweisen. Algorithmen existieren in der realen Welt und verdienen ihre eigenen Objekte. Sie sollten ein Objekt erstellen, das den Aufruf der Methode repräsentiert, die umfangreiche Methode in dieses neue Objekt verschieben und die temporären Variablen der Methode in private Attribute umwandeln. Abschließend entfernen Sie die Parameter aus dem Methodenaufruf, indem Sie diese ebenfalls in private Attribute konvertieren.

Ein Methodenobjekt ist sinnvoll, wenn Sie mehrere *Extract Methods* verwenden, die einen Teilzustand als Teil eines Algorithmus untereinander weitergeben. Wenn Berechnungen nicht kohärent mit der Hauptmethode verbunden sind, ist das ein klares Zeichen, ein Methodenobjekt zu erstellen. Auch anonyme Funktionen können durch stärker atomare, kohärente und testbare Methodenobjekte reifiziert werden.

Stellen Sie sich eine umfangreiche Methode zur Berechnung eines Kontostands vor:

```
class BlockchainAccount {
  // ...
  public double balance() {
    string address;
    // Sehr lange, schwer testbare Methode.
  }
}
```

So sieht der reifizierte und refaktorierte Ansatz aus:

```
class BlockchainAccount {
  // ...
  public double balance() {
    return new BalanceCalculator(this).netValue();
  }
}

// 1. Erstellen Sie ein Objekt, das einen Aufruf der Methode repräsentiert.
// 2. Verlagern Sie die umfangreiche Methode in das neue Objekt.
// 3. Wandeln Sie temporäre Variablen in private Attribute um.
// 4. Unterteilen Sie die Methode im neuen Objekt mithilfe der Extract Method.
// 5. Entfernen Sie die Parameter aus dem Methodenaufruf, indem Sie diese
//    ebenfalls in private Attribute umwandeln.

class BalanceCalculator {
  private string address;
  private BlockchainAccount account;

  public BalanceCalculator(BlockchainAccount account) {
    this.account = account;
  }

  public double netValue() {
    this.findStartingBlock();
    //...
    this computeTransactions();
  }
}
```

Einige IDEs verfügen über Werkzeuge, um eine Funktion in ein Methodenobjekt auszulagern. Auf diese Weise können Sie solche Änderungen automatisiert und sicher vornehmen und die Logik in eine neue Komponente extrahieren, Unit-Tests durchführen, die Komponente wiederverwenden, ersetzen usw.

Verwandte Rezepte

»Überlange Methoden unterteilen« auf Seite 165

»Überflüssige Argumente reduzieren« auf Seite 167

»Switch-/Case-/Elseif-Anweisungen ersetzen« auf Seite 211

»Ternäre Ausdrücke vereinfachen« auf Seite 223

»Private Methoden testen« auf Seite 326

»Anonyme Funktionen reifizieren« auf Seite 369

Siehe auch

Ursprüngliche Definition eines Methodenobjekts in Kapitel 3 von *Smalltalk Best Practice Patterns* von Kent Beck

»Method Object« im C2-Wiki (*https://oreil.ly/P1M-c*)

Array-Konstruktoren überprüfen

Problem

Sie erstellen in JavaScript Arrays mit `new Array()`.

Lösung

Seien Sie bei der Verwendung von JavaScript-Arrays sehr vorsichtig und vermeiden Sie `new Array()`, da die auf diese Weise erzeugten Arrays nicht homogen sind und sich unvorhersehbar verhalten können.

Diskussion

`new Array()` verletzt das Prinzip der geringsten Überraschung (siehe »Veränderliche Konstanten einfrieren« auf Seite 80), da JavaScript eine Menge magischer Tricks verwendet. Eine Programmiersprache sollte intuitiv, homogen, vorhersagbar und einfach sein, das ist jedoch bei JavaScript, Python, PHP und vielen anderen nicht der Fall. Sie sollten diese Sprachen so einfach, klar und vorhersagbar wie möglich verwenden.

Hier ein kontraintuitives Beispiel, in dem ein Array mit einem Argument (der Zahl 5) erstellt wird:

```
const arrayWithFixedLength = new Array(3);

console.log(arrayWithFixedLength); // [ <3 leere Elemente> ]
console.log(arrayWithFixedLength[0]); // undefined
console.log(arrayWithFixedLength[1]); // undefined
console.log(arrayWithFixedLength[2]); // undefined
console.log(arrayWithFixedLength[3]); // Ebenfalls undefined,
// sollte aber "Index out of range" ergeben.
console.log(arrayWithFixedLength.length); // 3
```

Und das passiert, wenn Sie das Array mit zwei Argumenten erstellen:

```
const arrayWithTwoElements = new Array(3, 1);

console.log(arrayWithTwoElements); // [ 3, 1 ]
console.log(arrayWithTwoElements[0]); // 3
console.log(arrayWithTwoElements[1]); // 1
console.log(arrayWithTwoElements[2]); // undefined
console.log(arrayWithTwoElements[5]); // undefined
// (sollte aber "out of range" sein)
console.log(arrayWithTwoElements.length); // 2

const arrayWithTwoElementsLiteral = [3,1];

console.log(arrayWithTwoElementsLiteral); // [ 3, 1 ]
console.log(arrayWithTwoElementsLiteral[0]); // 3
console.log(arrayWithTwoElementsLiteral[1]); // 1
console.log(arrayWithTwoElementsLiteral[2]); // undefined
console.log(arrayWithTwoElementsLiteral[5]); // undefined
console.log(arrayWithTwoElementsLiteral.length); // 2
```

Die beste Lösung besteht darin, `new Array()` bei der Erstellung von Arrays zu vermeiden und stattdessen den syntaktischen Konstruktor `[]` zu verwenden. Viele »moderne« Sprachen enthalten Hacks, die das Leben der Programmierer erleichtern sollen, aber letztendlich oft Quellen potenzieller unbeabsichtigter Fehler sind.

Verwandte Rezepte

»Übertriebene Raffinesse aus dem Code entfernen« auf Seite 155

»Striktere Parameter verwenden« auf Seite 193

»Mit truthy-Werten umgehen« auf Seite 377

Poltergeist-Objekte entfernen

Problem

Sie haben ein Objekt, das auf mysteriöse Weise erscheint und verschwindet.

Lösung

Fügen Sie ausschließlich die notwendigen Zwischenschichten hinzu.

Diskussion

Das Hinzufügen von Zwischenobjekten führt zu unnötiger, vermeidbarer Komplexität und beeinträchtigt die Lesbarkeit des Codes. Entfernen Sie flüchtige, zwischengeschaltete Objekte, die keinen geschäftlichen Mehrwert bieten, gemäß dem YAGNI-Prinzip (siehe Kapitel 12).

Poltergeist-Objekte
Ein *Poltergeist-Objekt* ist ein kurzlebiges Objekt, das nur zur Initialisierung oder zum Aufrufen von Methoden einer anderen, dauerhafteren Klasse verwendet wird.

Im folgenden Beispiel wird ein Fahrer erstellt und wieder entfernt, nur um ein Auto zu bewegen:

```
public class Driver
{
    private Car car;

    public Driver(Car car)
    {
        this.car = car;
    }

    public void DriveCar()
    {
        car.Drive();
```

```
        }
    }

    Car porsche = new Car();
    Driver homer = new Driver(porsche);
    homer.DriveCar();
```

Sie können den Fahrer weglassen:

```
// Es wird kein Fahrer benötigt.
Car porsche = new Car();
porsche.driveCar();
```

Fügen Sie keine zusätzliche, unwesentliche und vermeidbare Komplexität zur bereits bestehenden, notwendigen Komplexität hinzu. Entfernen Sie Zwischenobjekte, wenn sie nicht erforderlich sind.

Verwandte Rezepte

»›Boat Anchors‹ beseitigen« auf Seite 253

»Vermittlerobjekte entfernen« auf Seite 278

KAPITEL 11
Aufgeblähter Code

Die Aufgabe des Softwareengineerings besteht darin, Komplexität zu kontrollieren, nicht sie zu schaffen.

– Pamela Zave in Programming Pearls, 2nd Edition von Jon Bentley (dt. Perlen der Programmierkunst)

Einführung

Wenn an Ihrer Codebasis viele Personen arbeiten, entstehen früher oder später unvermeidlich Aufblähungen im Code. Im Englischen werden sie kurz »Bloaters« genannt – bitte nicht mit dem Begriff »Bloatware« verwechseln, der überflüssige oder unerwünschte Software beschreibt, die oft auf neuen Geräten vorinstalliert ist und Ressourcen ohne Mehrwert verbraucht. Sie verursachen meist keine Leistungsprobleme, beeinträchtigen jedoch die Wart- und Testbarkeit und behindern damit die Weiterentwicklung von Software. Der Code wird unnötig groß, komplex und schwer zu warten, was oft durch das Hinzufügen unnötiger Funktionen, schlechte Designentscheidungen oder übermäßige Wiederholungen bedingt ist. Der Code bläht sich in kleinen Schritten auf, bis schließlich ein großes Chaos entsteht. Auch wenn Sie vielleicht keine langen Methoden schreiben, fügen Sie oder Teamkollegen möglicherweise immer wieder kleine Abschnitte hinzu, die sich summieren. Das ist eine Form technischer Schulden (siehe Kapitel 21), die sich mit modernen, automatischen Werkzeugen relativ einfach reduzieren lässt.

Überlange Methoden unterteilen

Problem

Eine Methode umfasst zu viele Codezeilen.

Lösung

Unterteilen Sie die lange Methode in kleinere Einheiten. Zerlegen Sie komplexe Algorithmen in Teile. Diese kleineren Einheiten können dann mit Unit-Tests überprüft werden.

Diskussion

Lange Methoden weisen eine geringe Kohäsion, aber eine starke Kopplung auf. Sie sind schwer zu debuggen und wiederzuverwenden. Dieses Rezept hilft Ihnen dabei, strukturierte Bibliotheken und Hilfsprogramme in kleinere Einheiten aufzuteilen (siehe »Hilfsfunktionen und -klassen umbenennen und aufteilen« auf Seite 107). Die angemessene Anzahl von Zeilen variiert je nach Programmiersprache, aber in den meisten Fällen sollten 8 bis 10 Zeilen genügen.

Hier ein Beispiel für eine lange Methode:

```
function setUpChessBoard() {

    $this->placeOnBoard($this->whiteTower);
    $this->placeOnBoard($this->whiteKnight);
    // Eine Menge Zeilen:
    // .....
    $this->placeOnBoard($this->blackTower);
}
```

Sie können sie folgendermaßen unterteilen:

```
function setUpChessBoard() {
    $this->placeWhitePieces();
    $this->placeBlackPieces();
}
```

Nun können Sie die Methoden einzeln testen. Achten Sie dabei darauf, die Tests nicht zu sehr mit Implementierungsdetails zu verknüpfen. Alle modernen Linter können die Länge von Methoden messen und Sie warnen, wenn diese einen vordefinierten Schwellenwert überschreitet.

Verwandte Rezepte

»Hilfsfunktionen und -klassen umbenennen und aufteilen« auf Seite 107

»Kommentare innerhalb von Methoden entfernen« auf Seite 134

»Methode in ein Objekt extrahieren« auf Seite 159

»Verschachtelten Pfeilcode refaktorieren« auf Seite 219

»Ternäre Ausdrücke vereinfachen« auf Seite 223

Siehe auch

»Long Method« auf Refactoring Guru (*https://oreil.ly/bZVzJ*)

Überflüssige Argumente reduzieren

Problem

Sie haben eine Methode, die zu viele Argumente benötigt.

Lösung

Übergeben Sie an Ihre Methode nicht mehr als drei Argumente. Gruppieren Sie zusammengehörige Argumente zu Parameterobjekten. Sie können sie miteinander verknüpfen.

Diskussion

Methoden mit zu vielen Argumenten weisen eine geringe Wartbarkeit und Wiederverwendbarkeit auf sowie eine hohe Kopplung. Sie sollten sie gruppieren, indem Sie kohärente Beziehungen zwischen den Argumenten identifizieren oder einfach ein Small Object mit dem Kontext der Argumente erstellen. Dadurch legen Sie explizite Beziehungen zwischen den Parametern fest und folgen dem Fail-Fast-Prinzip.

Vermeiden Sie »grundlegende« Typen wie Strings, Arrays, Integers usw. und nutzen Sie stattdessen Small Objects (siehe »Small Objects erstellen« auf Seite 56). Argumente sollten in Beziehung gesetzt und gruppiert werden. Streben Sie immer eine an der realen Welt orientierte Abbildung an. Finden Sie heraus, wie die Entsprechungen der Argumente in der realen Welt zusammenhängende Objekte bilden. Wenn eine Funktion zu viele Argumente benötigt, können einige davon in Verbindung mit der Klassenkonstruktion stehen.

Im folgenden Beispiel wird die Methode `print` mit einer Vielzahl von Argumenten aufgerufen:

```
public class Printer {
  void print(
          String documentToPrint,
          String paperSize,
          String orientation,
          boolean grayscales,
          int pageFrom,
          int pageTo,
          int copies,
          float marginLeft,
          float marginRight,
          float marginTop,
          float marginBottom
        ) {
    }
}
```

Fassen Sie stattdessen verschiedene Argumente zusammen, um Primitive Obsession zu vermeiden:

```
final public class PaperSize { }
final public class Document { }
final public class PrintMargins { }
final public class PrintRange { }
final public class ColorConfiguration { }
final public class PrintOrientation { }
// Klassendefinition mit Methoden und Eigenschaften der Einfachheit halber
// hier weggelassen.

final public class PrintSetup {
    public PrintSetup(
           PaperSize papersize,
           PrintOrientation orientation,
           ColorConfiguration color,
           PrintRange range,
           int copiesCount,
           PrintMargins margins
           ) {}
}

final public class Printer {
  void print(
         Document documentToPrint,
         PrintSetup setup
        ) {
    }
}
```

Die meisten Linter können vor einer zu großen Anzahl von Argumenten warnen und Sie dadurch daran erinnern, dieses Rezept anzuwenden.

Verwandte Rezepte

»Leere Konstruktoren vervollständigen« auf Seite 46

»Reihenfolge von Parametern vereinheitlichen« auf Seite 145

»Methode in ein Objekt extrahieren« auf Seite 159

»Überzählige Attribute gruppieren« auf Seite 172

Überflüssige Variablen reduzieren

Problem

In Ihrem Code sind zu viele Variablen deklariert und aktiv.

Lösung

Begrenzen Sie den Geltungsbereich, sodass alle Variablen so lokal wie möglich sind.

Diskussion

Indem Sie den Geltungsbereich Ihrer Variablen beschränken, wird der Code lesbarer und kleinere Abschnitte können wiederverwendet werden. Sie werden auch auf nicht verwendete Variablen stoßen, die Sie entfernen können. Ihr Code kann beim Programmieren unübersichtlich werden und Tests könnten fehlschlagen. Mit einer guten Testabdeckung können Sie den Geltungsbereich während des Refaktorierens einschränken, indem Sie beispielsweise »Methode in ein Objekt extrahieren« auf Seite 159 verwenden, und die Anzahl der Variablen reduzieren. Die Geltungsbereiche von Variablen sind in kleineren Kontexten deutlich besser nachvollziehbar.

Das folgende Beispiel zeigt viele gleichzeitig aktive Variablen:

```
function retrieveImagesFrom(array $imageUrls) {
  foreach ($imageUrls as $index => $imageFilename) {
    $imageName = $imageNames[$index];
    $fullImageName = $this->directory() . "\\" . $imageFilename;
    if (!file_exists($fullImageName)) {
      if (str_starts_with($imageFilename, 'https://cdn.example.com/')) {
          $url = $imageFilename;
          // Diese Variablenduplizierung ist nicht wirklich notwendig,
          // wenn Sie den Geltungsbereich einschränken.
          $save_to = "\\tmp"."\\".basename($imageFilename);
          $ch = curl_init ($url);
          curl_setopt($ch, CURLOPT_HEADER, 0);
          curl_setopt($ch, CURLOPT_RETURNTRANSFER, 1);
          $raw = curl_exec($ch);
          curl_close ($ch);
          if(file_exists($saveTo)){
               unlink($saveTo);
          }
          $fp = fopen($saveTo,'x');
          fwrite($fp, $raw);
          fclose($fp);
          $sha1 = sha1_file($saveTo);
          $found = false;
          $files = array_diff(scandir($this->directory()), array('.', '..'));
          foreach ($files as $file){
              if ($sha1 == sha1_file($this->directory()."\\".$file)) {
                  $images[$imageName]['remote'] = $imageFilename;
                  $images[$imageName]['local'] = $file;
                  $imageFilename = $file;
                  $found = true;
                  // Die Iteration wird fortgesetzt, auch wenn man die Datei
                  // gefunden hat.
              }
          }
          if (!$found){
            throw new \Exception('Image not found');
        }
        // Zu diesem Zeitpunkt ist der Kontext mit zu vielen Variablen
        // aus früheren Ausführungen des Codes überfrachtet, die nicht mehr
        // benötigt werden, wie dem Curl-Handler.
  }
```

So sieht es aus, wenn man einige Geltungsbereiche beschränkt:

```
function retrieveImagesFrom(string imageUrls) {
  foreach ($imageUrls as $index => $imageFilename) {
    $imageName = $imageNames[$index];
    $fullImageName = $this->directory() . "\\" . $imageFilename;
    if (!file_exists($fullImageName)) {
        if ($this->isRemoteFileName($imageFilename)) {
            $temporaryFilename = $this->temporaryLocalPlaceFor($imageFilename);
            $this->retrieveFileAndSaveIt($imageFilename, $temporaryFilename);
            $localFileSha1 = sha1_file($temporaryFilename);
            list($found, $images, $imageFilename) =
              $this->tryToFindFile(
                $localFileSha1, $imageFilename, $images, $imageName);
            if (!$found) {
                throw new Exception('File not found locally ('.$imageFilename
                + ') Need to retrieve it and store it');
            }
        } else {
            throw new \Exception('Image does not exist on directory ' .
               $fullImageName);
        }
    }
```

Die meisten Linter können vor der Verwendung langer Methoden warnen. Nehmen Sie dies als Hinweis, den Geltungsbereich Ihrer Variablen zu begrenzen. Sie sollten »Methode in ein Objekt extrahieren« auf Seite 159 anwenden – in »Baby Steps«.

Baby Steps

Mit *Baby Steps* ist ein iterativer und inkrementeller Ansatz der »kleinen Schritte« gemeint, bei dem während des Entwicklungsprozesses immer nur kleine, überschaubare Aufgaben gelöst oder Änderungen vorgenommen werden. Dieser Ansatz stammt aus der agilen Entwicklungsmethodik.

Verwandte Rezepte

»Geltungsbereich wiederverwendeter Variablen begrenzen« auf Seite 86

»Überlange Methoden unterteilen« auf Seite 165

»Flag-Variablen für Ereignisse deklarativ umbenennen« auf Seite 208

Überflüssige Klammern entfernen

Problem

Sie verwenden einen Ausdruck, der zu viele Klammern enthält.

Lösung

Verwenden Sie so wenig Klammern wie möglich, ohne die Bedeutung des Codes zu verändern.

Diskussion

Man liest Code in der Regel von links nach rechts (zumindest in der westlichen Kultur), und überflüssige Klammern können diesen Lesefluss stören und die kognitive Belastung erhöhen. Da Code öfter gelesen als geschrieben wird, ist Lesbarkeit von entscheidender Bedeutung. Hier ein Beispiel mit einer Formel zur Berechnung des Schwarzschild-Radius (ein Maß für die Größe eines nicht rotierenden Schwarzen Lochs), die zu viele Klammern enthält:

```
schwarzschild = ((((2 * GRAVITATION_CONSTANT)) * mass) / ((LIGHT_SPEED ** 2)))
```

So sieht es aus, wenn man die überflüssigen Klammern entfernt:

```
schwarzschild = (2 * GRAVITATION_CONSTANT * mass) / (LIGHT_SPEED ** 2)
```

Man kann noch weiter gehen:

```
schwarzschild = 2 * GRAVITATION_CONSTANT * mass / (LIGHT_SPEED ** 2)
```

Die Reihenfolge der mathematischen Operationen bestimmt, dass Multiplikation und Division Vorrang vor Addition und Subtraktion haben, sodass die Multiplikation von 2, `GRAVITATION_CONSTANT` und `mass` zuerst durchgeführt wird, gefolgt von der Division durch `(LIGHT_SPEED ** 2)`. Ohne das Klammerpaar um den Zähler ist die Formel allerdings schlechter lesbar als zuvor. Bei manchen komplexen Formeln verbessern zusätzliche Klammern tatsächlich die Lesbarkeit. Wie bei vielen Rezepten geht es hier um einen Kompromiss.

Verwandte Rezepte

»Magische Zahlen durch Konstanten ersetzen« auf Seite 94

Überflüssige Methoden entfernen

Problem

Eine Klasse enthält zu viele Methoden.

Lösung

Zerlegen Sie die Klasse in kleinere, zusammenhängende Teile und vermeiden Sie es, Ihren Klassen zufällige, nicht essenzielle Protokolle hinzuzufügen.

Diskussion

Entwickler tendieren dazu, ein Protokoll in die erstbeste Klasse zu integrieren, die sie für geeignet halten. Das ist an sich kein Problem. Allerdings ist es notwendig, zu refaktorieren, sobald die angestrebte Funktionalität durch Tests abgedeckt ist. Im folgenden Beispiel beinhaltet die Hilfsklasse eine Vielzahl von unzusammenhängenden Methoden:

```
public class MyHelperClass {
  public void print() { }
  public void format() { }
  // ... viele weitere Methoden

  // ... noch mehr Methoden
  public void persist() { }
  public void solveFermiParadox() { }
}
```

Sie können die Methoden mithilfe des MAPPER in relevante Abstraktionen unterteilen:

```
public class Printer {
  public void print() { }
}

public class DateToStringFormatter {
  public void format() { }
}

public class Database {
  public void persist() { }
}

public class RadioTelescope {
  public void solveFermiParadox() { }
}
```

Die meisten Linter können die Methoden einer Klasse zählen und Sie warnen, sodass Sie die Klasse entsprechend refaktorieren können. Es ist empfehlenswert, sie in solchen Fällen aufzuteilen und kleinere, wiederverwendbare Objekte zu bevorzugen.

Verwandte Rezepte

»Hilfsfunktionen und -klassen umbenennen und aufteilen« auf Seite 107

»Überzählige Attribute gruppieren« auf Seite 172

»Importlisten kürzen« auf Seite 174

»Klassen bei divergenten Änderungen teilen« auf Seite 270

»Datenklumpen beseitigen« auf Seite 289

Siehe auch

»Large Class« auf Refactoring Guru (*https://oreil.ly/r1jQO*)

Überzählige Attribute gruppieren

Problem

Sie haben eine Klasse mit vielen Attributen.

Lösung

Gliedern Sie die Klasse in zusammenhängende Bereiche. Identifizieren Sie Methoden und die mit ihnen verbundenen Attribute, gruppieren Sie diese Methoden und teilen Sie das Objekt diesen Gruppen entsprechend auf. Suchen Sie schließlich nach realen Objekten, die mit diesen neuen Objekten verknüpft sind, und ersetzen Sie vorhandene Referenzen.

Diskussion

Hier ein Beispiel für die Definition eines Excel-Arbeitsblatts mit zu vielen Attributen:

```
class ExcelSheet {
  String filename;
  String fileEncoding;
  String documentOwner;
  String documentReadPassword;
  String documentWritePassword;
  DateTime creationTime;
  DateTime updateTime;
  String revisionVersion;
  String revisionOwner;
  List previousVersions;
  String documentLanguage;
  List cells;
  List cellNames;
  List geometricShapes;
}
```

So sieht es aus, wenn man unterteilt und gruppiert:

```
class ExcelSheet {
  FileProperties fileProperties;
  SecurityProperties securityProperties;
  DocumentDatingProperties datingProperties;
  RevisionProperties revisionProperties;
  LanguageProperties languageProperties;
  DocumentContent content;
}

// Das Hauptobjekt hat jetzt weniger Attribute.
// Die neuen Objekte sind kohärenter und besser testbar,
// verursachen weniger Konflikte und sind einfacher wiederverwendbar.
// FileProperties/SecurityProperties könnten für andere Dokumente wiederverwendet
// werden. Regeln und Vorbedingungen für fileProperties werden in dieses Objekt
// verschoben, was den ExcelSheet-Konstruktor vereinfacht.
```

Die meisten Linter können Sie warnen, wenn zu viele Attribute deklariert werden. Legen Sie einen angemessenen Schwellenwert fest, denn aufgeblähte Objekte, die »zu viel wissen«, lassen sich aufgrund mangelnder Kohäsion schlecht ändern. Da Entwickler diese Objekte häufig bearbeiten müssen, kommt es zu Merge-Konflikten und zu häufigen Problemen.

Verwandte Rezepte

»Überflüssige Argumente reduzieren« auf Seite 167

»Überflüssige Methoden entfernen« auf Seite 171

»God Objects aufspalten« auf Seite 268

»Klassen bei divergenten Änderungen teilen« auf Seite 270

Importlisten kürzen

Problem

Ihre Klasse hängt von zu vielen anderen Klassen ab. Das führt zu einer starken Kopplung und macht die Klasse fehleranfällig. Betrachten Sie eine lange Importliste als Indiz für dieses Problem.

Lösung

Vermeiden Sie eine Überfrachtung Ihrer Datei mit zu vielen Importen. Refaktorieren Sie die Abhängigkeiten, um die Kopplung zu reduzieren.

Diskussion

Sie können die Klasse aufteilen und die zufälligen Zwischenimplementierungen verbergen. Hier ist eine sehr lange Importliste:

```
import java.util.LinkedList;
import java.persistence;
import java.util.ConcurrentModificationException;
import java.util.Iterator;
import java.util.LinkedList;
import java.util.List;
import java.util.ListIterator;
import java.util.NoSuchElementException
import java.util.Queue;
import org.fermi.common.util.ClassUtil;
import org.fermi.Data;
// Sie benötigen zu viele Bibliotheken.

public class Demo {
  public static void main(String[] args) {

  }
}
```

So sähe eine vereinfachte Lösung aus:

```
import org.fermi.domainModel;
import org.fermi.workflow;

// Es werden nur wenige Bibliotheken importiert
// und weitere Implementierungsdetails verborgen.
```

```
// Die tatsächlichen Abhängigkeiten können dieselben sein,
// aber die Kapselung wird nicht verletzt.

public class Demo {
   public static void main(String[] args) {

   }
}
```

Sie können in Ihren Lintern eine Warnschwelle festlegen. Beim Entwickeln Ihrer Lösungen sollten Sie über Abhängigkeiten nachdenken, um Ripple-Effekte zu minimieren. Die meisten modernen IDEs markieren ungenutzte Importe.

Verwandte Rezepte

»Überflüssige Methoden entfernen« auf Seite 171

»Klassen bei divergenten Änderungen teilen« auf Seite 270

»Kopplung an Klassen verringern« auf Seite 287

»Paketabhängigkeiten entfernen« auf Seite 386

Funktionen mit mehreren Aufgaben aufteilen

Problem

Sie verwenden Funktionen, die mehr als eine Aufgabe erfüllen.

Lösung

Führen Sie nicht mehr als eine Aufgabe pro Funktion aus und unterteilen Sie zusammengesetzte Funktionen, es sei denn, Sie benötigen Atomarität.

Diskussion

Wenn Sie eine Funktion mit »and« als Teil des Namens entdecken und keine Atomarität benötigen, sollten Sie sie aufteilen, um gekoppelten Code zu vermeiden. Der Code ist ansonsten schwerer zu testen und zu lesen. Sie können die Methode aufteilen und einzelne Aufgaben in eine zweite oder weitere Methoden extrahieren. Mehrere Aufgaben gleichzeitig in einer Funktion zu erledigen, führt zu Kopplung und verstößt gegen das Single-Responsibility-Prinzip (siehe »String-Validierungen in Objekte umwandeln« auf Seite 63).

Hier ein Beispiel für eine Funktion, die für zwei Aufgaben zuständig ist:

```
def fetch_and_display_personnel():
  data = # ...

  for person in data:
    print(person)
```

So sieht es aus, wenn Sie die Funktionalität aufteilen:

```
def fetch_personnel():
  return # ...

def display_personnel(data):
  for person in data:
    print(person)
```

Hier ein weiteres Beispiel:

```
calculatePrimeFactorsRemoveDuplicatesAndPrintThem()

// Drei Verantwortlichkeiten.
```

So sieht es aus, wenn man die Aufgaben auf drei Methoden verteilt:

```
calculatePrimeFactors();

removeDuplicates();

printNumbers();

// Drei verschiedene Methoden.
// Sie können sie testen und wiederverwenden.
```

Funktionen mit »and« im Namen sind gute Kandidaten für ein Refactoring. Aber bleiben Sie aufmerksam, da es zu Fehlalarmen kommen kann und eine Funktion, die vermeintlich mehrere Aufgaben erfüllt, möglicherweise doch für eine einzige, kohärente Aufgabe zuständig ist, die nicht weiter unterteilt werden kann oder sollte. Versuchen Sie, in einer Funktion nicht mehr zu erledigen, als nötig ist. Ihre Funktionen sollten sowohl minimal als auch atomar sein. Sie sollten bei der Extraktion von Methoden mit der Rubber-Duck-Methode überprüfen, ob Ihr Ansatz korrekt ist.

Rubber-Duck-Debugging

Rubber-Duck-Debugging ist eine Methode, bei der man so tut, als würde man den eigenen Code Zeile für Zeile einer Gummiente erklären. Indem Sie jeden Schritt Ihres Codes verbalisieren und beschreiben, können Sie Fehler oder logische Inkonsistenzen entdecken, die Ihnen ansonsten möglicherweise entgehen.

Verwandte Rezepte

»Überlange Methoden unterteilen« auf Seite 165

Überladene Interfaces verschlanken

Problem

Sie verwenden Interfaces, die zu umfangreiche Protokolle enthalten.

Lösung

Teilen Sie Ihre Interfaces auf.

Diskussion

Der Begriff »überladenes Interface« (im Englischen auch »Fat Interface« genannt) unterstreicht, dass das Interface mit Methoden überfrachtet ist, die nicht von allen Clients benötigt oder verwendet werden. Das verstößt gegen den Grundsatz, Interfaces in kleinere, fokussiertere Contracts aufzuteilen.

> **Interface-Segregation-Prinzip**
>
> Das *Interface-Segregation-Prinzip*, auch als *Prinzip der Schnittstellentrennung* bekannt, besagt, dass Objekte nicht gezwungen werden sollten, von Interfaces abzuhängen, die von ihnen nicht genutzt werden. Es ist besser, viele kleine, spezialisierte Interfaces zu definieren als eine große, monolithische Schnittstelle.

Im folgenden Beispiel werden unterschiedliche Verhaltensweisen (Methoden) des Interface in den implementierenden Klassen überschrieben:

```
interface Animal {
  void eat();
  void sleep();
  void makeSound();
  // Dieses Protokoll sollte für alle Tiere gelten.
}

class Dog implements Animal {
  public void eat() { }
  public void sleep() { }
  public void makeSound() { }
}

class Fish implements Animal
  public void eat() { }
  public void sleep() {
    throw new UnsupportedOperationException("I do not sleep");}
  public void makeSound() {
    throw new UnsupportedOperationException("I cannot make sounds");
  }
}

class Bullfrog implements Animal
  public void eat() { }
  public void sleep() {
    throw new UnsupportedOperationException("I do not sleep");
  }
  public void makeSound() { }
}
```

Bei der Aufteilung der Interfaces in atomarere Einheiten:

```
interface Animal {
  void move();
  void reproduce();
}
// Diese beiden Verantwortlichkeiten könnten sogar getrennt werden.

class Dog implements Animal {
  public void move() { }
  public void reproduce() { }
}

class Fish implements Animal {
  public void move() { }
  public void reproduce() { }
}

class Bullfrog implements Animal {
  public void move() { }
  public void reproduce() { }
}
```

Überprüfen Sie den Umfang des Verhaltens im Interface und bewerten Sie die Kohäsion des gesamten Protokolls. Indem Sie kleine Codekomponenten bevorzugen, fördern Sie die Wiederverwendbarkeit von Code und Verhalten.

Verwandte Rezepte

»Interfaces entfernen, die nur an einer Stelle genutzt werden« auf Seite 184

»Kopplung an Klassen verringern« auf Seite 287

## KAPITEL 12

YAGNI-Prinzip

Einstein argumentierte wiederholt, dass es vereinfachte Erklärungen für die Natur geben müsse, weil Gott nicht launisch oder willkürlich sei. Softwareentwickler werden durch keinen solchen Glauben getröstet.

– Fred Brooks, The Mythical Man-Month: Essays on Software Engineering (dt. Vom Mythos des Mann-Monats)

Einführung

YAGNI, die Abkürzung für »You Ain't Gonna Need It«, rät Entwicklern, nur solche Funktionen zu implementieren, die im Moment tatsächlich benötigt werden, anstatt unnötige Funktionalität hinzuzufügen, die später möglicherweise gar nicht genutzt wird. Es geht darum, zufällige Komplexität zu minimieren und sich auf die wichtigsten aktuellen Aufgaben zu konzentrieren.

Das YAGNI-Prinzip kann als Gegenpol zur in der Softwareentwicklung weit verbreiteten Tendenz gesehen werden, Overengineering zu betreiben oder unnötige Funktionen hinzuzufügen, um zukünftige Bedürfnisse oder Anforderungen zu antizipieren. Das kann, neben der Verschwendung wertvoller Arbeitszeit, zu unnötiger Komplexität und überhöhten Wartungskosten führen.

Das YAGNI-Prinzip ermutigt Entwickler, sich auf die unmittelbaren Bedürfnisse des Projekts zu konzentrieren und nur solche Funktionen hinzuzufügen, die zur Erfüllung dieser Bedürfnisse tatsächlich notwendig sind. Dadurch hält man Projekte einfach und fokussiert, und es ermöglicht es Entwicklern, flexibel auf sich ändernde Anforderungen zu reagieren.

Toten Code entfernen

Problem

Es gibt Code, der nicht mehr verwendet oder benötigt wird.

Lösung

Heben Sie keinen Code auf »nur für den Fall, dass wir ihn noch brauchen«. Entfernen Sie ihn.

Diskussion

Toter Code schadet der Wartbarkeit und verstößt gegen das KISS-Prinzip (siehe »Code durch Aufteilung in Funktionen strukturieren« auf Seite 87), denn wenn der Code nicht mehr ausgeführt wird, pflegt ihn auch niemand. Betrachten Sie das folgende Beispiel mit »vergoldetem« Code:

```
class Robot {
  walk(){
    //...
    }
  serialize(){
    //...
  }
  persistOnDatabase(database){
    //...
  }
}
```

Gold Plating

Gold Plating (»Vergoldung») bezieht sich auf die Praxis, einem Produkt oder Projekt über die Mindestanforderungen oder Spezifikationen hinaus unnötige Merkmale oder Funktionen hinzuzufügen. Das kann aus verschiedenen Gründen geschehen, z.B. aus dem Wunsch, den Kunden zu beeindrucken oder das Produkt auf dem Markt hervorzuheben. Gold Plating kann sich durch Kosten- und Terminüberschreitungen jedoch nachteilig auf das Projekt auswirken und bringt dem Endnutzer möglicherweise keinen wirklichen Nutzen.

Hier ein einfacheres Objekt mit angemessenen Verantwortlichkeiten:

```
class Robot {
  walk(){
    // ...
    }
}
```

Tools zur Messung der Testabdeckung können toten (nicht abgedeckten) Code finden, sofern Sie eine gute Testsuite einsetzen. Aber Vorsicht: Bei der Testabdeckung gibt es Probleme mit Metaprogrammierung (siehe Kapitel 23). Wird Metaprogrammierung eingesetzt, ist es sehr schwierig, Referenzen auf den Code zu identifizieren. Entfernen Sie der Einfachheit halber toten Code. Wenn Sie sich nicht sicher sind, ob Sie einen bestimmten Codeabschnitt noch brauchen, können Sie ihn vorübergehend mithilfe von Feature-Toggles deaktivieren. Code zu entfernen, ist immer lohnender, als ihn hinzuzufügen, und Sie können entfernten Code immer in der Git-Historie wiederfinden (siehe »Kommentierten Code entfernen« auf Seite 127).

Verwandte Rezepte

»›Boat Anchors‹ beseitigen« auf Seite 253

»Metaprogrammierung entfernen« auf Seite 365

Code anstelle von Diagrammen verwenden

Problem

Sie verwenden Diagramme, um zu dokumentieren, wie die Software funktionieren soll.

Lösung

Nutzen Sie Code und Tests als sich selbst erklärende Dokumentation.

Diskussion

Die meisten Diagramme konzentrieren sich nur auf die Struktur (zufällig bzw. nicht wesentlich) und nicht auf das Verhalten (wesentlich). Sie sollten Diagramme nur verwenden, um anderen Menschen Ideen zu vermitteln. Vertrauen Sie Ihren Tests. Sie sind aktuell und gut gepflegt.

Abbildung 12-1 zeigt ein Beispieldiagramm in Unified Modeling Language (UML). Das Diagramm ist zwar hilfreich, aber es ist wichtiger, stattdessen den tatsächlichen Code und die Tests zu verstehen, da das Diagramm während der Entwicklung veraltet. Tests können dagegen nie lügen, wenn Sie sie kontinuierlich ausführen.

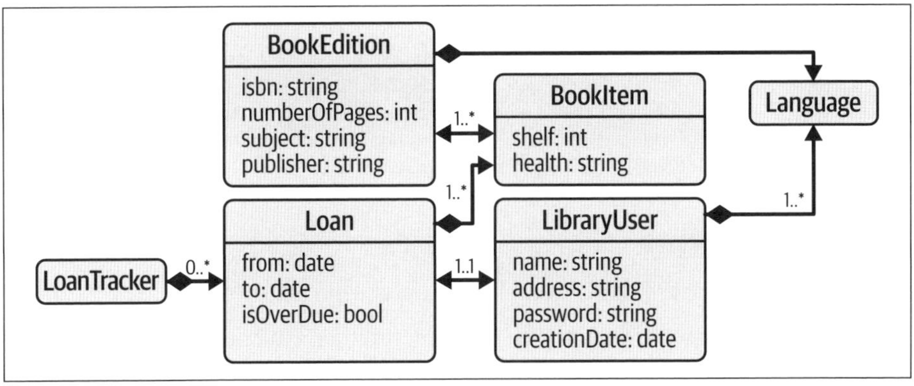

Abbildung 12-1: Ein einfaches UML-Diagramm zur Darstellung einer Bibliothek

Hier ein vereinfachtes Codebeispiel zu dem im Diagramm modellierten Teilbereich einer Bibliothek:

```
final class BookItem {
    function numberOfPages() { }
    function language(): Language { }
```

```
    function book(): Book { }
    function edition(): BookEdition { }
    // Die Zuständigkeit für Ausleihe und Überschreitung der Leihfrist liegt
    // nicht bei BookItem.
}

final class LoanTracker {
    function loan(
        BookItem $bookCopy,
        LibraryUser $reader,
        DatePeriod $loanDates) {
        // DatePeriod ist geeigneter als die anämischen Eigenschaften $fromDate
        // und $toDate.
    }
}

final class LoanTrackerTests extends TestCase {
    // Hier erfolgen viele gut gepflegte Tests, die zeigen, wie das System
    // wirklich funktioniert.
}
```

Entfernen Sie alle Codekommentare und verbieten Sie deren Verwendung in einer allgemeingültigen Richtlinie. Softwaredesign ist ein interaktiver Prozess, und es ist notwendig, Prototypen zu erstellen und aus den laufenden Modellen zu lernen. Arbeitsblätter und JPEG-Dateien sind statisch und werden nicht ausgeführt. Sie gehören einer utopischen Welt an, in der alles reibungslos funktioniert. Diagramme können manchmal dabei helfen, die grundlegende Architektur, das Gesamtbild und bestimmte Konzepte zu verstehen oder zu verdeutlichen.

UML-Diagramme

UML-Diagramme, die die Modellierungssprache *Unified Modeling Language* verwenden, sind standardisierte visuelle Darstellungen, die die Struktur und das Verhalten eines Softwaresystems oder einer Anwendung mit einem gemeinsamen Satz von Symbolen und Bezeichnungen beschreiben. Sie waren in den 80er- und 90er-Jahren in Mode und eng mit dem Wasserfall-Entwicklungsmodell verknüpft, bei dem vor der eigentlichen Codierung zuerst das Design ausgearbeitet wurde – im Gegensatz zum Vorgehen bei agilen Methoden. Viele Organisationen verwenden auch heute noch UML.

Verwandte Rezepte

»Anämische Objekte in Rich Objects konvertieren« auf Seite 36

»Missbräuchlich verwendete Entwurfsmuster entfernen« auf Seite 185

Siehe auch

»Computer-Aided Software Engineering« auf Wikipedia (*https://oreil.ly/pAN3o*)

Wasserfall-Modell

Nach David Farley wird das *Wasserfall-Modell*, angewandt auf die Softwareentwicklung, als stufenweiser, sequenzieller Ansatz zur Organisation der Arbeit verstanden, indem es diese in eine Reihe von unterschiedlichen Phasen aufteilt, zwischen denen klar definierte Übergänge bestehen. Die Grundidee besteht darin, die Phasen einzeln nacheinander in Angriff zu nehmen, anstatt iterativ vorzugehen. Diese Methode war bis in die 1990er-Jahre vorherrschend, danach gewannen agile Methoden an Bedeutung und lösten nach und nach die Wasserfall-Modelle ab.

Refactoring von Klassen mit nur einer Unterklasse

Problem

Sie verwenden eine Klasse mit nur einer Unterklasse.

Lösung

Verallgemeinern Sie nicht zu sehr im Voraus, denn sonst handelt es sich um einen spekulativen Entwurf – arbeiten Sie stattdessen auf Basis des bereits erworbenen Wissens. Entfernen Sie die Klasse, bis weitere konkrete Beispiele vorliegen.

Diskussion

In der Vergangenheit rieten Experten Entwicklern oft, beim Design spätere Änderungen mitzudenken. Heute sollte man stattdessen evidenzbasiert vorgehen. Entfernen Sie Duplizierungen, sobald Sie sie entdecken. Hier ein Beispiel für spekulatives Design:

```
class Boss(object):
    def __init__(self, name):
        self.name = name

class GoodBoss(Boss):
    def __init__(self, name):
        super().__init__(name)
```

So sieht es aus, wenn Sie die Klassenhierarchie verschlanken:

```
class Boss(object):
    def __init__(self, name):
        self.name = name
```

Linter können solche Fehler sehr einfach zur Kompilierzeit aufspüren. Die Erstellung von Unterklassen sollte nie die erste Option sein. Erstellen Sie sie nicht auf spekulativer Basis. Warten Sie stattdessen, bis sich Abstraktionen anbieten. Eine elegantere, weniger gekoppelte Lösung wäre die Deklaration eines Interface, sofern die von Ihnen benutzte Programmiersprache diese Möglichkeit bietet. Einige Frameworks erstellen allerdings von sich aus eine abstrakte Klasse als Platzhalter, um darauf konkrete Modelle aufzubauen.

Verwandte Rezepte

»Interfaces entfernen, die nur an einer Stelle genutzt werden« auf Seite 184

»Subklassifizierung zur Wiederverwendung von Code auflösen« auf Seite 307

»Isolierte Klassen umbenennen« auf Seite 313

»Konkrete Klassen als final deklarieren« auf Seite 314

»Klassenvererbung explizit definieren« auf Seite 316

»Klassen ohne Verhalten entfernen« auf Seite 317

Interfaces entfernen, die nur an einer Stelle genutzt werden

Problem

Sie haben ein Interface, das nur an einer Stelle implementiert wird.

Lösung

Um nützliche und kohärente Protokolle zu erstellen, sollten Sie erst verallgemeinern, wenn mehr als ein Beispiel vorliegt.

Diskussion

Verfrüht Interfaces zu planen und Protokolle zu verallgemeinern, ist ein Zeichen von spekulativem Design und Overengineering. Im folgenden Beispiel wird versucht zu bestimmen, wie sich ein Fahrzeug verhalten soll:

```
public interface Vehicle {
    public void start();
    public void stop();
}

public class Car implements Vehicle {
    public void start() {
        System.out.println("Running...");
    }
    public void stop() {
        System.out.println("Stopping...");
    }
}
// Keine weiteren konkreten Fahrzeuge (Vehicles)?
```

Wenn nicht genügend Evidenz vorliegt, um eine Verallgemeinerung zu rechtfertigen, sollten Sie sich auf eine Realisierung beschränken:

```
public class Car {
    public void start() {
        System.out.println("Running...");
    }
    public void stop() {
        System.out.println("Stopping...");
    }
}

// Warten Sie, bis Sie weitere konkrete Fahrzeuge (neben Car) benötigen.
```

Es gibt ein paar Ausnahmen, da sich diese Regel auf die Geschäftslogik bezieht. Einige Frameworks definieren ein Interface als ein zu erfüllendes Protokoll. In Ihren Bijektionen müssen Sie bestehende Protokolle der realen Welt modellieren. Interfaces sind das MAPPER-Äquivalent (wie in Kapitel 2 definiert) von Protokollen. Auch Protokolle zur Abhängigkeitsumkehr (Dependency Inversion) deklarieren Interfaces, die durch ihre Realisierungen erfüllt werden. Bis zu diesem Zeitpunkt können sie leer bleiben. Wenn Ihre Programmiersprache ein Interface für Mocking definiert, sollten Sie in Erwägung ziehen, »Mock-Objekte durch echte Objekte ersetzen« auf Seite 330 zu verwenden. Sie sollten immer auf Abstraktionen warten und nicht unnötig kreativ oder spekulativ vorgehen.

Dependency Inversion

Dependency Inversion (Abhängigkeitsumkehr) ist ein Entwurfsprinzip, das Objekte höherer Ebene von Objekten niedrigerer Ebene entkoppelt, indem es die traditionelle Abhängigkeitsbeziehung umkehrt. Anstatt dass hochrangige Objekte direkt von niederrangigen Objekten abhängen, schlägt das Prinzip vor, dass beide von Abstraktionen und Interfaces abhängig sein sollten. Das ermöglicht eine größere Flexibilität und Modularität in der Codebasis, da Änderungen an der Implementierung eines Moduls niedrigerer Ebene nicht notwendigerweise Änderungen am Modul höherer Ebene erfordern.

Verwandte Rezepte

»Präfix/Suffix »Impl« aus Klassennamen entfernen« auf Seite 121

»Refactoring von Klassen mit nur einer Unterklasse« auf Seite 183

»Mock-Objekte durch echte Objekte ersetzen« auf Seite 330

Missbräuchlich verwendete Entwurfsmuster entfernen

Problem

Ihr Code zeigt Anzeichen von Overdesign und missbräuchlicher Anwendung von Entwurfsmustern.

Lösung

Entfernen Sie solche Entwurfsmuster. Verwenden Sie einfachere Konzepte. Verwenden Sie Namen, die auf realen, essenziellen Bijektionskonzepten basieren und nicht auf zufälligen Implementierungsmustern.

Diskussion

Die Klassen in der linken Spalte in Tabelle 12-1 wurden nach der Art ihrer Implementierung benannt:

Tabelle 12-1: Schlechte Benennung nach Entwurfsmustern und bessere Alternativen

Schlechte Namen	Gute Namen
`FileTreeComposite`	`FileSystem`
`DateTimeConverterAdapterSingleton`	`DateTimeFormatter`
`PermutationSorterStrategy`	`BubbleSort`
`NetworkPacketObserver`	`NetworkSniffer`
`AccountsComposite`	`Portfolio`

Die fünf Beispiele aus Tabelle 12-1 gehören zur realen Welt – bei der Erstellung eines mentalen Modells werden sie mithilfe der Bijektion 1 : 1 auf bekannte Objekte abgebildet. Die Schwierigkeit beim Entfernen von Entwurfsmustern liegt darin, das Verhalten der Objekte so zu ändern, dass die durch diese Muster eingeführte Komplexität vermieden wird.

Verwandte Rezepte

»Abstrakte Namen ändern« auf Seite 115

»Übertriebene Raffinesse aus dem Code entfernen« auf Seite 155

»Code anstelle von Diagrammen verwenden« auf Seite 181

»Singletons ersetzen« auf Seite 265

Geschäftsspezifische Collections ersetzen

Problem

Sie verwenden spezialisierte Collections, die kein zusätzliches Verhalten bieten.

Lösung

Fügen Sie keine unnötigen Abstraktionen hinzu. Nutzen Sie stattdessen eine Klasse aus der Standardbibliothek Ihrer Programmiersprache.

Diskussion

Abstraktionen im MAPPER zu entdecken, ist eine schwierige Aufgabe. Sie sollten nicht benötigte Abstraktionen entfernen, es sei denn, diese fügen tatsächlich neues Verhalten hinzu. Hier als Beispiel ein Wörterbuch:

```
Namespace Spelling;

final class Dictionary {

    private $words;
    function __construct(array $words) {
        $this->words = $words;
    }

    function wordCount(): int {
        return count($this->words);
    }

    function includesWord(string $subjectToSearch): bool {
        return in_array($subjectToSearch, $this->words);
    }
}

// Das Protokoll ähnelt einem abstrakten Datentyp "dictionary".
// Die zugehörigen Tests:

final class DictionaryTest extends TestCase {
    public function test01EmptyDictionaryHasNoWords() {
        $dictionary = new Dictionary([]);
        $this->assertEquals(0, $dictionary->wordCount());
    }

    public function test02SingleDictionaryReturns1AsCount() {
        $dictionary = new Dictionary(['happy']);
        $this->assertEquals(1, $dictionary->wordCount());
    }

    public function test03DictionaryDoesNotIncludeWord() {
        $dictionary = new Dictionary(['happy']);
        $this->assertFalse($dictionary->includesWord('sadly'));
    }

    public function test04DictionaryIncludesWord() {
        $dictionary = new Dictionary(['happy']);
        $this->assertTrue($dictionary->includesWord('happy'));
    }
}
```

Mit einer Standardklasse können Sie das gleiche Ergebnis erzielen:

```
Namespace Spelling;

// Die final class Dictionary wird nicht mehr benötigt.

// Die Tests verwenden eine Standardklasse.
// In PHP verwendet man assoziative Arrays.
```

```
// In Java und anderen Sprachen gibt es HashTables, Dictionaries usw.

use PHPUnit\Framework\TestCase;

final class DictionaryTest extends TestCase {
    public function test01EmptyDictionaryHasNoWords() {
        $dictionary = [];
        $this->assertEquals(0, count($dictionary));
    }

    public function test02SingleDictionaryReturns1AsCount() {
        $dictionary = ['happy'];
        $this->assertEquals(1, count($dictionary));
    }

    public function test03DictionaryDoesNotIncludeWord() {
        $dictionary = ['happy'];
        $this->assertFalse(in_array('sadly', $dictionary));
    }

    public function test04DictionaryIncludesWord() {
        $dictionary = ['happy'];
        $this->assertTrue(in_array('happy', $dictionary));
    }
}
```

Das könnte als Widerspruch zum MAPPER-Konzept betrachtet werden, bei dem Objekte geschaffen werden müssen, die in der realen Welt existieren, um sie in der Bijektion zu finden. Das erste P von MAPPER steht für »partiell«. Das weist darauf hin, dass Sie nicht alle realen Entitäten modellieren müssen, sondern nur die relevanten.

In Ausnahmefällen kann es notwendig sein, Collections aus Performancegründen zu optimieren – aber nur, wenn starke Evidenz dafür vorliegt (siehe Kapitel 16). Von Zeit zu Zeit muss man seinen Code bereinigen, und spezialisierte Collections sind ein guter Ausgangspunkt dafür.

Verwandte Rezepte

»Beim Iterieren über Collections Änderungen vermeiden« auf Seite 196

KAPITEL 13

Fail-Fast-Prinzip

> Es gehört zur Kunst der Programmierung, genau zu wissen, an welcher Stelle etwas geprüft und sichergestellt werden muss, damit das Programm umgehend auf Fehler reagiert. Diese gezielte Auswahl gehört zur Kunst der Vereinfachung.
>
> – *Ward Cunningham*

Einführung

Die Fähigkeit, schnell zu scheitern, ist für Clean Code von entscheidender Bedeutung. Sie müssen sofort eingreifen, sobald eine Geschäftsregel verletzt wird. Jedes stille Scheitern ist eine verpasste Chance zur Verbesserung. Um ein Problem wirksam zu beheben, müssen Sie dessen Ursache genau bestimmen. Und die Ursache gibt Ihnen einen Hinweis darauf, wie Sie den Fehler aufspüren und beheben können. Fail-Fast-Systeme sind robuster als Systeme, bei denen Fehler ignoriert werden und die Ausführung fortgesetzt wird, selbst wenn ein Fehler das korrekte Ergebnis beeinträchtigt.

Neuzuweisung von Variablen refaktorieren

Problem

Sie verwenden Variablen mehrmals in unterschiedlichen Geltungsbereichen.

Lösung

Verwenden Sie Variablennamen nicht mehrfach. Das beeinträchtigt die Lesbarkeit und die Möglichkeiten zur Refaktorierung und bringt letztendlich keinen Vorteil: Es ist eine vorzeitige Optimierung und spart keinen Speicherplatz. Beschränken Sie die Geltungsbereiche so weit wie möglich.

Diskussion

Die Wiederverwendung einer Variablen und die Erweiterung ihres Geltungsbereichs kann dazu führen, dass automatische Refactoring-Tools scheitern. Außerdem könnte Ihre virtuelle Maschine die Möglichkeit verpassen, Optimierungen durchzuführen. Es wird empfohlen, Variablen zu definieren, zu nutzen und anschließend zu verwerfen, wobei ihr Lebenszyklus möglichst kurz gehalten werden sollte. Im folgenden Beispiel geht es um zwei unabhängige Käufe:

```
class Item:
  def taxesCharged(self):
    return 1;

lastPurchase = Item('Soda');
# Verarbeiten Sie den Kauf gegebenenfalls weiter.

taxAmount = lastPurchase.taxesCharged();
# Viele Dinge, die mit dem Kauf zusammenhängen.
# Sie trinken die Limonade.

# Sie können hier keine Methode extrahieren, ohne den
# nutzlosen Parameter lastPurchase zu übergeben.

# Ein paar Stunden später …
lastPurchase = Item('Whisky'); # Sie haben ein weiteres Getränk gekauft.

taxAmount += lastPurchase.taxesCharged();
```

So sieht es aus, wenn der Geltungsbereich eingeschränkt wird:

```
class Item:
  def taxesCharged(self):
    return 1;

def buySupper():
  supperPurchase = Item('Soda');
  # Verarbeiten Sie den Kauf gegebenenfalls weiter.

  # Viele Dinge, die mit dem Kauf zusammenhängen.
  # Sie trinken die Limonade.
  return supperPurchase;

def buyDrinks():
  # Sie können die Methode extrahieren!

  # Ein paar Stunden später.
  drinksPurchase = Item('Whisky');
  # Sie haben ein weiteres Getränk gekauft.

  return drinksPurchase;

taxAmount = buySupper().taxesCharged() + buyDrinks().taxesCharged();
```

Die Wiederverwendung von Variablen kann auch als Hinweis auf »nicht kontextbezogenes Kopieren und Einfügen« betrachtet werden.

Verwandte Rezepte

»Überlange Methoden unterteilen« auf Seite 165

> **Optimierungen durch virtuelle Maschinen**
>
> Die meisten modernen Programmiersprachen werden heutzutage auf *virtuellen Maschinen* (VMs) ausgeführt. VMs abstrahieren die Details der Hardware und führen im Hintergrund zahlreiche *Optimierungen* durch, sodass man auf vorzeitige Optimierungen verzichten und sich darauf konzentrieren kann, gut lesbaren Code zu schreiben (siehe Kapitel 16). Es ist praktisch nie nötig, cleveren, besonders performanten Code zu schreiben, da VMs die meisten Leistungsprobleme lösen. In Kapitel 16 erfahren Sie, wie Sie echte Beweise dafür sammeln, dass Code optimiert werden muss.

Vorbedingungen durchsetzen

Problem

Sie möchten robustere Objekte erstellen, indem Sie geschäftslogische Vorbedingungen, Nachbedingungen und Invarianten durchsetzen.

Lösung

Benutzen Sie sowohl während der Entwicklung als auch im Produktivbetrieb Assertions, es sei denn, es liegen stichhaltige Beweise dafür vor, dass dies zu signifikanten Leistungsproblemen führt.

Diskussion

Die Konsistenz von Objekten ist entscheidend, um mit dem MAPPER (wie in Kapitel 2 definiert) im Einklang zu bleiben. Sie müssen eine Warnung ausgeben, sobald Ihr Code einen Contract verletzt. Es ist einfacher, ein Problem zu beheben, sobald es auftritt. Konstruktoren stellen eine ausgezeichnete erste Verteidigungslinie dar.

> **Design by Contract**
>
> Das Buch *Object-Oriented Software Construction* (dt. *Objektorientierte Softwareentwicklung*) von Bertrand Meyer ist ein umfassender Leitfaden zur Softwareentwicklung auf Basis des objektorientierten Paradigmas. Eine Kernidee des Buchs ist das Konzept des »Design by Contract«, das die Wichtigkeit klarer und eindeutiger Vereinbarungen zwischen Softwaremodulen hervorhebt. Ein solcher Vertrag definiert die Verantwortlichkeiten und das Verhalten so, dass die Module korrekt zusammenarbeiten und die Software langfristig zuverlässig und wartbar bleibt. Bei einer Vertragsverletzung werden Probleme sofort im Sinne des Fail-Fast-Prinzips erkannt.

Hier ein typisches Beispiel für die Validierung von Datumsangaben:

```
class Date:
  def __init__(self, day, month, year):
    self.day = day
    self.month = month
    self.year = year

  def setMonth(self, month):
    self.month = month

startDate = Date(3, 11, 2020)
# Okay.

startDate = Date(31, 11, 2020)
# Sollte scheitern, tut es aber nicht.

startDate.setMonth(13)
# Sollte scheitern, tut es aber nicht.
```

So sieht es aus, wenn Sie die Überprüfungen vor der Erstellung eines Datums durchführen:

```
class Date:
  def __init__(self, day, month, year):
    if month > 12:
        raise Exception("Month should not exceed 12")
    #
    # usw.

    self._day = day
    self._month = month
    self._year = year

startDate = Date(3, 11, 2020)
# Okay.

startDate = Date(31, 11, 2020)
# Scheitert.

startDate.setMonth(13)
# Scheitert, da die Invariante das Objekt unveränderlich macht.
```

Sie sollten immer explizit auf die Objektintegrität achten und Assertions in der Produktivumgebung aktivieren, auch wenn dies zu geringfügigen Leistungseinbußen führt. Beschädigte Daten und Objekte sind schwieriger zu finden, sodass ein schnelles Scheitern erheblich hilft.

Verwandte Rezepte

»Anämische Objekte in Rich Objects konvertieren« auf Seite 36

»Benutzereingaben bereinigen« auf Seite 383

Siehe auch

Object-Oriented Software Construction (dt. *Objektorientierte Softwareentwicklung*) von Bertrand Meyer

> **Vorbedingungen, Nachbedingungen und Invarianten**
> Eine *Vorbedingung* ist eine Bedingung, die erfüllt sein muss, bevor eine Funktion oder Methode aufgerufen wird. Sie definiert, welche Anforderungen die Eingabeparameter der Funktion oder Methode erfüllen müssen. Eine *Invariante* ist eine Bedingung, die während der gesamten Ausführung eines Programms immer erfüllt sein muss, ungeachtet eventueller Veränderungen im Programmablauf. Sie beschreibt eine Eigenschaft des Programms, die konstant bleiben muss. Eine *Nachbedingung* bezieht sich auf den Zeitpunkt direkt nach dem Aufruf einer Methode. Sie dient dazu, die Korrektheit des Ergebnisses zu bestätigen, Fehler aufzudecken oder den Kontrollfluss des Programms zu steuern.

Striktere Parameter verwenden

Problem

Sie benutzen magische Funktionen, die viele verschiedene (und nicht polymorphe) Argumente entgegennehmen können.

Lösung

Definieren Sie einen klaren Contract. Erwarten Sie genau ein Protokoll.

Diskussion

Funktionssignaturen sind extrem wichtig, und Sprachen, die magische Typumwandlungen vornehmen, können trügerisch sein. Sie scheinen einfache Lösungen anzubieten, doch oft findet man sich bald bei der Fehlersuche wieder, verursacht durch unerwartete Werte. Anstelle einer flexiblen Funktion, die mit If-Anweisungen überladen ist, sollte stets nur ein Typ von Argumenten akzeptiert werden, der einem eindeutigen Protokoll folgt.

> **Funktionssignatur**
> Eine *Funktionssignatur* definiert den Namen, die Typen der Parameter und, in streng typisierten Sprachen, den Rückgabetyp einer Funktion. Funktionssignaturen dienen dazu, Funktionen voneinander zu unterscheiden und die korrekte Ausführung von Funktionsaufrufen zu gewährleisten.

Im folgenden Beispiel werden mehrere unterschiedliche und nicht polymorphe Argumente akzeptiert:

```
function parseArguments($arguments) {
    $arguments = $arguments ?: null;
    // Immer der Milliarden-Dollar-Fehler (null).
    if (is_empty($arguments)) {
        $this->arguments = http_build_query($_REQUEST);
        // Globale Kopplung und Seiteneffekte.
    } elseif (is_array($arguments)) {
        $this->arguments = http_build_query($arguments);
    } elseif (!$arguments) { // Nicht abgefangener Nullwert.
        $this->arguments = null;
    } else {
        $this->arguments = (string)$arguments;
    }
}
```

Hier eine musterhafte Einzellösung:

```
function parseArguments(array $arguments) {
    $this->arguments = http_build_query($arguments);
}
```

Magische Typumwandlungen und übermäßige Flexibilität haben ihren Preis. Sie verbergen Probleme und verletzten das Fail-Fast-Prinzip.

Verwandte Rezepte

»Übertriebene Raffinesse aus dem Code entfernen« auf Seite 155

»Nullobjekte erstellen« auf Seite 231

»Mit truthy-Werten umgehen« auf Seite 377

Standardfall bei Switch-Anweisungen entfernen

Problem

In Switch-Anweisungen wird keine Ausnahme ausgelöst, obwohl es nötig wäre.

Lösung

Fügen Sie den case-Anweisungen keinen `default`-Fall hinzu. Lösen Sie stattdessen explizit eine Ausnahme aus, um spekulative Lösungen zu vermeiden.

Diskussion

»Default« steht für »alles, was ich noch nicht weiß«. Da Sie die Zukunft nicht vorhersehen können, sollte der Standardfall eine Ausnahme für »unvorhergesehene Ereignisse« sein. Oft fügt man bei Switch-Anweisungen einen Standardfall hinzu, damit es nicht zu Fehlern kommt. Aber es ist immer besser, zu scheitern, als Entscheidungen ohne fundierte Grundlage zu treffen. Da sowohl case als auch `switch` oft ein Problem darstellen, sollten Sie sie mit »Switch-/Case-/Elseif-Anweisungen ersetzen« auf Seite 211 vermeiden. In C und C++ ist der Standardfall optional, während er in Java obligatorisch ist und der Compiler ohne ihn einen Fehler meldet. In C# ist der Standardfall optional, aber der Compiler warnt, wenn er fehlt.

Hier ein Beispiel für einen spekulativen Standardfall:

```
switch (value) {
  case value1:
    // Aktion für value1:
    doSomething();
    break;
  case value2:
    // Aktion für value2:
    doSomethingElse();
    break;
  default:
    // Aktion für nicht bedachte oder zukünftige Werte:
    doSomethingSpecial();
    break;
}
```

So sieht es aus, wenn Sie eine Ausnahme auslösen:

```
switch (value) {
  case value1:
    // Aktion für value1:
    doSomething();
    break;
  case value2:
    // Aktion für value2:
    doSomethingElse();
    break;
  case value3:
  case value4:
    // Aktion für weitere Ihnen aktuell bekannte Optionen:
    doSomethingSpecial();
    break;
  default:
    // Bei nicht abgedeckten Werten müssen Sie eine Entscheidung treffen:
    throw new Exception('Unexpected case ' + value + ', need to consider it');
    break;
}
```

Sie können Ihre Linter so konfigurieren, dass Sie bei der Nutzung von Standardfällen ohne Ausnahmen gewarnt werden, denn robusten Code zu schreiben, bedeutet auch, keine Entscheidungen ohne fundierte Basis zu treffen. Da es viele gültige Anwendungsfälle gibt, sollten Sie sich aber der Gefahr von Fehlalarmen bewusst sein.

Verwandte Rezepte

»Switch-/Case-/Elseif-Anweisungen ersetzen« auf Seite 211

Beim Iterieren über Collections Änderungen vermeiden

Problem

Sie verändern eine Collection, während Sie sie durchlaufen.

Lösung

Ändern Sie Sammlungen nicht, während Sie sie durchlaufen, da dies zu Inkonsistenzen bei internen Zeigern führen kann.

Diskussion

Manche Entwickler neigen dazu, ihre Lösungen zu sehr zu optimieren, weil sie annehmen, dass das Kopieren von Collections ressourcenintensiv sei. Doch für kleine und mittelgroße Collections trifft das nicht zu, und Programmiersprachen durchlaufen Sammlungen auf sehr unterschiedliche Weise (siehe Kapitel 16). Sie während eines Durchlaufs zu modifizieren, birgt grundsätzlich Risiken, und die Auswirkungen können weit entfernt vom aktuell ausgeführten Code auftreten.

Hier ist ein Beispiel mit erratischen Folgen:

```
// Hier fügen Sie der Sammlung Elemente hinzu ...
Collection<Object> people = new ArrayList<>();

for (Object person : people) {
    if (condition(person)) {
        people.remove(person);
    }
}
// Sie iterieren UND entfernen gleichzeitig Elemente,
// mit dem Risiko, andere Kandidaten für eine Entfernung zu überspringen.
```

So sieht eine sichere Lösung aus, bei der Sie die Collection kopieren und über die Kopie iterieren:

```
// Hier fügen Sie der Sammlung Elemente hinzu ...
Collection<Object> people = new ArrayList<>();

List<Object> iterationPeople = ImmutableList.copyOf(people);

for (Object person : iterationPeople) {
    if (condition(person)) {
        people.remove(person);
    }
}
// Sie iterieren über die Kopie, entfernen Elemente aber nur aus dem Original.

people.removeIf(currentIndex -> currentIndex == 5);
// Oder Sie verwenden, falls verfügbar, native Sprachwerkzeuge.
```

Obwohl angehende Entwickler diese sichere Variante bereits früh kennenlernen, tritt der beschriebene Fehler in der Praxis immer noch häufig auf.

Verwandte Rezepte

»Explizite Iterationen ersetzen« auf Seite 92

»Geschäftsspezifische Collections ersetzen« auf Seite 186

Hash und Gleichheit neu definieren

Problem

Sie implementieren Hashing für Ihre Objekte, definieren jedoch Gleichheit nicht neu.

Lösung

Wenn Sie *Hash-Werte* auswerten, sollten Sie auch die *Gleichheit* prüfen, um Konsistenz zu gewährleisten.

Diskussion

Beim Hashing gilt, dass zwei Objekte als unterschiedlich betrachtet werden, wenn sie verschiedene Hash-Werte haben. Jedoch bedeuten gleiche Hash-Werte nicht zwangsläufig, dass sie identisch sind. Diese Asymmetrie kann zu Bijektionsfehlern führen. Sie sollten immer erst den Hash-Wert prüfen (was schnell geht) und dann auf Gleichheit überprüfen (was langsamer sein kann).

Hier ein Beispiel, das einen Vergleich von Personen in großen Collections zeigt:

```
public class Person {

 public String name;

 @Override
 public boolean equals(Person anotherPerson) {
   return name.equals(anotherPerson.name);
 }

@Override
 public int hashCode() {
   return (int)(Math.random()*256);
 }
}
```

Wenn Sie eine Hashtabelle verwenden, könnten Sie irrtümlich schlussfolgern, dass ein Objekt nicht in der Sammlung vorhanden ist. So sieht es aus, wenn Sie den Hash korrekt definieren:

```
public class Person {

public String name;
  // Öffentliche Attribute sind ein anderes Thema ...
  @Override
  public boolean equals(Person anotherPerson) {
    return name.equals(anotherPerson.name);
  }

 @Override
  public int hashCode() {
    return name.hashCode();
  }
}
```

Viele Linter verfügen über Regeln für die Neudefinition von Hash und Gleichheit, die auf der Basis von statischer Analyse und Parse-Bäumen überwacht werden. Mit Mutationstests (siehe »Variablen von var in const ändern« auf Seite 73) können Sie verschiedene Objekte mit demselben Hash versehen und Ihre Tests überprüfen. Jede Leistungsverbesserung hat ihre Nachteile. Deshalb sollten Sie die Leistung immer erst dann optimieren, wenn Ihr Code funktioniert und durch automatisierte Tests abgedeckt ist.

Verwandte Rezepte

»Gleichheitsvergleich ändern« auf Seite 226

»Caches aus Domänenobjekten extrahieren« auf Seite 255

Hashing

Hashing ist der Prozess, bei dem Daten beliebiger Größe auf einen Wert fester Größe abgebildet werden. Das Ergebnis einer Hash-Funktion wird als Hash-Wert oder Hash-Code bezeichnet. Hash-Werte können als Indextabelle in großen Sammlungen genutzt werden. Sie dienen als Abkürzung, um Elemente performanter zu finden, als es durch sequenzielles Durchlaufen der Elemente möglich wäre.

Refactoring von funktionalen Änderungen trennen

Problem

Sie entwickeln und refaktorieren zur gleichen Zeit.

Lösung

Vermeiden Sie es, gleichzeitig funktionale Änderungen und Refactorings durchzuführen.

Diskussion

Die Vermischung von Refaktorierungen mit Änderungen der Funktionalität erschwert Code Reviews und kann zu Merge-Konflikten führen. Manchmal stellt man fest, dass für die weitere Entwicklung ein Refactoring erforderlich ist. In solchen Fällen sollte die funktionale Änderung zurückgestellt werden. Konzentrieren Sie sich zunächst auf das Refactoring und setzen Sie erst danach die Arbeit an Ihrer Lösung fort.

Im folgenden Beispiel finden gleichzeitig ein einfaches Refactoring und eine funktionale Änderung statt:

```
getFactorial(n) {
  return n * getFactorial(n);
}

// Umbenennung der Funktion und funktionale Änderung:

factorial(n) {
  return n * factorial(n-1);
}

// Dies ist ein sehr kurzes Beispiel.
// Bei mehr Code vergrößert sich das Problem.
```

Indem Sie die Änderungen nacheinander vornehmen, wird der Vorgang klarer:

```
getFactorial(n) {
  return n * getFactorial(n);
}
// Funktionale Änderung:

getFactorial(n) {
  return n * getFactorial(n-1);
}
// Führen Sie hier Tests durch.

factorial(n) {
  return n * factorial(n-1);
}
// Umbenennen:
```

Sie können ein physisches Token als Erinnerung verwenden, beispielsweise einen bestimmten Gegenstand auf Ihrem Schreibtisch oder eine Markierung in Ihrer IDE. Das kann Ihnen als Signal dienen, dass Sie sich entweder in der Phase des Refactoring oder in der Entwicklungsphase befinden.

KAPITEL 14
If-Anweisungen

> Machen Sie die Änderung einfach (Warnung: Das könnte schwierig sein), dann machen Sie die einfache Änderung.
>
> – *Kent Beck auf Twitter (https://oreil.ly/bNz48)*

Einführung

Die Verwendung von Goto-Anweisungen war eine gut etablierte Praxis, bis Edsger Dijkstra (*https://oreil.ly/N9Krv*) sein wunderbares Paper (*https://oreil.ly/6KiG6*) dazu verfasste: »Go To Statement Considered Harmful (*https://oreil.ly/8WBw2*).« Heutzutage verwendet niemand mehr Goto-Anweisungen (siehe »Goto-Anweisungen durch strukturierten Code ersetzen« auf Seite 298), und nur noch wenige Programmiersprachen unterstützen sie, da ihr Einsatz zu nicht wartbarem und fehleranfälligem Spaghetti-Code führt. Das Paradigma der strukturierten Programmierung hat das Problem »Spaghetti-Code« schon vor Jahren gelöst.

Spaghetti-Code
Ein schwer verständlicher und zu wartender Code, dessen Struktur so verworren ist wie ein Teller Spaghetti. Spaghetti-Code enthält redundanten oder duplizierten Code sowie zahlreiche bedingte Anweisungen, Sprünge und Schleifen, denen man nur schwer folgen kann.

Der nächste Entwicklungsschritt wird darin bestehen, die meisten If-Anweisungen zu entfernen, da If-, Case- und Switch-Anweisungen letztlich nichts anderes als Goto-Anweisungen sind, die sich als strukturierter Kontrollfluss tarnen. Maschinensprachen wie Assembler kennen sowohl Goto- wie If-Anweisungen.

Die meisten If-Anweisungen sind mit *zufälligen Entscheidungen* verbunden. Diese Kopplung bewirkt einen Ripple-Effekt und erschwert die Wartung des Codes. Akzidentelle If-Anweisungen sollten als ebenso schädlich wie Goto-Anweisungen betrachtet werden, da sie das Open-Closed-Prinzip verletzen (siehe »Boolesche Variablen reifizieren« auf Seite 209). Dadurch leidet die Erweiterbarkeit Ihrer Anwendungen. If-Anweisungen öffnen zudem die Tür zu noch schwerwiegenderen Problemen durch `switch`, `case`, `default`, `return`, `continue` und `break`. Solche Anweisungen vernebeln Ihre Algorithmen und zwingen Sie zur Entwicklung *unnötig komplexer* Lösungen.

> **Strukturierte Programmierung**
> Die *strukturierte Programmierung* betont die Verwendung von Kontrollstrukturen wie Schleifen und Funktionen, um Software klarer, wartbarer, lesbarer und zuverlässiger zu machen. Programme werden in kleinere Einheiten zerlegt, deren Interaktion durch diese Kontrollstrukturen geregelt wird.

Akzidentelle If-Anweisungen durch Polymorphie ersetzen

Problem

Sie verwenden in Ihrem Code akzidentelle If-Anweisungen.

Lösung

Ersetzen Sie sie durch polymorphe Objekte.

Diskussion

Hier ist eine *essenzielle* If-Anweisung:

```
class MovieWatcher {
  constructor(age) {
    this.age = age;
  }
  watchXRatedMovie() {
    if (this.age < 18)
      throw new Error("You are not allowed to watch this movie");
    else
      this.watchMovie();
  }
  watchMovie() {
    // ..
  }
}

const jane = new MovieWatcher(12);

jane.watchXRatedMovie();
// Löst eine Ausnahme aus, da Jane zu jung ist, um den Film zu sehen.
```

Sie müssen entscheiden, ob diese Bedingung entfernt werden soll oder nicht und ob sie eine Geschäftsregel (*essenziell*) oder ein Implementierungsartefakt (*akzidentell*) darstellt. Menschen außerhalb der Softwarewelt (in der realen Welt) beschreiben Altersfreigaben in natürlicher Sprache, indem sie »wenn« (»if«) benutzen. Respektieren Sie deshalb die Bijektion, erkennen Sie diese Bedingung als wesentlich und ersetzen Sie sie *nicht*.

Dieses Beispiel enthält ein akzidentelles If:

```
class Movie {
  constructor(rate) {
    this.rate = rate;
  }
}

class MovieWatcher {
  constructor(age) {
    this.age = age;
  }
  watchMovie(movie) {
    if ((this.age < 18) && (movie.rate === 'Adults Only'))
      throw new Error("You are not allowed to watch this movie");
    // Wird keine Ausnahme ausgelöst, darf der Film gesehen werden.
    playMovie();
  }
}

const jane = new MovieWatcher(12);
const theExorcist = new Movie('Adults Only');

jane.watchMovie(theExorcist);
// Jane darf "Der Exorzist" nicht sehen, da sie erst 12 ist.
```

Die If-Anweisung zur Altersfreigabe des Films bezieht sich nicht auf eine real existierende Bedingung, sondern auf eine zufällige (und gekoppelte) Implementierung. Das Problem entsteht durch die Entscheidung, Altersfreigaben mithilfe von Strings zu modellieren (siehe Kapitel 3). Das ist eine klassische Lösung, die *weder für Erweiterungen offen noch vor Modifizierungen geschützt* ist.

Das Problem verschärft sich mit neuen Anforderungen:

```
class Movie {
  constructor(rate) {
    this.rate = rate;
  }
}

class MovieWatcher {
  constructor(age) {
    this.age = age;
  }
  watchMovie(movie) {
    // !!!!!!!!!!!!!!!!! DIE IF-ANWEISUNGEN VERUNREINIGEN ALLES !!!!!!!!!!!!!!!!!!
    if ((this.age < 18) && (movie.rate === 'Adults Only'))
      throw new Error("You are not allowed to watch this movie");
    else if ((this.age < 13) && (movie.rate === 'PG 13'))
      throw new Error("You are not allowed to watch this movie");
    // !!!!!!!!!!!!!!!! DIE IF-ANWEISUNGEN VERUNREINIGEN ALLES !!!!!!!!!!!!!!!!!!!

    playMovie();
  }
}
```

```
const theExorcist = new Movie('Adults Only');
const gremlins = new Movie('PG 13');

const jane = new MovieWatcher(12);

jane.watchMovie(theExorcist);
// Jane darf "Der Exorzist" nicht sehen, da sie erst 12 ist.
jane.watchMovie(gremlins);
// Jane darf "Gremlins" nicht sehen, da sie erst 12 ist.

const joe = new MovieWatcher(16);

joe.watchMovie(theExorcist);
// Joe darf "Der Exorzist" nicht sehen, da er erst 16 ist.
joe.watchMovie(gremlins);
// Joe DARF "Gremlins" sehen, da er alt genug ist.
```

Der Code ist mit weiteren Altersfreigabe-Stufen und neuen Bedingungen überfrachtet. Außerdem fehlt ein Standardfall. Die Zeichenketten zur Darstellung der Altersfreigaben sind keine Objekte erster Klasse. Tippfehler würden schwer zu lokalisierende Fehler nach sich ziehen, und Sie sind gezwungen, der Klasse `Movie` Getter hinzuzufügen, um Entscheidungen zu treffen.

Im folgenden Beispiel wird 1. eine polymorphe Hierarchie für jede If-Anweisung erstellt (sofern sie nicht bereits existiert) und werden 2. die Körper (Inhalte) der If-Anweisungen aus der Klasse MovieWatcher in die jeweilige Abstraktion verschoben und wird 3. die Prüfung der Bedingungen durch einen einzigen polymorphen Methodenaufruf ersetzt:

```
// 1. Erstellen Sie für jede If-Anweisung eine polymorphe Hierarchie,
//    sofern noch nicht vorhanden.
class MovieRate {
  // Die Klasse sollte als abstrakt deklariert werden, wenn die Programmsprache
  // dies unterstützt.
}

class PG13MovieRate extends MovieRate {
  //2. Hierhin wird der Körper der entsprechenden If-Anweisung aus MovieWatcher
  //   verschoben.
  warnIfNotAllowed(age) {
    if (age < 13)
      throw new Error("You are not allowed to watch this movie");
  }
}

class AdultsOnlyMovieRate extends MovieRate {
  //2. Hierhin wird der Körper der entsprechenden If-Anweisung aus MovieWatcher
  //   verschoben.
  warnIfNotAllowed(age) {
    if (age < 18)
      throw new Error("You are not allowed to watch this movie");
  }
}
```

```
class Movie {
  constructor(rate) {
    this.rate = rate;
  }
}

class MovieWatcher {
  constructor(age) {
    this.age = age;
  }
  watchMovie(movie) {
    // 3. Ersetzen Sie die If-Aufrufe durch einen polymorphen Methodenaufruf.
    movie.rate.warnIfNotAllowed(this.age);
    // Film ansehen.
  }
}

const theExorcist = new Movie(new AdultsOnlyMovieRate());
const gremlins = new Movie(new PG13MovieRate());

const jane = new MovieWatcher(12);

jane.watchMovie(theExorcist);
// Jane darf "Der Exorzist" nicht sehen, weil sie erst 12 ist.
jane.watchMovie(gremlins);
// Jane darf "Gremlins" nicht sehen, da sie erst 12 ist.

const joe = new MovieWatcher(16);

joe.watchMovie(theExorcist);
// Joe darf "Der Exorzist" nicht sehen, da er erst 16 ist.
joe.watchMovie(gremlins);
// Joe DARF "Gremlins" sehen, da er alt genug ist.
```

Diese Lösung ist besser, da der Code nicht mehr mit If-Anweisungen überfrachtet ist und eine Erweiterung des Modells ausreicht, wenn sich aus der Anwendungsdomäne neue Anforderungen ergeben. Wenn Sie weitere Altersfreigaben benötigen, können Sie dies mit polymorphen neuen Instanzen erreichen. Außerdem ist kein Standardverhalten erforderlich, da Ausnahmen den Ablauf unterbrechen. In vielen Fällen reicht ein *Nullobjekt* (siehe »Nullobjekte erstellen« auf Seite 231). Die Altersfreigaben sind jetzt Objekte erster Klasse, sodass Tippfehler kein Risiko mehr darstellen. Wesentliche If-Anweisungen bleiben bestehen (Altersprüfung der Zuschauer), während akzidentelle entfernt wurden (Altersfreigaben). Um die Kette der Kollaboratoren zu entkoppeln, können Sie den Code weiter verfeinern:

```
movie.rate.warnIfNotAllowed(this.age);

class Movie {
  constructor(rate) {
    this._rate = rate; // rate ist jetzt privat.
  }
  warnIfNotAllowed(age) {
    this._rate.warnIfNotAllowed(age);
  }
}
```

```
class MovieWatcher {
  constructor(age) {
    this.age = age;
  }
  watchMovie(movie) {
    movie.warnIfNotAllowed(this.age);
    // Film ansehen.
  }
}
```

Die Altersfreigabe ist jetzt privat, sodass die Kapselung nicht verletzt wird und Sie keine Getter benötigen. So sieht es aus, wenn Sie das Rezept auf die wesentlichen Bedingungen anwenden:

```
class Age {
}

class AgeLessThan13 extends Age {
  assertCanWatchPG13Movie() {
    throw new Error("You are not allowed to watch this movie");
  }
  assertCanWatchAdultMovie() {
    throw new Error("You are not allowed to watch this movie");
  }
}

class AgeBetween13And18 extends Age {
  assertCanWatchPG13Movie() {
    // Kein Problem.
  }
  assertCanWatchAdultMovie() {
    throw new Error("You are not allowed to watch this movie");
  }
}

class MovieRate {
  // Wenn die Programmiersprache es erlaubt, sollte die Klasse als abstrakt
  // deklariert werden.
  // abstract assertCanWatch();
}

class PG13MovieRate extends MovieRate {
  // Hierhin wird der Körper der entsprechenden If-Anweisung aus MovieWatcher
  // verschoben.
  assertCanWatch(age) {
    age.assertCanWatchPG13Movie()
  }
}

class AdultsOnlyMovieRate extends MovieRate {
  // Hierhin wird der Körper der entsprechenden If-Anweisung aus MovieWatcher
  // verschoben.
  assertCanWatch(age) {
     age.assertCanWatchAdultMovie()
  }
}
```

```
class Movie {
  constructor(rate) {
    this._rate = rate; // rate ist jetzt privat.
  }
  watchByMe(moviegoer) {
    this._rate.assertCanWatch(moviegoer.age);
  }
}

class MovieWatcher {
  constructor(age) {
    this.age = age;
  }
  watchMovie(movie) {
    movie.watchByMe(this);
  }
}

const theExorcist = new Movie(new AdultsOnlyMovieRate());
const gremlins = new Movie(new PG13MovieRate());

const jane = new MovieWatcher(new AgeLessThan13());

jane.watchMovie(theExorcist);
// Jane darf "Der Exorzist" nicht sehen, da sie erst 12 ist.
jane.watchMovie(gremlins);
// Jane darf "Gremlins" nicht sehen, da sie erst 12 ist.

const joe = new MovieWatcher(new AgeBetween13And18());

joe.watchMovie(theExorcist);
// Joe darf "Der Exorzist" nicht sehen, da er erst 16 ist.
joe.watchMovie(gremlins);
// Joe DARF "Gremlins" sehen, da er alt genug ist.
```

Obwohl dieser Code funktioniert, weist er Symptome von Overdesign auf, da die Klassen, die das Alter repräsentieren, nicht direkt mit den realen Konzepten im Modell verbunden sind, was das Bijektionsprinzip verletzt. Außerdem ist das Modell zu komplex, da für jede neue Altersgruppe neue Klassen benötigt werden und die Altersgruppen nicht notwendigerweise überschneidungsfrei sind.

Um solche Lösungen zu vermeiden und eine klare Trennung zwischen *essenziellen* und *akzidentellen* Bedingungen zu erreichen, können Sie die folgende Regel anwenden:

> Erstellen Sie Abstraktionen nur, wenn Elemente derselben Domäne angehören (Filme und Altersfreigaben), aber nicht, wenn sie domänenübergreifend sind (Filme und Lebensalter der Zuschauer).

Das vorliegende Rezept empfiehlt, die meisten If-Anweisungen wegzulassen. Das mag anfangs schwerfallen, da uns die Verwendung von Bedingungen so vertraut ist, aber es ist durchaus möglich, alle akzidentellen Bedingungen zu eliminieren, dadurch Ihre Modelle stärker zu entkoppeln und leichter erweiterbar zu machen. Das Nullobjekt-Entwurfsmuster ist ein Spezialfall dieser Technik und erlaubt Ihnen, alle auf null prüfenden und *immer* akzidentellen If-Anweisungen zu beseitigen (siehe Kapitel 15).

> **Polymorphe Hierarchie**
>
> Eine *polymorphe Hierarchie* organisiert Klassen in einer Struktur, die auf Verhaltensähnlichkeiten und Vererbungsbeziehungen basiert. Das ermöglicht die Erstellung spezialisierter Klassen, die das Verhalten allgemeinerer Klassen erben. In einer solchen Hierarchie definiert eine abstrakte Basisklasse ein gemeinsames Verhalten, das von mehreren konkreten Unterklassen geteilt wird. Die Unterklassen erben die Merkmale der Superklasse und können ihr eigenes spezifisches Verhalten hinzufügen, was eine Möglichkeit zur Implementierung von Polymorphie darstellt (siehe »Nicht-polymorphe Funktionen in polymorphe umwandeln« auf Seite 225). Es ist allerdings eine starre Methode, da eine Superklasse nach der Kompilierung nicht mehr geändert werden kann.

Flag-Variablen für Ereignisse deklarativ umbenennen

Problem

Sie benutzen in Ihren Funktionen Flags (boolesche Werte) mit schwammigen Bezeichnungen.

Lösung

Benennen Sie Flag-Variablen um, um besser zu beschreiben, was geschehen ist.

Diskussion

Flags signalisieren, was geschehen ist. Oft sind ihre Namen zu allgemein. Hier ist ein Beispiel für ein Flag, das anzeigen soll, dass ein bestimmtes Ereignis stattgefunden hat:

```
function dummy() {

    $flag = true;

    while ($flag == true) {
        $result = checkSomething();
        if ($result) {
            $flag = false;
        }
    }
}
```

Diese Lösung ist deklarativer und verdeutlicht die Absicht:

```
function dummy()
{
    $atLeastOneElementWasFound = false;
```

```
        while (!$atLeastOneElementWasFound) {

            $elementSatisfies = checkSomething();
            if ($elementSatisfies) {
                $atLeastOneElementWasFound = true;
            }
        }
    }
```

Sie sollten die gesamte Codebasis nach schlecht benannten Flags durchsuchen. Flags sind in Produktionscode weit verbreitet. Sie sollten ihre Verwendung einschränken und klare, absichtsbeschreibende Namen bevorzugen.

Verwandte Rezepte

»Doppelte Verneinungen entfernen« auf Seite 89

»Rückgabe boolescher Werte für Bedingungsprüfungen vermeiden« auf Seite 220

»Boolesche Variablen reifizieren« auf Seite 209

Boolesche Variablen reifizieren

Problem

In Ihrem Code werden boolesche Variablen als Flags verwendet, was zufällige Implementierungen offenlegt und den Code mit If-Anweisungen überfrachtet.

> **Boolesche Flags**
>
> Ein *boolesches Flag* ist eine Variable, die nur die Werte wahr oder falsch annehmen kann und damit die beiden möglichen Zustände einer binären Bedingung repräsentiert. Boolesche Flags werden oft eingesetzt, um den Programmfluss mithilfe bedingter Anweisungen, Schleifen und anderer Kontrollstrukturen zu steuern.

Lösung

Verwenden Sie keine booleschen Variablen, da diese den Gebrauch von Bedingungen erzwingen (siehe »Akzidentelle If-Anweisungen durch Polymorphie ersetzen« auf Seite 202). Erstellen Sie stattdessen polymorphe Zustände.

Diskussion

Boolesche Variablen beeinträchtigen die Erweiterbarkeit und verstoßen gegen das Open-Closed-Prinzip, eines der SOLID-Prinzipien (siehe »Tiefe Vererbungshierarchien verflachen« auf Seite 303). In einigen Programmiersprachen, die Werte als truthy oder falsy behandeln, lassen sie sich nur schwer vergleichen (siehe »Mit truthy-Werten umgehen« auf Seite 377). Wenn der boolesche Wert eine reale boolesche Entität widerspiegelt, sollten Sie ihn dem MAPPER gemäß erstellen, wie in

Kapitel 2 definiert. Andernfalls können Sie ihn mithilfe des *Zustand-Entwurfsmusters (State Design Pattern)* modellieren, um die Erweiterbarkeit zu fördern.

> **Open-Closed-Prinzip**
>
> Das *Open-Closed-Prinzip*, das »O« in der Abkürzung »SOLID« (siehe »Tiefe Vererbungshierarchien verflachen« auf Seite 303), besagt, dass Klassen zwar offen für Erweiterungen, für Änderungen aber geschlossen sein sollten. Das Verhalten soll erweitert werden können, ohne den Code der Klasse zu ändern. Dieser Grundsatz fördert die Verwendung von abstrakten Interfaces, Vererbung und Polymorphie, um neue Funktionalität hinzuzufügen, ohne den bestehenden Code zu verändern. Das Prinzip begünstigt außerdem die Trennung von Zuständigkeiten (siehe »Temporäre logische Steuerungsanweisungen entfernen« auf Seite 130), was die unabhängige Entwicklung, Testung und Bereitstellung von Softwarekomponenten erleichtert.

Hier ein Beispiel mit drei booleschen Flags:

```
function processBatch(
    bool $useLogin,
    bool $deleteEntries,
    bool $beforeToday) {
    // ...
}
```

Durch die Anwendung realer Konzepte kann auf folgende Weise reifiziert werden:

```
function processBatch(
    LoginStrategy $login,
    DeletionPolicy $deletionPolicy,
    Date $cutoffDate) {
    // ...
}
```

Mit Tools zur Codeanalyse können Sie sich automatisch vor der Verwendung von booleschen Werten warnen lassen, allerdings werden dabei gelegentlich auch falsch-positive Ergebnisse gemeldet. Manche Programmiersprachen haben zudem Probleme mit booleschen Vergleichsoperatoren. In Sprachen mit truthy- und falsy-Werten, wie JavaScript (siehe »Mit truthy-Werten umgehen« auf Seite 377), sind boolesche Werte oft eine Fehlerquelle. Seien Sie also besonders vorsichtig, wenn Sie etwas als booleschen Wert deklarieren. Flags sind schwer zu pflegen und zu erweitern. Beschäftigen Sie sich eingehend mit der Anwendungsdomäne und verwenden Sie Polymorphie anstelle von If-/Switch-/Case-Anweisungen (siehe »Akzidentelle If-Anweisungen durch Polymorphie ersetzen« auf Seite 202).

> **Zustand-Entwurfsmuster (State Design Pattern)**
>
> Das *Zustand-Entwurfsmuster* ermöglicht es einem Objekt, wenn sich zur Laufzeit sein interner Zustand ändert, sein Verhalten anzupassen, ohne seine Klasse zu wechseln. Es definiert eine Reihe gültiger Zustandsobjekte, die das Verhalten jedes Zustands in einer separaten Klasse kapseln. Die Zustandsobjekte verfügen über eine gemeinsame Schnittstelle, die es dem Kontextobjekt ermöglicht, sein Verhalten an

das geeignete Zustandsobjekt zu delegieren. Ändert sich der Zustand des Kontextobjekts, wechselt es einfach zum passenden Zustandsobjekt. Das Muster fördert eine lose Kopplung zwischen dem Kontextobjekt und seinen Zustandsobjekten und ermöglicht es dem Kontextobjekt, flexibler und erweiterbarer zu sein, was das Open-Closed-Prinzip unterstützt.

Verwandte Rezepte

»Doppelte Verneinungen entfernen« auf Seite 89

»Flag-Variablen für Ereignisse deklarativ umbenennen« auf Seite 208

Siehe auch

»FlagArgument« von Martin Fowler (*https://oreil.ly/RXti-*)

Switch-/Case-/Elseif-Anweisungen ersetzen

Problem

Sie setzen Switch- und Case-Anweisungen zur Ablaufsteuerung ein.

Lösung

Ersetzen Sie sie durch polymorphe Objekte.

Diskussion

Switch-Anweisungen kombinieren zu viele Entscheidungen und verletzen das Open-Closed-Prinzip (siehe »Boolesche Variablen reifizieren« auf Seite 209), da jede neue Bedingung eine Änderung des Hauptalgorithmus nach sich zieht und dadurch das Auftreten von Merge-Konflikten begünstigt. Sie führen zudem zu Codewiederholungen und sehr umfangreichen Methoden. Sie sollten gemäß dem Open-Closed-Prinzip Hierarchien bilden bzw. Objekte komponieren. Verwenden Sie dabei das Zustand-Entwurfsmuster, um Übergänge zu modellieren, und das Strategie-Entwurfsmuster oder Methodenobjekte für die Auswahl von Verzweigungsoptionen.

Im folgenden Beispiel werden verschiedene Audioformate in das MP3-Format konvertiert:

```
class Mp3Converter {
  convertToMp3(source, mimeType) {
    if(mimeType.equals("audio/mpeg")) {
        this.convertMpegToMp3(source)
    } else if(mimeType.equals("audio/wav")) {
        this.convertWavToMp3(source)
    } else if(mimeType.equals("audio/ogg")) {
        this.convertOggToMp3(source)
    } else if(...) {
```

```
        // Viele weitere else-Klauseln.
}
```

Die folgende äquivalente Variante mit einer Switch-Anweisung ist genauso problematisch:

```
class Mp3Converter {
  convertToMp3(source, mimeType) {
  switch (mimeType) {
    case "audio/mpeg":
      this.convertMpegToMp3(source);
      break;
    case "audio/wav":
      this.convertWavToMp3(source);
      break;
    case "audio/ogg":
      this.convertOggToMp3(source);
      break;
   default:
      throw new Error("Unsupported MIME type: " + mimeType);
  }
}
```

In der folgenden Lösung können weitere spezialisierte Konverter hinzugefügt werden, ohne den Code zu ändern:

```
class Mp3Converter {
  convertToMp3(source, mimeType) {
    const foundConverter = this.registeredConverters.
        find(converter => converter.handles(mimeType));
        // Vermeiden Sie Metaprogrammierung für die Suche und Iteration
        // von Konvertern, da dies ebenfalls problematisch sein kann.
    if (!foundConverter) {
      throw new Error('No converter found for ' + mimeType);
    }
    foundConverter.convertToMp3(source);
  }
}
```

Da es auch gut begründete Fälle für die Verwendung von If/Else gibt, sollten Sie auf diese Anweisungen nicht vollständig verzichten. Sie können stattdessen einen Grenzwert für das Verhältnis von If-Anweisungen zu anderen Anweisungen angeben und sich bei dessen Überschreitung warnen lassen.

Verwandte Rezepte

»Methode in ein Objekt extrahieren« auf Seite 159

»Standardfall bei Switch-Anweisungen entfernen« auf Seite 194

»Hartcodierte Bedingungen durch Collections ersetzen« auf Seite 213

»Verschachtelten Pfeilcode refaktorieren« auf Seite 219

»Nullobjekte erstellen« auf Seite 231

Strategie-Entwurfsmuster

Beim *Strategie-Entwurfsmuster* definiert man eine Familie von austauschbaren Algorithmen, kapselt jeden einzelnen und macht sie zur Laufzeit austauschbar. Das ermöglicht es einem Client-Objekt, je nach Kontext oder Situation zur Laufzeit aus einer Reihe von Algorithmen auszuwählen. Es fördert zudem eine lose Kopplung zwischen dem Client-Objekt und den verwendeten Strategien und erleichtert es, das Verhalten des Client-Objekts zu erweitern oder zu ändern, ohne dessen Implementierung zu beeinträchtigen.

Hartcodierte Bedingungen durch Collections ersetzen

Problem

In Ihrem Code gibt es hartcodierte Bedingungen.

Lösung

Erstellen Sie eine Collection, um diese Bedingungen abzubilden.

Diskussion

Hartcodierte If-Anweisungen beeinträchtigen die Testbarkeit. Sie können sie durch eine dynamische Bedingung oder Polymorphie ersetzen. Hier ein Beispiel, bei dem den Internet-Ländercodes vollständige Ländernamen zugeordnet werden:

```
private string FindCountryName (string internetCode)
{
  if (internetCode == "de")
    return "Germany";
  else if(internetCode == "fr")
    return "France";
  else if(internetCode == "ar")
    return "Argentina";
    // Viele else-Klauseln.
  else
    return "Suffix not Valid";
}
```

Mit einem Dictionary können Sie Top-Level-Domains und Ländernamen einander direkt zuzuordnen:

```
private string[] country_names = {"Germany", "France", "Argentina"}; // Und weitere.
private string[] Internet_code_suffixes= {"de", "fr", "ar" }; // Und weitere.
// Hier können Sie auch eine Inline-Initialisierung vornehmen.

private Dictionary<string, string> Internet_codes =
 new Dictionary<string, string>();

// Es gibt effizientere Methoden für die Iteration von Sammlungen.
// Dieser Pseudocode dient nur der Veranschaulichung.
int currentIndex = 0;
foreach (var suffix in Internet_code_suffixes) {
```

```
    Internet_codes.Add(suffix, Internet_codes[currentIndex]);
    currentIndex++;
  }

  private string FindCountryName(string internetCode) {
    return Internet_codes[internetCode];
  }
```

In der Vergangenheit war Hardcoding keine Option. In der modernen Softwareentwicklung dient das Hardcoding oft als Lernhilfe, und man geht erst in einem späteren Schritt dazu über, Lösungen zu verallgemeinern und zu refaktorieren.

Verwandte Rezepte

»Switch-/Case-/Elseif-Anweisungen ersetzen« auf Seite 211

»Verschachtelten Pfeilcode refaktorieren« auf Seite 219

»Hartcodierte Geschäftsbedingungen reifizieren« auf Seite 227

Boolesche Bedingungen in Kurzschluss-Auswertungen umwandeln

Problem

Sie nehmen eine vollständige boolesche Auswertung vor, bei der das Ergebnis bereits feststeht, bevor die Auswertung abgeschlossen ist.

Lösung

Bei der Auswertung von booleschen Bedingungen dürfen Sie ruhig ein wenig »faul« sein: Verwenden Sie Kurzschluss-Auswertungen (Short Circuit Evaluation), wenn Ihre Programmiersprache das erlaubt.

Diskussion

Boolesche Wahrheitstabellen sind hervorragend für die Mathematik geeignet, bei Kurzschluss-Auswertungen sollten Sie aber vorsichtig sein, da sie manchmal unerwünschte Seiteneffekte und Leistungsprobleme verursachen. Mit Kurzschluss-Auswertungen können Sie ungültige vollständige Auswertungen vermeiden, bei denen das Ergebnis bereits feststeht (zum Beispiel bei einer OR-Bedingung, deren erster Teil wahr ist).

Hier ein Beispiel für eine ungültige vollständige Auswertung mit bitweisem AND (&):

```
if (isOpen(file) & size(contents(file)) > 0)
  // Es findet eine vollständige Auswertung statt, da es sich um ein bitweises
  // AND handelt.
  // Ist die Datei nicht geöffnet, führt dies zu einem Fehler,
  // weil der Inhalt nicht abgefragt werden kann.
```

Diese Version verwendet eine Kurzschluss-Auswertung:

```
if (isOpen(file) && size(contents(file)) > 0)
  // Kurzschluss-Auswertung.
  // Der Inhalt wird nur abgefragt, wenn die Datei geöffnet ist.
```

Sie sollten Kurzschluss-Auswertungen allerdings nicht als Alternative zu If-Anweisungen einsetzen. Wenn die Operanden Seiteneffekte haben können, sollten Sie diese Art von Ausdruck bevorzugen – zumal die meisten Programmiersprachen Kurzschluss-Auswertungen unterstützen und viele Sprachen auch nur diese Form erlauben.

Verwandte Rezepte

»Short-Circuit-Hacks vermeiden« auf Seite 218

»Vergleiche mit booleschen Werten ändern« auf Seite 222

»Mit truthy-Werten umgehen« auf Seite 377

Implizites Else in explizites If umwandeln

Problem

Sie haben If-Anweisungen ohne expliziten Else-Zweig.

Lösung

Geben Sie alle möglichen Fälle explizit an; vermeiden Sie implizite Else-Zweige.

Diskussion

Code mit expliziten Guard-Clauses (Wächterbedingungen) ist besser lesbar, verständlicher und erleichtert es, unvorhergesehene Fälle zu erkennen und das Fail-Fast-Prinzip anzuwenden (siehe Kapitel 13). Wenn Sie aus einer If-Anweisung vorzeitig zurückkehren, können Sie auf den Else-Zweig verzichten, das If anschließend entfernen und Polymorphie einsetzen. Dadurch können allerdings Anwendungsfälle übersehen werden.

Hier ist eine Funktion mit implizitem Else:

```
function carBrandImplicit(model) {
  if (model === 'A4') {
    return 'Audi';
  }
  return 'Mercedes-Benz';
}
```

So sieht es aus, wenn alle bekannten Fälle explizit genannt werden und bei unbekannten Fällen eine Ausnahme ausgelöst wird:

```
function carBrandExplicit(model) {
  if (model === 'A4') {
    return 'Audi';
  }
  if (model === 'AMG') {
    return 'Mercedes-Benz';
  }

  // Fail Fast
  throw new Exception('Model not found');
}
```

Sie können den Code auch umformulieren und Mutationstests durchführen (siehe »Variablen von var in const ändern« auf Seite 73). Dieses Rezept löst viele Diskussionen und starke Meinungen aus. Hören Sie sich alle Argumente an und wägen Sie dann für sich die Vor- und Nachteile ab.

Verwandte Rezepte

»Switch-/Case-/Elseif-Anweisungen ersetzen« auf Seite 211

»Verschachtelten Pfeilcode refaktorieren« auf Seite 219

Verschachtelte Bedingungen refaktorieren

Problem

Sie verwenden verschachtelte boolesche Bedingungen, die optisch einer Treppe oder einem Pfeil ähneln.

Lösung

Vermeiden Sie die Prüfung auf boolesche Ausdrücke und die Rückgabe eines expliziten booleschen Werts. Verwenden Sie stattdessen direkt einen logischen Ausdruck als Rückgabewert.

Diskussion

»Treppencode« oder »Pfeilcode« ist schwer zu lesen. Zudem erschwert er es, den Überblick über den jeweiligen Geltungsbereich zu behalten. Diese Art von Code wird auch als Ninja-Code bezeichnet und kommt eher in Low-Level-Sprachen vor. Die Lesbarkeit verbessert sich oft, wenn man einen auf Geschäftslogik basierenden Ausdruck nutzt, anstatt eine Reihe von verschachtelten Bedingungen mit expliziter Rückgabe eines Wahrheitswerts.

Hier ein Beispiel für Pfeilcode:

```
def is_platypus(self):
    if self.is_mammal():
        if self.has_fur():
            if self.has_beak():
```

```
                if self.has_tail():
                    if self.can_swim():
                        return True
    return False

# Auch die folgende Variante ist nicht viel besser, denn sie ist mit
# zu vielen If-Anweisungen überfrachtet und für einen Biologen nur schwer lesbar.
def is_platypus(self):
    if not self.is_mammal():
        return False
    if not self.has_fur():
        return False
    if not self.has_beak():
        return False
    if not self.has_tail():
        return False
    if not self.can_swim():
        return False
    return True
```

So sieht es aus, wenn man die Bedingung neu formuliert:

```
def is_platypus(self):
    return self.is_mammal() &&
        self.has_fur() &&
            self.has_beak() &&
                self.has_tail() &&
                    self.can_swim()

  # Sie können die Bedingungen auch nach zoologischen Klassifikationen gruppieren.
```

Auf der Grundlage von Syntaxbäumen können Sie den Code sicher refaktorieren, indem Sie den expliziten booleschen Wert entfernen. Aber Vorsicht bei der Rückgabe von booleschen Werten, denn nach der Rückkehr benötigen Sie eine If-Anweisung (die Sie mit dem entsprechenden Rezept entfernen können).

Ninja-Code

Ninja-Code bezieht sich auf clever bzw. smart geschriebenen Code, der jedoch schwer zu verstehen und zu pflegen ist. Er entsteht oft, wenn erfahrene fortgeschrittene Programmiertechniken oder spezielle Sprachfeatures verwendet werden, um effizienteren und vorzeitig optimierten Code zu schreiben. Obwohl Ninja-Code sehr beeindruckend und besonders performant sein kann, lässt er sich oft nur schwer nachvollziehen, was zu Problemen bei der Wartbarkeit, Skalierbarkeit und Weiterentwicklung führt. Ninja-Code ist das Gegenteil von Clean Code.

Verwandte Rezepte

»Flag-Variablen für Ereignisse deklarativ umbenennen« auf Seite 208

»Verschachtelten Pfeilcode refaktorieren« auf Seite 219

»Rückgabe boolescher Werte für Bedingungsprüfungen vermeiden« auf Seite 220

»Vergleiche mit booleschen Werten ändern« auf Seite 222

»Verschachtelte Try/Catch-Blöcke vereinfachen« auf Seite 358

»Verschachtelten Pfeilcode refaktorieren« auf Seite 361

»Mit truthy-Werten umgehen« auf Seite 377

Short-Circuit-Hacks vermeiden

Problem

Sie verwenden Kurzschluss-Auswertungen (Short Circuit Evaluation) als eine vermeintlich besser lesbare Kurzform für eine zweite Bedingung, die nur gültig ist, wenn die erste erfüllt ist.

Lösung

Verwenden Sie keine booleschen Vergleiche für Funktionen mit Seiteneffekten. Nutzen Sie stattdessen If-Anweisungen.

Diskussion

Gewiefte Programmierer schreiben gerne umständlichen und undurchsichtigen Code, auch wenn es keine stichhaltigen Beweise für diese vermeintliche Verbesserung gibt. Abhängige Bedingungen als booleschen Ausdruck zu formulieren, ist ein Indiz für vorzeitige Optimierung (siehe Kapitel 16) und beeinträchtigt die Lesbarkeit.

Im folgenden Beispiel wird eine Bedingung mit einer daraus resultierenden Aktion kombiniert:

```
userIsValid() && logUserIn();

// Dieser Ausdruck ist kurzgeschlossen.
// Die zweite Anweisung wird nur ausgewertet,
// wenn die erste Aussage wahr ist.

functionDefinedOrNot && functionDefinedOrNot();

// In einigen Sprachen gilt undefined als false.
// Wenn functionDefinedOrNot nicht definiert ist, führt das
// weder zu einem Fehler, noch wird die Funktion ausgeführt.
```

Beide Ausdrücke lassen sich in aussagekräftigere If-Anweisungen umwandeln:

```
if (userIsValid()) {
    logUserIn();
}

if(typeof functionDefinedOrNot == 'function') {
    functionDefinedOrNot();
}
```

Verwandte Rezepte

»Übertriebene Raffinesse aus dem Code entfernen« auf Seite 155

»Boolesche Bedingungen in Kurzschluss-Auswertungen umwandeln« auf Seite 214

»Optionale Verkettungen entfernen« auf Seite 234

Verschachtelten Pfeilcode refaktorieren

Problem

Ihr Code enthält zahlreiche verschachtelte If-/Else-Anweisungen, die schwer zu lesen und zu testen sind.

Lösung

Vermeiden Sie verschachtelte und akzidentelle If-Anweisungen.

Diskussion

In prozeduralem Code stößt man sehr häufig auf komplexe, tief verschachtelte Bedingungen. Das hat dann mehr mit Scripting als mit objektorientierter Programmierung zu tun. Hier ein Beispiel für solchen Pfeil- oder Treppencode:

```
if (actualIndex < totalItems)
    {
      if (product[actualIndex].Name.Contains("arrow"))
      {
        do
        {
          if (product[actualIndex].price == null)
          {
            // Wenn es keinen Preis gibt.
          }
          else
          {
            if (!(product[actualIndex].priceIsCurrent()))
            {
              // Preis hinzufügen.
            }
            else
            {
              if (hasDiscount)
              {
                // Rabatt behandeln.
              }
              else
              {
                // usw.
              }
            }
          }
```

```
            actualIndex++;
          }
          while (actualIndex < totalCount && totalPrice < wallet.money);
        }
        else
          actualIndex++;
      }
      return actualIndex;
    }
```

Sie könnten wie folgt refaktorieren:

```
foreach (products as currentProduct) {
  addPriceIfDefined(currentProduct)
}
addPriceIfDefined()
{
  // Hier fügen Sie den Preis nur hinzu, wenn er den oben genannten Regeln
  // entspricht.
}
```

Da viele Linter Syntaxbäume analysieren können, können Sie bei der Kompilierung die Verschachtelungstiefe überprüfen.

Verwandte Rezepte

»Callback Hell vermeiden« auf Seite 98

»Überlange Methoden unterteilen« auf Seite 165

»Switch-/Case-/Elseif-Anweisungen ersetzen« auf Seite 211

»Verschachtelte Bedingungen refaktorieren« auf Seite 216

»Rückgabe boolescher Werte für Bedingungsprüfungen vermeiden« auf Seite 220

»Verschachtelte ternäre Ausdrücke refaktorieren« auf Seite 229

»Verschachtelten Pfeilcode refaktorieren« auf Seite 361

Siehe auch

»Flattening Arrow Code« im »Coding Horror«-Blog (*https://oreil.ly/JzJTk*)

Rückgabe boolescher Werte für Bedingungsprüfungen vermeiden

Problem

In Ihrem Code werden boolesche Bedingungen geprüft (und möglicherweise Typumwandlungen vorgenommen).

Lösung

Geben Sie keine expliziten booleschen Werte zurück. Meistens lassen sich diese nicht auf reale boolesche Werte im MAPPER abbilden. Formulieren Sie Ihre Bedingungen als Geschäftsregeln.

Diskussion

Die Rückgabe von booleschen Werten ist meist an akzidentelle Lösungen gekoppelt, sodass die Werte nicht mit realen booleschen Werten korrespondieren. Sie sollten High-Level-Code und -Lösungen schreiben, die der Bijektionsregel genügen, was aber viele boolesche Werte nicht tun. Sie können auch eine boolesche Aussage zurückgeben, anstatt eine Negation zu prüfen, und Antworten mit einer Geschäftslogikformel anstatt eines Algorithmus erstellen. Boolesche Geschäftsformeln sind in der Regel verständlicher als negierte If-Klauseln. Bei Low-Level-Abstraktionen ist es üblich, boolesche Rückgaben zu nutzen. Wenn Sie komplexe und ausgereifte Software entwickeln, sollten Sie aber über diese Primitive Obsession hinauswachsen und sich stattdessen an die Regeln und Identitäten der realen Welt halten.

Hier ist ein vertrautes und nicht ganz so harmloses Beispiel:

```
function canWeMoveOn() {
  if (work.hasPendingTasks())
    return false;
  else
    return true;
}
```

Sie können Ihre Geschäftsregel direkt verknüpfen, um die reale Geschäftsbedingung abzubilden:

```
function canWeMoveOn() {
  return !work.hasPendingTasks();
}
```

Diese Rückgabe ist syntaktisch identisch, jedoch besser lesbar. Bleiben Sie aber bei der Rückgabe boolescher Werte wachsam: Nach erfolgter Rückgabe bedarf es einer If-Anweisung. Wenden Sie gegebenenfalls »Switch-/Case-/Elseif-Anweisungen ersetzen« auf Seite 211 an.

In diesem kurzen Beispiel wird geprüft, ob eine Zahl gerade oder ungerade ist:

```
boolean isEven(int num) {
    if(num % 2 == 0) {
       return true;
    } else {
       return false;
    }
}
```

Wenn Sie stattdessen die exakte Implementierung zurückgeben, profitiert Ihr Code:

```
boolean isEven(int numberToCheck) {
  // Sie entkoppeln das "Was" (die Prüfung auf gerade oder ungerade)
```

```
    // vom "Wie" (dem Algorithmus).
    return (numberToCheck % 2 == 0);
}
```

Sie können Code-Bibliotheken nach »return true«-Anweisungen durchsuchen und sie nach Möglichkeit ersetzen.

Verwandte Rezepte

»Doppelte Verneinungen entfernen« auf Seite 89

»Flag-Variablen für Ereignisse deklarativ umbenennen« auf Seite 208

»Switch-/Case-/Elseif-Anweisungen ersetzen« auf Seite 211

»Verschachtelten Pfeilcode refaktorieren« auf Seite 219

»Rückgabe boolescher Werte für Bedingungsprüfungen vermeiden« auf Seite 220

»Vergleiche mit booleschen Werten ändern« auf Seite 222

»Überflüssige boolesche Operatoren entfernen« auf Seite 228

»Mit truthy-Werten umgehen« auf Seite 377

Vergleiche mit booleschen Werten ändern

Problem

Sie vergleichen mit booleschen Werten und führen implizite (»magische«) Typumwandlungen durch, was zu unerwarteten Ergebnissen führt.

Lösung

Vergleichen Sie nicht mit einem wahren Wert (true). Entweder ist etwas wahr oder falsch, oder Sie sollten nicht vergleichen.

Diskussion

Der Vergleich mit einer booleschen Konstante kann in einigen Sprachen, die mit truthy- und falsy-Werten arbeiten, magische Typumwandlungen verbergen (siehe »Mit truthy-Werten umgehen« auf Seite 377). Diese Praxis folgt weder dem Prinzip der geringsten Überraschung (siehe »Veränderliche Konstanten einfrieren« auf Seite 80) noch dem Fail-Fast-Prinzip (siehe Kapitel 13). Sie sollten niemals boolesche Werte mit Objekten mischen, die in boolesche Werte umwandelbar sind, da viele Sprachen Werte über Domänengrenzen hinweg in boolesche Werte umwandeln.

Hier ein Beispiel in einem Bash-Skript:

```
#!/bin/bash

if [ false ]; then
    echo "True"
```

```
else
    echo "False"
fi

# Das wird als wahr ausgewertet, da
# "false" eine nicht leere Zeichenkette ist.

if [ false ] = true; then
    echo "True"
else
    echo "False"
fi

# Auch das wird als wahr ausgewertet.
```

Um dieses Problem zu vermeiden, können Sie die explizite Konstante `false` verwenden:

```
#!/bin/bash

if false ; then
    echo "True"
else
    echo "False"
fi

# Wird als falsch ausgewertet.
```

Es ist gängige Praxis, viele nicht-boolesche als boolesche Werte zu verwenden, aber Sie sollten dabei sehr sorgfältig vorgehen. Viele Sprachen, selbst Skriptsprachen, haben Schwierigkeiten im Umgang mit truthy-Werten.

Verwandte Rezepte

»Mit truthy-Werten umgehen« auf Seite 377

Ternäre Ausdrücke vereinfachen

Problem

Sie nutzen ternäre Ausdrücke, die sehr viel Code enthalten.

Lösung

Verwenden Sie keine ternären Ausdrücke zur Ausführung von Code. Sie sollten sie als mathematische Formeln betrachten.

Diskussion

Lange ternäre Ausdrücke sind schwer verständlich und beeinträchtigen die Wiederverwendbarkeit und Testbarkeit von Code. Sie können »Methode in ein Objekt extrahieren« auf Seite 159 anwenden. Bei der Verwendung einer ternären Bedingung, die mehrere Funktionen umfasst, lässt sich oft nur schwer erkennen, welche Funktion von der Bedingung betroffen ist. Das kann die Fehlersuche und -behebung erschweren und das allgemeine Verständnis der Funktionsweise des Codes verkomplizieren.

Betrachten Sie das folgende Beispiel:

```
const invoice = isCreditCard ?
  prepareInvoice();
  fillItems();
  validateCreditCard();
  addCreditCardTax();
  fillCustomerDataWithCreditCard();
  createCreditCardInvoice()
:
  prepareInvoice();
  fillItems();
  addCashDiscount();
  createCashInvoice();

// Die Zwischenergebnisse werden nicht berücksichtigt.
// Der Wert der Rechnung ist das Ergebnis der
// letzten Ausführung.
```

Nach der Anwendung der Methode zur Extraktion können Sie den ternären Ausdruck wie folgt vereinfachen:

```
const invoice = isCreditCard ?
                    createCreditCardInvoice() :
                    createCashInvoice();
```

Eine kompaktere Lösung wäre:

```
if (isCreditCard) {
  const invoice = createCreditCardInvoice();
} else {
  const invoice = createCashInvoice();
}
```

Noch besser ginge es mit Polymorphie:

```
const invoice = paymentMethod.createInvoice();
```

Linter können umfangreiche Codeblöcke identifizieren. Unabhängig davon, wo diese auftreten: Sie können sie auf höherer Ebene immer zu funktionalen und kürzeren Methoden refaktorieren.

Verwandte Rezepte

»Methode in ein Objekt extrahieren« auf Seite 159

»Überlange Methoden unterteilen« auf Seite 165

Nicht-polymorphe Funktionen in polymorphe umwandeln

Problem

Sie verwenden Methoden, die zwar die gleiche Aktion ausführen, jedoch nicht untereinander austauschbar sind.

Lösung

Nutzen Sie Polymorphie, um die Erweiterbarkeit Ihres Codes zu verbessern.

Diskussion

> **Polymorphie**
> Zwei Objekte gelten in Bezug auf eine Gruppe von Methoden als *polymorph*, wenn sie die gleiche Signatur aufweisen und dieselbe Aktion durchführen, auch wenn sie dies mithilfe unterschiedlicher Implementierungen tun.

Partielle Polymorphie liegt vor, wenn zwei Objekte auf denselben Methodenaufruf in semantisch ähnlicher Weise reagieren, auch wenn die Implementierungen möglicherweise variieren. Mit Polymorphie fördern Sie die Erweiterbarkeit, reduzieren Kopplung und vermeiden viele If-Anweisungen.

Im folgenden Beispiel unterscheiden sich die Namen der Funktionen, obwohl sie dasselbe Verhalten aufweisen:

```
class Array {
    public function arraySort() {
    }
}

class List {
    public function listSort() {
    }
}

class Stack {
    public function stackSort() {
    }
}
```

Indem Sie die Funktionen umbenennen, können Sie Polymorphie erzielen:

```
interface Sortable {
   public function sort();
}

class Array implements Sortable {
   public function sort() {
      // Implementierung der Methode sort() für Array.
```

```
    }
}

class List implements Sortable {
    public function sort() {
        // Implementierung der Methode sort() für List.
    }
}

class Stack implements Sortable {
    public function sort() {
        // Implementierung der Methode sort() für Stack.
    }
}
```

Im zweiten Beispiel ist der semantische Fehler korrigiert. Sie können Tools nutzen, die Sie warnen, falls Sie in polymorphen Klassen unterschiedliche Methodennamen verwenden. Die Namensgebung ist von großer Bedeutung (siehe Kapitel 7) – wählen Sie Namen, die auf Konzepten basieren und keine zufälligen Typenbezeichnungen enthalten.

Verwandte Rezepte

»Switch-/Case-/Elseif-Anweisungen ersetzen« auf Seite 211

Gleichheitsvergleich ändern

Problem

In Ihrem Code prüfen Sie die Gleichheit von Attributen.

Lösung

Exportieren und vergleichen Sie nicht, sondern kapseln Sie den Vergleich in einer einzigen Methode.

Diskussion

Attributvergleiche kommen häufig vor. Sie sollten sich aber auf das Verhalten und die Zuständigkeiten konzentrieren. Es ist Aufgabe eines Objekts, sich selbst mit anderen Objekten zu vergleichen. Falls Ihnen Anhänger der vorzeitigen Optimierung (siehe Kapitel 16) erklären, dass der hier beschriebene Ansatz weniger performant sei, sollten Sie nach konkreten Beweisen fragen und betonen, dass es eine besser wartbare Lösung ist, die weder die Kapselung verletzt noch zu Codewiederholungen führt.

Betrachten Sie folgendes Beispiel aus einer umfangreichen Codebasis, in der eine Geschäftsregel (die Beachtung von Groß- und Kleinschreibung beim Vergleich) an vielen Stellen dupliziert wird:

```
if (address.street == 'Broad Street') { }

if (location.street == 'Bourbon St') { }

// Es gibt 24.601 Verwendungen im Gesamtsystem.
// Vergleiche berücksichtigen Groß- und Kleinschreibung.
```

Indem Sie die Verantwortung für den Vergleich einer zentralen Methode übertragen, vermeiden Sie Codewiederholungen und können nötige Änderungen an einer einzigen Stelle vornehmen:

```
if (address.isAtStreet('Broad Street') { }

if (location.isAtStreet('Bourbon St') { }
// Es gibt 24.601 Verwendungen im Gesamtsystem.

function isAtStreet(street) {
  // Die Regeln zur Beachtung von Groß- und Kleinschreibung
  // können zentral angepasst werden.
}
```

Attributvergleiche können mithilfe von Syntaxbäumen identifiziert werden. Wie bei vielen anderen Rezepten gibt es angemessene Verwendungen von primitiven Typen. Zuständigkeiten, einschließlich des Vergleichs, sollten zentralisiert werden. Wenn sich die Geschäftsregeln ändern, ist eine Anpassung nur an einer einzigen Stelle erforderlich.

Verwandte Rezepte

»Primitive Datentypen in Objekte umwandeln« auf Seite 57

»Hash und Gleichheit neu definieren« auf Seite 197

»Vergleiche mit booleschen Werten ändern« auf Seite 222

»Feature Envy vorbeugen« auf Seite 276

Hartcodierte Geschäftsbedingungen reifizieren

Problem

Ihr Code enthält hartcodierte Bedingungen.

Lösung

Verschieben Sie feste Geschäftsregeln in die Konfiguration.

Diskussion

Wahrscheinlich sind Sie schon in den Anfängen Ihrer Programmiererlaufbahn zu dem Schluss gekommen, dass Hardcoding keine besonders gute Idee ist. Das trifft insbesondere auf die testgetriebene Entwicklung (TDD) (siehe »Unnötige Eigenschaften entfernen« auf Seite 66) zu, da diese Methode schnelle und einfache Lösungen bevorzugt und spekulative Lösungen ablehnt. TDD empfiehlt aber auch, sofern triftige Gründe dafür vorliegen, im dritten, optionalen Schritt des Refactoring Generalisierungen vorzunehmen. Wenn Ihr Code unerklärliche, hartcodierte Bedingungen enthält, sollten Sie den Grund dafür herausfinden und, falls es sich um eine gültige Geschäftsregel handelt, diese in eine selbsterklärende Funktion extrahieren. Mit »Einstellungen/Konfigurationen und Funktionsumschalter entfernen« auf Seite 151 könnten Sie die Bedingung, falls sie durch eine globale Einstellung ausgedrückt wird, beseitigen.

Betrachten Sie das folgende Beispiel aus der Praxis, bei dem Kunden aufgrund einer speziellen Geschäftsregel bevorzugt behandelt werden:

```
if (currentExposure > 0.15 && customer != "Very Special Customer") {
  // Achten Sie darauf, die Position nicht zu liquidieren.
  liquidatePosition();
}
```

Hier ist eine deklarativere Lösung, die Sie zwingt, diese Kunden zu spezifizieren:

```
customer.liquidatePositionIfNecessary(0.15);

  // Das folgt dem Prinzip "Tell, don't ask".
```

Sie können nach primären, fest codierten Bedingungen (in Bezug auf primitive Typen) suchen, erhalten dabei aber möglicherweise auch falsch-positive Ergebnisse. Wenn Sie Code-Reviews durchführen, sollten Sie besonderes Augenmerk auf diese Form des Hardcoding legen.

Verwandte Rezepte

»Einstellungen/Konfigurationen und Funktionsumschalter entfernen« auf Seite 151

»Hartcodierte Bedingungen durch Collections ersetzen« auf Seite 213

Überflüssige boolesche Operatoren entfernen

Problem

Sie haben eine Funktion mit mehreren Rückgabeanweisungen, die alle den gleichen Wert zurückgeben.

Lösung

Prüfen Sie Ihre booleschen Ausdrücke sorgfältig und überarbeiten Sie sie.

Diskussion

Eine Funktion so zu gestalten, dass sie immer denselben festen Wert zurückgibt, kann die Lesbarkeit des Codes beeinträchtigen und potenzielle Fehler verbergen. Eine derartige Entscheidung sollte jedoch keine negativen Auswirkungen auf die

Funktionalität des Programms haben. Wenn dies in der gesamten Logik der Funktion durchgängig auftritt, handelt es sich wahrscheinlich um einen Fehler.

Hier ein einfaches Beispiel:

```
if a > 0 and True:
// Dieser Code wurde beim Debugging genutzt und hat
// aus Versehen die Code-Reviews überstanden.
print("a is positive")
else:
print("a is not positive")
```

So sieht es aus, wenn Sie es vereinfachen:

```
if a > 0:
    print("a is positive")
else:
    print("a is not positive")
```

Boolesche Ausdrücke sollten einfach zu lesen und zu verstehen sein.

Verwandte Rezepte

»Rückgabe boolescher Werte für Bedingungsprüfungen vermeiden« auf Seite 220

»Vergleiche mit booleschen Werten ändern« auf Seite 222

Verschachtelte ternäre Ausdrücke refaktorieren

Problem

Sie verwenden zahlreiche verschachtelte ternäre Ausdrücke.

Lösung

Ersetzen Sie verschachtelte ternäre Ausdrücke durch If-Anweisungen mit frühzeitigen Rückgaben.

Diskussion

Verschachtelungen erhöhen die Komplexität, was durch den Einsatz von Polymorphie (siehe »Nicht-polymorphe Funktionen in polymorphe umwandeln« auf Seite 225) oder frühzeitige Rückgaben vermieden werden kann. Betrachten Sie das folgende Beispiel, das fünf verschachtelte ternäre Ausdrücke und einen Standardfall beinhaltet:

```
const getUnits = secs => (
  secs <= 60 ? 'seconds' :
  secs <= 3600 ? 'minutes' :
  secs <= 86400 ? 'hours' :
  secs <= 2592000 ? 'days' :
  secs <= 31536000 ? 'months' : 'years'
)
```

Mit If-Anweisungen wird der Code klarer und aussagekräftiger:

```
const getUnits = secs => {
 if (secs <= 60) return 'seconds';
 if (secs <= 3_600) return 'minutes';
 if (secs <= 86_400) return 'hours';
 if (secs <= 2_592_000) return 'days';
 if (secs <= 31_536_000) return 'months';
 return 'years'
}

// Die Verwendung von numerischen Trennzeichen in JavaScript
// verbessert die Lesbarkeit, ohne den Wert zu beeinflussen:
// Die Unterstriche werden von der JavaScript-Engine ignoriert.
```

Eine noch benutzerfreundlichere und deklarativere Variante wäre:

```
const getUnits = secs => {
 if (secs <= 60) return 'seconds';
 if (secs <= 60 * 60) return 'minutes';
 if (secs <= 24 * 60 * 60) return 'hours';
 if (secs <= 30 * 24 * 60 * 60) return 'days';
 if (secs <= 12 * 30 * 24 * 60 * 60) return 'months';
 return 'years'
}

// Im Kapitel über vorzeitige Optimierung erfahren Sie mehr dazu,
// wie Sie herausfinden, ob das zu spürbarem Leistungsverlust führt.
```

Sie können auch eine Map oder polymorphe Small Objects verwenden (siehe »Small Objects erstellen« auf Seite 56):

```
const timeUnits = {
  60: 'seconds',
  3_600: 'minutes',
  86_400: 'hours',
  2_592_000: 'days',
  31_536_000: 'months',
};

const getUnits = secs => {
  const unit = Object.entries(timeUnits)
    .find(([limit]) => secs <= limit)?.[1] || 'years';
  return unit;
}
```

Will man die Lesbarkeit des Codes verbessern, muss man die zufällige Komplexität reduzieren. Linter können diese Komplexität mithilfe von Parsing-Bäumen erkennen.

Verwandte Rezepte

»Callback Hell vermeiden« auf Seite 98

»Hartcodierte Bedingungen durch Collections ersetzen« auf Seite 213

KAPITEL 15

Nullwerte

> Ich konnte der Versuchung nicht widerstehen, eine Nullreferenz einzufügen, einfach weil sie so leicht zu implementieren war. Das führte zu unzähligen Fehlern, Sicherheitslücken und Systemabstürzen, die in den letzten vierzig Jahren wahrscheinlich Schäden in Milliardenhöhe verursacht haben.
>
> – *Tony Hoare*

Einführung

Die meisten Programmierer verwenden *null* sehr häufig. Das ist bequem, effizient und schnell. Die Softwareentwickler haben sich damit aber unzählige Probleme eingehandelt. Um diese Probleme bei der Verwendung von Nullwerten und die Frage, wie sie gelöst werden können, geht es in diesem Kapitel.

Null ist ein Indikator. Je nach Kontext, in dem ein Nullwert verwendet und aufgerufen wird, repräsentiert er unterschiedliche Situationen. Das führt zum schwerwiegendsten Fehler in der Softwareentwicklung: die Kopplung einer versteckten Entscheidung im Vertrag zwischen einem Objekt und dessen Nutzern. Außerdem wird das Prinzip der Bijektion verletzt, da mehrere Elemente der Domäne durch dieselbe Entität dargestellt werden und Sie gezwungen sind, kontextbezogene Interpretationen vorzunehmen. Alle Objekte sollten so spezifisch wie möglich sein und genau eine Zuständigkeit haben (siehe »String-Validierungen in Objekte umwandeln« auf Seite 63), aber das am wenigsten kohärente Objekt eines jeden Systems ist der Platzhalter: der Nullwert, der für mehrere unterschiedliche Konzepte der realen Welt steht.

Nullobjekte erstellen

Problem

Sie verwenden Nullwerte.

Lösung

Null ist schizophren und existiert nicht in der realen Welt. Der Erfinder der Null, Turing-Preisträger Tony Hoare, bedauerte seine Erfindung (*https://oreil.ly/BrmOi*) und die Tatsache, dass Programmierer auf der ganzen Welt darunter gelitten haben. Sie können Nullwerte durch Nullobjekte ersetzen.

Diskussion

Programmierer verwenden Nullwerte zu unterschiedlichen Zwecken und um unterschiedliche Zustände anzuzeigen, z. B. das Fehlen eines Werts, einen undefinierten Wert, einen Fehler usw. Mehrdeutigkeit führt jedoch zu Kopplung und Fehlern. Die Verwendung von null ist mit einer Reihe von Problemen verbunden, darunter die Kopplung zwischen Aufrufern und Absendern, die Nichtübereinstimmung zwischen Aufrufern und Absendern und die Überfrachtung durch zu viele If-/Switch-/Case-Anweisungen. Außerdem ist der Nullwert nicht polymorph mit realen Objekten, was zu Nullzeiger-Ausnahmefehlern führt. Und schließlich gibt es den Nullwert nicht in der realen Welt, womit er gegen das Bijektionsprinzip verstößt.

> **Nullobjekt-Entwurfsmuster**
>
> Beim *Nullobjekt-Entwurfsmuster* wird ein spezielles Objekt namens »Nullobjekt« erstellt, das sich wie ein reguläres Objekt verhält, aber fast keine Funktionalität hat. Sein Vorteil ist, dass Sie auf dem Nullobjekt Methoden sicher aufrufen können, ohne per If-Anweisung auf Nullreferenzen prüfen zu müssen (siehe Kapitel 14).

In diesem Beispiel gibt es entweder einen Rabattgutschein oder keinen (durch einen Nullwert dargestellt):

```
class CartItem {
    constructor(price) {
        this.price = price;
    }
}

class DiscountCoupon {
    constructor(rate) {
        this.rate = rate;
    }
}

class Cart {
    constructor(selecteditems, discountCoupon) {
        this.items = selecteditems;
        this.discountCoupon = discountCoupon;
    }

    subtotal() {
        return this.items.reduce((previous, current) =>
            previous + current.price, 0);
    }
```

```
    total() {
        if (this.discountCoupon == null)
            return this.subtotal();
        else
            return this.subtotal() * (1 - this.discountCoupon.rate);
    }
}

cart = new Cart([
    new CartItem(1),
    new CartItem(2),
    new CartItem(7)
    ], new DiscountCoupon(0.15)]);
// 10 - 1.5 = 8.5

cart = new Cart([
    new CartItem(1),
    new CartItem(2),
    new CartItem(7)
    ], null);
// 10 - null = 10
```

Durch die Einführung des Nullobjekt-Musters können Sie auf die If-Anweisung verzichten (die man auch gerne mal vergisst):

```
class CartItem {
    constructor(price) {
        this.price = price;
    }
}

class DiscountCoupon {
    constructor(rate) {
        this.rate = rate;
    }

    discount(subtotal) {
        return subtotal * (1 - this.rate);
    }
}

class NullCoupon {
    discount(subtotal) {
        return subtotal;
    }
}

class Cart {
    constructor(selecteditems, discountCoupon) {
        this.items = selecteditems;
        this.discountCoupon = discountCoupon;
    }

    subtotal() {
        return this.items.reduce(
            (previous, current) => previous + current.price, 0);
    }
```

```
    total() {
        return this.discountCoupon.discount(this.subtotal());
    }
}

cart = new Cart([
    new CartItem(1),
    new CartItem(2),
    new CartItem(7)
    ], new DiscountCoupon(0.15));
// 10 - 1.5 = 8.5

cart = new Cart([
    new CartItem(1),
    new CartItem(2),
    new CartItem(7)
    ], new NullCoupon());
// 10 - nullObject = 10
```

Die meisten Linter können vor der Verwendung von Nullwerten warnen, und manche Sprachen, wie TypeScript, kennen überhaupt keine Nullwerte. In der Programmiersprache Rust gibt es einen Typ »Option«, der entweder Some(value) oder None darstellt. Kotlin hat ein »nullable type«-System, bei dem Entwickler festlegen können, ob ein Wert null sein kann oder nicht. Nullwerte kommen auch in relationalen Datenbanken vor und stehen für viele verschiedene Dinge gleichzeitig.

Nullzeiger-Ausnahme

Eine *Nullzeiger-Ausnahme* ist ein Fehler, der häufig auftritt, wenn ein Programm versucht, auf einen Nullzeiger zuzugreifen oder ihn zu verwenden. Dabei handelt es sich um eine Variable oder eine Objektreferenz, die auf keine Speicheradresse oder Objektinstanz verweist.

Siehe auch

»Null References: The Billion Dollar Mistake« von Tony Hoare (*https://oreil.ly/BrmOi*)

Optionale Verkettungen entfernen

Problem

In einer Kaskade von Funktionsaufrufen wird die direkte Behandlung von Nullwerten umgangen.

Lösung

Vermeiden Sie Null- und undefinierte Werte. Dann werden Sie auch keine optionalen Typen benötigen.

Diskussion

Optionale Verkettung, optionale Typen, Nullish Coalescing und viele andere Lösungen erleichtern den Umgang mit den berüchtigten Nullwerten, indem sie ihre Handhabung vereinfachen. Sobald Ihr Code ausgereift und robust ist und darin keine Nullwerte mehr vorkommen, besteht nicht länger die Notwendigkeit, solche Lösungen einzusetzen.

> **Optionale Verkettung**
>
> Die *optionale Verkettung* (Optional Chaining) ermöglicht den Zugriff auf verschachtelte Eigenschaften eines Objekts, ohne die Existenz jeder Eigenschaft innerhalb der Kette überprüfen zu müssen. Der Zugriff auf eine nicht vorhandene Eigenschaft würde ohne optionale Verkettung einen Fehler verursachen.

Im folgenden Beispiel wird der optionale Verkettungsoperator verwendet:

```
const user = {
  name: 'Hacker'
};

if (user?.credentials?.notExpired) {
  user.login();
}

user.functionDefinedOrNot?.();

// Kompakt, aber birgt Risiken durch potenzielle
// Null- und Undefined-Werte.
```

Expliziter formuliert, wird der Code aussagekräftiger:

```
function login() {}

const user = {
  name: 'Hacker',
  credentials: { expired: false }
};

if (!user.credentials.expired) {
  login();
}

// Auch kompakt.
// Der Benutzer ist ein echter Benutzer oder ein polymorpher NullUser.
// Die Credentials sind immer definiert.
// Möglicherweise eine Instanz von InvalidCredentials,
// vorausgesetzt, Nullwerte wurden aus dem Code entfernt.

if (user.functionDefinedOrNot !== undefined) {
    functionDefinedOrNot();
}

// Das ist auch falsch.
// Explizite Überprüfungen auf undefined sind ebenfalls problematisch.
```

Sie können ein ähnliches Verhalten erzielen, indem Sie den Nullish-Coalescing-Operator (?:) verwenden, der manchmal auch als »Elvis-Operator« bezeichnet wird:

```
a ?: b
```

Das ist eine Kurzschreibweise für:

```
if (a != null) a else b
```

Sie können zum Beispiel die folgenden Zeilen:

```
val shipTo = address?: "No address specified"
```

umschreiben in:

```
val shipTo = if (address != null) address else "No address specified"
```

Das sind Sprachmerkmale: Sie können sie identifizieren und mit »Nullobjekte erstellen« auf Seite 231 entfernen. Viele Entwickler fühlen sich sicher, wenn sie ihren Code mit Abschnitten belasten, in denen sie Nullwerte behandeln. Zwar ist das sicherer, als Nullwerte überhaupt nicht zu behandeln, aber früher oder später werden sie eine notwendige Prüfung vergessen. Nullartige (nullish), truthy- und falsy-Werte sind immer problematisch. Sie sollten versuchen, sie zu vermeiden und sauberen Code zu erstellen (siehe »Mit truthy-Werten umgehen« auf Seite 377).

> Die beste Lösung: Entfernen Sie alle Nullwerte aus Ihrem Code. Die weniger gute Lösung: Verwenden Sie optionale Verkettung. Die schlechteste Lösung: Nullwerte werden überhaupt nicht behandelt.

Verwandte Rezepte

»Übertriebene Raffinesse aus dem Code entfernen« auf Seite 155

»Boolesche Bedingungen in Kurzschluss-Auswertungen umwandeln« auf Seite 214

»Short-Circuit-Hacks vermeiden« auf Seite 218

»Nullobjekte erstellen« auf Seite 231

»Mit truthy-Werten umgehen« auf Seite 377

Siehe auch

»Optional Chaining« auf Mozilla.org (*https://oreil.ly/KhZaN*)

»Nullish Value« auf Mozilla.org (*https://oreil.ly/PS4BJ*)

Optionale Attribute in eine Collection umwandeln

Problem

Sie müssen ein optionales Attribut modellieren.

Lösung

Collections sind polymorph und ein hervorragendes Werkzeug zur Modellierung von Optionalität. Modellieren Sie optionale Attribute mit einer Collection.

Diskussion

Wenn Sie etwas modellieren müssen, das möglicherweise fehlt, bieten einige Programmiersprachen optionale, nullwertfähige (nullable) und viele andere unzureichende Lösungen für den Umgang mit Nullwerten an. Beachten Sie jedoch, dass leere und nicht leere Collections polymorph sind.

Hier ein Beispiel für ein optionales E-Mail-Attribut:

```
class Person {
  constructor(name, email) {
    this.name = name;
    this.email = email;
  }

  email() {
    return this.email;
    // Könnte null sein.
  }
}

// person.email() kann nicht sicher verwendet werden.
// Sie müssen explizit auf null prüfen.
```

So sieht es aus, wenn Sie die E-Mail in eine (möglicherweise leere) Sammlung von E-Mail-Adressen umwandeln:

```
class Person {
  constructor(name, emails) {
    this.name = name;
    this.emails = emails;
    // E-Mail-Adressen sollten immer eine Collection sein,
    // gegebenenfalls auch eine leere.
    // Sie können es so überprüfen:
    if (emails.length > 1) {
        throw new Error("Emails collection can have at most one element.");
   }
  }

  emails() {
    return this.emails;
  }
  // Sie können die Collection ändern, da die E-Mail-Adressen nicht essenziell sind.

  addEmail(email) {
    this.emails.push(email);
  }

  removeEmail(email) {
    const index = this.emails.indexOf(email);
```

```
      if (index !== -1) {
        this.emails.splice(index, 1);
      }
    }
  }

  // Sie können über person.emails() in einer Schleife iterieren,
  // ohne auf null zu prüfen.
```

Da es sich um eine Verallgemeinerung des Nullobjekt-Musters handelt (siehe »Nullobjekte erstellen« auf Seite 231), können Sie nullwertfähige Attribute erkennen und sie bei Bedarf ändern.

> Sie können die neue Kardinalität der Sammlung überprüfen, um sicherzustellen, dass sie die Anforderungen erfüllt (vorher war sie 0 oder 1).

Verwandte Rezepte

»Nullobjekte erstellen« auf Seite 231

»Optionale Verkettungen entfernen« auf Seite 234

»Optionale Argumente entfernen« auf Seite 275

Reale Objekte für Nullwerte verwenden

Problem

Wenn Sie Nullobjekte erzeugen, müssen diese real sein.

Lösung

Missbrauchen Sie keine Entwurfsmuster, auch nicht das Nullobjekt-Muster. Suchen Sie in der Bijektion reale Nullobjekte und erstellen Sie stattdessen diese Objekte.

Diskussion

Der Missbrauch des Nullobjekt-Musters (siehe »Nullobjekte erstellen« auf Seite 231) erzeugt leere Klassen, verunreinigt Namensräume (siehe »Globale Klassen entfernen« auf Seite 299) und erzeugt dupliziertes Verhalten. Sie können Nullobjekte durch die Instanziierung echter Objektklassen erstellen. Das Nullobjekt-Muster ist eine gute Alternative zur Verwendung von Nullwerten und If-Anweisungen, und die Struktur des Musters legt nahe, eine Hierarchie zu erstellen. Das ist jedoch nicht notwendig: Stattdessen sollten echte Objekte zu Nullobjekten polymorph sein. Vererbung ist nicht die einzige Möglichkeit, Polymorphie zu erreichen (siehe »Switch-/Case-/Elseif-Anweisungen ersetzen« auf Seite 211). Eine einfache Lösung besteht darin, ein reales Objekt zu erstellen, das sich wie ein Nullobjekt verhält. Tabelle 15-1 listet einige bekannte Nullobjekte auf.

Tabelle 15-1: Bekannte Nullobjekte

Klasse	Nullobjekt
Number	0
String	""
Array	[]

In diesem Beispiel wird eine spezielle `NullAddress` erstellt:

```
abstract class Address {
    public abstract String city();
    public abstract String state();
    public abstract String zipCode();
}

// Es ist ein Fehler, für Nullobjekte Vererbung zu benutzen.
// Sie sollten Interfaces verwenden (sofern verfügbar).
public class NullAddress extends Address {

    public NullAddress() { }

    public String city() {
        return Constants.EMPTY_STRING;
    }

    public String state() {
        return Constants.EMPTY_STRING;
    }

    public String zipCode() {
        return Constants.EMPTY_STRING;
    }

}

public class RealAddress extends Address {

    private String zipCode;
    private String city;
    private String state;

    public RealAddress(String city, String state, String zipCode) {
        this.city = city;
        this.state = state;
        this.zipCode = zipCode;
    }

    public String zipCode() {
        return zipCode;
    }

    public String city() {
```

```
        return city;
    }

    public String state() {
        return state;
    }

}
```

So sieht es aus, wenn Sie eine echte Instanz des Address-Objekts verwenden:

```
// Es gibt nur "Adressen".
public class Address {

    private String zipCode;
    private String city;
    private String state;

    public Address(String city, String state, String zipCode) {
        // Sieht anämisch aus :(
        this.city = city;
        this.state = state;
        this.zipCode = zipCode;
    }

    public String zipCode() {
        return zipCode;
    }

    public String city() {
        return city;
    }

    public String state() {
        return state;
    }

}

Address nullAddress = new Address(
    Constants.EMPTY_STRING,
    Constants.EMPTY_STRING,
    Constants.EMPTY_STRING);

// oder

Address nullAddress = new Address("", "", "");

// Dies ist das Nullobjekt.
// Sie sollten es weder einem Singleton noch einer statischen oder globalen
// Variablen zuweisen. Es verhält sich wie ein Nullobjekt. Das reicht.
// Keine vorzeitigen Optimierungen.
```

Die Erstellung von Nullobjekt-Klassen ist manchmal ein Symptom für Overdesign, beispielsweise wenn Sie stattdessen ein echtes Objekt erstellen und verwenden könnten. Dieses reale Objekt sollte aber niemals `global`, `singleton` (siehe »Singletons ersetzen« auf Seite 265) oder `static` sein.

Verwandte Rezepte

»Switch-/Case-/Elseif-Anweisungen ersetzen« auf Seite 211

»Nullobjekte erstellen« auf Seite 231

»Singletons ersetzen« auf Seite 265

»Globale Funktionen reifizieren« auf Seite 295

»Statische Funktionen reifizieren« auf Seite 296

»Klassen ohne Verhalten entfernen« auf Seite 317

Darstellung unbekannter Orte ohne Verwendung von null

Problem

Sie verwenden spezielle Werte, um fehlende Daten zu repräsentieren. Aber Sie können Fehler machen.

Lösung

Verwenden Sie keine Nullwerte für echte Orte.

Diskussion

Wenn Sie einen Wert kennzeichnen, um anzuzeigen, dass Daten fehlen, verletzen Sie das Fail-Fast-Prinzip und erhalten unerwartete Ergebnisse. Sie müssen den unbekannten Ort mit Polymorphie modellieren (siehe »Nicht-polymorphe Funktionen in polymorphe umwandeln« auf Seite 225). Null Island (*https://oreil.ly/uNZxP*) ist ein fiktiver Ort, der auf den Koordinaten 0°N 0°E (*https://oreil.ly/k5z1i*) am Schnittpunkt des Nullmeridians und des Äquators im Atlantischen Ozean liegt. Der Name »Null Island« rührt daher, dass dieser Ort den Punkt darstellt, an den viele GPS-Systeme alle Daten mit fehlenden oder ungültigen Koordinaten platzieren. In Wirklichkeit gibt es an dieser Stelle, die mitten im Ozean liegt, keine Insel. Dieser Punkt ist zu einer beliebten Referenz für geografische Informationssysteme (GIS) und Kartierungssoftware geworden, weil er dazu dient, Fehler in Standortdaten herauszufiltern.

Im folgenden Beispiel werden die Nullwerte als Sonderfall betrachtet:

```
class Person(val name: String, val latitude: Double, val longitude: Double)
fun main() {
    val people = listOf(
        Person("Alice", 40.7128, -74.0060), // New York City
        Person("Bob", 51.5074, -0.1278), // London
        Person("Charlie", 48.8566, 2.3522), // Paris
        Person("Tony Hoare", 0.0, 0.0) // Null Island
    )
```

```
    for (person in people) {
        if (person.latitude == 0.0 && person.longitude == 0.0) {
            println("${person.name} lives on Null Island!")
        } else {
            println("${person.name} lives at " +
                    "(${person.latitude}, ${person.longitude}).")
        }
    }
}
```

Wenn Sie explizit die Nichtverfügbarkeit der Daten modellieren, signalisieren Sie klar, dass der Aufenthaltsort einer Person (wie Tony) unbekannt ist, ohne auf irreführende oder unspezifische Platzhalter zurückgreifen zu müssen:

```
abstract class Location {
    abstract fun calculateDistance(other: Location): Double
    abstract fun ifKnownOrElse(knownAction: (Location) -> Unit,
        unknownAction: () -> Unit)
}

class EarthLocation(val latitude: Double, val longitude: Double) : Location() {
    override fun calculateDistance(other: Location): Double {
        val earthRadius = 6371.0
        val latDistance = Math.toRadians(
            latitude - (other as EarthLocation).latitude)
        val lngDistance = Math.toRadians(
            longitude - other.longitude)
        val a = sin(latDistance / 2) * sin(latDistance / 2) +
          cos(Math.toRadians(latitude)) *
          cos(Math.toRadians(other.latitude)) *
          sin(lngDistance / 2) * sin(lngDistance / 2)
        val c = 2 * atan2(sqrt(a), sqrt(1 - a))
        return earthRadius * c
}

    override fun ifKnownOrElse(knownAction:
      (Location) -> Unit, unknownAction: () -> Unit) {
        knownAction(this)
    }
}

class UnknownLocation : Location() {
    override fun calculateDistance(other: Location): Double {
        throw IllegalArgumentException(
            "Cannot calculate distance from an unknown location.")
    }

    override fun ifKnownOrElse(knownAction:
        (Location) -> Unit, unknownAction: () -> Unit) {
            unknownAction()
    }
}

class Person(val name: String, val location: Location)

fun main() {
    val people = listOf(
```

```
        Person("Alice", EarthLocation(40.7128, -74.0060)), // New York City
        Person("Bob", EarthLocation(51.5074, -0.1278)), // London
        Person("Charlie", EarthLocation(48.8566, 2.3522)), // Paris
        Person("Tony", UnknownLocation()) // Unbekannter Ort
    )
    val rio = EarthLocation(-22.9068, -43.1729) // Rio de Janeiro

    for (person in people) {
        person.location.ifKnownOrElse(
            { location -> println(person.name" is " +
                person.location.calculateDistance(rio) +
                    " kilometers { println("${person.name} "
                        + "is at an unknown location.") }
        )
    }
}
```

Die Funktion `ifKnownOrElse` ist eine Monade, die das Problem durch Polymorphie mit einem Nullobjekt löst. Verwenden Sie keine Nullwerte, um reale Objekte darzustellen (siehe »Reale Objekte für Nullwerte verwenden« auf Seite 238).

> **Monaden**
> Eine *Monade* bietet eine strukturierte Möglichkeit, Funktionen zu kapseln und zu manipulieren. Sie ermöglicht die Verkettung von Operationen und die konsistente und vorhersehbare Behandlung von Funktionen und ihren Seiteneffekten, zum Beispiel bei der Arbeit mit optionalen Werten.

Verwandte Rezepte

»Nullobjekte erstellen« auf Seite 231

»Reale Objekte für Nullwerte verwenden« auf Seite 238

»Spezielle als Flags genutzte Werte (wie 9999) in normale Werte umwandeln« auf Seite 271

Siehe auch

»Null Island« auf Wikipedia (*https://oreil.ly/uNZxP*)

»Null Island« auf Google Maps (*https://oreil.ly/k5z1i*)

KAPITEL 16

Vorzeitige Optimierung

> Programmierer verschwenden enorm viel Zeit damit, sich über die Geschwindigkeit unkritischer Teile ihrer Programme Gedanken zu machen, und ihre Versuche, effizienter zu programmieren, haben oft einen stark negativen Einfluss auf das Debugging und die Wartung. Wir sollten uns in vielleicht 97 % der Zeit nicht um geringfügige Effizienzsteigerungen kümmern: Vorzeitige Optimierung ist die Wurzel allen Übels.
>
> *– Donald Knuth, »Structured Programming with go to Statements«*

Einführung

Vorzeitige Optimierung ist ein weit verbreitetes Problem in der Softwareindustrie. Entwickler lassen sich von der Berechnungskomplexität und der Eleganz der schnellsten Algorithmen verzaubern. Die Fähigkeit zu entscheiden, wann und wo Optimierungen vorgenommen werden sollten, unterscheidet weniger erfahrene von erfahrenen Entwicklern. Optimierungen sind nicht kostenlos; sie fügen oft erhebliche zufällige Komplexität hinzu und sollten daher nur mit großer Sorgfalt angewendet werden. Komplexe Lösungen entfernen Ihr Modell weit von der Realität, indem sie viele undurchsichtige Schichten zwischen dem Modell und den Geschäftsobjekten einfügen und somit das Bijektionsprinzip verletzen. Sie beeinträchtigen auch die Lesbarkeit. Optimierungen sollten nur auf Grundlage stichhaltiger Beweise durchgeführt werden.

> **Berechnungskomplexität**
>
> Die *Berechnungskomplexität* befasst sich mit den Ressourcen, die benötigt werden, um Berechnungsprobleme zu lösen, wobei die wichtigsten Ressourcen Zeit und Speicher sind. Sie misst und vergleicht die Effizienz von Algorithmen und Computersystemen in Bezug auf diese Ressourcen.

Moderne KI-Assistenten können dabei helfen, Ihren Code zu optimieren. Sie selbst können zum technologischen Zentauren werden, die zufälligen Optimierungswerkzeuge künstlichen Assistenten überlassen und sich auf die wesentlichen Domänenprobleme konzentrieren.

IDs für Objekte vermeiden

Problem

Sie benutzen IDs, Primärschlüssel und Referenzen, die in der realen Welt nicht existieren.

Lösung

Entfernen Sie die IDs und verlinken Sie direkt mit Ihren Objekten.

Diskussion

IDs sind akzidentell und existieren in der realen Welt nicht. Sie sollten sie nur verwenden, wenn es notwendig ist, Ihre Objekte zu exportieren oder eine globale Referenz zu erstellen. Daher ist es nicht erforderlich, Objekte intern über IDs zu verknüpfen. Sie sind keine validen Attribute für Objekte, da Referenzen stets extern sein sollten (kein Objekt sollte die IDs anderer Objekte kennen). Gemäß dem Bijektionsprinzip sollten Sie IDs vermeiden und sie nur einsetzen, wenn Sie eine externe (akzidentelle) Referenz angeben müssen. Häufige Beispiele für externe Identifikatoren sind Datenbanken, APIs und Serialisierungen.

> **Primärschlüssel**
>
> Im Kontext von Datenbanken ist ein Primärschlüssel eine eindeutige Kennung (oft eine eindeutige numerische ID) für einen bestimmten Datensatz oder eine Zeile in einer Tabelle. Er dient zur eindeutigen Identifizierung aller Datensätze einer Tabelle und ermöglicht eine effiziente Suche und Sortierung der Daten. Ein Primärschlüssel kann eine einzelne Spalte oder eine Kombination von Spalten sein, die zusammen für jeden Datensatz in der Tabelle einen eindeutigen Wert bilden. Üblicherweise wird der Primärschlüssel einer Tabelle von anderen Tabellen einer Datenbank, die Relationen zu dieser Tabelle haben, als Referenz verwendet.

Wenn Sie einen Schlüssel deklarieren müssen, verwenden Sie stets unvorhersehbare Schlüssel wie GUIDs (und keine fortlaufenden Ganzzahlen). Wenn Sie befürchten, einen umfangreichen Beziehungsgraphen zu erzeugen, können Sie Proxies oder Lazy Loading nutzen (um nach dem zugehörigen vollständigen Objekt nur dann zu suchen, wenn Sie es brauchen). Es bedarf stichhaltiger Beweise für einen echten Leistungsnachteil, um Ihrem Code zusätzliche Komplexität hinzuzufügen.

> **Globally Unique Identifier**
>
> Ein *Globally Unique Identifier* (GUID) ist eine eindeutige Kennung, die in Computersystemen verwendet wird, um Ressourcen wie Dateien, Objekte oder Netzwerk-Entitäten zu identifizieren. GUIDs werden durch Algorithmen generiert, die ihre Einzigartigkeit garantieren.

Hier als Beispiel eine Schuldomäne mit den Entitäten `Teacher`, `School`und `Student`:

```
class Teacher {
    static getByID(id) {
        // Das ist mit der Datenbank gekoppelt. Dadurch wird
        // das Prinzip der Trennung der Zuständigkeiten verletzt.
    }

    constructor(id, fullName) {
        this.id = id;
        this.fullName = fullName;
    }
}

class School {
    static getByID(id) {
        // Zugriff auf die gekoppelte Datenbank.
    }

    constructor(id, address) {
        this.id = id;
        this.address = address;
    }
}

class Student {
    constructor(id, firstName, lastName, teacherId, schoolId) {
        this.id = id;
        this.firstName - firstName;
        this.lastName = lastName;
        this.teacherId = teacherId;
        this.schoolId = schoolId;
    }

    school() {
        return School.getById(this.schoolId);
    }

    teacher() {
        return Teacher.getById(this.teacherId);
    }
}
```

So sieht es aus, wenn die Entitäten wie in der realen Welt referenziert werden:

```
class Teacher {
    constructor(fullName) {
        this.fullName = fullName;
    }
}

class School {
    constructor(address) {
        this.address = address;
    }
}
```

```
class Student {
    constructor(firstName, lastName, teacher, school) {
        this.firstName = firstName;
        this.lastName = lastName;
        this.teacher = teacher;
        this.school = school;
    }
}
// Die IDs werden nicht mehr benötigt, da sie in der realen Welt nicht existieren.
// Wenn Sie eine Schule über eine externe API oder eine Datenbank zugänglich
// machen müssen, wird ein anderes Objekt (nicht "School") die Zuordnung
// externalId<->School (u.a.) verwalten.
```

Dies ist eine Designrichtlinie. Sie können Linter und Geschäftsobjekte so konfigurieren, dass Sie gewarnt werden, wenn Sie eine ID als Attribut oder in einer Funktion verwenden. IDs sind in objektorientierter Software nicht erforderlich. Verweisen Sie auf Objekte (wesentlich) und niemals auf IDs (zufällig). Wenn Sie einen Verweis außerhalb des Bereichs Ihres Systems (APIs, Schnittstellen, Serialisierungen) bereitstellen müssen, verwenden Sie unvorhersehbare IDs wie GUIDs. Sie können das Repository-Entwurfsmuster oder ähnliche Konzepte anwenden.

Repository-Entwurfsmuster

Das *Repository-Entwurfsmuster* bietet eine Abstraktionsschicht zwischen der Geschäftslogik einer Anwendung und der Datenzugriffsschicht. Dies ermöglicht eine flexiblere und besser wartbare Architektur.

Verwandte Rezepte

»DTOs entfernen« auf Seite 44

»Vorzeitige Optimierungen entfernen« auf Seite 248

Siehe auch

»Universally Unique Identifier« auf Wikipedia (*https://oreil.ly/TzeKj*)

Vorzeitige Optimierungen entfernen

Problem

Sie haben Code ohne empirische Beweise auf spekulative Weise optimiert.

Lösung

Spekulieren Sie nicht über Situationen, die möglicherweise nie eintreten werden. Optimieren Sie basierend auf Erkenntnissen aus realen Szenarien.

Diskussion

Vorzeitige Optimierung ist eine weit verbreitete, aber unkluge Praxis, die dazu führt, dass Code unnötig komplex wird und schwer zu warten ist. Das beeinträchtigt die Lesbarkeit und Testbarkeit und führt zu akzidenteller Kopplung. Sie sollten Ihren Code erst dann optimieren, wenn er eine umfassende Testabdeckung aufweist und klare Benchmarks unter realen Bedingungen existieren. Wenn Sie zwischen zwei Implementierungen wählen müssen, bevorzugen Sie die, die leichter zu lesen ist, selbst wenn Benchmarks zeigen, dass sie bei tausend Ausführungen schlechter abschneidet. Wahrscheinlich werden Sie die Funktion nicht tausend Mal aufrufen. Sie können auch die Methode der testgetriebenen Entwicklung (siehe »Unnötige Eigenschaften entfernen« auf Seite 66) nutzen, da diese immer die einfachste Lösung bevorzugt.

Hier ein Beispiel, in dem Caching verwendet wird, obwohl die Datenbankleistung akzeptabel ist:

```
class Person {
    ancestors() {
        cachedResults =
            GlobalPeopleSingletonCache.getInstance().relativesCache(this.id);
        if (cachedResults != null) {
            return (cachedResults.hashFor(this.id)).getAllParents();
        }
        return database().getAllParents(this.id);
    }
}
```

Da Sie diesen Code nicht tausend Mal hintereinander ausführen werden, können Sie ihn vereinfachen:

```
class Person {
  ancestors() {
    return this.mother.meAndAncestors().concat(this.father.meAndAncestors());
  }
  meAndAncestors() {
    return this.ancestors().push(this);
  }
}
```

Das Vorgehen aus dem ersten Beispiel ist ein Antipattern (siehe »Lazy Initialization entfernen« auf Seite 78). Bisher kann es nicht mit bekannten Werkzeugen identifiziert werden. Entscheidungen bezüglich der Performance sollten aufgeschoben werden, bis die funktionalen Modelle ausgereift sind. Donald Knuth hat in seinem Buch *The Art of Computer Programming* (*https://oreil.ly/3ufPb*) die leistungsfähigsten Algorithmen und Datenstrukturen dokumentiert. Und in großer Weisheit warnte er uns davor, sie zu missbrauchen.

Verwandte Rezepte

»Übertriebene Raffinesse aus dem Code entfernen« auf Seite 155

Siehe auch

»Structured Programming with go to Statements« von Donald Knuth (*https://oreil.ly/0UxWn*)

»Premature Optimization« im C2-Wiki (*https://oreil.ly/gNIXM*)

Bitweise vorzeitige Optimierungen entfernen

Problem

Sie haben Code mittels bitweiser Operatoren mikrooptimiert.

Lösung

Verwenden Sie bitweise Operatoren nur, wenn Ihr Geschäftsmodell auf bitweiser Logik basiert.

> **Bitweise Operatoren**
>
> *Bitweise Operatoren* manipulieren einzelne Bits von Zahlen. Computer nutzen sie, um auf niedriger Ebene logische Operationen wie AND, OR und XOR auf Bits durchzuführen. Sie operieren im Bereich der Ganzzahlen, was sich vom booleschen Bereich unterscheidet.

Diskussion

Ganzzahlen und boolesche Werte sollten nicht miteinander verwechselt werden, da sie sich in der Bijektion grundlegend unterscheiden. Leider werden sie in vielen Programmiersprachen aus Gründen der Cleverness und vorzeitiger Optimierung vermischt, was die natürliche Grenze zwischen zufälliger Implementierung und wesentlichen Domänenproblemen durchbricht. Diese Vermischung führt oft zu unvorhergesehenen Problemen mit truthy- und falsy-Werten (siehe »Mit truthy-Werten umgehen« auf Seite 377) und beeinträchtigt darüber hinaus die Wartbarkeit. Sie sollten Code nur auf der Grundlage von Beweisen optimieren, immer der wissenschaftlichen Methode folgen, Benchmarking durchführen und Code nur dann verbessern, wenn es wirklich notwendig ist. Beim Einsatz von bitweisen Operatoren sollten Sie immer die Kosten für Änderbarkeit und Wartbarkeit berücksichtigen. Der folgende Code ist in vielen Sprachen funktional, ist aber ein Hack:

```
const nowInSeconds = ~~(Date.now() / 1000)

// Der doppelte bitweise NOT-Operator ~~
// führt zwei bitweise Negationen hintereinander aus.
// Dabei werden alle Nachkommastellen abgeschnitten,
// sodass eine Ganzzahl resultiert.
```

Dieser Code ist klarer und verständlicher:

```
const nowInSeconds = Math.floor(Date.now() / 1000)
```

In Echtzeitanwendungen oder unternehmenskritischer Software mag es vertretbar sein, die Lesbarkeit für einen solchen Kompromiss zu opfern. Wenn Sie jedoch auf solchen Code in einem Pull Request oder während eines Code-Reviews stoßen, sollten Sie die Gründe dafür genau hinterfragen. Ist die Optimierung nicht gerechtfertigt, empfiehlt sich ein Rollback zugunsten der normalen Logik.

Verwandte Rezepte

»Übertriebene Raffinesse aus dem Code entfernen« auf Seite 155

»Vorzeitige Optimierungen entfernen« auf Seite 248

»Strukturelle Optimierungen ändern« auf Seite 252

»Leere Ausnahmeblöcke entfernen« auf Seite 353

»Mit truthy-Werten umgehen« auf Seite 377

Übergeneralisierung reduzieren

Problem

Ihr Code enthält vorzeitige Übergeneralisierungen.

Lösung

Nehmen Sie keine Generalisierungen vor, die über Ihr aktuelles Wissen hinausgehen. Sie sollten Experte im Lernen sein, nicht im Vorhersagen der Zukunft.

Diskussion

Übergeneralisierung ist immer ein Spezialfall einer Bijektionsverletzung (wie in Kapitel 2 definiert), da Sie Entitäten modellieren, die Ihnen in der realen Welt noch nicht begegnet sind. Beim Refactoring geht es nicht nur um die Struktur des Codes, sondern auch um das Verhalten und die Frage, ob eine Abstraktion wirklich notwendig ist.

Im folgenden Beispiel wird eine Schlussfolgerung gezogen, ohne dass ein ausreichender Beweis dafür vorliegt:

```
fn validate_size(value: i32) {
    validate_integer(value);
}

fn validate_years(value: i32) {
    validate_integer(value);
}

fn validate_integer(value: i32) {
    validate_type(value, :integer);
    validate_min_integer(value, 0);
}
```

Diese Lösung ist kompakter:

```
fn validate_size(value: i32) {
    validate_type(value, Type::Integer);
    validate_min_integer(value, 0);
}

fn validate_years(value: i32) {
    validate_type(value, Type::Integer);
    validate_min_integer(value, 0);
}

// Duplizierung ist akzidentell, daher sollten Sie sie nicht abstrahieren.
```

Softwareentwicklung ist ein kreativer Prozess, und es gibt automatisierte Werkzeuge, die Sie unterstützen können.

Verwandte Rezepte

»Wiederholten Code entfernen« auf Seite 149

Strukturelle Optimierungen ändern

Problem

Sie haben strukturelle Optimierungen bezüglich der Zeit- und Raumkomplexität auf der Grundlage unrealistischer Szenarien vorgenommen.

Lösung

Optimieren Sie Datenstrukturen erst, wenn es einen Benchmark für ein reales Szenario gibt.

Diskussion

Strukturelle Optimierungen schaden der Lesbarkeit, da sie von der Bijektion wegführen. Wenn Sie auf der Basis stichhaltiger Beweise strukturelle Optimierungen vornehmen müssen, sollten Sie Ihre Szenarien weiterhin mit Tests abdecken. Schreiben Sie lesbaren (und möglicherweise nicht ganz so performanten) Code. Führen Sie echte Benchmarks mit echten Benutzerdaten durch. (Nein, die 100.000-malige Ausführung Ihres Codes stellt keinen realen Anwendungsfall dar.) Sollten dann überzeugende Daten vorliegen, fokussieren Sie sich auf die Behebung der Engpässe gemäß dem Pareto-Prinzip (siehe Kapitel 1). Kümmern Sie sich um die 20% der Probleme, die 80% der schlechten Leistung verursachen.

In universitären und Onlinekursen lernen die Teilnehmer oft Algorithmen, Datenstrukturen und Berechnungskomplexität kennen, bevor es um gute Entwurfsregeln geht. Es besteht die Neigung, potenzielle Leistungsprobleme zu überschätzen und die Lesbarkeit des Codes sowie die Lebensdauer der Software zu unterschätzen. Oft erfolgt eine vorzeitige Optimierung ohne überzeugende Beweise, dass damit tatsächlich existierende Probleme gelöst werden. Stattdessen sollten Sie Ihren Code nur gezielt verbessern, wenn die Fakten darauf hindeuten, dass ein reales Problem vorliegt.

Betrachten wird diese Form der vorzeitigen Optimierung anhand eines Beispiels aus der Praxis:

```
for (k = 0; k < 3 * 3; ++k) {
     const i = Math.floor(k / 3);
     const j = k % 3;
     console.log(i + ' ' + j);
}

// Dieses kryptische Codestück iteriert über ein
// 2-dimensionales Array.
// Sie haben keinen Beweis, dass dies
// in realen Kontexten nützlich ist.
```

So könnten Sie es komplett umschreiben:

```
for (outerIterator = 0; outerIterator< 3; outerIterator++) {
  for (innerIterator = 0; innerIterator< 3; innerIterator++) {
   console.log(outerIterator + ' ' + innerIterator);
  }
 }

// Nun ist es eine lesbare, doppelte for-Schleife.
// 3 ist eine kleine Zahl.
// Keine Leistungsprobleme zu erwarten (vorläufig).
// Warten Sie auf stichhaltige Beweise.
```

Wenn Sie Geschäftscode und keinen Low-Level-Code schreiben, sollten Sie nicht für Maschinen, sondern für menschliche Leser und spätere Betreuer des Codes optimieren. Vermeiden Sie zudem Programmiersprachen, die für vorzeitige Optimierung prädestiniert sind (wie Go, Rust, C++), und bevorzugen Sie robuste, stärker abstrahierte und saubere Codeoptionen.

Verwandte Rezepte

»Übertriebene Raffinesse aus dem Code entfernen« auf Seite 155

»Vorzeitige Optimierungen entfernen« auf Seite 248

»Boat Anchors« beseitigen

Problem

Sie bewahren ungenutzten Code auf, für den Fall, dass Sie ihn später eventuell noch benötigen.

Lösung

Horten Sie keinen Code für eine mögliche zukünftige Verwendung.

Diskussion

»Boat Anchors« führen zu ungewollter Komplexität und Kopplung und sind ein Beispiel für toten Code. In der Softwareentwicklung und im technischen Jargon wird dieser Ausdruck metaphorisch verwendet, um Teile des Codes oder Systeme zu beschreiben, die unnötig, veraltet oder ungenutzt sind und die Fortschritte oder Leistung bremsen, ähnlich wie ein Anker, der ein Boot an seiner Bewegung hindert. Sie sollten toten Code entfernen und nur solchen Code behalten, der auch tatsächlich genutzt und getestet wird. Hier ein Beispiel für einen Boat Anchor:

```
final class DatabaseQueryOptimizer {

  public function selectWithCriteria($tableName, $criteria) {
    // Einige Optimierungen durch Manipulation der Kriterien.
  }

  private function sqlParserOptimization(SQLSentence $sqlSentence)
    : SQLSentence {
    // SQL parsen und in eine Zeichenkette konvertieren.
    // Dann mit den Knoten als Strings und vielen Regexes weiterarbeiten.
    // Das war eine sehr kostspielige Operation, die keinen wirklichen Vorteil
    // gebracht hat.
    // Aber da so viel Arbeit investiert wurde, behalten wir den Code.
  }
}
```

So sieht es aus, wenn Sie den toten Code entfernen:

```
final class DatabaseQueryOptimizer {

  public function selectWithCriteria($tableName, $criteria) {
    // Einige Optimierungen durch Manipulation der Kriterien.
  }
}
```

Mithilfe einiger Mutationstests (siehe »Variablen von var in const ändern« auf Seite 73) können Sie den toten Code entfernen und überprüfen, ob danach Tests fehlschlagen. Um sich auf diese Lösung verlassen zu können, benötigen Sie eine gute Testabdeckung. Toter Code ist immer problematisch, und Sie können moderne Entwicklungsmethoden wie TDD (siehe »Unnötige Eigenschaften entfernen« auf Seite 66) verwenden, um sicherzustellen, dass der gesamte Code tatsächlich genutzt wird.

Verwandte Rezepte

»Poltergeist-Objekte entfernen« auf Seite 162

»Toten Code entfernen« auf Seite 179

Caches aus Domänenobjekten extrahieren

Problem

Caches erscheinen attraktiv, weil sie Leistungsprobleme scheinbar magisch lösen, aber sie bringen versteckte Kosten mit sich.

Lösung

Entfernen Sie den Cache, bis Ihnen konkrete Beweise für seine Notwendigkeit vorliegen und Sie bereit sind, die damit verbundenen Kosten zu tragen.

Diskussion

> **Cache**
> Ein *Cache* speichert temporär Objekte, die häufig benötigt werden, um den Zugriff zu beschleunigen. Das kann die Leistung von Anwendungen durch die Reduzierung von Zugriffen auf ressourcenintensive Komponenten verbessern. Durch das Speichern von Daten im Arbeitsspeicher kann der Zugriff auf langsamere Speichermedien vermieden und können Objekte direkt aus dem Cache abgerufen werden.

Caches führen jedoch zu einer starken Kopplung, da sie in der realen Welt nicht existieren und Änderungen erschweren. Sie können die Vorhersehbarkeit und Zuverlässigkeit des Verhaltens einer Software und die Test- und Wartbarkeit beeinträchtigen. Wenn Sie einen Cache in Ihre Lösung integrieren, ohne diesen sorgfältig zu kapseln, kann Ihr Code unberechenbar werden. Die Cache-Invalidierung ist komplex und wird meist unterschätzt. Bei aussagekräftigem Benchmarking und der Bereitschaft, eine gewisse Kopplung zu akzeptieren, können Sie ein Zwischenobjekt einsetzen. Gehen Sie dabei vorsichtig vor und ergänzen Sie schrittweise Unit-Tests für alle Invalidierungsszenarien. Suchen Sie im MAPPER (wie in Kapitel 2 definiert) nach einer realen Cache-Metapher. Wenn Sie dort fündig werden, können Sie entsprechend modellieren.

Hier ein Beispiel für einen tief in das `Book`-Objekt integrierten Cache:

```
final class Book {

    private $cachedBooks;

    public function getBooksFromDatabaseByTitle(string $title) {
        if (!isset($this->cachedBooks[$title])) {
            $this->cachedBooks[$title] =
                $this->doGetBooksFromDatabaseByTitle($title);
        }
        return $this->cachedBooks[$title];
    }
```

```
    private function doGetBooksFromDatabaseByTitle(string $title) {
        return globalDatabase()->selectFrom('Books', 'WHERE TITLE = ' . $title);
    }
}
```

Sie können den Cache außerhalb des Domänenobjekts `Book` platzieren:

```
final class Book {
    // Buchbezogene Logik.
}

interface BookRetriever {
    public function bookByTitle(string $title);
}

final class DatabaseLibrarian implements BookRetriever {
    public function bookByTitle(string $title) {
        // Zugriff auf die Datenbank.
    }
}

final class HotSpotLibrarian implements BookRetriever {
    // Suchen Sie immer nach Metaphern aus dem wirklichen Leben.
    private $inbox;
    private $realRetriever;

    public function bookByTitle(string $title) {
        if ($this->inbox->includesTitle($title)) {
            // Glück gehabt, das Buch wurde gerade zurückgegeben.
            return $this->inbox->retrieveAndRemove($title);
        } else {
            return $this->realRetriever->bookByTitle($title);
        }
    }
}
```

Die Integration eines Cache, wie im ersten Beispiel gezeigt, stellt einen Code-Smell dar, den Sie durch eine entsprechende Richtlinie verhindern sollten. Caches sollten zielgerichtet und intelligent eingesetzt werden, um die Invalidierung effektiv zu steuern. Allgemeine Caches sind eher für Low-Level-Objekte wie Betriebssysteme, Dateien und Streams geeignet und sollten nicht für Domänenobjekte verwendet werden.

Verwandte Rezepte

»Hash und Gleichheit neu definieren« auf Seite 197

»Vorzeitige Optimierungen entfernen« auf Seite 248

Auf der Implementierung basierende Callback-Events entfernen

Problem

Sie haben den Auslöser eines Events und die Aktion innerhalb eines Callbacks direkt miteinander verknüpft.

Lösung

Geben Sie Ihren Funktionen Namen, die beschreiben, was bei dem Event geschieht, statt was getan werden soll.

Diskussion

Callbacks folgen dem Beobachter-Entwurfsmuster, das darauf abzielt, ein Ereignis von der darauf folgenden Aktion zu entkoppeln. Wenn diese Verknüpfung jedoch direkt stattfindet, ist Ihr Code schlechter wartbar und enger an die Implementierung gebunden. Als Faustregel sollten Events nach dem Prinzip benannt werden, »was passiert ist«, nicht nach dem, »was getan werden soll«.

Betrachten Sie das Ereignis im folgenden Beispiel:

```
const Item = ({name, handlePageChange)} =>
  <li onClick={handlePageChange}>
    {name}
  </li>

// handlePageChange ist direkt an
// das gewünschte Verhalten gebunden
// statt an das tatsächlich eingetretene Ereignis.
// Diese Art von Callback lässt sich nicht wiederverwenden.
```

So ist es prägnanter und weniger stark gekoppelt:

```
const Item = ({name, onItemSelected)} =>
  <li onClick={onItemSelected}>
    {name}
  </li>

// onItemSelected wird nur aufgerufen, wenn ein Element ausgewählt wurde.
// Das übergeordnete Element kann entscheiden, was als Reaktion geschieht.
// Sie verschieben die Entscheidung.
```

Im Rahmen von Code-Reviews können Sie dieses Problem identifizieren und das vorliegende Rezept anwenden. Namen spielen eine extrem wichtige Rolle. Vermeiden Sie es, Namen zu wählen, die zu eng mit der Implementierung verknüpft sind, und schieben Sie entsprechende Entscheidungen so lange wie möglich auf.

Beobachter-Entwurfsmuster

Das *Beobachter-Entwurfsmuster* ermöglicht eine 1:n-Beziehung zwischen Objekten, sodass, wenn ein Objekt seinen Zustand ändert, alle abhängigen Objekte automatisch benachrichtigt und aktualisiert werden, ohne dass direkte Referenzen zwischen ihnen erforderlich sind. Man abonniert veröffentlichte Events, und das modifizierte Objekt löst eine Benachrichtigung aus, ohne die spezifischen Abonnenten zu kennen.

Verwandte Rezepte

»Geschäftslogik aus der Benutzeroberfläche entfernen« auf Seite 284

Abfragen aus Konstruktoren entfernen

Problem

Sie nutzen in Ihren Konstruktoren Methoden, die auf eine Datenbank zugreifen.

Lösung

Konstruktoren sollten dazu dienen, Objekte zu konstruieren (und wahrscheinlich auch zu initialisieren). Entkoppeln Sie Ihren Persistenzmechanismus von Ihren Domänenobjekten.

Diskussion

Seiteneffekte sollten vermieden werden. Zudem sollten Sie eine Kopplung Ihrer Datenbank mit Ihren Geschäftsobjekten verhindern, da Persistenz ein zufälliges Phänomen ist und nicht im MAPPER vorkommt. Es ist wichtig, die grundlegende Geschäftslogik von der zufälligen Persistenz zu trennen. Führen Sie in Persistenzklassen Abfragen in anderen Funktionen als Konstruktoren/Destruktoren aus. Wenn Sie mit Legacy-Code arbeiten, werden Sie oft feststellen, dass die Datenbank nicht korrekt von den Geschäftsobjekten getrennt ist. Konstruktoren sollten niemals Seiteneffekte haben, da nach dem Single-Responsibility-Prinzip (siehe »String-Validierungen in Objekte umwandeln« auf Seite 63) ihre einzige Aufgabe die Erzeugung *gültiger* Objekte ist.

Das folgende Beispiel zeigt einen `Person`-Konstruktor, der direkt auf die Datenbank zugreift:

```
public class Person {
  int childrenCount;

  public Person(int id) {
    connection = new DatabaseConnection();
    childrenCount = connection.sqlCall(
        "SELECT COUNT(CHILDREN) FROM PERSON WHERE ID = " . id);
  }
}
```

So sieht es aus, wenn Sie es entkoppeln:

```
public class Person {
  int childrenCount;

  public Person(int id, int childrenCount) {
    this.childrenCount = childrenCount;
    // Sie können die Kinderanzahl im Konstruktor zuweisen.
    // Die zufällige Datenbankabhängigkeit wird entfernt.
    // Das Objekt lässt sich einfacher testen.
  }
}
```

Die Trennung von Zuständigkeiten ist entscheidend, und Kopplung ist Ihr Hauptfeind beim Entwurf robuster Software (siehe »Temporäre logische Steuerungsanweisungen entfernen« auf Seite 130).

Verwandte Rezepte

»Code aus Destruktoren entfernen« auf Seite 259

Code aus Destruktoren entfernen

Problem

Sie nehmen in Ihren Destruktoren Ressourcenfreigaben vor.

Lösung

Verwenden Sie keine Destruktoren. Und falls doch: Platzieren Sie dort keinen funktionalen Code.

Diskussion

Der Einsatz von Destruktoren kann zu Kopplungsproblemen, unerwarteten Ergebnissen und mit großer Wahrscheinlichkeit zu Speicherlecks führen. Es ist ratsam, sich an die »Rule of Zero« zu halten und die automatische Speicherverwaltung, wie sie von Garbage Collectors angeboten wird, zu nutzen. Ein Klassendestruktor ist eine spezielle Methode, die aufgerufen wird, sobald ein Objekt zerstört wird oder seinen Geltungsbereich verlässt. Früher, in Zeiten ohne Garbage Collector, war es die Aufgabe der Destruktoren, alle während des Lebenszyklus eines Objekts in Anspruch genommenen Ressourcen zu bereinigen – wie das Schließen von Dateien oder das Freigeben von auf dem Heap alloziertem Speicher. In den meisten modernen Programmiersprachen werden die Zerstörung von Objekten und die Freigabe von Ressourcen jedoch automatisch gehandhabt.

Rule of Zero

Die *Rule of Zero* empfiehlt, keinen Code für Aufgaben zu schreiben, die bereits durch die Programmiersprache oder vorhandene Bibliotheken abgedeckt werden. Sollte ein gewünschtes Verhalten implementierbar sein, ohne eigenen Code schreiben zu müssen, dann ist es ratsam, sich auf den bestehenden Code zu verlassen.

Hier ein expliziter Destruktor, der eine Dateiressource freigibt:

```
class File {
public:
    File(const std::string& filename) {
        file_ = fopen(filename.c_str(), "r");
    }
    ~File() {
        if (file_) {
            fclose(file_);
        }
    }

private:
    FILE* file_;
};
```

Stattdessen sollten Sie folgenden Ansatz wählen, bei dem im Destruktor lediglich eine Warnung ausgegeben wird, falls die Datei noch geöffnet ist:

```
class File {
public:
    File() : file_(nullptr) {}

    bool Open(const std::string& filename) {
        if (file_) {
            fclose(file_);
        }
        file_ = fopen(filename.c_str(), "r");
        return (file_ != nullptr);
    }

    bool IsOpen() const {
        return (file_ != nullptr);
    }

    void Close() {
        if (file_) {
            fclose(file_);
            file_ = nullptr;
        }
    }
    ~File() {
        // Falls die Datei geöffnet ist, wird eine Ausnahme
        // ausgelöst, anstatt die Datei zu schließen.
        if (file_) {
            throw std::logic_error(
                "File is still open after reaching its destructor");
        }
    }
```

```
private:
    FILE* file_;
};
```

In vielen Programmiersprachen gibt es spezifische Schnittstellen, um zu signalisieren, dass Ressourcen geschlossen oder freigegeben werden sollen. Nutzen Sie diese, wenn Sie Ressourcen freigeben wollen, etwa `Closable` in Java oder das `Disposable`-Interface in C#.

Linter können Warnungen ausgeben, wenn Sie Code in Destruktoren platzieren. In besonders kritischen Low-Level-Bereichen ist der Einsatz von Garbage Collectors aufgrund von Leistungseinbußen und Ressourcenverbrauch nicht ratsam. Echtzeitsysteme stellen eine Ausnahme dar, da Garbage Collectors zu unvorhersehbaren Zeitpunkten aktiv werden und unerwünschte Verzögerungen im Echtzeitverhalten verursachen können. In anderen Fällen ist das Schreiben von Code in Destruktoren ein Anzeichen für vorzeitige Optimierung. Es ist essenziell, den Lebenszyklus Ihrer Objekte genau zu verstehen und Ereignisse präzise zu steuern.

Garbage Collector

Programmiersprachen verwenden *Garbage Collectors* für die automatische Verwaltung von Speicherzuweisungen und -freigaben (Memory Allocation/Deallocation). Sie identifizieren Objekte, die von einem Programm nicht länger benötigt werden, und entfernen diese aus dem Speicher, wodurch wieder mehr Speicherplatz zur Verfügung gestellt wird.

Verwandte Rezepte

»Abfragen aus Konstruktoren entfernen« auf Seite 258

KAPITEL 17

Kopplung

> Zwei Teile eines Softwaresystems sind gekoppelt, wenn eine Änderung in einem Teil eine Änderung im anderen Teil verursachen kann.
>
> – *Neal Ford et al., Software Architecture: The Hard Parts (O'Reilly 2021)*

Einführung

Kopplung beschreibt den Grad der gegenseitigen Abhängigkeit von Objekten. Bei einer engen Kopplung können Änderungen in einem Objekt erhebliche Auswirkungen auf andere Objekte haben. Lose Kopplung bedeutet hingegen, dass Objekte relativ unabhängig sind und Änderungen in einem Objekt nur geringe Auswirkungen auf andere haben. Enge Kopplung erschwert es, Änderungen in der Software vorzunehmen, ohne unbeabsichtigte Folgen zu riskieren. Der Großteil der Arbeit an einem umfangreichen Softwaresystem besteht darin, zufällige Kopplungen zu reduzieren. Systeme mit enger Kopplung sind schwerer zu verstehen und zu warten. Die Interaktionen zwischen den Objekten sind komplizierter, und Änderungen können weitreichende Effekte in der gesamten Codebasis nach sich ziehen. Während ein verschränktes System mit erstrebenswerten emergenten Eigenschaften faszinierend sein kann, kann ein schlecht gekoppeltes System zum Wartungsalbtraum werden.

Versteckte Annahmen explizit machen

Problem

Ihr Code enthält versteckte Annahmen, die nicht explizit in Ihrer Lösung zum Ausdruck gebracht werden und das Verhalten Ihres Systems beeinträchtigen.

Lösung

Machen Sie Ihren Code explizit.

Diskussion

In Software geht es um Verträge (Contracts), und zweideutige Verträge sind ein Albtraum. Versteckte Annahmen sind zugrunde liegende Überzeugungen oder Erwartungen, die nicht ausdrücklich im Code genannt werden, aber dennoch das Softwareverhalten beeinflussen können. Es gibt verschiedene Faktoren, die zu solchen versteckten Annahmen führen können, wie unvollständige Anforderungen, unzutreffende Annahmen bezüglich der Nutzer oder der Umgebung, Einschränkungen der Programmiersprache oder der Werkzeuge sowie schlechte akzidentelle Entscheidungen.

Das folgende Beispiel enthält eine (fehlerhafte) versteckte Annahme bezüglich der Maßeinheiten:

```
tenCentimeters = 10
tenInches = 10

tenCentimeters + tenInches
# 20
# Hier führt eine versteckte Annahme zur Maßeinheit zu
# Unklarheit. So ging der Mars Climate Orbiter verloren.
```

Wenn Sie dies explizit machen, können Sie eine frühe Ausnahme behandeln und sich um die Konvertierung kümmern:

```
class Unit:
    def __init__(self, name, symbol):
        self.name = name
        self.symbol = symbol

class Measure:
    def __init__(self, scalar, unit):
        self.scalar = scalar
        self.unit = unit

    def __str__(self):
        return f"{self.scalar} {self.unit.symbol}"

centimetersUnit = Unit("centimeters", "cm")
inchesUnit = Unit("inches", "in")

tenCentimeters = Measure(10, centimetersUnit)
tenInches = Measure(10, inchesUnit)

tenCentimeters + tenInches
# Fehler, bis ein konstanter Umrechnungsfaktor
# eingeführt wird: Zoll = Zentimeter / 2,54
```

Versteckte Annahmen sind oft schwer zu identifizieren und können zu Fehlern, Sicherheitslücken und Problemen bei der Benutzerfreundlichkeit führen. Um diese Risiken zu verringern, sollten Sie sich möglicher Annahmen und Voreingenommenheiten bewusst sein. Tauschen Sie sich mit den Nutzern aus, um deren Bedürfnisse und

Erwartungen zu verstehen, und testen Sie Ihre Software umfassend in verschiedenen Szenarien, um versteckte Annahmen und Grenzfälle zu entdecken.

Verwandte Rezepte

»Magische Zahlen durch Konstanten ersetzen« auf Seite 94

Siehe auch

Siehe die Diskussion über den Absturz des Mars Climate Orbiters im Abschnitt »Das einzig wahre Entwurfsprinzip für Software« in Kapitel 2.

Singletons ersetzen

Problem

Ihr Code nutzt Singletons.

Lösung

Singletons können viele Probleme verursachen, und die meisten Entwickler betrachten Singletons als Antipatterns. Sie können sie durch kontextuell eindeutige Objekte ersetzen.

Diskussion

Singletons sind ein klares Beispiel für globale Kopplung und vorzeitige Optimierung (siehe Kapitel 16). Sie erschweren die Testbarkeit, führen zu enger Kopplung zwischen Klassen und verursachen Probleme in Multithreading-Umgebungen. Früher nutzten viele Entwickler Singletons als globalen Zugangspunkt für Datenbankzugriffe, Konfigurationen, Umgebungseinstellungen und Logging.

Hier sehen Sie eine typische Singleton-Definition, bei der eine Klasse `God` nur die Erzeugung einer einzigen Instanz erlaubt - entsprechend der Vorstellung in vielen Religionen, dass es nur einen Gott gibt:

```
class God {
    private static $instance = null;

    private function __construct() {
    }

    public static function getInstance() {
        if (null === self::$instance) {
            self::$instance = new self();
        }

        return self::$instance;
    }
}
```

Stattdessen können Sie ein kontextuelles Objekt verwenden:

```
interface Religion {
    // Gemeinsames Verhalten für Religionen definieren.
}

final class God {
    // Unterschiedliche Religionen haben unterschiedliche Glaubensvorstellungen.
}

final class PolytheisticReligion implements Religion {
    private $gods;

    public function __construct(Collection $gods) {
        $this->gods = $gods;
    }
}

final class MonotheisticReligion implements Religion {
    private $godInstance;

    public function __construct(God $onlyGod) {
        $this->godInstance = $onlyGod;
    }
}

// Im Christentum und einigen anderen Religionen
// gibt es nur einen Gott.
// Dies gilt nicht für alle Religionen.

$christianGod = new God();
$christianReligion = new MonotheisticReligion($christianGod);
// In diesem Kontext ist Gott einzigartig.
// Sie können keinen neuen erstellen.
// Dies ist ein globaler Geltungsbereich.

$jupiter = new God();
$saturn = new God();
$mythologicalReligion = new PolytheisticReligion([$jupiter, $saturn]);

// Götter sind je nach Kontext einzigartig (oder nicht).Sie können zum Testen
// Religionen mit oder ohne göttliche Einzigartigkeit erstellen.
// Da Sie den direkten Verweis auf die Klasse God aufheben, ist es loser gekoppelt.
// Die einzige Aufgabe der Klasse God besteht darin, Götter zu erzeugen, nicht
// sie zu verwalten.
```

Singletons sind ein Antipattern, das Sie grundsätzlich vermeiden sollten. Sie können Linter-Regeln für Muster wie `getInstance()` einrichten, um zu verhindern, dass neu hinzukommende Entwickler den Code mit diesem Antipattern infizieren. Tabelle 17-1 zeigt eine Zusammenfassung der bekannten Probleme mit Singletons.

Tabelle 17-1: Einige bekannte Probleme mit Singletons

Problem	Beschreibung
Verletzung der Bijektion	Singletons existieren nicht in der realen Welt.
Enge Kopplung	Singletons bieten einen globalen Zugriffspunkt, der sich nur schwer ändern lässt, weil Änderungen weitreichende Auswirkungen haben können.
Zufällige Implementierung	Singletons stehen zu sehr in Zusammenhang mit der Implementierung und bilden nicht das Verhalten der realen Welt ab.
Erschwerte Testbarkeit	Es ist schwierig, Unit-Tests zu schreiben, wenn Singletons vorhanden sind.
Spart keinen Speicherplatz	Moderne Garbage Collectors kommen mit flüchtigen Objekten besser zurecht als mit dauerhaften.
Stört die Dependency Injection	Es ist schwieriger, Abhängigkeiten zu entkoppeln.
Vertragsverletzung bei Instanziierung	Wenn man eine Klasse auffordert, eine Instanz zu erstellen, erwartet man eine neue Instanz.
Verletzung des Fail-Fast-Prinzips	Man sollte keine neuen Instanzen erstellen können, und Singletons sollten dabei einen Fehler melden, anstatt eine vorhandene Instanz zu liefern.
Kopplung an die Implementierung	Es wird die Methode `getInstance()` anstelle von `new()` verwendet.
Erschwerte Anwendung von TDD	Singletons verursachen Kopplung, die bei der Erstellung isolierter Tests stören kann.
Kontextabhängige einzigartige Konzepte	Siehe vorheriges Codebeispiel. Einzigartigkeit hängt vom Geltungsbereich ab und sollte niemals global sein.
Probleme in Multithreading-Umgebungen	Viele Singletons sind weder thread-sicher noch reentrant und verursachen unerwartetes Verhalten.
Akkumulierung von Garbage	Die Ausführung mehrerer Tests kann das Singleton aufblähen, und da keine Bereinigung stattfindet, sammelt sich Datenmüll an.
Verletzung des Single-Responsibility-Prinzips und der Trennung der Zuständigkeiten	Die einzige Aufgabe einer Klasse besteht darin, Instanzen zu erstellen, nicht sie zu verwalten.
Einfacher Einstiegspunkt	Gibt es erst einmal ein Singleton, ist man schnell in Versuchung, diese praktische globale Referenz mit weiteren Objekten zu überfrachten.
Dependency Hell	Eine Klasse hängt von einem Singleton ab, und dieses von einem weiteren Singleton usw.
Mangelnde Flexibilität	Einmal erstellt, kann ein Singleton nicht ersetzt oder modifiziert werden.
Schwierigkeiten bei der Verwaltung des Lebenszyklus	Die Verwaltung des Lebenszyklus eines Singletons kann herausfordernd sein und zu Speicherlecks oder unnötiger Ressourcennutzung führen.

Verwandte Rezepte

»Übertriebene Raffinesse aus dem Code entfernen« auf Seite 155

»Missbräuchlich verwendete Entwurfsmuster entfernen« auf Seite 185

God Objects aufspalten

Problem

Sie nutzen ein Objekt, das zu viel weiß oder zu viel tut.

Lösung

Weisen Sie einem einzelnen Objekt nicht zu viele Verantwortlichkeiten zu.

Diskussion

> **God Objects**
>
> *God Objects* (Gott-Objekte) bündeln eine übermäßige Menge an Verantwortlichkeiten und üben eine zu große Kontrolle über das gesamte System aus. Solche Objekte sind häufig groß und komplex und beinhalten eine erhebliche Menge an Code und Logik. Sie verstoßen gegen das Single-Responsibility-Prinzip (siehe »String-Validierungen in Objekte umwandeln« auf Seite 63) und das Konzept der Trennung der Zuständigkeiten (siehe »Temporäre logische Steuerungsanweisungen entfernen« auf Seite 130). Gott-Objekte entwickeln sich oft zu einem Engpass in der Softwarearchitektur und erschweren Wartung, Skalierung und Testbarkeit des Systems.

Gott-Objekte weisen eine geringe Kohäsion auf und führen leicht zu zusätzlicher Kopplung, Merge-Konflikten und anderen Wartungsproblemen. Außerdem verletzten sie das Bijektionsprinzip, da sie mehr Zuständigkeiten aufweisen als reale Entitäten. Sie sollten sich am Single-Responsibility-Prinzip orientieren und die Verantwortlichkeiten aufteilen. Erwähnenswerte Beispiele für solche umfangreichen Objekte finden sich oft in veralteten Standardsoftwarebibliotheken.

Hier ein Beispiel für ein Gott-Objekt:

```
class Soldier {
   run() {}
   fight() {}
   driveGeneral() {}
   clean() {}
   fire() {}
   bePromoted() {}
   serialize() {}
   display() {}
   persistOnDatabase() {}
   toXML() {}
   jsonDecode() {}

  // ...
  }
```

Teilen Sie es stattdessen auf und konzentrieren Sie sich auf die Kernverantwortlichkeiten:

```
class Soldier {
  run() {}
  fight() {}
  clean() {}
}
```

Was die übrigen Funktionen von `Soldier` betrifft, so können diese jeweils in einer eigenen Klasse gekapselt werden. Linter können die Anzahl der Methoden überwachen und ab einem gewissen Schwellenwert vor möglichen Gott-Objekten warnen. Objekte, die ausschließlich zur Bereitstellung eines Einstiegspunkts dienen, wie Fassaden, können ebenfalls als Gott-Objekte betrachtet werden. In den 1960er-Jahren war es üblich, Allzweckbibliotheken zu verwenden, aber in der objektorientierten Programmierung sollte man Verantwortlichkeiten auf mehrere Objekte verteilen.

Fassaden-Entwurfsmuster

Fassaden sind vereinfachte Schnittstellen zu einem komplexen System oder Subsystem und dienen dazu, die Komplexität eines Systems vor Kunden zu verbergen. Sie fungieren als Vermittler zwischen Kunde und Subsystem und schützen den Kunden vor den Implementierungsdetails.

Konstantenklassen sind ein Spezialfall. Sie weisen geringe Kohäsion und enge Kopplung auf und verletzen damit das Single-Responsibility-Prinzip (siehe »String-Validierungen in Objekte umwandeln« auf Seite 63). Hier ein Beispiel einer Klasse mit zu vielen unzusammenhängenden Konstanten:

```
public static class GlobalConstants
{
    public const int MaxPlayers = 10;
    public const string DefaultLanguage = "en-US";
    public const double Pi = 3.14159;
}
```

Sie können sie in spezialisiertere Klassen aufteilen und das relevante Verhalten später hinzufügen:

```
public static class GameConstants
{
    public const int MaxPlayers = 10;
}

public static class LanguageConstants
{
    public const string DefaultLanguage = "en-US";
}

public static class MathConstants
{
    public const double Pi = 3.14159;
}
```

Sie können Ihre Linter so konfigurieren, dass sie vor einer zu hohen Anzahl von Konstantendefinitionen im Vergleich zu einem festgelegten Schwellenwert warnen, denn das Festlegen geeigneter Verantwortlichkeiten ist eine Ihrer Hauptaufgaben beim Softwareentwurf.

Verwandte Rezepte

»Magische Zahlen durch Konstanten ersetzen« auf Seite 94

»Einstellungen/Konfigurationen und Funktionsumschalter entfernen« auf Seite 151

»Überzählige Attribute gruppieren« auf Seite 172

»Klassen bei divergenten Änderungen teilen« auf Seite 270

Klassen bei divergenten Änderungen teilen

Problem

Sie ändern etwas in einer Klasse und müssen später eine weitere, unabhängige Änderung in derselben Klasse vornehmen.

Lösung

Klassen sollten nur eine Verantwortlichkeit haben, sodass es immer nur einen Grund gibt, sie zu ändern. Teilen Sie die divergente Klasse auf.

Diskussion

Divergente Klassen weisen eine geringe Kohäsion, eine hohe Kopplung und Codeduplizierung auf. Diese Klassen verstoßen gegen das Single-Responsibility-Prinzip (siehe »String-Validierungen in Objekte umwandeln« auf Seite 63). Sie erstellen Klassen, damit diese spezifische Verantwortlichkeiten wahrnehmen. Wenn ein Objekt zu viele Aufgaben übernimmt, kann es sich in verschiedene Richtungen entwickeln. Deshalb sollten Sie in diesem Fall eine weitere Klasse extrahieren.

Im folgenden Beispiel hat das Objekt `Webpage` zu viele Zuständigkeiten:

```
class Webpage {
  renderHTML() {
    this.renderDocType();
    this.renderTitle();
    this.renderRssHeader();
    this.renderRssTitle();
    this.renderRssDescription();
    this.renderRssPubDate();
  }
  // Das RSS-Format kann sich ändern.
}
```

So sieht es aus, wenn man die Verantwortlichkeiten aufteilt:

```
class Webpage {
  renderHTML() {
    this.renderDocType();
    this.renderTitle();
    (new RSSFeed()).render();
  }
  // Das HTML-Rendering kann sich ändern.
}

class RSSFeed {
  render() {
    this.renderDescription();
    this.renderTitle();
    this.renderPubDate();
    // ...
  }
  // Das RSS-Format kann sich ändern.
  // Möglicherweise gibt es in dieser Klasse Unit-Tests
  // und weitere Details.
}
```

Sie können große Klassen automatisch identifizieren lassen oder deren Änderungen verfolgen. Klassen müssen dem Single-Responsibility-Prinzip folgen (siehe »String-Validierungen in Objekte umwandeln« auf Seite 63), und es sollte jeweils nur einen Grund geben, sie zu ändern. Wenn sie sich in unterschiedliche Richtungen entwickeln, bedeutet das, dass sie zu viele Aufgaben haben.

Verwandte Rezepte

»Überflüssige Methoden entfernen« auf Seite 171

»Überzählige Attribute gruppieren« auf Seite 172

»Importlisten kürzen« auf Seite 174

»God Objects aufspalten« auf Seite 268

Siehe auch

»Divergent Change« auf Refactoring Guru (*https://oreil.ly/Kvubl*)

Spezielle als Flags genutzte Werte (wie 9999) in normale Werte umwandeln

Problem

Sie verwenden Konstanten wie `Maxint`, um ungültige IDs zu kennzeichnen, weil Sie annehmen, dass Ihre IDs diesen Wert niemals erreichen werden.

Lösung

Koppeln Sie keine echten Kennungen mit ungültigen.

Diskussion

Ungültige IDs, die durch gültige Werte repräsentiert werden, verletzen das Bijektionsprinzip: Sie könnten diese sehr hohe ID, die ungültige Werte repräsentiert, schneller erreichen, als Sie glauben. Verwenden Sie auch keine Nullwerte für ungültige IDs, da sie Flags zwischen Aufrufer und Funktionen koppeln. Sie sollten Sonderfälle mit speziellen polymorphen Objekten modellieren (siehe »Nicht-polymorphe Funktionen in polymorphe umwandeln« auf Seite 225) und Werte wie `9999`, `-1` und `0` vermeiden, da sie gültige Domänenobjekte darstellen und zur Kopplung an die Implementierung führen. In den Anfängen der Computertechnik waren die Datentypen strikt definiert. Dann kam es zur »Einführung« des »Milliarden-Dollar-Fehlers« (der Nullwert – siehe Kapitel 15), bis daraus die entsprechenden Lehren gezogen und spezielle Szenarien mit speziellen Werten modelliert wurden.

Im folgenden Beispiel wird ein spezieller Wert (`9999`) als Flag verwendet:

```
#define INVALID_VALUE 9999

int main(void)
{
    int id = get_value();
    if (id == INVALID_VALUE)
    {
        return EXIT_FAILURE;
        // id ist ein Flag und zugleich ein gültiger Domänenwert.
    }
    return id;
}
int get_value()
{
  // Es ist ein Problem aufgetreten.
  return INVALID_VALUE;
}
// Gibt EXIT_FAILURE (1) zurück.
```

So sieht es aus, wenn Sie anstelle eines gültigen Werts (`9999`) einen ungültigen Wert (`-1`) verwenden:

```
int main(void)
{
   int id = get_value();
   if (id < 0)
   {
      printf("Error: Failed to obtain value\n");
      return EXIT_FAILURE;
   }
   return id;
}
int get_value()
{
```

```
        // Es ist ein Problem aufgetreten.
        return -1; // Rückgabe eines negativen Werts, um einen Fehler anzuzeigen.
    }
```

Noch besser ist es, wenn Ihre Sprache Ausnahmen unterstützt (siehe Kapitel 22):

```
// Kein INVALID_VALUE definiert.

int main(void)
{
    try {
        int id = get_value();
        return id;
    } catch (const char* error) {
        printf("%s\n", error);
        return EXIT_FAILURE;
    }
}

int get_value()
{
    // Es ist ein Problem aufgetreten.
    throw "Error: Failed to obtain value";
}

// Gibt EXIT_FAILURE (1) zurück.
```

Externe Identifier werden normalerweise auf Zahlen oder Zeichenketten abgebildet. Fehlt jedoch ein externer Identifier, sollten Sie nicht versuchen, eine Zahl oder einen String als (ungültige) Referenz zu verwenden.

Verwandte Rezepte

»Nullobjekte erstellen« auf Seite 231

»Sequenzielle IDs ändern« auf Seite 385

»Darstellung unbekannter Orte ohne Verwendung von null« auf Seite 241

Shotgun Surgery vermeiden

Problem

Eine einzige funktionale Änderung in Ihrer Software zieht zahlreiche weitere Änderungen nach sich.

Lösung

Isolieren Sie die Änderungen und folgen Sie dem Prinzip »Don't Repeat Yourself« (DRY) (siehe »String-Validierungen in Objekte umwandeln« auf Seite 63).

Shotgun Surgery

Shotgun Surgery (wörtlich »Operation nach Schrotflintenschuss«) beschreibt eine Situation, in der eine einzige Änderung an der Codebasis dazu führt, dass zahlreiche weitere Änderungen in verschiedenen Teilen des Systems vorgenommen werden müssen. Das ist vergleichbar mit dem Abfeuern einer Schrotflinte: Ein einziger Schuss führt zu vielen gleichzeitigen Treffern, ähnlich wie eine einzige Codeänderung mehrere Teile des Systems beeinflussen kann.

Diskussion

Wenn die Verantwortlichkeiten schlecht verteilt sind oder Codeduplizierungen vorliegen, könnten Sie gezwungen sein, zahlreiche Anpassungen an Ihrem Modell vorzunehmen, sobald sich ein bestimmtes Verhalten in der Realität ändert. Das deutet auf eine ungeeignete Bijektion hin, wie in Kapitel 2 definiert. Typischerweise geschieht dies, wenn Sie Code im gesamten System kopiert und eingefügt haben.

Stellen Sie sich vor, Sie müssten einige Änderungen an folgendem Code vornehmen:

```
final class SocialNetwork {

    function postStatus(string $newStatus) {
        if (!$user->isLogged()) {
            throw new Exception('User is not logged');
        }
        // ...
    }

    function uploadProfilePicture(Picture $newPicture) {
        if (!$user->isLogged()) {
            throw new Exception('User is not logged');
        }
        // ...
    }

    function sendMessage(User $recipient, Message $messageSend) {
        if (!$user->isLogged()) {
            throw new Exception('User is not logged');
        }
        // ...
    }
}
```

So sieht es aus, wenn Sie die Logik extrahieren und an einer einzigen Stelle konzentrieren:

```
final class SocialNetwork {

    function postStatus(string $newStatus) {
        $this->assertUserIsLogged();
        // ...
    }

    function uploadProfilePicture(Picture $newPicture) {
        $this->assertUserIsLogged();
```

```
        // ...
    }

    function sendMessage(User $recipient, Message $messageSend) {
        $this->assertUserIsLogged();
        // ...
    }

    function assertUserIsLogged() {
        if (!$this->user->isLogged()) {
            throw new Exception('User is not logged');
            // Das ist nur eine Vereinfachung. Operationen sollten
            // als Objekte mit Vorbedingungen usw. definiert werden.
        }
    }
}
```

Einige moderne Linter sowie generative ML-Werkzeuge können wiederkehrende Muster (nicht nur wiederholten Code) erkennen. Das beschriebene Problem können Sie auch bei Code-Reviews leicht identifizieren und ein Refactoring anfordern. Wenn Ihr Modell 1:1 der realen Welt entspricht und die Zuständigkeiten richtig verteilt sind, sollten sich neue Funktionen relativ einfach ergänzen lassen. Achten Sie auf kleine Änderungen, die sich auf mehrere Klassen auswirken.

Optionale Argumente entfernen

Problem

Sie verwenden in Ihren Funktionen optionale Argumente.

Lösung

Optionale Argumente, die den Code kompakter machen sollen, führen zu einer versteckten Kopplung.

Diskussion

Durch die Verwendung optionaler Argumente entsteht eine Kopplung zwischen der aufrufenden Methode und zufälligen optionalen Werten, was zu unerwarteten Ergebnissen, Seiten- und Kaskadeneffekten führen kann. In Sprachen, in denen optionale Argumente auf Basistypen beschränkt sind, ergibt sich die Notwendigkeit, ein Flag zu setzen und zusätzliche If-Anweisungen hinzuzufügen. Als Lösung sollten Sie Argumente explizit machen und, wenn Ihre Sprache dies unterstützt, *benannte Parameter* verwenden.

Hier ein Beispiel mit einer optionalen Validierungsrichtlinie:

```
final class Poll {

    function _construct(
        array $questions,
```

```
        bool $annonymousAllowed = false,
        $validationPolicy = 'Normal') {

        if ($validationPolicy == 'Normal') {
          $validationPolicy = new NormalValidationPolicy();
        }
        // ...
    }
}

// Gültig.
new Poll([]);
new Poll([], true);
new Poll([], true, new NormalValidationPolicy());
new Poll([], , new StrictValidationPolicy());
```

Wenn man das Argument explizit macht, gibt es keine versteckten Annahmen mehr:

```
final class Poll {

    function _construct(
        array $questions,
        AnonyomousStrategy $anonymousStrategy,
        ValidationPolicy $validationPolicy) {
        // ...
    }
}

// Ungültig.
new Poll([]);
new Poll([], new AnonyomousInvalidStrategy());
new Poll([], , new StrictValidationPolicy());

// Gültig.
new Poll([], new AnonyomousInvalidStrategy(), new StrictValidationPolicy());
```

Die Erkennung ist einfach, wenn die Sprache optionale Argumente unterstützt. Seien Sie immer explizit und bevorzugen Sie Lesbarkeit und Eindeutigkeit gegenüber kürzeren (und enger gekoppelten) Funktionsaufrufen.

Verwandte Rezepte

»Standardargumente ans Ende verschieben« auf Seite 279

»Warnungen/Strict-Modus nicht ausschalten« auf Seite 349

Feature Envy vorbeugen

Problem

Sie haben ein Objekt, das zu viele Methoden eines anderen Objekts verwendet.

Lösung

Beenden Sie die Abhängigkeit und überarbeiten Sie das Verhalten.

> **Feature Envy**
>
> *Feature Envy* (Funktionsneid) beschreibt die Situation, wenn ein Objekt übertriebenes Interesse am Verhalten eines anderen Objekts zeigt, indem es dessen Methoden übermäßig nutzt.

Diskussion

Feature Envy erzeugt signifikante Abhängigkeiten und Kopplungen, die die Wiederverwendbarkeit und Testbarkeit des Code beeinträchtigen. Das ist oft ein Zeichen für eine schlechte Zuweisung von Zuständigkeiten. Sie müssen die Verantwortlichkeiten mithilfe des MAPPER identifizieren und die Methoden in die angemessene Klasse verschieben. Hier bestimmt eine Klasse für einen Bewerber, wie die Adresse eines Jobs zu drucken ist:

```
class Candidate {
   void printJobAddress(Job job) {
     System.out.println("This is your position address");
     System.out.println(job.address().street());
     System.out.println(job.address().city());
     System.out.println(job.address().ZipCode());
   }
}
```

Für den Druck ist aber der entsprechende Job zuständig:

```
class Job {

  void printAddress() {
     System.out.println("This is your job position address");
     System.out.println(this.address().street());
     System.out.println(this.address().city());
     System.out.println(this.address().ZipCode());
     // Sie könnten diese Zuständigkeit sogar direkt an die Adresse übertragen.
     // Einige Adressinformationen sind zur Paketverfolgung für einen Job relevant.
   }
}

class Candidate {
  void printJobAddress(Job job) {
    job.printAddress();
  }
}
```

Hier ist ein weiteres Beispiel, bei dem die Fläche eines Rechtecks mit einer externen Funktion berechnet wird:

```
function area(rectangle) {
   return rectangle.width * rectangle.height;
   // Beachten Sie, dass fortlaufend Nachrichten an dasselbe Objekt
   // geschickt und Berechnungen durchgeführt werden.
}
```

So sieht es aus, wenn man die Trennung der Zuständigkeiten beachtet:

```
class Rectangle {
    constructor(width, height) {
         this.height = height;
         this.width = width;
    }
    area() {
        return this.width * this.height;
    }
}
```

Einige Linter können ein sequenzielles Muster der Zusammenarbeit mit einem anderen Objekt erkennen und darauf hinweisen.

Verwandte Rezepte

»Anämische Objekte in Rich Objects konvertieren« auf Seite 36

»Falsch zugeordnete Verantwortlichkeiten verschieben« auf Seite 90

»Gleichheitsvergleich ändern« auf Seite 226

»Unangemessene Intimität auflösen« auf Seite 290

Vermittlerobjekte entfernen

Problem

Sie verwenden ein *Vermittlerobjekt* (Middleman-Objekt), was zu unnötigen Umwegen führt.

Lösung

Entfernen Sie das Vermittlerobjekt.

Diskussion

Middleman-Objekte verstoßen gegen das Gesetz von Demeter (siehe »Getter entfernen« auf Seite 48), indem sie unnötige Komplexität und Umwege hinzufügen und zu leeren Klassen führen. Sie sollten sie entfernen. Hier ist ein Beispiel, bei dem der Klient eine Adresse hat (die wiederum eine Postleitzahl hat). Die Klasse Address ist ein anämisches Modell, dessen einzige Aufgabe darin besteht, die Postleitzahl zurückzugeben:

```
public class Client {
    Address address;
    public ZipCode zipCode() {
        return address.zipCode();
    }
}
```

```
public class Address {
   // Middleman
    private ZipCode zipCode;

    public ZipCode zipCode() {
        return new ZipCode('CA90210');
    }
}

public class Application {
   ZipCode zipCode = client.zipCode();
}
```

Hier gibt der Kunde (Client) direkt die Adresse bekannt:

```
public class Client {
    public ZipCode zipCode() {
        // Hier kann auch gespeichert werden.
        return new ZipCode('CA90210');
    }
}

public class Application {
   ZipCode zipCode = client.zipCode();
}
```

Ähnlich wie sein Gegenteil (»Lange Kollaborationsketten auflösen« auf Seite 157) kann dieser Code-Smell mithilfe von Parse-Bäumen erkannt werden.

Verwandte Rezepte

»Lange Kollaborationsketten auflösen« auf Seite 157

»Poltergeist-Objekte entfernen« auf Seite 162

»Klassen ohne Verhalten entfernen« auf Seite 317

Siehe auch

»Remove Middle Man« auf Refactoring.com (*https://oreil.ly/9muMn*)

»Middle Man« im C2-Wiki (*https://oreil.ly/gO_Xu*)

»Remove Middleman« bei JetBrains (*https://oreil.ly/J-dtj*)

Standardargumente ans Ende verschieben

Problem

Mitten in der Argumentliste einer Funktion kommen Argumente mit Standardwerten vor.

Lösung

Funktionssignaturen sollten nicht fehleranfällig sein. Versuchen Sie, keine Standardargumente zu verwenden (siehe »Optionale Argumente entfernen« auf Seite 275). Wenn Sie sie aber tatsächlich benötigen, verwenden Sie keine optionalen Argumente vor den erforderlichen Argumenten.

Diskussion

Standardargumente können zu nicht sofort offensichtlichen Fehlern führen, was einen Verstoß gegen das Fail-Fast-Prinzip darstellt. Sie beeinträchtigen zudem die Lesbarkeit, da man gezwungen ist, stärker über die Reihenfolge der Parameter nachzudenken. Sie sollten optionale Argumente ans Ende verschieben oder sie mithilfe des verwandten »Optionale Argumente entfernen« auf Seite 275 entfernen.

Hier wird die optionale Farbe in der Signatur vor dem Fahrzeugmodell aufgeführt:

```
function buildCar($color = "red", $model) {
  //...
}
// Das erste Argument ist optional.

buildCar("Volvo");
// Runtime error: Too few arguments to function buildCar()
```

Indem Sie den Parameter an die letzte Position verschieben, vermeiden Sie dieses Problem:

```
function buildCar($model, $color = "Red", ){...}

buildCar("Volvo");
// Funktioniert wie erwartet.
def functionWithLastOptional(a, b, c='foo'):
    print(a)
    print(b)
    print(c)

functionWithLastOptional(1, 2) // Ausgabe: 1, 2, foo

def functionWithMiddleOptional(a, b='foo', c):
    print(a)
    print(b)
    print(c)

functionWithMiddleOptional(1, 2)
# SyntaxError: non-default argument follows default argument
```

Viele Linter können diese Regel durchsetzen, da man sie aus der Funktionssignatur ableiten kann. Außerdem verbieten viele Compiler dies direkt. Versuchen Sie, bei der Definition von Funktionen strikt zu sein, um eine Kopplung zwischen dem Aufrufer und dem von der Methode definierten optionalen Wert zu vermeiden.

Verwandte Rezepte

»Reihenfolge von Parametern vereinheitlichen« auf Seite 145

»Optionale Argumente entfernen« auf Seite 275

Siehe auch

»Method Arguments with Default Values Should Be Last« auf Sonar Source (*https://oreil.ly/3gOaE*)

Ripple-Effekt vermeiden

Problem

Sie nehmen kleine Änderungen an Ihrem Code vor und stellen fest, dass diese zu vielen unerwarteten Folgeproblemen führen.

Lösung

Wenn kleine Änderungen eine große Wirkung haben, müssen Sie Ihr System entkoppeln.

Diskussion

Der Ripple-Effekt ist ein Problem, das in diesem Buch mit vielen Rezepten angegangen wird. Um ihn zu vermeiden, müssen Sie Änderungen immer durch Entkopplung isolieren, indem Sie die bestehende Funktionalität durch Tests abdecken, dann refaktorieren und das, was sich ändert, separieren.

Hier ist ein Beispiel für ein Objekt, das die aktuelle Zeit ermittelt, aber an eine spezifische Implementierung gekoppelt ist:

```
class Time {
   constructor(hour, minute, seconds) {
     this.hour = hour;
     this.minute = minute;
     this.seconds = seconds;
    }
    now() {
      // Betriebssystem aufrufen.
    }
}

// Eine Zeitzone hinzuzufügen, wird einen großen Ripple-Effekt erzeugen.
// Ebenso eine Änderung von now(), um die Zeitzone zu berücksichtigen.
```

So sieht es aus, wenn Sie die now-Methode entfernen:

```
class Time {
   constructor(hour, minute, seconds, timezone) {
     this.hour = hour;
```

```
    this.minute = minute;
    this.seconds = seconds;
    this.timezone = timezone;
  }
  // now() entfernt, da es ohne Kontext ungültig ist.
}

class RelativeClock {
  constructor(timezone) {
    this.timezone = timezone;
  }
  now(timezone) {
    var localSystemTime = this.localSystemTime();
    var localSystemTimezone = this.localSystemTimezone();
    // Zeitzonen umrechnen.
    // ...
    return new Time(..., timezone);
  }
}
```

Es ist nicht immer einfach, Probleme zu erkennen, bevor sie auftreten. Mutationstests (siehe »Variablen von var in const ändern« auf Seite 73) und die Ursachenanalyse bei Single Points of Failure können dabei helfen, Risiken frühzeitig zu identifizieren. Es gibt verschiedene Strategien, um mit Legacy-Code und stark gekoppelten Systemen umzugehen. Es ist wichtig, sich mit diesem Problem auseinanderzusetzen, bevor es Ihnen um die Ohren fliegt.

Single Point of Failure

Ein *Single Point of Failure* (»einzelner Ausfallpunkt«) bezieht sich auf eine Komponente oder einen Teil eines Systems, dessen Ausfall das gesamte System lahmlegen kann. Das System ist von dieser Komponente oder diesem Teil abhängig, und ohne sie kann es nicht ordnungsgemäß funktionieren. Gutes Softwaredesign versucht, solche Risiken durch den Einsatz redundanter Komponenten zu minimieren und so den Ripple-Effekt zu vermeiden.

Verwandte Rezepte

»Lange Kollaborationsketten auflösen« auf Seite 157

Zufällige Methoden aus Geschäftsobjekten entfernen

Problem

In Ihren Domänenobjekten befindet sich Code für Persistenz, Serialisierung, Anzeige, Import, Protokollierung oder Export.

Lösung

Entfernen Sie alle Methoden, die nicht zum Kern der Geschäftsobjekte gehören. Diese gehören zu anderen Bereichen und sollten daher in separaten Objekten untergebracht werden.

Diskussion

Die Kopplung von Objekten an zufällige Probleme verschlechtert die Wartbarkeit und Lesbarkeit der Software. Daher sollten Sie zufällige und wesentliche Verhaltensweisen nicht vermischen. Entkoppeln Sie die Geschäftsobjekte. Verschieben Sie unwesentliche Aufgaben wie Persistenz, Formatierung und Serialisierung in spezielle Objekte und behalten Sie nur das wesentliche Protokoll bei.

Im folgenden Beispiel ist eine Klasse car mit zufälligem Verhalten überfrachtet. Diese nicht wesentlichen Aspekte sollten immer separat behandelt werden:

```
class car:

    def __init__(self, company, color, engine):
        self._company = company
        self._color = color
        self._engine = engine

    def goTo(self, coordinate):
        self.move(coordinate)

    def startEngine(self):
        ## Code, um den Motor zu starten.
        self.engine.start()

    def display(self):
        ## Die Anzeige ist zufällig.
        print ('This is a', self._color, self.company)

    def to_json(self):
        ## Serialisierung ist zufällig.
        return "json"

    def update_on_database(self):
        ## Persistenz ist zufällig.
        Database.update(this)

    def get_id(self):
        ## Identifier sind zufällig.
        return self.id;

    def from_row(self, row):
        ## Datenbanken sind zufällig.
        return Database.convertFromRow(row);

    def forkCar(self):
        ## Nebenläufigkeit ist zufällig.
        ConcurrencySemaphoreSingleton.get_instance().fork_cr(this)
```

So sieht es aus, wenn Sie die unwesentlichen Methoden entfernen:

```
class car:

    def __init__(self,company,color,engine):
        self._company = company
        self._color = color
        self._engine = engine

    def goTo(self, coordinate):
        self.move(coordinate)

    def startEngine(self):
        ## Code, um den Motor zu starten.
        self._engine.start()
```

Es ist schwierig (aber nicht unmöglich), Linting-Regeln basierend auf der Namensgebung zu erstellen, um Hinweise auf verdächtige Namen zu erhalten. Einige Frameworks zwingen Sie allerdings dazu, unsauberen Code in Objekte zu injizieren, beispielsweise Identifier. Möglicherweise sind Sie an derart belastete Geschäftsobjekte gewöhnt. Das ist normal. Sie sollten bei solchen Designs jedoch die Konsequenzen und die Kopplung bedenken.

Geschäftslogik aus der Benutzeroberfläche entfernen

Problem

Sie validieren Eingaben in der Benutzeroberfläche.

Lösung

Stellen Sie immer im Backend sicher, dass Ihre Objekte ordnungsgemäß sind, und delegieren Sie Validierungen an die Domänenobjekte.

Diskussion

UIs sind zufälliger Natur. Die Validierung von Geschäftsregeln in der Benutzeroberfläche führt zu Sicherheitsproblemen und potenzieller Codeduplizierung. Diese Art der Kopplung schadet der Testbarkeit und Erweiterbarkeit von APIs, Microservices usw. und führt zu anämischen und veränderlichen Geschäftsobjekten. Codeduplizierung ist ein Warnsignal für vorzeitige Optimierung. Ein System, das anfangs stark auf Validierungen in der Benutzeroberfläche setzt, kann sich so weiterentwickeln, dass diese Funktionalität zunehmend auch im Backend benötigt wird, z.B. weil es eine API bereitstellt oder anderweitig von externen Komponenten genutzt werden soll. Es ist daher ratsam, Objekte immer im Backend zu validieren und entsprechende Validierungsnachrichten an Client-Komponenten zu senden.

Hier ein Beispiel für Validierungen, die clientseitig in der Benutzeroberfläche erfolgen:

```
<script type="text/javascript">

function checkForm(form)
{
  if(form.username.value == "") {
    alert("Error: Username cannot be blank!");
    form.username.focus();
    return false;
  }
  re = /^\w+$/;
  if(!re.test(form.username.value)) {
    alert("Error: Username must contain only letters,"
      + " numbers and underscores!");
    form.username.focus();
    return false;
  }

  if(form.pwd1.value != "" && form.pwd1.value == form.pwd2.value) {
    if(form.pwd1.value.length < 8) {
      alert("Error: Password must contain at least eight characters!");
      form.pwd1.focus();
      return false;
    }
    if(form.pwd1.value == form.username.value) {
      alert("Error: Password must be different from Username!");
      form.pwd1.focus();
      return false;
    }
    re = /[0-9]/;
    if(!re.test(form.pwd1.value)) {
      alert("Error: password must contain at least one number (0-9)!");
      form.pwd1.focus();
      return false;
    }
    re = /[a-z]/;
    if(!re.test(form.pwd1.value)) {
      alert("Error: password must contain at least"
            + " one lowercase letter (a-z)!");
      form.pwd1.focus();
      return false;
    }
    re = /[A-Z]/;
    if(!re.test(form.pwd1.value)) {
      alert("Error: password must contain at least"
            + " one uppercase letter (A-Z)!");
      form.pwd1.focus();
      return false;
    }
  } else {
    alert("Error: Please check that you've entered"
          +" and confirmed your password!");
    form.pwd1.focus();
    return false;
  }

  alert("You entered a valid password: " + form.pwd1.value);
  return true;
```

```
}

</script>

<form ... onsubmit="return checkForm(this);">
<p>Username: <input type="text" name="username"></p>
<p>Password: <input type="password" name="pwd1"></p>
<p>Confirm Password: <input type="password" name="pwd2"></p>
<p><input type="submit"></p>
</form>
```

So sieht es aus, nachdem Sie den Validierungscode in Ihre Geschäftsobjekte verschoben haben:

```
<script type="text/javascript">

  // Eine Nachricht ans Backend senden.
  // Das Backend enthält die Geschäftsregeln.
  // Backend bietet Testabdeckung und umfangreiche Modelle.
  // Es ist schwieriger, bösartigen Code in ein Backend zu injizieren.
  // Validierungen entwickeln sich im Backend weiter.
  // Geschäftsregeln und Validierungen werden mit allen Konsumenten geteilt.
  // UI/REST/Tests/Microservices usw.
  // Keine Codeduplizierung.
  function checkForm(form)
  {
    const url = "https://<hostname/login";
    const data = { };

    const other_params = {
        headers : { "content-type" : "application/json; charset=UTF-8" },
        body : JSON.stringify(data),
        method : "POST",
        mode : "cors"
    };

    fetch(url, other_params)
        .then(function(response) {
            if (response.ok) {
                return response.json();
            } else {
                throw new Error("Could not reach the API: " +
                    response.statusText);
            }
        }).then(function(data) {
            document.getElementById("message").innerHTML = data.encoded;
        }).catch(function(error) {
            document.getElementById("message").innerHTML = error.message;
        });
    return true;
  }

</script>
```

Eine Ausnahme besteht, wenn es stichhaltige Beweise für deutliche Leistungsengpässe gibt. In solchen Fällen könnten Sie gezwungen sein, Ihre Geschäftslogik automatisch im Frontend zu duplizieren. Sie dürfen deswegen aber nicht auf die Validierung im Backend verzichten. Die Duplizierung für das Frontend sollte nicht manuell erfolgen, weil man die Synchronisierung der Regeln erfahrungsgemäß vernachlässigt oder vergisst. Nutzen Sie TDD (siehe »Unnötige Eigenschaften entfernen« auf Seite 66), sodass Sie die gesamte Geschäftslogik in Ihren Domänenobjekten konzentrieren.

Verwandte Rezepte

»Anämische Objekte in Rich Objects konvertieren« auf Seite 36

»DTOs entfernen« auf Seite 44

»Callback Hell vermeiden« auf Seite 98

»Gute Fehlermeldungen formulieren« auf Seite 100

»Auf der Implementierung basierende Callback-Events entfernen« auf Seite 257

Kopplung an Klassen verringern

Problem

Sie verwenden globale Klassen und nutzen diese als Einstiegspunkte.

Lösung

Verringern Sie die Kopplung, indem Sie beispielsweise Interfaces anstelle von Klassen verwenden, da sie leichter ausgetauscht werden können.

Diskussion

Globale Klassen führen zu Kopplung und behindern die Erweiterbarkeit; außerdem sind sie schwierig zu mocken (siehe »Mock-Objekte durch echte Objekte ersetzen« auf Seite 330). Sie können Interfaces oder Traits (falls vorhanden) sowie das Prinzip der Abhängigkeitsumkehr (siehe »Interfaces entfernen, die nur an einer Stelle genutzt werden« auf Seite 184) verwenden, um eine lose Kopplung zu fördern.

Hier ein Beispiel für enge Kopplung:

```
public class MyCollection {
     public bool HasNext { get; set;} // Implementierungsdetails.
     public object Next(); // Implementierungsdetails.
}

public class MyDomainObject sum(MyCollection anObjectThatCanBeIterated) {
 // Enge Kopplung.
}

// Diese Methode lässt sich nicht faken oder mocken,
// da immer eine Instanz von MyCollection erwartet wird.
```

So sieht es aus, wenn Sie es mocken:

```
public interface Iterator {
     public bool HasNext { get; set;}
     public object Next();
}

public Iterator Reverse(Iterator iterator) {
    var list = new List<int>();
    while (iterator.HasNext) {
       list.Insert(0, iterator.Next());
    }
    return new ListIterator(list);
}

public class MyCollection implements Iterator {
     public bool HasNext { get; set;} // Implementierungsdetails.
     public object Next(); // Implementierungsdetails.
}

public class myDomainObject {
     public int sum(Iterator anObjectThatCanBeIterated) {
     // Lose Kopplung.
    }
}

// Jeder Iterator kann verwendet werden (auch ein gemockter, solange er sich
// an das Protokoll hält).
```

Nahezu jeder Linter kann Verweise auf Klassen identifizieren. Sie sollten dabei aber aufmerksam bleiben, da auch legitime Verwendungen zu falsch-positiven Meldungen führen können. Durch die Abhängigkeit von Interfaces anstelle von konkreten Klassen sind Systeme weniger stark gekoppelt und damit besser erweiterbar und testbar. Interfaces ändern sich seltener als konkrete Implementierungen. Da manche Objekte viele Schnittstellen implementieren, hilft die Deklaration, welcher Teil von welchem Interface abhängt, die Kopplung granularer und das Objekt kohärenter zu gestalten.

Verwandte Rezepte

»Mock-Objekte durch echte Objekte ersetzen« auf Seite 330

Lose Kopplung

Lose Kopplung zielt darauf ab, die gegenseitige Abhängigkeit verschiedener Objekte innerhalb eines Systems zu minimieren. Bei loser Kopplung haben unterschiedliche Objekte nur geringe Kenntnisse voneinander, und Änderungen an einer Komponente beeinflussen keine anderen Komponenten des Systems. Dadurch wird verhindert, dass es zu einem Ripple-Effekt kommt.

Datenklumpen beseitigen

Problem

Sie haben einige Objekte, die immer gemeinsam genutzt werden.

Lösung

Entwickeln Sie kohäsive, einfache Objekte, deren Komponenten stets als Einheit fungieren.

Diskussion

Datenklumpen

Datenklumpen entstehen, wenn häufig dieselbe Gruppe von Objekten zwischen verschiedenen Teilen eines Programms hin- und hergereicht wird. Das kann die Komplexität erhöhen, die Wartbarkeit verringern und das Fehlerrisiko steigern. Datenklumpen treten oft auf, wenn verwandte Daten weitergegeben werden, ohne dass ein passendes Objekt existiert, das diese Beziehung in der Bijektion repräsentiert.

Datenklumpen sind durch geringe Kohäsion, eine Neigung zu primitiver Besessenheit und wiederholten Code gekennzeichnet. Oftmals wird komplexe Validierungslogik an mehreren Stellen dupliziert, was die Lesbarkeit und Wartbarkeit beeinträchtigt. Sie können diesem Problem mit »Extract Class« (*https://oreil.ly/De634*) und »Small Objects erstellen« auf Seite 56 begegnen. Wenn zwei oder mehr primitive Objekte »zusammenkleben« und wiederholt dieselbe Geschäftslogik und Regeln auftauchen, ist es notwendig, im Rahmen der Bijektion das zugrunde liegende Konzept zu identifizieren und zu modellieren.

Hier ein Beispiel für einen Datenklumpen:

```
public class DinnerTable
{
    public DinnerTable(Person guest, DateTime from, DateTime to)
    {
        Guest = guest;
        From = from;
        To = to;
    }
    private Person Guest;
    private DateTime From;
    private DateTime To;
}
```

So sieht es aus, nachdem es reifiziert wurde:

```
public class TimeInterval
{
    public TimeInterval(DateTime from, DateTime to)
    {
```

```
        if (from >= to)
        {
            throw new ArgumentException
                ("Invalid time interval: 'from' must be earlier than 'to'.");
        }
        From = from;
        To = to;
    }
}

public class DinnerTable
{
    public DinnerTable(Person guest, DateTime from, DateTime to)
    {
        Guest = guest;
        Interval = new TimeInterval(from, to);
    }
}
```

Hier ist eine noch bessere und kompaktere Version, bei der das Zeitintervall direkt übergeben wird:

```
public DinnerTable(Person guest, Interval reservationTime)
{
    Guest = guest;
    Interval = reservationTime;
}
```

Sie sollten Verhalten an der richtigen Stelle zusammenfassen und primitive Daten verbergen.

Verwandte Rezepte

»Anämische Objekte in Rich Objects konvertieren« auf Seite 36

»Primitive Datentypen in Objekte umwandeln« auf Seite 57

»Assoziative Arrays in Objekte umwandeln« auf Seite 58

Unangemessene Intimität auflösen

Problem

Es gibt zwei Klassen mit zu starker gegenseitiger Abhängigkeit.

Lösung

Entkoppeln Sie die Klassen.

Diskussion

> **Unangemessene Intimität**
>
> *Unangemessene Intimität* (Inappropriate Intimacy) tritt auf, wenn zwei Klassen oder Komponenten so stark voneinander abhängig sind, dass eine enge Kopplung entsteht, die die Wartung, Änderung oder Erweiterung des Codes erschwert.

Eine zu intensive Interaktion zwischen zwei Klassen ist ein Indikator für eine unpassende Zuweisung von Verantwortlichkeiten und eine geringe Kohäsion, was die Wartbarkeit und Erweiterbarkeit des Codes beeinträchtigt. Hier ein Beispiel für zwei stark miteinander verwobene Klassen:

```
class Candidate {

 void printJobAddress(Job job) {

   System.out.println("This is your position address");

   System.out.println(job.address().street());
   System.out.println(job.address().city());
   System.out.println(job.address().zipCode());

   if (job.address().country() == job.country()) {
        System.out.println("It is a local job");
   }
}
```

So sieht es aus, wenn Sie die Kopplung auflösen:

```
final class Address {
 void print() {
   System.out.println(this.street);
   System.out.println(this.city);
   System.out.println(this.zipCode);
 }

 bool isInCounty(Country country) {
  return this.country == country;
}

class Job {
 void printAddress() {

   System.out.println("This is your position address");

   this.address().print());

   if (this.address().isInCountry(this.country()) {
        System.out.println("It is a local job");
   }
 }
}
```

```
class Candidate {
  void printJobAddress(Job job) {
    job.printAddress();
  }
}
```

Einige Linter können Klassenbeziehungen als Graphen visualisieren und die Protokollabhängigkeit zwischen verschiedenen Klassen berechnen. Aus diesen Graphen lassen sich Regeln und Empfehlungen ableiten. Wenn zwei Klassen zu eng miteinander verbunden sind und kaum mit anderen Klassen kommunizieren, sollten Sie sie möglicherweise anders aufteilen, zusammenführen oder anderweitig refaktorieren. Die Klassen sollten idealerweise so wenig wie möglich voneinander wissen.

Verwandte Rezepte

»Feature Envy vorbeugen« auf Seite 276

Siehe auch

»Inappropriate Intimacy« im C2-Wiki (*https://oreil.ly/lzT5i*)

Fungible Objekte konvertieren

Problem

Sie unterscheiden zwei Objekte voneinander, obwohl das partielle Modell der realen Welt dies nicht erfordert.

Lösung

Beachten Sie das MAPPER-Prinzip und machen Sie das, was in der realen Welt fungibel ist, auch in Ihrem Modell fungibel.

Diskussion

Fungible Objekte

Fungible Objekte sind austauschbar oder identisch in Wert, Qualität und Eigenschaften. Eine bestimmte Instanz eines fungiblen Objekts kann durch eine andere Instanz desselben Objekts ersetzt werden, ohne dass es zu einem Verlust von Wert oder Qualität kommt. Fungibilität bezeichnet die Eigenschaft eines Guts oder einer Ware, deren einzelne Einheiten im Wesentlichen austauschbar sind und deren Bestandteile sich von allen anderen Bestandteilen nicht unterscheiden.

Sie haben wahrscheinlich schon von NFTs – Non-Fungible Tokens – gehört. Das Konzept der Fungibilität können Sie auch in Ihrem Code anwenden. Fungibilität ist eine Eigenschaft, die Sie im Rahmen der Bijektion beachten müssen. Wenn ein Objekt in der realen Welt fungibel ist, sollte es auch in Ihrem Modell als solches behandelt werden. Identifizieren Sie fungible Elemente in Ihren Domänen und modellieren Sie diese als austauschbar. Bei der Modellierung realer Objekte kann die Fungibilität leicht übersehen werden und zu Overdesign führen.

Hier gibt es eine nicht fungible `Person`:

```
public class Person implements Serializable {
    private final String firstName;
    private final String lastName;

    public Person(String firstName, String lastName) {
        this.firstName = firstName;
        this.lastName = lastName;
    }
}

shoppingQueueSystem.queue(new Person('John', 'Doe'));
```

In diesem Kontext ist es nicht erforderlich, die `Person` detailliert zu modellieren:

```
public class Person {
}

shoppingQueueSystem.queue(new Person());
// Die Identität ist für die Simulation der Warteschlange irrelevant.
```

Sie müssen das Modell genau verstehen, um beurteilen zu können, ob es angemessen ist oder nicht. Erstellen Sie fungible Objekte, wenn etwas tatsächlich fungibel ist. Das mag einfach klingen, erfordert jedoch gute Designfähigkeiten.

Verwandte Rezepte

»Unnötige Eigenschaften entfernen« auf Seite 66

KAPITEL 18
Globals

Schreiben Sie »schüchternen« Code – Module, die anderen Modulen nichts Unnötiges preisgeben und nicht von den Implementierungen anderer Module abhängig sind.

– David Thomas und Andrew Hunt, The Pragmatic Programmer: Your Journey to Mastery (dt. Der pragmatische Programmierer: Ihr Weg zur Meisterschaft)

Einführung

Die meisten modernen Sprachen unterstützen globale Funktionen, Klassen und Attribute. Man zahlt aber einen Preis, wenn man diese Artefakte verwendet. Selbst wenn Sie ein Objekt mit `new()` erstellen, führen Sie eine enge Kopplung mit einer globalen Klasse ein – es sei denn, Sie wenden einige der folgenden Rezepte an.

Globale Funktionen reifizieren

Problem

Sie verwenden globale Funktionen, die Sie von überall aus aufrufen können.

Lösung

Globale Funktionen bringen viel Kopplung mit sich. Schränken Sie ihren Geltungsbereich ein.

Diskussion

Obwohl die objektorientierte Programmierung von der Verwendung globaler Funktionen abrät, werden sie von vielen gemischten, mehrparadigmatischen Sprachen unterstützt. Globale Funktionen führen zu Kopplung und beeinträchtigen die Lesbarkeit, da sie schwer nachzuverfolgen sind. Mit zunehmender Kopplung leiden Wart- und Testbarkeit. Sie können globale Funktionen in ein Kontextobjekt verschieben. Beispiele für solche Funktionen können etwa Zugriffe auf externe Ressourcen und Datenbanken, Singletons (siehe »Singletons ersetzen« auf Seite 265), globale Klassen, Zeit und Betriebssystemressourcen sein.

Im folgenden Beispiel wird eine Methode einer globalen Datenbank aufgerufen:

```
class Employee {
    function taxesPayedUntilToday() {
        return database()->select(
            "SELECT TAXES FROM EMPLOYEE".
            " WHERE ID = " . $this->id() .
            " AND DATE < " . currentDate());
    }
}
```

Indem Sie die Persistenz kontextualisieren, können Sie die Datenbank von der Berechnungslogik entkoppeln:

```
final class EmployeeTaxesCalculator {
    function taxesPayedUntilToday($context) {
        return $context->selectTaxesForEmployeeUntil(
            $this->socialSecurityNumber,
            $context->currentDate());
    }
}
```

In vielen modernen Sprachen werden globale Funktionen vermieden. Bei den permissiven Sprachen können Geltungsbereichsregeln angewandt und automatisch überprüft werden. In der strukturierten Programmierung werden globale Funktionen als schädlich betrachtet. Dennoch lässt sich beobachten, dass einige schlechte Praktiken die Grenzen zwischen den Paradigmen überwinden.

Verwandte Rezepte

»Seiteneffekte beseitigen« auf Seite 82

»Globale Klassen entfernen« auf Seite 299

Statische Funktionen reifizieren

Problem

Sie verwenden statische Funktionen, die an Klassen gekoppelt sind.

Lösung

Verwenden Sie keine statischen Funktionen. Sie sind global und nur Hilfsmittel. Erstellen Sie stattdessen Instanzmethoden und interagieren Sie mit Objekten.

Diskussion

> **Statische Funktionen**
>
> Eine *statische Funktion* gehört zu einer Klasse und nicht zu einer Instanz dieser Klasse. Das bedeutet, dass sie aufgerufen werden kann, ohne dass ein Objekt der Klasse erstellt werden muss.

Klassen repräsentieren Konzepte (oder Ideen) der realen Welt, und statische Funktionen verletzen das Bijektionsprinzip. Statische Funktionen führen zudem zu Kopplung. Sie erschweren das Testen von Code, da Klassen schwieriger zu mocken sind (siehe »Mock-Objekte durch echte Objekte ersetzen« auf Seite 330) als Instanzen. Die einzige Aufgabe einer Klasse (siehe »String-Validierungen in Objekte umwandeln« auf Seite 63) besteht darin, Instanzen zu erstellen. Sie können Methoden an Instanzen delegieren oder zustandslose Objekte erstellen, den Zuständigkeiten in der realen Welt entsprechend. Verwenden Sie in entsprechenden Klassennamen keine Namensbestandteile wie »Helpers« oder »Utils«.

Hier als Beispiel eine Klasse mit einer statischen Methode zur Formatierung eines Datums:

```
class DateStringHelper {
   static format(date) {
     return date.toString('yyyy-MM-dd');
  }
}

DateStringHelper.format(new Date());
```

Sie können die Zuständigkeit einem spezifischen Objekt übertragen:

```
class DateToStringFormatter {
   constructor(date) {
      this.date = date;
   }

   englishFormat() {
     return this.date.toString('yyyy-MM-dd');
  }
}

new DateToStringFormatter(new Date()).englishFormat();
```

Sie können eine Richtlinie festlegen, um statische Methoden (alle Klassenmethoden außer Konstruktoren) zu vermeiden. Klassen sind verkappte Globals. Ihr Protokoll mit Hilfsprogrammen oder Bibliotheksmethoden zu belasten, verringert die Kohäsion und führt zu Kopplung. Sie sollten statische Funktionen durch Refactorings extrahieren. In den meisten Sprachen können Sie Klassen nicht manipulieren und polymorph verwenden, d.h., Sie können sie nicht mocken (siehe »Mock-Objekte durch echte Objekte ersetzen« auf Seite 330) oder in Tests einbinden. Dadurch entsteht eine globale Referenz, die schwer zu entkoppeln ist.

Verwandte Rezepte

»Hilfsfunktionen und -klassen umbenennen und aufteilen« auf Seite 107

»Private Methoden testen« auf Seite 326

Goto-Anweisungen durch strukturierten Code ersetzen

Problem

In Ihrem Code kommen Goto-Anweisungen vor.

Lösung

Verwenden Sie grundsätzlich keine Goto-Anweisungen. Strukturieren Sie Ihren Code ohne globale oder lokale Sprünge.

Diskussion

Goto-Anweisungen werden seit mindestens 50 Jahren als schädlich betrachtet. Sie beeinträchtigen die Lesbarkeit und machen den Code schwerer nachvollziehbar. Stattdessen sollten Sie strukturierten Code verwenden und bei Bedarf Ausnahmen nutzen. Goto-Anweisungen wurden in populären Sprachen wie BASIC vor mehreren Jahrzehnten stark missbraucht, kommen allerdings in Low-Level-Sprachen weiterhin zur Steuerung des Programmflusses zum Einsatz.

Hier eine Funktion mit einer Goto-Anweisung:

```
int i = 0;

start:
if (i < 10)
{
    Console.WriteLine(i);
    i++;
    goto start;
}
```

Hier derselbe Algorithmus in einer strukturierteren Form:

```
for (int i = 0; i < 10; i++)
{
    Console.WriteLine(i);
}
```

Die Probleme, die Goto-Anweisungen verursachen, wurden schon vor Jahrzehnten erkannt. Dennoch sind sie selbst in modernen Sprachen wie Go, PHP, Perl, C# und anderen immer noch vorhanden. Glücklicherweise meiden die meisten Programmierer heutzutage Goto-Anweisungen und bevorzugen stattdessen strukturierte Programmierung.

Verwandte Rezepte

»Nullobjekte erstellen« auf Seite 231

Siehe auch

»Go To Statement Considered Harmful« von Edsger W. Dijkstra (*https://oreil.ly/9Rye7*)

Globale Klassen entfernen

Problem

Sie verwenden Klassen als globalen Zugriffspunkt.

Lösungen

Verwenden Sie Ihre Klassen nicht als globalen Zugriffspunkt. Verwenden Sie stattdessen spezialisierte Objekte.

Diskussion

Klassen sind global, wenn ihr Geltungsbereich nicht durch Namespaces eingeschränkt wird. Sie sind semiglobal, wenn Sie ihren Geltungsbereich durch vollqualifizierte Namespaces, Pakete oder Module beschränken. Wie bei anderen globalen Strukturen ist die Kopplung das größte Problem. Globals verunreinigen den Namensraum, wenn man zu viele von ihnen nutzt. Sie sind auch ein Einfallstor für den übermäßigen Einsatz von statischen Methoden, statischen Konstanten und Singletons (siehe »Singletons ersetzen« auf Seite 265). Sie können Namensräume oder Modulkennungen verwenden, um die Verschmutzung zu vermeiden. Halten Sie die globalen Namen immer so kurz wie möglich. Denken Sie daran, dass die einzige Aufgabe einer Klasse (siehe »String-Validierungen in Objekte umwandeln« auf Seite 63) darin besteht, Instanzen zu erzeugen, und nicht, als globaler Zugriffspunkt zu dienen.

> **Namensräume**
>
> *Namensräume* (Namespaces) werden verwendet, um Codeelemente wie Klassen, Funktionen und Variablen in logischen Gruppen zu organisieren. Das hilft, Namenskonflikte zu vermeiden, und ermöglicht eine eindeutige Identifizierung innerhalb eines bestimmten Bereichs. Namensräume erleichtern die Erstellung von modularem und wartbarem Code, indem sie verwandte Funktionalitäten zusammenfassen.

Hier gibt es einen globalen Zugriffspunkt mit einer statischen Methode:

```
final class StringUtilHelper {
    static function formatYYYYMMDD($dateToBeFormatted): string {
    }
}
```

Sie können den Geltungsbereich der Klasse festlegen und die statische Methode in eine Instanz verschieben:

```
namespace Dates;

final class DateFormatter {
   // Die Klasse DateFormatter ist nicht mehr global.
   public function formatYYYYMMDD(\DateTime $dateToBeFormatted): string {
   }
    // Funktion ist nicht statisch, da die einzige Verantwortlichkeit der Klasse
    // darin besteht, Instanzen zu erzeugen und nicht als Bibliothek von
    // Helferfunktionen zu dienen.
}
```

Noch besser ist es, DateFormatter in ein Methodenobjekt umzuwandeln:

```
namespace Dates;

final class DateFormatter {
    private $date;

    public function __construct(\DateTime $dateToBeFormatted) {
        $this->date = $dateToBeFormatted;
    }

    public function formatYYYYMMDD(): string {
    }
}
```

Beim Aufruf einer Klasse mit eingeschränktem Geltungsbereich gibt es eine klare Beziehung zwischen Modulen/Namensräumen:

```
use Dates\DateFormatter;
// Da DateFormatter nicht mehr global ist, benötigen Sie eine voll-
// qualifizierte Angabe. Sie können sogar Namenskonflikte auflösen.

$date = new DateTime('2022-12-18');
$dateFormatter = new DateFormatter($date);
$formattedDate = $dateFormatter->formatYYYYMMDD();
```

Alle Singletons (siehe »Singletons ersetzen« auf Seite 265) sind globale Zugriffspunkte:

```
class Singleton { }

final class DatabaseAccessor extends Singleton { }
```

Sie können auf die Datenbank in einem eingeschränkten Bereich zugreifen, ohne die Klasse aufzurufen:

```
namespace OracleDatabase;

class DatabaseAccessor {
    // Die Datenbank ist kein Singleton und im Namensraum eingeschränkt.
}
```

Sie können mit den meisten Lintern oder mithilfe von Abhängigkeitsregeln nach schlechten Klassenreferenzen suchen. Indem Sie Klassen auf kleine Bereiche beschränken und nach außen hin nur Fassaden offenlegen, können Sie die Kopplung stark reduzieren.

Verwandte Rezepte

»Globale Funktionen reifizieren« auf Seite 295

»Statische Funktionen reifizieren« auf Seite 296

»Klassen ohne Verhalten entfernen« auf Seite 317

Globale Datumserstellung anpassen

Problem

Sie verwenden in Ihrem Code `new Date()`.

Lösung

Vermeiden Sie das Anlegen leerer Datumswerte. Geben Sie ausdrücklich den Kontext an, der erklärt, welche Zeitquelle Sie benutzen.

Diskussion

Das Erstellen eines Datums ohne Kontext erzeugt Kopplungen und versteckte Annahmen über globale Systeme. Viele Systeme laufen in einer Cloud-Umgebung, in der die Zeitzone nicht immer eindeutig festgelegt ist. Hier ist ein klassisches Beispiel für eine derartige Verwendung:

```
var today = new Date();
```

Stattdessen sollten Sie es explizit machen:

```
var ouagadougou = new Location();
var today = timeSource.currentDateIn(ouagadougou);

function testGivenAYearHasPassedAccruedInterestsAre10() {
  var mockTime = new MockedDate(new Date(2021, 1, 1));
  var domainSystem = new TimeSystem(mockTime);
  // ..

  mockTime.moveDateTo(new Date(2022, 1, 1));

  // ... Sie legen den jährlichen Zinssatz fest.
  assertEquals(10, domainSystem.accruedInterests());
}
```

Sie sollten in Ihren Richtlinien globale Funktionen verbieten, da diese Sie dazu zwingen, sich an zufällige und austauschbare Zeitquellen zu binden. `date.today()`, `time.now()` und andere globale Systemaufrufe erzeugen Kopplung. Da Tests eine vollständige Kontrolle der Umgebung erfordern, sollten Sie in der Lage sein, die Zeit einfach einzustellen, vor- und zurückzubewegen usw.

`Date`- und `Time`-Klassen sollten ausschließlich unveränderliche Instanzen erzeugen. Es liegt nicht in ihrer Verantwortung, die aktuelle Zeit anzugeben. Das verstößt gegen das Single-Responsibility-Prinzip (siehe »String-Validierungen in Objekte umwandeln« auf Seite 63). Der Umgang mit dem Zeitverlauf wird von Programmierern oft vernachlässigt, was zu veränderbaren Objekten und schlechten, gekoppelten Designs führt.

> **Vollständige Umgebungskontrolle**
> Damit ist die Fähigkeit gemeint, die Umgebung, in der Tests ausgeführt werden, in allen Aspekten vollständig zu kontrollieren. Es geht darum, eine vorhersehbare Umgebung zu schaffen, in der Tests konsistent und unabhängig von externen Faktoren durchgeführt werden können. Dazu gehört die Berücksichtigung von externen Abhängigkeiten, Netzwerksimulation, Datenbankisolierung, Zeitsteuerung und vielem mehr.

Verwandte Rezepte

»Zeitstempel in Sequenzierung umwandeln« auf Seite 61

»Statische Funktionen reifizieren« auf Seite 296

KAPITEL 19

Hierarchien

> Ein wesentlicher Aspekt einer Klasse ist ihre Rolle als Speicherort für Code und Informationen, die von allen Instanzen (Objekten) dieser Klasse geteilt werden. Unter dem Gesichtspunkt der Effizienz ist das vorteilhaft, da es den Speicherbedarf minimiert und Änderungen zentral an einem einzigen Ort vorgenommen werden können. Es ist jedoch sehr verlockend, diesen Umstand auszunutzen, um Klassenhierarchien auf der Basis von gemeinsam genutztem Code anstatt von gemeinsamem Verhalten zu erstellen. Gründen Sie Hierarchien immer auf gemeinsame Verhaltensweisen.
>
> – *David West, Object Thinking*

Einführung

Aus historischen Gründen wird die Klassenvererbung oft fälschlicherweise für die Wiederverwendung von Code genutzt. Sie sollten stattdessen die Komposition bevorzugen, die sich aber nicht so direkt anbietet und deren Einsatz mehr Erfahrung erfordert. Komposition ist dynamisch und lässt sich einfach ändern, testen und wiederverwenden, was Ihren Designs Flexibilität verleiht. In diesem Kapitel finden Sie Rezepte zur Minimierung von zufälliger Kopplung, die durch Hierarchien entsteht.

Tiefe Vererbungshierarchien verflachen

Problem

Sie nutzen tiefe Hierarchien, um Code wiederzuverwenden.

Lösung

Identifizieren Sie das Protokoll und verflachen Sie die Hierarchie, indem Sie Komposition gegenüber Vererbung bevorzugen.

Diskussion

Die Wiederverwendung von Code durch statische Unterklassifizierung erzeugt mehr Kopplung als durch dynamische Komposition. Tiefe Hierarchien führen zu einer geringen Kohäsion und fragilen Basisklassen. Sie provozieren Methodenüberschreibungen und verletzen das Liskovsche Substitutionsprinzip, eines der SOLID-Grundprinzipien. Klassen innerhalb solcher Hierarchien sollten aufgebrochen und neu zusammengesetzt werden. Obwohl historisch in verschiedenen Artikeln und Büchern empfohlen wurde, Klassen zur Wiederverwendung von Code zu nutzen, bietet Komposition einen effizienteren und flexibleren Ansatz zur gemeinsamen Nutzung von Verhalten.

Liskovsches Substitutionsprinzip

Das *Liskovsche Substitutionsprinzip* verlangt, dass eine Funktion oder Methode, die dazu entworfen wurde, mit Objekten einer spezifischen Klasse zu arbeiten, in der Lage sein sollte, auch mit Objekten jeder Unterklasse dieser Klasse zu funktionieren, ohne unerwartetes Verhalten zu verursachen. Dieses Prinzip wird durch das »L« in »SOLID« repräsentiert (siehe »String-Validierungen in Objekte umwandeln« auf Seite 63).

Hier als Beispiel eine tiefe Hierarchie, die Robben – ein Grey Seal, eine Kegelrobbe, schmückt den Umschlag dieses Buchs – entsprechend ihrer wissenschaftlichen Klassifizierung repräsentiert:

```
class Animalia:
class Chordata(Animalia):
class Mammalia(Chordata):
class Carnivora(Mammalia):
class Pinnipedia(Carnivora):
class Phocidae(Pinnipedia):
class Halichoerus(Phocidae):
class GreySeal(Halichoerus):
```

So sieht es aus, wenn Sie spezifische Aspekte des Verhaltens, z. B. das Essverhalten, direkt und vollständig in der Klasse selbst definieren, anstatt dass es sich, wie im obigen Beispiel, aus der Summe aller von den Superklassen ererbten und gegebenenfalls in GreySeal() überschriebenen Methoden zusammensetzt:

```
class GreySeal:
    def eat(self): # Zusammengefasstes Verhalten.
    def sleep(self): # Zusammengefasstes Verhalten.
    def swim(self): # Zusammengefasstes Verhalten.
    def breed(self): # Zusammengefasstes Verhalten.
```

Viele Linter können die Tiefe des Vererbungsbaums (DIT, Depth of Inheritance) berechnen. Es ist ratsam, Ihre Hierarchien zu überdenken und sie gegebenenfalls zu straffen. Im folgenden Beispiel erfolgt eine Klassifizierung nach zufälligen Kriterien (anhand der Art, wie die Nutzung eines Servers in Rechnung gestellt wird):

```
class Server:
    @abstractmethod
    def calculate_cost(self):
        pass

class DedicatedServer(Server):
    def calculate_cost(self):
        # Beispiel: Kosten basierend auf CPU- und RAM-Nutzung.
        return self.cpu * 10 + self.ram * 5

class HourlyChargedServer(Server):
    def calculate_cost(self):
        # Beispiel: Kosten basierend auf CPU- und RAM-Nutzung multipliziert
        # mit Stunden.
        return (self.cpu * 5 + self.ram * 2) * self.hours
# Nachdem der Server erstellt wurde, können Sie die Abrechnungsmethode nicht
# mehr dynamisch ändern. Wenn Sie eine neue Abrechnungsmethode erstellen,
# wirkt sich das auf Ihre Serverhierarchie aus.
```

Hier wird die Abrechnungsmethode dynamisch durch Komposition geändert:

```
class Server:
    def calculate_cost(self):
        return self.charging.calculate_cost(self.cpu, self.ram)
    def change_charging_method(self, charging):
        self.charging = charging

class ChargingMethod():
    @abstractmethod
    def calculate_cost(self, cpu, ram):
        pass

class MonthlyCharging(Charging):
    def calculate_cost(self, cpu, ram):
        return cpu * 10 + ram * 5

class HourlyCharging(Charging):
    def calculate_cost(self, cpu, ram):
        return (cpu * 5 + ram * 2) * self.hours
# Sie können die Abrechnungsmethoden isoliert testen.Sie können neue
# Abrechnungsmethoden erstellen, ohne die Server zu beeinträchtigen.
```

Die Anwendung von Komposition bietet Ihnen mehr Flexibilität, Test- und Wiederverwendbarkeit und steht im Einklang mit dem Open-Closed-Prinzip (siehe »Boolesche Variablen reifizieren« auf Seite 209), da Änderungen durch Austausch der Komponenten erfolgen können, ohne die Klassenhierarchie zu verändern.

Komposition

Komposition ist eine Technik, die es erlaubt, komplexe Objekte aus einfacheren Objekten zusammenzusetzen (siehe »Small Objects erstellen« auf Seite 56). Im Gegensatz zur Vererbung, die eine »Ist-ein«- oder »Verhält-sich-wie-ein«-Beziehung definiert, etabliert Komposition eine »Hat-ein«-Beziehung zwischen Objekten (siehe »›Ist-ein‹-Beziehung durch Verhalten ersetzen« auf Seite 309).

Verwandte Rezepte

»Jo-Jo-Hierarchien durchbrechen« auf Seite 306

»Subklassifizierung zur Wiederverwendung von Code auflösen« auf Seite 307

»›Ist-ein‹-Beziehung durch Verhalten ersetzen« auf Seite 309

»Konkrete Klassen als final deklarieren« auf Seite 314

»Geschützte Attribute entfernen« auf Seite 320

Jo-Jo-Hierarchien durchbrechen

Problem

Bei der Suche nach einer konkreten Methodenimplementierung müssen Sie ständig in der Hierarchie auf- und absteigen, ein wenig so, als ob Sie Jo-Jo spielen würden.

Lösung

Vermeiden Sie die Erstellung tiefer Hierarchien. Verdichten Sie diese stattdessen.

Diskussion

Jo-Jo-Problem

Das *Jo-Jo-Problem* beschreibt die Schwierigkeit, durch umfangreiche Klassen- und Methodenhierarchien navigieren zu müssen, um den Code verstehen oder ändern zu können.

Tiefe Hierarchien entstehen oft durch das Ableiten von Klassen zur Wiederverwendung von Code, was die Lesbarkeit beeinträchtigen kann. Erstellt man bei nur geringfügigen Variationen des Verhaltens neue Unterklassen, schwächt das die Kohäsion. Sie sollten die Komposition gegenüber der Vererbung bevorzugen und tiefe Hierarchien refaktorieren.

Hier ein Beispiel für eine sehr spezialisierte Hierarchie:

```
abstract class Controller { }

class BaseController extends Controller { }
class SimpleController extends BaseController { }
class ControllerBase extends SimpleController { }
class LoggedController extends ControllerBase { }
class RealController extends LoggedController { }
```

Indem Sie Interfaces verwenden, fördern Sie die Delegation und vermeiden das Jo-Jo-Problem:

```
interface ControllerInterface { }

abstract class Controller implements ControllerInterface { }
```

```
final class LoggedControllerDecorator implements ControllerInterface { }
final class RealController implements ControllerInterface { }
```

Wenn Sie einen maximalen Schwellenwert für die Anzahl erlaubter Hierarchieebenen festlegen, können Linter verdächtige Klassenstrukturen identifizieren. Viele Programmieranfänger nutzen Hierarchien, um Code wiederzuverwenden, was zu stark gekoppelten Hierarchien mit geringer Kohäsion führt. Johnson und Foote wiesen bereits 1988 in ihrem Artikel »Designing Reusable Classes« auf die Problematik und die Notwendigkeit der Vereinfachung solcher Hierarchien hin. Die Entwicklergemeinschaft hat seitdem viel dazugelernt. Refaktorieren und vereinfachen Sie tiefe Jo-Jo-Hierarchien.

Verwandte Rezepte

»Tiefe Vererbungshierarchien verflachen« auf Seite 303

»Subklassifizierung zur Wiederverwendung von Code auflösen« auf Seite 307

Siehe auch

»Designing Reusable Classes« von Ralph E. Johnson und Brian Foote (*https://oreil.ly/lKRG1*)

Subklassifizierung zur Wiederverwendung von Code auflösen

Problem

Sie nutzen »Ist-ein«-Beziehungen und wiederverwenden Code, indem Sie Unterklassen bilden.

Lösung

Bevorzugen Sie die Komposition gegenüber Vererbung. Teilen Sie das Protokoll durch Delegation auf, und wiederverwenden Sie die kleinen, delegierten Objekte.

Diskussion

Die »Ist-ein«-Beziehung wird häufig missbräuchlich eingesetzt, lediglich von dem Wunsch geleitet, Implementierungsdetails der Superklasse zu nutzen. Sie sollten Vererbung nur verwenden, wenn ein Objekt zu einem anderen in einer »Verhält-sich-wie-ein«-Beziehung steht.

Das folgende Beispiel illustriert das beschriebene Problem:

```
public class Rectangle {

    int length;
```

```
    int width;

    public Rectangle(int length, int width) {
        this.length = length;
        this.width = width;
    }

    public int area() {
        return this.length * this.width;
    }
}

public class Square extends Rectangle {

    public Square(int size) {
        super(size, size);
    }

    public int area() {
        return this.length * this.length;
    }
}

public class Box extends Rectangle {
}
```

`Square` und `Box` sind aus verhaltensbezogener Perspektive keine wirklichen Rechtecke, da sie gegen das Liskovsche Substitutionsprinzip verstoßen (siehe »Tiefe Vererbungshierarchien verflachen« auf Seite 303). Sie können wie folgt refaktorieren:

```
abstract public class Shape {
    abstract public int area();
}

public final class Rectangle extends Shape {

    int length;
    int width;

    public Rectangle(int length, int width) {
        this.length = length;
        this.width = width;
    }

    public int area() {
        return this.length * this.width;
    }
}

public final class Square extends Shape {
    // Square ist keine Unterklasse von Rectangle mehr.

    int size;

    public Square(int size) {
        this.size = size;
    }
```

```
        public int area() {
            return this.size * this.size;
        }
    }

    public final class Box {
        // Box ist keine Unterklasse von Shape mehr.

        Square shape;

        public Box(int length, int width) {
            this.shape = new Rectangle(length, width);
        }

        public int area() {
            return shape.area();
        }
    }
```

Vererbung wird typischerweise verwendet, um eine »Ist-ein«-Beziehung zu modellieren, wobei eine Unterklasse eine spezifischere Version ihrer Superklasse darstellt. Im vorliegenden Fall ist `Square` jedoch keine spezielle Version eines `Rectangle`. Obwohl in der realen Welt ein Quadrat eine Art Rechteck ist, wird die Beziehung zwischen ihnen genauer als eine »Hat-ein«-Beziehung beschrieben, bei der ein Quadrat eine Rechteck-Form *hat*.

Das Problem entsteht, wenn man versucht, ein Quadrat mithilfe der `Rectangle`-Klassenhierarchie darzustellen. Ein Quadrat ist als ein Rechteck mit gleichen Seitenlängen definiert, sodass die Änderung der Länge einer `Rectangle`-Instanz, um ein Quadrat darzustellen, der Natur eines Rechtecks widerspricht, bei dem Länge und Breite unterschiedliche Werte haben können. Werden in Unterklassen konkrete Methoden überschrieben, kann dies Warnungen auslösen. Tiefe Hierarchien (mehr als drei Ebenen) sollten als Code-Smell betrachtet werden, der auf eine schlechte Subklassifizierung hinweist. Eine Ausnahme liegt vor, wenn eine Hierarchie dem Prinzip »verhält-sich-wie« folgt. In Legacy-Systemen sind tiefe Hierarchien und Methodenüberschreibungen recht verbreitet: Sie sollten refaktoriert und Unterklassen nur aus wesentlichen, nicht aus implementierungsbezogenen Gründen gebildet werden.

Verwandte Rezepte

»Jo-Jo-Hierarchien durchbrechen« auf Seite 306

»Ist-ein«-Beziehung durch Verhalten ersetzen

Problem

In Programmierschulen wird oft gelehrt, dass Vererbung eine »Ist-ein«-Beziehung repräsentiert.

Lösung

Konzentrieren Sie sich auf Protokolle und Verhalten und meiden Sie zufällige Vererbungsstrukturen.

Diskussion

Modelle, die einer »Ist-ein«-Logik folgen, beachten das Bijektionsprinzip nicht, was zu unerwartetem Verhalten führen kann. Sie überfrachten den Code mit Methodenüberschreibungen in Unterklassen und verstoßen gegen das Liskovsche Substitutionsprinzip (siehe »Tiefe Vererbungshierarchien verflachen« auf Seite 303).

Zwar klingt die Unterklasse-Beziehung überzeugend, wenn man »ist ein« ausspricht, aber die wahre Richtschnur für die Bijektion sollte ein »verhält sich wie ein« sein. Denken Sie stets in Begriffen von »verhält sich wie ein« und bevorzugen Sie Komposition vor Vererbung. Die »Ist-ein«-Relation hat ihren Ursprung in der Welt der Daten. Vielleicht kennen Sie Entity-Relationship-Diagramme zur strukturierten Darstellung von Datenmodellen, aber jetzt müssen Sie in Verhaltenskategorien denken. Verhalten ist wesentlich, Daten sind zufällig.

Entity-Relationship-Diagramme (ERD)

Entity-Relationship-Diagramme visualisieren die Datenstruktur einer Datenbank. Dabei werden Entitäten durch Rechtecke repräsentiert und die Beziehungen zwischen ihnen durch Linien, die diese Rechtecke verbinden.

Hier ein klassisches Beispiel:

```
class ComplexNumber {
    protected double realPart;
    protected double imaginaryPart;

    public ComplexNumber(double realPart, double imaginaryPart) {
        this.realPart = realPart;
        this.imaginaryPart = imaginaryPart;
    }
}

class RealNumber extends ComplexNumber {
    public RealNumber(double realPart) {
        super(realPart, 0);
    }

    public void setImaginaryPart(double imaginaryPart) {
        System.out.println("Cannot set imaginary part for a real number.");
    }
}
```

Sie können wie folgt refaktorieren:

```
class Number {
    protected double value;
```

```
    public Number(double value) {
        this.value = value;
    }
}

class ComplexNumber extends Number {
    protected double imaginaryPart;

    public ComplexNumber(double realPart, double imaginaryPart) {
        super(realPart);
        this.imaginaryPart = imaginaryPart;
    }
}

class RealNumber extends Number {
}
```

Jede reale Zahl »ist eine« komplexe Zahl, und jede ganze Zahl »ist eine« reelle Zahl, gemäß der mathematischen Definition. Aber eine reelle Zahl »verhält sich nicht wie« eine komplexe Zahl, da man auf ihr `real.setImaginaryPart()` nicht ausführen kann. Daher ist sie nach dem Bijektionsprinzip nicht als komplexe Zahl zu betrachten.

Verwandte Rezepte

»Subklassifizierung zur Wiederverwendung von Code auflösen« auf Seite 307

»Isolierte Klassen umbenennen« auf Seite 313

»Geschützte Attribute entfernen« auf Seite 320

Siehe auch

»Circle-Ellipse Problem« auf Wikipedia (*https://oreil.ly/zSrVO*)

Verschachtelte Klassen entfernen

Problem

Sie nutzen verschachtelte oder pseudo-private Klassen, die Implementierungsdetails verbergen.

Lösung

Vermeiden Sie den Einsatz verschachtelter Klassen. In der realen Welt gibt es diese nicht.

Diskussion

Verschachtelte Klassen verletzen das Bijektionsprinzip (wie in Kapitel 2 definiert), da sie nicht auf Konzepte der realen Welt abgebildet werden können. Sie sind schwierig zu testen und wiederzuverwenden, und ihr verborgener Geltungsbereich führt zu einer erhöhten Komplexität des Namensraums (*https://oreil.ly/xbPI7*) (siehe »Globale Klassen entfernen« auf Seite 299). Sie können die Klasse öffentlich machen und sie innerhalb des eigenen Namespace/Moduls platzieren oder eine Fassade verwenden (siehe »God Objects aufspalten« auf Seite 268), um die relevanten Teile offenzulegen und die irrelevanten zu verbergen. Einige Programmiersprachen erlauben die Erstellung von privaten Konzepten, die ausschließlich intern verwendet werden, doch sind diese schwerer zu testen, zu debuggen und wiederzuverwenden.

Hier ein Beispiel für eine verschachtelte Klasse:

```
class Address {
  String description = "Address: ";

  public class City {
    String name = "Doha";
  }
}

public class Main {
  public static void main(String[] args) {
    Address homeAddress = new Address();
    Address.City homeCity = homeAddress.new City();
    System.out.println(homeAddress.description + homeCity.name);
  }
}

// Die Ausgabe lautet "Address: Doha".
//
// Wenn Sie die Sichtbarkeit auf 'private class City' ändern,
//
// wird die Fehlermeldung "Address.City has private access in Address" angezeigt.
```

So sieht es aus, wenn sie die innere Klasse um eine Ebene anheben:

```
class Address {
  String description = "Address: ";
}

class City {
  String name = "Doha";
}

public class Main {
  public static void main(String[] args) {
    Address homeAddress = new Address();
    City homeCity = new City();
    System.out.println(homeAddress.description + homeCity.name);
  }
}

// Die Ausgabe lautet "Address: Doha".
//
// Jetzt können Sie das Stadtkonzept wiederverwenden und testen.
```

Viele Sprachen sind überladen mit komplexen, schicken Funktionen, die man nur selten benötigt. Es ist ratsam, sich auf eine minimale Anzahl von Konzepten zu beschränken, um unnötige Komplexität zu vermeiden und sich auf die wesentlichen Aspekte zu konzentrieren.

Siehe auch

»Java Inner Classes« auf W3Schools (*https://oreil.ly/hYQC9*)

Isolierte Klassen umbenennen

Problem

Ihre Klassen sind global, aber Sie verwenden als Klassennamen Kurzformen.

Lösung

Verwenden Sie für Unterklassen keine Kurzformen. Globalen Klassen sollten Sie immer vollständige, qualifizierte Namen geben.

Diskussion

Kurzformen und Abkürzungen beeinträchtigen die Lesbarkeit und erhöhen das Risiko für Fehler. In solchen Fällen sollten Sie die Klassen umbenennen, um mehr Kontext zu bieten, und Module, Namespaces oder vollqualifizierte Namen verwenden. Hier ein Beispiel für abgekürzte Klassennamen, in dem es um die Bewegungsrichtung des Mars-Rovers Perseverance geht:

```
abstract class PerserveranceDirection {
}

class North extends PerserveranceDirection {}
class East extends PerserveranceDirection {}
class West extends PerserveranceDirection {}
class South extends PerserveranceDirection {}

// Die Unterklassen verwenden kurze Namen, die außerhalb ihres Kontexts mehrdeutig
// sein können. Die Klassen könnten mit der Himmelsrichtung verwechselt werden.
```

So sieht es mit vollständig kontextualisierten Namen aus:

```
abstract class PerserveranceDirection { }

class PerserveranceDirectionNorth extends PerserveranceDirection {}
class PerserveranceDirectionEast extends PerserveranceDirection {}
class PerserveranceDirectionWest extends PerserveranceDirection {}
class PerserveranceDirectionSouth extends PerserveranceDirection {}

// Alle Unterklassen verwenden vollständig qualifizierte Namen.
```

Die automatische Erkennung solcher Probleme ist nicht trivial. Es empfiehlt sich, lokale Namenskonventionen für Unterklassen zu definieren und Namen sorgfältig zu wählen. Nutzen Sie, sofern Ihre Programmiersprache dies unterstützt, Module und Namensräume (siehe »Globale Klassen entfernen« auf Seite 299) sowie lokale Scopes, um Kollisionen zu vermeiden.

> Einige Sprachen erlauben die Nutzung von Namensräumen oder Modulen, in denen kurze Namen innerhalb eines spezifischen Geltungsbereichs verwendet werden können, um Namenskonflikte zu vermeiden.

Verwandte Rezepte

»Subklassifizierung zur Wiederverwendung von Code auflösen« auf Seite 307

Konkrete Klassen als final deklarieren

Problem

Ihre konkreten Klassen haben Unterklassen.

Lösung

Deklarieren Sie Ihre konkreten Klassen als final und passen Sie Ihre Hierarchie entsprechend an.

Diskussion

Konkrete Klassen eignen sich schlecht als Superklassen und verletzen das Liskovsche Substitutionsprinzip (siehe »Tiefe Vererbungshierarchien verflachen« auf Seite 303). Das Überschreiben von Methoden in einer konkreten Klasse kann problematisch sein, da Unterklassen eigentlich Spezialisierungen darstellen sollten. Sie sollten die Hierarchien refaktorieren und Komposition der Vererbung vorziehen. Blattklassen sollten konkret und Nicht-Blattklassen abstrakt sein.

Hier ist ein problematisches Beispiel für einen `Stack` (Stapel):

```
class Stack extends ArrayList {
    public void push(Object value) { ... }
    public Object pop() { ... }
}

// Stack verhält sich nicht wie eine ArrayList.
// Neben pop, push, top werden auch get, set,
// add, remove und clear implementiert oder überschrieben.
// Auf Stack-Elemente kann beliebig zugegriffen werden.

// Beide Klassen sind konkret.
```

Beide können von der Klasse `Collection` erben:

```
abstract class Collection {
    public abstract int size();
}

final class Stack extends Collection {
    private Object[] contents;

    public Stack(int maxSize) {
      contents = new Object[maxSize];
    }
    public void push(Object value) { ... }
    public Object pop() { ... }
    public int size() {
        return contents.length;
    }
}

final class ArrayList extends Collection {
    private Object[] contents;

    public ArrayList(Object[] contents) {
        this.contents = contents;
    }
    public int size() {
        return contents.length;
    }
}
```

Das Überschreiben einer Methode einer konkreten Klasse gilt als deutlicher Code-Smell. In den meisten Lintern können Sie eine entsprechende Richtlinie festlegen (siehe »Variablen als veränderlich deklarieren« auf Seite 74), am besten einen vordefinierten Schwellenwert, denn abstrakte Klassen sollten nur einige wenige konkrete Methoden enthalten. Zufällige Subklassifizierungen sind eine naheliegende und attraktive Option für Junior-Entwickler. Erfahrene Entwickler bevorzugen Komposition, da sie dynamischer, flexibler, erweiterbarer, testbarer, wartbarer und weniger gekoppelt als Vererbung ist. Subklassifizieren Sie eine Entität nur, wenn sie einer »Verhält-sich-wie-ein«-Beziehung folgt (siehe »›Ist-ein‹-Beziehung durch Verhalten ersetzen« auf Seite 309). Nach der Subklassifizierung sollte die Superklasse abstrakt sein.

Verwandte Rezepte

»Subklassifizierung zur Wiederverwendung von Code auflösen« auf Seite 307

Siehe auch

»Composition over Inheritance« auf Wikipedia (*https://oreil.ly/q9rcI*)

Klassenvererbung explizit definieren

Problem

Ihre Klassen sind abstrakt (abstract), endgültig (final) oder nicht spezifiziert, jedoch kennzeichnen Sie diese nicht explizit als solche.

Lösung

Falls Ihre Programmiersprache es unterstützt, sollten Sie Ihre Klassen ausdrücklich als abstrakt oder final deklarieren, damit der Compiler diese Geschäftsregeln durchsetzen kann.

Diskussion

Die Verwendung von Subklassifizierung zur Wiederverwendung von Code führt häufig zu Problemen. Sie sollten alle Blattklassen als *final* und alle anderen als *abstract* deklarieren. Diese Schlüsselwörter tragen dazu bei, Ihre Entwürfe eindeutiger zu machen. Das Management von Hierarchien und Kompositionen ist eine zentrale Aufgabe von Softwareentwicklern. Es ist entscheidend, Hierarchien wohlstrukturiert zu halten, um Kohäsion zu fördern und Kopplung zu vermeiden.

Bei den folgenden Klassen fehlt eine explizite Deklaration als final:

```
public class Vehicle
{
  // Diese Klasse ist keine Blattklasse und sollte daher als abstrakt deklariert
  // werden. Eine abstrakte Methode, die das Starten eines Fahrzeugs nur deklariert,
  // aber nicht definiert, da jedes Fahrzeug einen anderen Startmechanismus hat.
  abstract void start();
}

public class Car extends Vehicle
{
  // Diese Klasse ist eine Blattklasse und sollte daher als final deklariert werden.
}

public class Motorcycle extends Vehicle
{
  // Diese Klasse ist eine Blattklasse und sollte daher als final deklariert werden.
}
```

Sie können Hierarchieprobleme erkennen, indem Sie die Notation erzwingen:

```
abstract public class Vehicle
{
  // Diese Klasse ist keine Blattklasse und sollte daher als abstrakt deklariert
  // werden. Eine abstrakte Methode, die das Starten eines Fahrzeugs nur deklariert,
  // aber nicht definiert, da jedes Fahrzeug einen anderen Startmechanismus hat.
  abstract void start();
}
```

```
final public class Car extends Vehicle
{
  // Diese Klasse ist eine Blattklasse. Daher ist sie final.
}

final public class Motorcycle extends Vehicle
{
  // Diese Klasse ist eine Blattklasse. Daher ist sie final.
}
```

Überprüfen Sie Ihre Klassen und qualifizieren Sie diese jeweils als abstrakt oder final. Es darf keine zwei konkreten Klassen geben, bei denen eine von beiden die andere subklassifiziert.

Verwandte Rezepte

»Refactoring von Klassen mit nur einer Unterklasse« auf Seite 183

»Jo-Jo-Hierarchien durchbrechen« auf Seite 306

»Subklassifizierung zur Wiederverwendung von Code auflösen« auf Seite 307

»Geschützte Attribute entfernen« auf Seite 320

Siehe auch

»Designing Reusable Classes« von Ralph E. Johnson und Brian Foote (*https://oreil.ly/HigZu*)

Klassen ohne Verhalten entfernen

Problem

In Ihrem Code existieren Klassen ohne jegliches Verhalten. Aufgabe von Klassen ist es jedoch, Verhalten zu kapseln.

Lösung

Entfernen Sie alle leeren Klassen.

Diskussion

Klassen ohne Verhalten verletzen die Bijektion, da es in der realen Welt keine Objekte ohne Verhalten gibt. Relevante Beispiele sind überflüssige Ausnahme- und Zwischenklassen, die die Namensräume unnötig belasten. Sie sollten solche Klassen entfernen oder mit Verhalten versehen. Viele Entwickler betrachten Klassen immer noch fälschlicherweise als bloße Datencontainer und verwechseln das Bereitstellen unterschiedlicher Daten mit unterschiedlichem Verhalten.

Im folgenden Beispiel gibt es eine Klasse `ShopItem`, die kein eigenes Verhalten aufweist:

```
class ShopItem {
  code() { }
  description() { }
}

class BookItem extends ShopItem {
   code() { return 'book' }
   description() { return 'some book'}
}

// Diese konkrete Klasse hat kein echtes Verhalten, sondern gibt nur verschiedene
// "Daten" zurück.
```

So sieht es aus, wenn man refaktoriert:

```
class ShopItem {
  constructor(code, description) {
    // Code und Beschreibung validieren.
    this._code = code;
    this._description = description;
  }
  code() { return this._code }
  description() { return this._description }
  // Hier weitere Funktionen, um anämische Klassen zu vermeiden.
  // Getter sind auch Code-
Smells, daher müssen Sie gegebenenfalls weitere Rezepte anwenden.

bookItem = new ShopItem('book', 'some book');
// Weitere Artikel erstellen.
```

Einige Linter können vor leeren Klassen warnen. Sie können mithilfe von Metaprogrammierung auch Ihre eigenen Skripte erstellen (siehe Kapitel 23). Klassen definieren sich durch ihr Verhalten – leere Klassen jedoch weisen kein Verhalten auf und sind daher nutzlos.

Verwandte Rezepte

»Anämische Objekte in Rich Objects konvertieren« auf Seite 36

»DTOs entfernen« auf Seite 44

»Refactoring von Klassen mit nur einer Unterklasse« auf Seite 183

»Globale Klassen entfernen« auf Seite 299

»Unnötige Ausnahmen entfernen« auf Seite 354

Keine vorzeitige Klassenbildung vornehmen

Problem

Sie erstellen Abstraktionen, bevor ausreichend konkrete Beispiele vorhanden sind.

Lösung

Spekulieren Sie nicht über zukünftige Entwicklungen.

Diskussion

Das geflügelte Wort »Prognosen sind schwierig, besonders wenn sie die Zukunft betreffen« gilt auch in der Softwarebranche. Denken Sie daran, dass voreilige Schlüsse oft zu schlechtem Design führen. Warten Sie auf konkrete Beispiele, bevor Sie generalisieren, und nehmen Sie nur dann ein Refactoring vor, wenn genügend Beweise vorliegen. Entwickler neigen dazu, Dinge vorschnell zu klassifizieren und zu benennen, *bevor* ausreichendes Wissen und Verständnis für den Kontext vorhanden sind. Vermeiden Sie es, Objekte zu klassifizieren, bevor Sie ihr Verhalten, ihre Eigenschaften, Anforderungen oder Beziehungen vollständig verstanden haben.

Betrachten Sie das folgende Beispiel mit einer Klasse, die Eigenschaften von Liedern definiert:

```
class Song {
  constructor(title, artist) {
    this.title = title;
    this.artist = artist;
  }

  play() {
    console.log(`Playing ${this.title} by ${this.artist}`);
  }
}
```

Wenn Sie plötzlich klassische Stücke entdecken, könnten Sie versucht sein, von `Song` eine neue Klasse abzuleiten:

```
class ClassicalSong extends Song {
  constructor(title, artist, composer) {
    super(title, artist);
    this.composer = composer;
  }

  listenCarefully() {
    console.log(`I am listening to ${this.title} by ${this.composer}`);
  }
}

const goldberg = new ClassicalSong
    ("The Goldberg Variations", "Glenn Gould", "Bach");
```

Und für Popsongs:

```
class PopSong extends Song {
  constructor(title, artist, album) {
    super(title, artist);
    this.album = album;
  }
```

```
  danceWhileListening() {
    console.log(`I am dancing with ${this.title}`);
  }
}

const theTourist = new PopSong("The Tourist", "Radiohead", "OK, Computer");
```

Sie spekulieren, welche Genres künftig benötigt werden könnten. Und was passiert, wenn Sie sie vermengen?

```
class ClassicalPopSong extends ClassicalSong {
  constructor(title, artist, composer, album) {
    super(title, artist, composer);
    this.album = album;
  }

  danceWhileListening() {
    console.log(`${this.title} is a classical song with a pop twist`);
  }
}

const classicalPopSong = new ClassicalPopSong(
    "Popcorn Concerto", "Classical Pop Star", "Beethoven);
```

Eine abstrakte Klasse mit nur einer Unterklasse deutet auf eine voreilige Klassenbildung hin. Wenn Sie mit Klassen arbeiten, benennen Sie Abstraktionen, sobald sie auftauchen. Wählen Sie gute Namen auf Grundlage des Verhaltens, aber benennen Sie Abstraktionen nicht, bevor Sie Ihre konkreten Unterklassen benennen.

Verwandte Rezepte

»Subklassifizierung zur Wiederverwendung von Code auflösen« auf Seite 307

Geschützte Attribute entfernen

Problem

Sie verwenden in Ihren Klassen geschützte Attribute.

Lösung

Deklarieren Sie die Attribute als privat.

Diskussion

Geschützte Attribute

Ein *geschütztes Attribut* ist eine Instanzvariable oder Eigenschaft, auf die nur innerhalb der definierenden Klasse oder ihrer Unterklassen zugegriffen werden kann. Obwohl geschützte Attribute sich hervorragend eignen, um den Zugriff innerhalb einer Klassenhierarchie zu beschränken und gleichzeitig für Unterklassen zugänglich zu machen, können sie oft ein Hinweis auf tiefer liegende Probleme sein.

Sie weisen auf eine möglicherweise zu starke Subklassifizierung zur Wiederverwendung von Code und eine Verletzung des Liskovschen Substitutionsprinzips hin (siehe »Tiefe Vererbungshierarchien verflachen« auf Seite 303). Wie bei vielen anderen Rezepten gilt auch hier, Komposition statt Vererbung zu nutzen, Attribute nicht zu subklassifizieren und Verhalten in separate Objekte auszulagern. Oder Traits zu verwenden, sofern von der Programmiersprache unterstützt.

Traits

Traits sind Sammlungen von Methoden, die von verschiedenen Klassen wiederverwendet werden können, ohne dass diese von einer gemeinsamen Superklasse vererbt werden müssen. Sie bieten einen flexibleren Mechanismus zur Wiederverwendung von Code als Vererbung, indem sie Klassen erlauben, Verhalten aus mehreren Quellen zu übernehmen.

Hier ein Beispiel für geschützte Attribute:

```
abstract class ElectronicDevice {
    protected $battery;

    public function __construct(Battery $battery) {
        $this->battery = $battery; // Die Batterie wird an alle Geräte vererbt.
    }
}

abstract class IDevice extends ElectronicDevice {
    protected $operatingSystem; // Das Betriebssystem wird an alle Geräte vererbt.

    public function __construct(Battery $battery, OperatingSystem $ios) {
        $this->operatingSystem = $ios;
        parent::__construct($battery)
  }
}

final class IPad extends IDevice {
    public function __construct(Battery $battery, OperatingSystem $ios) {
        parent::__construct($battery, $ios)
  }
}

final class IPhone extends IDevice {
    private $phoneModule:

    public function __construct(Battery $battery,
                                OperatingSystem $ios,
                                PhoneModule $phoneModule) {
        $this->phoneModule = $phoneModule;
        parent::__construct($battery, $ios);
    }
}
```

So sieht es nach einem Refactoring aus:

```
interface ElectronicDevice { }

interface PhoneCommunication { }
```

```
final class IPad implements ElectronicDevice {
    private $operatingSystem; // Die Attribute sind mehrfach vorhanden.
    private $battery;
    // Wenn es zu viele duplizierte Verhaltensweisen gibt, sollten Sie diese
    // extrahieren.

    public function __construct(Battery $battery, OperatingSystem $ios) {
        $this->operatingSystem = $ios;
        $this->battery = $battery;
    }
}

final class IPhone implements ElectronicDevice, PhoneCommunication {
    private $phoneModule;
    private $operatingSystem;
    private $battery;

    public function __construct(Battery $battery,
                                OperatingSystem $ios,
                                PhoneModule $phoneModule) {
        $this->phoneModule = $phoneModule;
        $this->operatingSystem = $ios;
        $this->battery = $battery;
    }
}
```

In Sprachen, die geschützte Attribute unterstützen, können Sie diese durch Richtlinien verbieten oder eine entsprechende Warnung anzeigen lassen. Wägen Sie den Einsatz geschützter Attribute sorgfältig ab. Da sie ein potenzielles Problem darstellen, sollten Sie mit Attributen und Vererbung sehr vorsichtig sein.

Verwandte Rezepte

»Subklassifizierung zur Wiederverwendung von Code auflösen« auf Seite 307

Leere Implementierungen vervollständigen

Problem

In Ihrer Klassenhierarchie gibt es leere Methoden für zukünftige Implementierungen, die keinen Fehler verursachen.

Lösung

Vervollständigen Sie diese Methoden, indem Sie eine Ausnahme auslösen oder eine vorläufige Lösung implementieren.

Diskussion

Leere Methoden stehen im Widerspruch zum Fail-Fast-Prinzip, da sie eine funktionsfähige, aber potenziell fehlerhafte Lösung anbieten. Es ist empfehlenswert, einen

Fehler zu erzeugen, der darauf hinweist, dass die Implementierung noch aussteht. Einfach eine leere Implementierung hinzuzufügen, mag als schnelle Lösung erscheinen, um sich dringenderen Aufgaben zu widmen, aber solch ein Ansatz erschwert das Debugging, da der Code nicht umgehend fehlschlägt.

Hier ein Beispiel für eine leere Implementierung:

```
class MerchantProcessor {
  processPayment(amount) {
    // Keine Standardimplementierung.
  }
}
class MockMerchantProcessor extends MerchantProcessor {
  processPayment(amount) {
     // Leere Implementierung, um den Compiler zufriedenzustellen.
     // Tut nichts.
  }
}
```

So ist es aussagekräftiger und wird schneller scheitern:

```
class MerchantProcessor {
  processPayment(amount) {
    throw new Error('Should be overridden');
  }
}
class MockMerchantProcessor extends MerchantProcessor {
  processPayment(amount) {
     throw new Error('Will be implemented when needed');
  }
}
```

Sie können es auch durch eine echte Implementierung ersetzen:

```
class MockMerchantProcessor extends MerchantProcessor {
  processPayment(amount) {
    console.log('Mock payment processed: $${amount}');
  }
}
```

Da leere Implementierungen in bestimmten Situationen durchaus gerechtfertigt sein können, werden solche Probleme nur durch gute Peer-Reviews entdeckt.

Ein gewisses Maß an Faulheit kann in der Softwareentwicklung akzeptabel sein, etwa beim Aufschieben bestimmter Entscheidungen. Wichtig ist jedoch, dass solche Stellen im Code klar gekennzeichnet werden.

Verwandte Rezepte

»Mock-Objekte durch echte Objekte ersetzen« auf Seite 330

»Klassen ohne Verhalten entfernen« auf Seite 317

KAPITEL 20
Testen

> Kein noch so große Anzahl an Tests kann beweisen, dass eine Software fehlerfrei ist, aber ein einziger Test kann belegen, dass eine Software nicht korrekt arbeitet.
>
> – *Amir Ghahrai*

Einführung

Die Entwicklung ohne automatisierte Tests stellte in vergangenen Jahrzehnten eine große Herausforderung dar, da Entwickler hauptsächlich auf manuelles Testen und Debugging angewiesen waren, um Fehler in ihrer Software zu finden und zu korrigieren. Dabei wird eine Reihe von Tests durchgeführt, um die Funktionalität, Leistung und Stabilität der Software zu überprüfen. Das manuelle Vorgehens ist nicht nur sehr zeitaufwendig, dabei können Tester auch bestimmte Szenarien oder schwerwiegende Fehler übersehen.

Ohne automatisierte Testverfahren kostete das Debuggen und Beheben von Fehlern insgesamt deutlich mehr Zeit, was den Entwicklungsprozess verlangsamte und die Einführung neuer Funktionen oder Updates verzögerte. Außerdem war es schwierig, konsistente und verlässliche Ergebnisse über verschiedene Plattformen und Umgebungen hinweg zu gewährleisten. Entwickler waren gezwungen, ihre Software manuell auf unterschiedlichen Betriebssystemen, Browsern und Hardwarekonfigurationen zu testen, was zu unerwarteten Fehlern und Kompatibilitätsproblemen führen konnte. Man konnte sich nie ganz sicher sein, dass die Korrektur eines Fehlers oder die Entwicklung einer neuen Funktion nicht zu neu eingeführten Fehlern in zuvor funktionierenden Szenarien führte, und Endbenutzer waren daran gewöhnt, unerwartete Ausfälle bei bereits vorhandenen Features zu erleben.

Heutzutage ist das Schreiben von Tests eine Pflichtaufgabe für alle qualitätsbewussten Entwickler. Wenn die gesamte bestehende Funktionalität durch Tests abgedeckt ist, kann die Software jederzeit geändert werden. Es gibt zahlreiche Bücher und Kurse darüber, wie man qualitativ hochwertigen Code schreibt, aber nur wenige darüber, wie man effektive Tests entwickelt. Ich hoffe, dass Sie die Rezepte dieses Kapitels in Ihrer eigenen Testpraxis anwenden können.

Private Methoden testen

Problem

Sie wollen private Methoden testen.

Lösung

Testen Sie Ihre privaten Methoden nicht. Extrahieren Sie sie.

Diskussion

Jeder Entwickler stand schon einmal vor der Herausforderung, einen Test für eine interne Funktion oder Methode zu schreiben, die als wichtige Unterstützung für übergeordnete Funktionalitäten dient. Ohne die Zugriffsmodifikatoren der Methode zu ändern, können diese Methoden aufgrund der Kapselung nicht direkt getestet werden. Allerdings wäre es auch keine gute Idee, sie zu kopieren oder öffentlich zu machen. In der Regel sollten Sie Ihre Methoden nicht nur zu Testzwecken auf public ändern oder gar Metaprogrammierung verwenden, um den Zugriffsschutz zu umgehen (siehe Kapitel 23). Ist Ihre Methode trivial, benötigt sie keinen Test. Ist sie komplex, sollten Sie sie in ein Methodenobjekt konvertieren (siehe »Methode in ein Objekt extrahieren« auf Seite 159). Verschieben Sie private Berechnungen nicht in Hilfsprogramme (siehe »Hilfsfunktionen und -klassen umbenennen und aufteilen« auf Seite 107) und verwenden Sie keine statischen Methoden (siehe »Statische Funktionen reifizieren« auf Seite 296).

In diesem Beispiel wird die Zeit getestet, die das Licht benötigt, um von einem weit entfernten Stern zur Erde zu gelangen:

```
final class Star {

  private $distanceInParsecs;

  public function timeForLightReachingUs() {
    return $this->convertDistanceInParsecsToLightYears($this->distanceInParsecs);
  }

  private function convertDistanceInParsecsToLightYears($distanceInParsecs) {
      return 3.26 * $distanceInParsecs;
      // Die Funktion verwendet ein bereits vorhandenes Argument,
      // da sie privaten Zugriff auf $distanceInParsecs hat.
      // Das ist ein weiterer Indikator für einen Code-Smell.

      // Sie können diese Funktion nicht direkt testen, da sie privat ist.
  }
}
```

So sieht es aus, wenn Sie einen Konverter erstellen:

```
final class Star {

  private $distanceInParsecs;

  public function timeToReachLightToUs() {
      return (new ParsecsToLightYearsConverter())
        ->convert($this->distanceInParsecs);
  }
}

final class ParsecsToLightYearsConverter {
  public function convert($distanceInParsecs) {
      return 3.26 * $distanceInParsecs;
  }
}

final class ParsecsToLightYearsConverterTest extends TestCase {
  public function testConvert0ParsecsReturns0LightYears() {
    $this->assertEquals(0, (new ParsecsToLightYearsConverter())->convert(0));
  }
// Sie können viele Tests hinzufügen und sich auf dieses Objekt verlassen.
// Die zuvor in Star enthaltene Konversionsfunktion muss nicht mehr getestet werden,
// da die Berechnung an das separat testbare Methodenobjekt delegiert wurde.
// Die Methode timeToReachLightToUs() muss allerdings noch refaktoriert werden.
// Dies ist ein vereinfachtes Szenario.
}
```

Manche Unit-Test-Frameworks missbrauchen Metaprogrammierung (siehe Kapitel 23), um den Zugriffsschutz zu umgehen. Sie sollten als Lösung immer die Extraktion in ein Methodenobjekt wählen.

Verwandte Rezepte

»Hilfsfunktionen und -klassen umbenennen und aufteilen« auf Seite 107

»Methode in ein Objekt extrahieren« auf Seite 159

»Statische Funktionen reifizieren« auf Seite 296

»Metaprogrammierung entfernen« auf Seite 365

»Anonyme Funktionen reifizieren« auf Seite 369

Siehe auch

Should I Test Private Methods (*https://oreil.ly/q37Tx*)

Beschreibungen zu Assertions hinzufügen

Problem

Sie verwenden in Ihren Tests viele Assertions (Zusicherungen), beim Scheitern wird aber nur die übliche Standardbeschreibung angezeigt, ohne den spezifischen Grund zu nennen.

Lösung

Verwenden Sie Assertions, die im Fehlerfall aussagekräftige Beschreibungen anzeigen.

Diskussion

Wenn eine Assertion fehlschlägt, kommt es darauf an, möglichst schnell zu verstehen, warum sie fehlgeschlagen ist. Den Zusicherungen informative Beschreibungen hinzuzufügen, ist eine hervorragende Strategie, um dabei keine Zeit zu verlieren. Sie können darin auch Hinweise zur Problemlösung geben. Das ist zugleich ein perfekter Ersatz für Kommentare innerhalb des Codes. In der Beschreibung einer Assertion können Sie erklären, warum Sie ein bestimmtes Ergebnis erwarten – was Ihnen wiederum ermöglicht, explizite Design- oder Implementierungsentscheidungen zu treffen.

In diesem Beispiel werden zwei Collections verglichen:

```
public function testNoNewStarsAppeared()
  {
     $expectedStars = $this->historicStarsOnFrame();
     $observedStars = $this->starsFromObservation();
     // Diese Collections sind ziemlich umfangreich.

     $this->assertEquals($expectedStars, $observedStars);
     // Wenn etwas fehlschlägt, wird die Fehlersuche ziemlich aufwendig sein.
  }
```

So sieht es aus, wenn Sie der Assertion eine Beschreibung hinzufügen:

```
public function testNoNewStarsAppeared(): void
  {
     $expectedStars = $this->historicStarsOnFrame();
     $observedStars = $this->starsFromObservation();
     // Diese Collections sind ziemlich umfangreich.

     $newStars = array_diff($expectedStars, $observedStars);

     $this->assertEquals($expectedStars, $observedStars,
         'There are new stars ' . print_r($newStars, true));
     // Jetzt wird durch eine klare und aussagekräftige Nachricht
     // GENAU erklärt, warum die Assertion gescheitert ist.
  }
```

Die Tatsache, dass `assert` (oder `assertTrue`, `assert.isTrue`, `Assert.True`, `assert_true`, `XCTAssertTrue`, `ASSERT_TRUE`), `assertDescription` (`expect(true).toBe(false, 'message')`), `assertEquals("message", true, false)` und `ASSERT_EQ((true, false) << "message";)` und ähnliche Methoden sich bisweilen in Details und der Anzahl an Argumenten unterscheiden, können Sie sich zunutze machen, indem Sie die Richtlinien so anpassen, dass die Version mit der hilfreichsten Meldung bevorzugt wird. Seien Sie respektvoll gegenüber den Lesern Ihrer Assertions, zumal Sie in der Zukunft wahrscheinlich selbst dazugehören werden!

Siehe auch

xUnit: assert description deprecation (*https://oreil.ly/0LRQ0*)

assertTrue in spezifischere Assertions konvertieren

Problem

Sie verwenden in Ihren Tests Assertions mit Booleans.

Lösung

Verwenden Sie `assertTrue()` nur, wenn Sie einen booleschen Wert prüfen.

Diskussion

Auf boolesche Werte zu testen, erschwert die Fehlersuche. Falls möglich, sollten Sie eine spezifischere Assertion formulieren. Sie sollten prüfen, ob Sie die boolesche Bedingung besser formulieren und stattdessen `assertEquals` verwenden können. Wenn Sie einen booleschen Wert zusichern, können die Test-Engines nicht viel mehr tun, als Ihnen ohne weitere Hinweise mitzuteilen, dass etwas nicht funktioniert hat. Das erschwert die Fehlersuche.

Hier wird eine Zusicherung hinsichtlich einer booleschen Gleichheitsbedingung formuliert:

```
final class RangeUnitTest extends TestCase {

  function testValidOffset() {
    $range = new Range(1, 1);
    $offset = $range->offset();
    $this->assertTrue(10 == $offset);
    // Keine wesentliche funktionale Beschreibung.
    // Die Standardbeschreibung ist wenig aussagekräftig.
  }
}
```

Bei einem Fehlschlag zeigt Ihnen das Unit-Test-Framework an:

```
1 Test, 1 failed
Failing asserting true matches expected false
() <-- Keine Erklärung der Geschäftslogik :(

<Click to see difference> - Two booleans
(und ein Diff-Tool zeigt Ihnen zwei boolesche Werte an)
```

Das ist eine aussagekräftigere Assertion:

```
final class RangeUnitTest extends TestCase {

  function testValidOffset() {
    $range = new Range(1, 1);
    $offset = $range->offset();
```

```
        $this->assertEquals(10, $offset, 'All pages must have 10 as offset');
        // Der erwartete Wert sollte immer das erste Argument sein.
        // Es wurde eine funktionale, wesentliche Beschreibung hinzugefügt,
        // um die Standardbeschreibung zu ergänzen.
      }
    }
```

Bei einem Fehlschlag zeigt Ihnen das Unit-Test-Framework an:

```
1 Test, 1 failed
Failing asserting 0 matches expected 10
All pages must have 10 as offset <-- Geschäftslogische Beschreibung

<Click to see difference>
(Hier ist ein Diff-Tool hilfreich, insbesondere bei
komplexen Objekten oder JSON)
```

Diese Verbesserung des Codes bringt keinen Vorteil für die Berechnung, da beide Ausdrücke äquivalent sind, spezifischere Assertions erleichtern aber die Wartung und die Zusammenarbeit im Team erheblich. Wenn Sie Ihre booleschen Assertions refaktorieren, können Sie Fehler deutlich schneller beheben.

Verwandte Rezepte

»Boolesche Variablen reifizieren« auf Seite 209

»Vergleiche mit booleschen Werten ändern« auf Seite 222

Mock-Objekte durch echte Objekte ersetzen

Problem

In Ihren Tests verwenden Sie Mock-Objekte anstelle von echten Objekten.

Lösung

Ersetzen Sie die Mocks, wo immer möglich, durch echte Objekte.

Diskussion

Mock-Objekte

Mock-Objekte ahmen das Verhalten echter Objekte nach, um deren Verhalten zu testen oder zu simulieren. Dadurch lassen sich Softwarekomponenten testen, die von anderen Komponenten abhängig sind, z.B. von externen APIs oder Bibliotheken.

Mocking ist eine große Hilfe beim Testen von Verhalten. Aber wie bei vielen anderen Werkzeugen können Sie auch hier übertreiben. Mocks fügen zufällige Komplexität hinzu, sind schwieriger zu warten und vermitteln Ihnen ein falsches Sicherheitsgefühl. Sie werden irgendwann feststellen, dass Sie eine parallele Lösung mit echten Objekten und Mocks aufbauen, was die Wartbarkeit erschwert. In der Regel sollten Sie nur Entitäten mocken, die keine Geschäftsobjekte sind.

Im folgenden Beispiel wird ein Mock für ein Geschäftsobjekt verwendet:

```
class PaymentTest extends TestCase
{
    public function testProcessPaymentReturnsTrueOnSuccessfulPayment()
    {
        $paymentDetails = array(
            'amount' => 123.99,
            'card_num' => '4111-1111-1111-1111',
            'exp_date' => '03/2013',
        );

        $payment = $this->getMockBuilder('Payment')
            ->setConstructorArgs(array())
            ->getMock();
        // Sie sollten kein Geschäftsobjekt mocken!

        $authorizeNet = new AuthorizeNetAIM(
            $payment::API_ID, $payment::TRANS_KEY);
        // Dies ist ein externes und gekoppeltes System. Sie haben keine
        // Kontrolle darüber, daher werden die Tests fehleranfällig.

        $paymentProcessResult = $payment->processPayment(
            $authorizeNet, $paymentDetails);

        $this->assertTrue($paymentProcessResult);
    }
}
```

Sie können den Mock durch echte Objekte ersetzen und externe Abhängigkeiten simulieren:

```
class PaymentTest extends TestCase
{
    public function testProcessPaymentReturnsTrueOnSuccessfulPayment()
    {
        $paymentDetails = array(
            'amount' => 123.99,
            'card_num' => '4111-1111-1111-1111',
            'exp_date' => '03/2013',
        );

        $payment = new Payment(); // Payment ist ein echtes Objekt.

        $response = new \stdClass();
        $response->approved = true;
        $response->transaction_id = 123;

        $authorizeNet = $this->getMockBuilder('\AuthorizeNetAIM')
            ->setConstructorArgs(array($payment::API_ID, $payment::TRANS_KEY))
            ->getMock();

        // Externes System wird gemockt.
```

```
        $authorizeNet->expects($this->once())
            ->method('authorizeAndCapture')
            ->will($this->returnValue($response));

        $paymentProcessResult = $payment->processPayment(
            $authorizeNet, $paymentDetails);

        $this->assertTrue($paymentProcessResult);
    }
}
```

Hier geht es um ein architektonisches Muster, das sich nicht so leicht durch eine automatische Erkennungsregel entdecken lässt. Das Mocking zufälliger Aufgaben (Serialisierung, Datenbank- oder API-Zugriff) ist sehr gut geeignet, Kopplung zu vermeiden. Unter dem Strich sind Mocks, wie viele andere Testdoubles auch, hervorragende Werkzeuge.

Verwandte Rezepte

»Leere Implementierungen vervollständigen« auf Seite 322

Generische Assertions verfeinern

Problem

Sie verwenden Tests mit Assertions, die zu generisch sind.

Lösung

In Tests verwendete Assertions sollten präzise sein, weder zu vage noch zu spezifisch.

Diskussion

Definieren Sie keine schwachen Tests, um einen hohen Abdeckungsgrad zu erzielen. Generische Assertions vermitteln Ihnen ein falsches Sicherheitsgefühl. Sie sollten die richtigen Fälle prüfen, eine funktionale Zusicherung formulieren und vermeiden, Implementierungen zu testen. Das ist ein unklarer Test:

```
square = Square(5)

assert square.area() != 0
# Das führt zu falsch-negativen Ergebnissen, da nicht alle Fälle erfasst werden.
```

Dieser Test ist präziser:

```
square = Square(5)

assert square.area() = 25
# Assertions sollten präzise sein.
```

Sie können solche Fehler in Ihren Tests mithilfe von Mutationstests (siehe »Variablen von var in const ändern« auf Seite 73) entdecken. Verwenden Sie Entwicklungsansätze wie Test-Driven Development (TDD) (siehe »Unnötige Eigenschaften entfernen« auf Seite 66), die das Testen konkreter Geschäftsfälle verlangen, und formulieren Sie konkrete Assertions, die auf der Anwendungsdomäne basieren.

Verwandte Rezepte

»Mock-Objekte durch echte Objekte ersetzen« auf Seite 330

»Unzuverlässige Tests entfernen« auf Seite 333

Unzuverlässige Tests entfernen

Problem

Sie verwenden Tests, die nicht zuverlässig funktionieren.

Lösung

Verlassen Sie sich nicht auf Dinge, die Sie in Ihren Tests nicht kontrollieren können, wie externe Datenbanken oder Ressourcen im Internet. Wenn Ihre Tests willkürlich fehlschlagen, müssen Sie sie korrigieren.

Diskussion

Wenn Ihre Tests nicht zuverlässig funktionieren, werden Sie das Vertrauen in sie verlieren, was sich negativ auf Ihre »Testmoral« auswirkt. Möglicherweise bekommen Sie das Gefühl, dass Sie mit dem Hinzufügen oder Ausführen von Tests nur Zeit verschwenden. Tests sollten unter vollständiger Kontrolle der Umgebung stattfinden (siehe »Globale Datumserstellung anpassen« auf Seite 301). Es sollte keinen Raum für unberechenbares Verhalten und keine Freiheitsgrade geben. Beseitigen Sie alle Kopplungen. Fragile, intermittierende, sporadische oder erratische Tests sind in vielen Firmen und Organisationen verbreitet, untergraben aber das Vertrauen der Entwickler.

Unzuverlässige Tests sind Tests, die übermäßig empfindlich auf Änderungen in der Umgebung oder des zu testenden Systems reagieren. Tests können beispielsweise aufgrund von Änderungen der zugrunde liegenden Hardware, der Netzwerkkonnektivität oder der Softwareabhängigkeiten fehlschlagen. Unzuverlässige Tests sind problematisch, da sie häufig gewartet werden müssen und möglicherweise die tatsächliche Funktionalität des Systems nicht genau widerspiegeln.

Unzuverlässige Tests

Unzuverlässige oder *erratische Tests* (oft auch als »flaky tests« bezeichnet) führen zu inkonsistenten oder unvorhersehbaren Ergebnissen. Je nach Situation schlagen sie mal fehl, mal nicht, sodass sich nur schwer beurteilen lässt, ob der getestete Code korrekt funktioniert.

Hier ein Beispiel für einen erratischen Test:

```
public abstract class SetTest {

    protected abstract Set<String> constructor();

    @Test
    public final void testAddEmpty() {
        Set<String> colors = this.constructor();
        colors.add("green");
        colors.add("blue");
        assertEquals("{green. blue}", colors.toString());
       // Diese Assertion ist fehleranfällig, da das Ergebnis von der Reihenfolge
       // im Set abhängt und mathematische Mengen per Definition nicht sortiert
       // sind.
    }
}
```

Dieser Ansatz gewährleistet konsistentere Ergebnisse:

```
public abstract class SetTest {

    protected abstract Set<String> constructor();

    @Test
    public final void testAddEmpty() {
        Set<String> colors = this.constructor();
        colors.add("green");
        assertEquals("{green}", colors.toString());
    }

    @Test
    public final void testEntryAtSingleEntry() {
        Set<String> colors = this.createFromArgs("red");
        Boolean redIsPresent = colors.contains("red");
        assertEquals(true, redIsPresent);
    }
}
```

Fehlerhafte Tests können durch statistische Auswertungen erkannt werden, sollten aber nicht deaktiviert, sondern direkt korrigiert werden, weil ansonsten das durch die Tests geknüpfte Sicherheitsnetz geschwächt wird. Fragile Tests weisen auf Systemkopplung und nicht-deterministisches oder erratisches Verhalten hin, und Entwickler müssen viel Zeit und Arbeit investieren, um solche Fehlalarme zu bekämpfen.

Verwandte Rezepte

»Generische Assertions verfeinern« auf Seite 332

»Tests umformulieren, die von Datumswerten abhängen« auf Seite 343

Vergleiche von Gleitkommazahlen vermeiden

Problem

Sie verwenden Assertions, in denen Gleitkommazahlen verglichen werden.

Lösung

Vergleichen Sie keine Gleitkommazahlen.

Diskussion

Beim Vergleich von zwei Gleitkommazahlen in Tests können verschiedene Probleme auftreten, die auf die Art und Weise zurückzuführen sind, wie Gleitkommazahlen intern repräsentiert und gespeichert werden. Das wiederum kann unerwartete Testergebnisse zur Folge haben und das Erstellen zuverlässiger und genauer Tests erschweren.

Aufgrund von Rundungsfehlern können selbst bei Berechnungen, die theoretisch denselben Wert liefern sollten, leicht unterschiedliche Ergebnisse entstehen. Dadurch werden die Tests fragil und können falsch-negative oder falsch-positive Resultate melden. Deshalb sollten Sie Gleitkommazahlen grundsätzlich meiden, es sei denn, es liegen echte Leistungsprobleme vor – ansonsten wäre ihre Verwendung ein Fall von vorzeitiger Optimierung (siehe Kapitel 16). Stattdessen können Sie Zahlen mit beliebiger Genauigkeit verwenden und dies, falls Sie tatsächlich Gleitkommazahlen vergleichen müssen, mit einer bestimmten Toleranz tun. Der Vergleich von Gleitkommazahlen ist ein altbekanntes Problem der Informatik. Die übliche Lösung besteht darin, Vergleiche mit Schwellenwerten durchzuführen.

In diesem Beispiel werden zwei Gleitkommazahlen verglichen:

```
Assert.assertEquals(0.0012f, 0.0012f); // Veraltet.
Assert.assertTrue(0.0012f == 0.0012f); // Nicht JUnit - Code-Smell.
```

Die empfohlene Methode, um zwei Gleitkommazahlen zu vergleichen, sieht so aus:

```
float LargeThreshold = 0.0002f;
float SmallThreshold = 0.0001f;
Assert.assertEquals(0.0012f, 0.0014f, LargeThreshold); // true
Assert.assertEquals(0.0012f, 0.0014f, SmallThreshold); // false - Assertion
                                                        // schlägt fehl.

Assert.assertEquals(12 / 10000, 12 / 10000); // true
Assert.assertEquals(12 / 10000, 14 / 10000); // false
```

Auf diese Weise können Sie den direkten Vergleich zweier Gleitkommazahlen, den Sie grundsätzlich vermeiden sollten, umgehen.

Verwandte Rezepte

»Gleitkommazahlen in Dezimalzahlen konvertieren« auf Seite 380

Realistische Daten statt Testdaten verwenden

Problem

Sie verwenden bei Ihren Tests gefakte Daten.

Lösung

Verwenden Sie nach Möglichkeit reale Szenarien und echte Daten.

Diskussion

Gefakte Daten verletzen die Bijektion, wie sie in Kapitel 2 definiert ist. Das führt zu mangelhaften Testfällen und beeinträchtigt die Lesbarkeit. Sie sollten authentische Daten verwenden und den MAPPER nutzen, um reale Entitäten und Daten abzubilden. In der Vergangenheit haben Entwickler Domänendaten simuliert und mit abstrakten Daten getestet, orientiert am Wasserfall-Modell und weit entfernt von tatsächlichen Nutzern. Mit Ansätzen wie Bijektion und MAPPER, Domain-Driven Design und TDD wurden Benutzerakzeptanztests immer wichtiger.

Domain-Driven Design

Domain-Driven Design zielt darauf ab, die Gestaltung von Softwaresystemen an den geschäftlichen oder problembezogenen Domänen auszurichten, was den Code aussagekräftiger und wartbarer macht und enger an die geschäftlichen Anforderungen bindet.

Bei der Verwendung agiler Methoden ist es notwendig, mit realen Daten zu testen. Wenn Sie in einem Produktionssystem einen Fehler entdecken, sollten Sie einen Testfall hinzufügen, der mit echten Daten genau diesen Fehler abdeckt.

Benutzerakzeptanztests

Benutzerakzeptanztests (User Acceptance Tests) überprüfen, ob ein Softwaresystem oder eine Anwendung den geschäftlichen und nutzerseitigen Anforderungen entspricht und für den Einsatz in der Produktion bereit ist. Diese Tests erfolgen mit realen Daten und beinhalten Überprüfungen durch Endnutzer, um sicherzustellen, dass die Software ordnungsgemäß funktioniert und deren Anforderungen und Erwartungen entspricht.

Der folgende Test verwendet unrealistische Daten:

```
class BookCartTestCase(unittest.TestCase):
    def setUp(self):
        self.cart = Cart()

    def test_add_book(self):
       self.cart.add_item('xxxxx', 3, 10)
        # Das ist kein realstisches Beispiel.

       self.assertEqual(
```

```
            self.cart.total,
            30,
            msg='Book Cart total not correct after adding books')
        self.assertEqual(
            self.cart.items['xxxxx'],
            3,
            msg='Quantity of items not correct after adding book')

    def test_remove_item(self):
        self.cart.add_item('fgdfhhfhhh', 3, 10)
        self.cart.remove_item('fgdfhhfhrhh', 2, 10)
        # Bei echten Daten würde solch ein Tippfehler schneller auffallen.
        self.assertEqual(
            self.cart.total,
            10,
            msg='Book Cart total not correct after removing book')
        self.assertEqual(
            self.cart.items['fgdfhhfhhh'],
            1,
            msg='Quantity of books not correct after removing book')
```

Sie können Tippfehler wie im Beispiel vermeiden, indem Sie »Magische Zahlen durch Konstanten ersetzen« auf Seite 94 anwenden. Sie würden allerdings nicht den *gesamten* Text in Ihren Anwendungsfällen ersetzen. So sieht der Test aus, wenn echte Daten verwendet werden:

```
class BookCartTestCase(unittest.TestCase):
    def setUp(self):
        self.cart = Cart()

    def test_add_book(self):
        self.cart.add_item('Harry Potter', 3, 10)

        self.assertEqual(
            self.cart.total,
            30,
            msg='Book Cart total not correct after adding books')
        self.assertEqual(
            self.cart.items['Harry Potter'],
            3,
            msg='Quantity of items not correct after adding book')

    # Verwenden Sie nicht erneut das gleiche Beispiel.
    # Verwenden Sie ein weiteres, ECHTES Buch.
    def test_remove_item(self):
        self.cart.add_item('Divergent', 3, 10)
        self.cart.remove_item('Divergent', 2, 10)
        self.assertEqual(
            self.cart.total,
            10,
            msg='Book Cart total not correct after removing book')
        self.assertEqual(self.cart.items[
            'Divergent'],
            1,
            msg='Quantity of books not correct after removing book')
```

Bei der Verwendung echter Beispiele können immer noch Tippfehler vorkommen (etwa »Devergent« statt »Divergent«), aber Sie werden sie schneller erkennen. Tests zu lesen, ist der einzige Weg, um das Verhalten der Software zu verstehen, daher muss in den Tests größtmögliche Klarheit herrschen.

> In bestimmten Anwendungsbereichen und aufgrund gesetzlicher Vorschriften kann die Verwendung realer Daten ausscheiden. In solchen Fällen sollten sinnvolle Daten gefakt oder vollständig anonymisierte Daten verwendet werden.

Verwandte Rezepte

»Kommentare in Funktionsnamen umwandeln« auf Seite 133

Siehe auch

»Given-When-Then« auf Wikipedia (*https://oreil.ly/ttrjC*)

Verletzung der Kapselung vermeiden

Problem

Sie verwenden Tests, die die Kapselung verletzen.

Lösung

Schreiben Sie keine Methoden nur mit dem Zweck, sie in Ihren Tests zu verwenden.

Diskussion

Manchmal schreibt man, um Tests zu erleichtern, Code, der die Kapselung verletzt. Das führt zu schlecht definierten Schnittstellen und unnötiger Kopplung. Die Tests sollten unter vollständiger Kontrolle der Testumgebung durchgeführt werden. Wenn Sie Ihr Testobjekt nicht kontrollieren können, entstehen unerwünschte Abhängigkeiten. Es ist daher wichtig, diese zu minimieren.

Betrachten Sie folgendes Beispiel, in dem eine Methode speziell für das Testen erstellt wurde:

```
class Hangman {
    private $wordToGuess;

    function __construct() {
        $this->wordToGuess = getRandomWord();
        // Der Test kann dieses Detail nicht kontrollieren.
    }

    public function getWordToGuess(): string {
        return $this->wordToGuess;
```

```
            // Leider muss dies für Tests offenbart werden.
        }
    }

    class HangmanTest extends TestCase {
        function test01WordIsGuessed() {
            $hangmanGame = new Hangman();
            $this->assertEquals('tests', $hangmanGame->wordToGuess());
            // Wie kann das erratene Wort verifiziert werden?
        }
    }
```

Ein besserer Ansatz wäre:

```
class Hangman {
    private $wordToGuess;

    function __construct(WordRandomizer $wordRandomizer) {
        $this->wordToGuess = $wordRandomizer->newRandomWord();
    }
    function wordWasGuessed() { }
    function play(char letter) { }
}

class MockRandomizer implements WordRandomizer {
    function newRandomWord(): string {
        return 'tests';
    }
}

class HangmanTest extends TestCase {
    function test01WordIsGuessed() {
        $hangmanGame = new Hangman(new MockRandomizer());
        // Nun haben Sie die volle Kontrolle!
        $this->assertFalse($hangmanGame->wordWasGuessed());
        $hangmanGame->play('t');
        $this->assertFalse($hangmanGame->wordWasGuessed());
        $hangmanGame->play('e');
        $this->assertFalse($hangmanGame->wordWasGuessed());
        $hangmanGame->play('s');
        $this->assertTrue($hangmanGame->wordWasGuessed());
        // Es wird ausschließlich das Verhalten getestet.
    }
}
```

Das erste Beispiel, in dem eine Methode nur zum Testen bereitgestellt wird, ist ein Design-Smell. Open-Box-Tests, bei denen der Tester Einblick in die interne Struktur, den Code und die Arbeitsweise der Software hat, sind fehleranfällig. Solche Tests prüfen die Implementierung und nicht das Verhalten.

Verwandte Rezepte

»Objekte von Settern befreien« auf Seite 39

»Unzuverlässige Tests entfernen« auf Seite 333

Siehe auch

xUnit Test Patterns: Refactoring Test Code von Gerard Meszaros

Irrelevante Testinformationen entfernen

Problem

Sie verwenden in Tests irrelevante Daten.

Lösung

Fügen Sie Ihren Assertions keine überflüssigen Informationen hinzu.

Diskussion

Irrelevante Daten lenken die Aufmerksamkeit des Lesers ab und beeinträchtigen die Lesbarkeit sowie die Wartbarkeit. Sie sollten sie so weit wie möglich entfernen und sich auf die notwendigen Assertions beschränken. Die Tests sollten schlank sein und dem Setup/Exercise/Assert-Muster folgen.

Im folgenden Beispiel werden irrelevante Daten zu Fahrzeugmodellen und Farben verwendet:

```
def test_formula_1_race():
    # Setup
    racers = [
        {"name": "Lewis Hamilton",
        "team": "Mercedes",
        "starting_position": 1,
        "car_color": "Silver"},
        {"name": "Max Verstappen",
        "team": "Red Bull",
        "starting_position": 2,
        "car_color": "Red Bull"},
        {"name": "Sergio Perez",
        "team": "Red Bull",
        "starting_position": 3,
        "car_color": "Red Bull"},
        {"name": "Lando Norris",
        "team": "McLaren",
        "starting_position": 4,
        "car_color": "Papaya Orange"},
        {"name": "Valtteri Bottas",
        "team": "Mercedes",
        "starting_position": 5,
        "car_color": "Silver"}
]

    # Exercise
    winner = simulate_formula_1_race(racers)
```

```
    # Test
    assert winner == "Lewis Hamilton"

    # Diese Details sind für die Überprüfung des Gewinners irrelevant.
    assert racers[0]["car_color"] == "Silver"
    assert racers[1]["car_color"] == "Red Bull"
    assert racers[2]["car_color"] == "Red Bull"
    assert racers[3]["car_color"] == "Papaya Orange"
    assert racers[4]["car_color"] == "Silver"
    assert racers[0]["car_model"] == "W12"
    assert racers[1]["car_model"] == "RB16B"
    assert racers[2]["car_model"] == "RB16B"
    assert racers[3]["car_model"] == "MCL35M"
    assert racers[4]["car_model"] == "W12"
```

Das folgende Beispiel enthält nur die Informationen, die für den Test relevant sind:

```
def test_formula_1_race():
    # Setup
    racers = [
        {"name": "Lewis Hamilton", "starting_position": 1},
        {"name": "Max Verstappen", "starting_position": 2},
        {"name": "Sergio Perez", "starting_position": 3},
        {"name": "Lando Norris", "starting_position": 4},
        {"name": "Valtteri Bottas" "starting_position": 5},
    ]

    # Exercise
    winner = simulate_formula_1_race(racers)

    # Test
    assert winner == "Lewis Hamilton"
```

Überflüssige Assertions erkennen Sie oft an wiederkehrenden Mustern. Die Tests sollten sich fließend und verständlich lesen lassen. Bedenken Sie immer die Leser Ihrer Tests. In ein paar Monaten könnten *Sie* einer dieser Leser sein.

Verwandte Rezepte

»Generische Assertions verfeinern« auf Seite 332

Keine Pull Requests ohne Testabdeckung zulassen

Problem

Es liegen Pull Requests ohne Testabdeckung vor.

Lösung

Stellen Sie sicher, dass jede Codeänderung durch entsprechende Tests abgedeckt ist.

Diskussion

Pull Requests ohne Testabdeckung senken die Gesamtqualität des Systems und beeinträchtigen die Wartbarkeit. Wenn Sie Änderungen an der Codebasis vornehmen, sollten Sie zugleich die lebendige Spezifikation Ihres Codes updaten, indem Sie – statt tote Dokumentation zu erstellen, die beschreibt, was Ihr Code leistet – ein abdeckendes Anwendungsszenario erstellen.

Neuer Code muss entsprechend abgedeckt werden. Falls Sie dagegen Code mit bereits vorhandener Abdeckung ändern, haben Sie Glück gehabt: Sie brauchen nur die defekten Tests anzupassen.

Hier ein Beispiel für eine Funktionsänderung ohne Testabdeckung:

```
export function sayHello(name: string): string {
  const lengthOfName = name.length;
- const salutation =
- `How are you ${name}?, I see your name has ${lengthOfName} letters!`;
+ const salutation =
+ `Hello ${name}, I see your name has ${lengthOfName} letters!`;
  return salutation;
}
```

So sieht es aus, nachdem Sie die benötigten Tests hinzugefügt haben:

```
export function sayHello(name: string): string {
  const lengthOfName = name.length;
- const salutation = 'How are you ${name}?,'
- 'I see your name has ${lengthOfName} letters!';
+ const salutation = `Hello ${name},'
+ 'I see your name has ${lengthOfName} letters!';
  return salutation;
}
import { sayHello } from './hello';

test('given a name produces the expected greeting', () => {
  expect(sayHello('Alice')).toBe(
    'Hello Alice, I see your name has 6 letters!'
  );
});
```

Als Ausnahme kann es vorkommen, dass Code und Testumgebung in verschiedenen Repositories liegen, sodass möglicherweise unterschiedliche Pull Requests vorliegen. Die Testabdeckung ist genauso wichtig wie funktionaler Code. Ihr Testsystem ist Ihr erster und treuester Kunde – es verdient Ihre volle Aufmerksamkeit.

Verwandte Rezepte

»Kommentare in Funktionsnamen umwandeln« auf Seite 133

Tests umformulieren, die von Datumswerten abhängen

Problem

In einer Assertion beziehen Sie sich auf etwas, das in naher Zukunft passieren wird.

Lösung

Die Tests müssen unter vollständiger Kontrolle der Umgebung stattfinden (siehe »Globale Datumserstellung anpassen« auf Seite 301), und da Sie keine Kontrolle über die Zeitkomponente haben, sollten Sie solche Bedingungen entfernen.

Diskussion

Tests mit Assertions, in denen feste Datumswerte zugesichert werden, sind ein Spezialfall nicht-deterministischer Tests. Sie widersprechen dem Prinzip der geringsten Überraschung (siehe »Veränderliche Konstanten einfrieren« auf Seite 80) und können unerwartet fehlschlagen, was die CI/CD-Pipeline unterbricht. Tests sollten immer unter vollständiger Kontrolle der Umgebung durchgeführt werden. Die Verwendung eines festen Datums, um auf ein zukünftiges Ereignis zu prüfen (z.B. das Entfernen eines Feature-Flags), führt zu unvorhersehbarem Testversagen. Das kann weitere Releases blockieren und andere Entwickler daran hindern, ihre Änderungen einzuchecken. Weitere problematische Beispiele sind das Erreichen eines bestimmten Datums, Tests, die um Mitternacht ausgeführt werden, und verschiedene Zeitzonen.

Hier ist eine Assertion mit einem festen Datum:

```
class DateTest {
    @Test
    void testNoFeatureFlagsAfterFixedDate() {
        LocalDate fixedDate = LocalDate.of(2023, 4, 4);
        LocalDate currentDate = LocalDate.now();
        Assertions.assertTrue(currentDate.isBefore(fixedDate) ||
            !featureFlag.isOn());
    }
}
```

So sieht es aus, wenn Sie die Abhängigkeit von einem festen Datum entfernen:

```
class DateTest {
    @Test
    void testNoFeatureFlags() {
        Assertions.assertFalse(featureFlag.isOn());
    }
}
```

Obwohl es möglich ist, in Ihren Tests zeitbasierte Assertions zu verwenden, sollten Sie dabei besonders vorsichtig sein: Zeitabhängige Tests sind eine häufige Fehlerquelle.

Verwandte Rezepte

»Unzuverlässige Tests entfernen« auf Seite 333

Eine neue Programmiersprache lernen

Problem

Sie wollen eine neue Programmiersprache lernen und ein »Hello World«-Programm schreiben.

Lösung

Statt mit einem unpassenden Ansatz wie dem globalen Zugriff auf die Konsole zu beginnen, sollten Sie einen Test schreiben, der fehlschlägt, und diesen dann korrigieren.

Diskussion

Ein »Hello World«-Programm ist oft der erste Schritt für Anfänger, wenn sie mit dem Programmieren in einer neuen Sprache beginnen. Es greift direkt auf globale Systemressourcen wie die Konsole zu (siehe Kapitel 18) und erlaubt es nicht, das Ergebnis zu testen, da es Seiteneffekte erzeugt (siehe »Seiteneffekte beseitigen« auf Seite 82). Außerdem können Sie nicht überprüfen, ob Ihre Lösung dauerhaft funktioniert, wenn Sie keine automatisierten Tests dafür schreiben.

Das ist die übliche erste Anweisung:

```
console.log("Hello, World!");
```

Stattdessen sollten Sie mit folgendem Code anfangen:

```
function testFalse() {
  expect(false).toBe(true);
}
```

Sobald Sie diesen ersten fehlschlagenden Test haben, können Sie Ihre TDD-Reise (siehe »Unnötige Eigenschaften entfernen« auf Seite 66) beginnen und mithilfe dieser Methode hervorragende Softwarelösungen entwickeln.

Siehe auch

The Hello World Collection (*https://oreil.ly/bmB6_*)

KAPITEL 21

Technische Schulden

> Technische Schulden kann man sich ähnlich vorstellen wie Reibung in mechanischen Geräten: Je mehr Reibung aufgrund von Verschleiß, mangelnder Schmierung oder schlechter Konstruktion auftritt, desto schwieriger wird es, das Gerät zu bewegen, und umso mehr Energie muss aufgewendet werden, um den ursprünglichen Effekt zu erzielen. Andererseits ist Reibung beim Zusammenwirken mechanischer Teile unvermeidlich. Man kann sie nicht vollständig eliminieren, sondern nur ihre Auswirkungen verringern.
>
> *– Philippe Kruchten, Robert Nord, Ipek Ozkaya, Managing Technical Debt: Reducing Friction in Software Development*

Einführung

Technische Schulden zu vermeiden, ist bei der Softwareentwicklung entscheidend. Sie wirken sich auf viele Qualitätsmerkmale wie Lesbarkeit, Wartbarkeit, Skalierbarkeit, Zuverlässigkeit, langfristige Kosten, Code-Reviews, Zusammenarbeit, Reputation und Kundenzufriedenheit aus. Technische Schulden erschweren das Verstehen, Ändern und Warten des Codes, was zu verminderter Produktivität und Motivation führt. Eine frühzeitige Adressierung technischer Schulden gewährleistet eine höhere Codequalität, verbesserte Systemskalierbarkeit und Anpassungsfähigkeit und minimiert das Risiko von Ausfällen und Sicherheitslücken. Durch die Priorisierung von Clean Code und die Minimierung technischer Schulden liefern Sie zuverlässige Software, fördern effektive Zusammenarbeit und bewahren Ihren guten Ruf, was letztendlich zu gesteigerter Kundenzufriedenheit und größerem Geschäftserfolg führt.

Der Entwicklungszyklus endet nicht, sobald der Code funktioniert. Clean Code muss in allen Phasen korrekt funktionieren. In der heutigen Zeit, in der Code schneller denn je in Produktionsumgebungen ausgeliefert wird und die meisten Systeme unternehmenskritisch sind, ist die Entwicklung eines Prozesses zur Erstellung von qualitativ hochwertigem Code in den Produktionsphasen wichtiger denn je.

Technische Schulden

Der Begriff *technische Schulden* bezieht sich auf die im Laufe der Zeit anfallenden, zunehmenden Kosten für die Wartung und Verbesserung von Softwaresystemen aufgrund von schlechten Entwicklungspraktiken oder Designentscheidungen. Ähnlich wie bei finanziellen Schulden, bei denen Zinsen anfallen, häufen sich technische Schulden an, wenn Entwickler Abkürzungen nehmen, Kompromisse beim Design eingehen oder Probleme in der Codebasis nicht angemessen adressieren. Letztendlich zahlt man mehr für die anfallenden »Zinsen« als für den Wert des ursprünglichen »Kapitals«.

Produktionsabhängigen Code entfernen

Problem

Sie verwenden Code, der in der Produktionsumgebung anders funktioniert als während der Entwicklung.

Lösung

Fügen Sie keine Bedingungen ein, die prüfen, ob die Ausführung gerade in der Produktionsumgebung stattfindet.

Diskussion

Produktionsabhängiger Code verstößt gegen das Fail-Fast-Prinzip, da er möglicherweise nicht fehlschlägt, bevor der Code in der Produktionsumgebung ausgeführt wird. Es mangelt zudem an Testbarkeit, es sei denn, Sie können die Produktionsumgebung emulieren. Falls produktionsabhängiger Code unvermeidlich ist, können Sie Umgebungen modellieren und alle testen. Manchmal ist es notwendig, unterschiedliche Verhaltensweisen für Entwicklung und Produktion festzulegen, wie zum Beispiel die Stärke von Passwörtern. In solchen Fällen sollten Sie die Passwortstärke über eine Konfigurationseinstellung definieren und die dort festgelegte Strategie unabhängig von der tatsächlichen Laufzeitumgebung testen.

Dieser Code stützt sich auf eine globale, hartcodierte Konstante:

```
def send_welcome_email(email_address, environment):
  if ENVIRONMENT_NAME == "production":
    print("Sending a welcome email to {email_address} "
        "from Bob Builder <bob@builder.com>")
  else:
    print("Emails are sent only on production")

send_welcome_email("john@doe.com", "development")
# Hier passiert nichts. E-Mails werden nur in der Produktionsumgebung verschickt.

send_welcome_email("john@doe.com", "production")
# Senden einer Willkommens-E-Mail an john@doe.com,
# von Bob Builder <bob@builder.com>.
```

Einen besseren Ansatz zeigt das folgende Beispiel, in dem gemäß »Akzidentelle If-Anweisungen durch Polymorphie ersetzen« auf Seite 202 die zufällige If-Anweisung entfernt wurde:

```
class ProductionEnvironment:
  FROM_EMAIL = "Bob Builder <bob@builder.com>"

class DevelopmentEnvironment:
  FROM_EMAIL = "Bob Builder Development <bob@builder.com>"

# Sie können Umgebungen testen
# und sogar verschiedene Versandmechanismen implementieren.

def send_welcome_email(email_address, environment):
  print("Sending a welcome email to {email_address}"
      " from {environment.FROM_EMAIL}")
  # Sie können an einen gefakten Absender (und möglichen Logger) delegieren
  # und Unit-Tests durchführen.

send_welcome_email("john@doe.com", DevelopmentEnvironment())
# Senden einer Willkommens-E-Mail an john@doe.com,
# von Bob Builder Development <bob@builder.com>.

send_welcome_email("john@doe.com", ProductionEnvironment())
# Senden einer Willkommens-E-Mail an john@doe.com,
# von Bob Builder <bob@builder.com>.
```

Sie sollten grundlegende Konfigurationen für die Entwicklungs- bzw. Produktionsumgebung definieren und die spezifischen Einstellungen durch den Einsatz von anpassbaren, polymorphen Objekten steuern. Vermeiden Sie Bedingungen, die nicht testbar sind. Stattdessen sollten Sie Konfigurationen erstellen, die Geschäftsregeln delegieren. Nutzen Sie Abstraktionen, Protokolle und Interfaces und vermeiden Sie starre Hierarchien.

Verwandte Rezepte

»Auf Präprozessoren verzichten« auf Seite 371

Fehlertracker entfernen

Problem

Sie verwenden ein Fehlerverfolgungssystem, um bekannte Probleme zu verwalten.

Lösung

Für jede Software gibt es eine Liste mit bekannten Fehlern. Indem Sie Fehler direkt beheben, können Sie auf deren Nachverfolgung verzichten.

Diskussion

Fehlerverfolgungssysteme führen zu unübersichtlichen Listen und erzeugen technische sowie funktionale Schulden. Ich empfehle auch, diese Fehler nicht mehr als »Bugs« zu bezeichnen (siehe »Das einzig wahre Entwurfsprinzip für Software« auf Seite 28). Anstatt einen Fehler in einem Trackingsystem zu erfassen, sollten Sie ihn reproduzieren, das Szenario mit einem Test abdecken und dann die denkbar einfachste Korrektur vornehmen (gegebenenfalls auch hartcodiert). Später kann die Lösung bei Bedarf verfeinert werden. Auf diese Weise funktioniert TDD, die testgetriebene Entwicklung (siehe »Unnötige Eigenschaften entfernen« auf Seite 66). Viele Entwickler mögen es nicht, bei ihrer aktuellen Arbeit unterbrochen zu werden, und neigen dazu, Listen zu erstellen und Korrekturen aufzuschieben. Das ist jedoch ein Symptom des tiefer liegenden Problems, dass Software oft nicht einfach genug korrigiert werden kann. Wenn Sie nicht in der Lage sind, schnelle Korrekturen vorzunehmen, ohne sich auf Listen mit später zu adressierenden Fehlern zu stützen, ist dies ein Hinweis darauf, dass Sie Ihren Entwicklungsprozess verbessern müssen.

Hier ein Beispiel mit einem dokumentierten Fehler:

```
function divide($numerator, $denominator) {
  return $numerator / $denominator;
  // FIXME: Nenner könnte 0 sein.
  // TODO: Funktion umbenennen
}
```

Und so sieht es aus, wenn Sie das Problem sofort angehen:

```
function integerDivide($numerator, $denominator) {
  if ($denominator == 0) {
    throw new DivideByZeroException();
  }
  return $numerator / $denominator;
}

// Sie tilgen Ihre Schulden.
```

Minimieren Sie die Abhängigkeit von Fehlertrackern in Ihrer Entwicklungsarbeit. Kunden sollten ihre Probleme natürlich melden können, und Sie sollten diese so schnell wie möglich bearbeiten. Für Kundenanfragen ein Ticket- oder Issue-Trackingsystem einzusetzen, ist also durchaus sinnvoll.

Verwandte Rezepte

»ToDos und FixMes verhindern und entfernen« auf Seite 350

Siehe auch

»List of Software Bugs« auf Wikipedia (*https://oreil.ly/h3pY2*)

Warnungen/Strict-Modus nicht ausschalten

Problem

In der Produktionsumgebung sind Warnungen deaktiviert.

Lösung

Compiler und Warnhinweise sind zu Ihrer Unterstützung da. Ignorieren Sie sie nicht. Schalten Sie sie *immer* ein, auch in Produktionsumgebungen.

Diskussion

Wenn Sie Warnungen ignorieren, übersehen Sie Fehler und die Konsequenzen dieser Fehler, was das Fail-Fast-Prinzip verletzt (siehe Kapitel 13). Aktivieren Sie alle Warnungen und ermöglichen Sie Vorbedingungen sowie Assertions in der Produktion, um der Design-by-Contract-Methodik zu folgen (siehe »Vorbedingungen durchsetzen« auf Seite 191).

In diesem Beispiel sind die Warnungen deaktiviert:

```
undefinedVariable = 310;
console.log(undefinedVariable); // Ausgabe: 310

delete undefinedVariable; // Kein Fehler, Sie können undefinedVariable löschen.
```

Wenn Sie den Strict-Modus aktivieren:

```
'use strict'

undefinedVariable = 310;
console.log(undefinedVariable); // undefinedVariable ist nicht definiert.

delete undefinedVariable ; // Löschen eines unqualifizierten Identifiers
                           // im strict-Modus.
```

Die meisten Sprachen kennen unterschiedliche Warnstufen. Sie sollten die meisten von ihnen aktivieren. Sie sollten Linter verwenden, um Ihren Code statisch auf mögliche Probleme hin zu untersuchen, denn wenn Sie Warnungen ignorieren und sich die Codebasis fortentwickelt, wird sie früher oder später fehlschlagen. Je später ein Fehler auftritt, desto schwieriger wird es, die eigentliche Fehlerursache zu identifizieren. Wahrscheinlich liegt der ursprüngliche Defekt eher in der Nähe der ersten ignorierten Warnung als an der möglicherweise weit entfernten Stelle, an der das Problem schließlich offensichtlich wird. Der Broken-Windows-Theorie zufolge sollten Sie vermeiden, auftretende Warnungen zu ignorieren bzw. zu tolerieren, damit neue Probleme nicht unbemerkt in einem Meer von Warnungen untergehen.

Broken-Windows-Theorie

Die aus der Kriminologie stammende *Broken-Windows-Theorie* besagt, dass kleine, scheinbar unbedeutende Probleme oder Mängel (wie etwa zerbrochene Fenster in einem Gebäude) im weiteren Verlauf zu größeren und ernsteren Problemen (einem zunehmenden Verfall der Ordnung) führen können. Wenn ein Entwickler ein kleines Problem im Code bemerkt, es aber ignoriert, weil bereits andere »Fenster zerbrochen sind«, kann dies zu einer Kultur der Vernachlässigung führen, die einen Mangel an Aufmerksamkeit für Details im Entwicklungsprozess zur Folge hat.

Verwandte Rezepte

»Nullobjekte erstellen« auf Seite 231

»Optionale Argumente entfernen« auf Seite 275

Siehe auch

»Using Strict Mode to Catch Common Mistakes« in *JavaScript Cookbook*, 3rd Edition von Adam D. Scott et al.

The Art of Modern PHP 8 von Joseph Edmonds und Lorna Jane Mitchell

ToDos und FixMes verhindern und entfernen

Problem

Sie fügen Ihrem Code ToDos oder FixMes hinzu und erhöhen damit Ihre technischen Schulden.

Lösung

Hinterlassen Sie keine ToDos in Ihrem Code. Beheben Sie die Probleme sofort!

Diskussion

Sie müssen technische Schulden so gering wie möglich halten (wie bei anderen Schulden auch). Sie sollten in Ihrem Code keine ToDos und FixMes verwenden. Es ist besser, die Probleme direkt anzugehen, da sonst die »Zinsen« auf diese technischen Schulden wahrscheinlich nach einigen Monaten die ursprünglichen Schulden übersteigen.

Hier ein Beispiel mit einem ToDo, das irgendwann in der Zukunft umgesetzt werden soll:

```
public class Door
{
    private Boolean isOpened;
```

```
        public Door(boolean isOpened)
        {
            this.isOpened = isOpened;
        }

        public void openDoor()
        {
            this.isOpened = true;
        }

        public void closeDoor()
        {
            // TODO: Schließen der Tür implementieren und durch Test abdecken.
        }
    }
```

Sie sollten sich sofort darum kümmern, um technische Schulden zu vermeiden:

```
    public class Door
    {
        private Boolean isOpened;

        public Door(boolean isOpened)
        {
            this.isOpened = isOpened;
        }

        public void openDoor()
        {
            this.isOpened = true;
        }

        public void closeDoor()
        {
            this.isOpened = false;
        }
    }
```

Die meisten Linter können die ToDos im Code zählen. Alternativ können Sie eigene Tools entwickeln. Dann legen Sie Richtlinien fest, um die Anzahl der ToDos zu reduzieren. Falls Sie TDD verwenden (siehe »Unnötige Eigenschaften entfernen« auf Seite 66), schreiben Sie einen zusätzlichen, fehlschlagenden Test anstelle eines ToDo und implementieren den entsprechenden Code sofort. In einem TDD-Kontext sind ToDos nur dann akzeptabel, um sich an noch zu besuchende offene Pfade zu erinnern, wenn man beispielsweise nach der Methode des Depth-first Developments vorgeht.

Verwandte Rezepte

»Kleine Mängel beheben« auf Seite 146

»Fehlertracker entfernen« auf Seite 347

KAPITEL 22

Ausnahmen

> Optimierung behindert die Evolution. Alles sollte top-down entwickelt werden, außer beim ersten Mal. Einfachheit geht der Komplexität nicht voraus, sondern folgt ihr.
>
> – *Alan Perlis*

Einführung

Ausnahmen sind ein hervorragender Mechanismus, um Clean Code zu fördern, weil damit korrekte Use Cases von Fehlern unterschieden und Letztere elegant behandelt werden können. Leider hat man sich bei einigen trendigen Sprachen wie Go für eine herkömmliche Lösung mit Rückgabecodes entschieden, die man durchaus als vorzeitige Optimierung kritisieren könnte und die zur Verwendung einer Vielzahl von If-Anweisungen zwingt (die viele Entwickler gerne vergessen) und zudem nur Catchall-Exceptionhandler auf höherer Ebene bereitstellt.

Ausnahmen sind das beste Instrument, um Zuständigkeiten zu trennen, und helfen Ihnen dabei, den regulären Ablauf von Ausnahmesituationen zu unterscheiden, selbst in unvorhergesehenen Fällen. Sie erlauben eine gute Flusskontrolle und honorieren das Fail-Fast-Prinzip. Dennoch müssen sie gut durchdacht und richtig gehandhabt werden, um ihre Vorteile voll ausschöpfen zu können und potenzielle Fallstricke zu vermeiden.

Leere Ausnahmeblöcke entfernen

Problem

Sie ignorieren in Ihrem Code einige Ausnahmen.

Lösung

Ignorieren Sie Ausnahmen nicht. Behandeln Sie sie.

Diskussion

»On Error Resume Next« hieß eine vor nicht allzu langer Zeit weit verbreitete Praxis, die allerdings gegen das Fail-Fast-Prinzip (siehe Kapitel 13) verstößt und Ripple-Effekte verursacht. Sie sollten Ausnahmen abfangen und explizit behandeln. Hier ein Beispiel, in dem Ausnahmen ignoriert werden:

```
import logging

def send_email():
  print("Sending email")
  raise ConnectionError("Oops")

try:
  send_email()
except:
  # VERZICHTEN SIE NICHT AUF DIE AUSNAHMEBEHANDLUNG.
pass
```

So sieht es aus, wenn Sie die Ausnahmen behandeln:

```
import logging

logger logging.getLogger(__name__)
try:
  send_email()
except ConnectionError as exception:
  logger.error("Cannot send email {exception}")
```

Viele Linter können vor leeren Ausnahmeblöcken warnen. Wenn Sie in einem berechtigten Fall die Ausnahme bewusst übergehen und ignorieren müssen, sollten Sie dies ausdrücklich dokumentieren. Bereiten Sie sich auf den Umgang mit Fehlern vor. Selbst wenn Sie sich entscheiden, nichts zu tun, sollten Sie diese Entscheidung explizit formulieren.

Verwandte Rezepte

»Try-Blöcke kurz halten« auf Seite 363

Siehe auch

Paket »on-error-resume-next« (*https://oreil.ly/RpM9N*)

Unnötige Ausnahmen entfernen

Problem

Es gibt in Ihrem Code leere Ausnahmen.

Lösung

Mit vielen verschiedenen Ausnahmen wird Ihr Code zwar aussagekräftig und robust. Dennoch sollten Sie keine anämischen oder leeren Objekte erzeugen.

Diskussion

Leere Ausnahmen sind ein Symptom für Overdesign und belasten unnötigerweise den Namensraum. Sie sollten zusätzliche Ausnahmen nur hinzufügen, wenn diese sich von den bestehenden unterscheiden. Modellieren Sie Ausnahmen mit Objekten. Klassen können für bequeme Programmierer zur Falle werden.

In diesem Beispiel kommen viele leere Ausnahmen vor:

```
public class FileReader {

    public static void main(String[] args) {
        FileReader file = null;

        try {
            file = new FileReader("source.txt");
            file.read();
        }
        catch(FileDoesNotExistException e) {
            e.printStackTrace();
        }
        catch(FileLockedException e) {
            e.printStackTrace();
        }
        catch(FilePermissionsException e) {
            e.printStackTrace();
        }
        catch(Exception e) {
            e.printStackTrace();
        }
        finally {
            try {
                file.close();
            }
            catch(CannotCloseFileException e) {
                e.printStackTrace();
            }
        }
    }
}
```

Das ist kompakter:

```
public class FileReader {

    public static void main(String[] args) {
        FileReader file = null;

        try {
            file = new FileReader("source.txt");
            file.read();
```

```
            }
            catch(FileException exception) {
                if (exception.description ==
                    (this.expectedMessages().errorDescriptionFileTemporaryLocked() {
                    // Pausieren (sleep) und erneut versuchen.
                    // Das Verhalten der If-Anweisung ist
                    // bei allen Ausnahmen identisch.
                    // Ändern Sie einfach den Text bei der Objekterstellung
                    // und lösen Sie die passende Fehlerinstanz aus.
                }
                this.showErrorToUser(exception.messageToUser();
                 // Das ist ein vereinfachtes Beispiel.
                 // Sie sollten den Text übersetzen.
            }
            finally {
                try {
                    file.close();
                 } catch (IOException ioException) {
                    ioException.printStackTrace();
                 }
            }
        }
    }
```

Neu definierte Ausnahmen sollten Verhaltensmethoden überschreiben. Das bloße Vorhandensein von Attributen wie einem *Fehlercode*, einer *Beschreibung* oder der Kennzeichnung einer Operation als *wiederaufnehmbar* (resumable) stellt kein Verhalten dar. Sie würden sicherlich für mehrere Personen keine unterschiedlichen Klassen erstellen, nur damit die damit erzeugten Instanzen unterschiedliche Namen zurückgeben können. Warum sollten Sie es mit Ausnahmen tun? Wie oft fangen Sie eine bestimmte Ausnahme ab? Überprüfen Sie Ihren Code: Muss es eine Klasse sein? Sie sind bereits an die Klasse gekoppelt. Koppeln Sie stattdessen an die Beschreibung. Instanzen von Ausnahmen sollten *keine* Singletons sein.

Verwandte Rezepte

»Anämische Objekte in Rich Objects konvertieren« auf Seite 36

»Klassen ohne Verhalten entfernen« auf Seite 317

Keine Ausnahmen bei erwarteten Fällen auslösen

Problem

Sie verwenden Ausnahmen für erwartete und gültige Geschäftsfälle.

Lösung

Verwenden Sie keine Ausnahmen zur Steuerung des Kontrollflusses.

Diskussion

Ausnahmen ähneln Goto-Anweisungen und Flags (siehe »Goto-Anweisungen durch strukturierten Code ersetzen« auf Seite 298). Ihre Verwendung in regulären Fällen beeinträchtigt die Lesbarkeit und verstößt gegen das Prinzip der geringsten Überraschung (siehe »Veränderliche Konstanten einfrieren« auf Seite 80). Sie sollten Ausnahmen nur in unerwarteten Situationen und für Fälle verwenden, bei denen ein Contract verletzt wird (siehe »Vorbedingungen durchsetzen« auf Seite 191).

Hier ist ein Beispiel für eine Endlosschleife, die beim Überschreiten der Arraygrenzen eine Ausnahme auslöst:

```
try {
    for (int index = 0;; index++)
        array[index]++;
    } catch (ArrayIndexOutOfBoundsException exception) {}

// Endlosschleife ohne Endbedingung.
```

Dies ist deklarativer, da das Erreichen des Schleifenendes ein erwarteter Fall ist, der keinen Fehler auslösen sollte:

```
for (int index = 0; index < array.length; index++)
        array[index]++;

// index < array.length bricht die Ausführung ab.
```

Das ist ein semantischer Code-Smell. Ohne den Einsatz von maschinell lernenden Lintern (siehe »Variablen als veränderlich deklarieren« auf Seite 74) wird es sehr schwierig sein, diese Art von Fehlern zu entdecken. Ausnahmen sind hilfreich – und Sie sollten sie definitiv anstelle von Rückgabecodes verwenden. Die Grenze zwischen korrekter und inkorrekter Nutzung ist – wie bei so vielen Designprinzipien – fließend.

Verwandte Rezepte

»Unnötige Ausnahmen entfernen« auf Seite 354

»Rückgabecodes durch Ausnahmen ersetzen« auf Seite 359

Siehe auch

»Don't Use Exceptions for Flow Control« im C2-Wiki (*https://oreil.ly/8frWT*)

»Why You Should Avoid Using Exceptions as the Control Flow in Java« auf DZone (*https://oreil.ly/q0OEp*)

Verschachtelte Try/Catch-Blöcke vereinfachen

Problem

Sie nutzen viele verschachtelte Try/Catch-Anweisungen.

Lösung

Vermeiden Sie das Verschachteln von Ausnahmen. Andernfalls lässt sich nur schwer nachzuvollziehen, was in den inneren Blöcken passiert. Extrahieren Sie die Ausnahmebehandlung in eine separate Klasse oder Funktion.

Diskussion

Ausnahmen bieten eine effektive Möglichkeit, den regulären Ablauf vom Fehlerpfad zu trennen. Zu komplizierte Lösungen beeinträchtigen jedoch die Lesbarkeit. Hier ein Beispiel mit verschachtelten Try/Catch-Anweisungen:

```
try {
    transaction.commit();
} catch (exception) {
    logerror(exception);
    if (exception instanceOf DBError) {
      try {
          transaction.rollback();
      } catch (e) {
          doMoreLoggingRollbackFailed(e);
      }
    }
}

// Verschachtelte Try/Catch-Blöcke.
// Hier wird der Fehlerpfad stärker gewichtet als der reguläre
// Ablauf und zur Steuerung des Programmflusses genutzt.
```

So können Sie es refaktorieren:

```
try {
    transaction.commit();
} catch (transactionError) {
    this.handleTransactionError(
        transationError, transaction);
}

// In dieser Funktion ist keine Richtlinie für Transaktionsfehler definiert,
// daher gibt es keinen duplizierten Code, und der Code ist lesbarer.
// Es liegt an der Transaktion und dem Fehler, zu entscheiden, was zu tun ist.
```

Dieser Code-Smell kann mithilfe von Parse-Bäumen erkannt werden. Missbrauchen Sie keine Ausnahmen, erstellen Sie keine Ausnahmeklassen, die niemals abgefangen werden, und versuchen Sie nicht, auf jeden denkbaren Fall vorbereitet zu sein (es sei denn, es gibt ein realistisches Szenario mit einem abdeckenden Test). Der reguläre Ablauf sollte immer im Vordergrund stehen.

Verwandte Rezepte

»Unnötige Ausnahmen entfernen« auf Seite 354

»Keine Ausnahmen bei erwarteten Fällen auslösen« auf Seite 356

Siehe auch

»Nested Try Catch Block in Java – Exception Handling« auf BeginnersBook (*https://oreil.ly/W4r5H*)

Rückgabecodes durch Ausnahmen ersetzen

Problem

Sie verwenden Rückgabecodes anstelle von Ausnahmen.

Lösung

Übergeben Sie keine Rückgabecodes an sich selbst. Lösen Sie stattdessen Ausnahmen aus.

Diskussion

APIs und Low-Level-Sprachen verwenden anstelle von Ausnahmen Rückgabecodes, was zu unnötigen bedingten Anweisungen und Switch-Fällen führt, die den Code und die Geschäftslogik von regulären Fällen belasten. Rückgabecodes erhöhen die zufällige Komplexität, und die zugehörige Dokumentation kann leicht veralten. Es ist besser, bedingte Anweisungen zu vermeiden, generische Ausnahmen auszulösen und den regulären Ablauf klar von Ausnahmesituationen zu trennen.

Hier ein Beispiel, in dem ein Rückgabecode verwendet wird:

```
function createSomething(arguments) {
    // Magische Erstellung.
    success = false; // Erstellung ist fehlgeschlagen.
    if (!success) {
        return {
            object: null,
            httpCode: 403,
            errorDescription: 'You don't have permission to create...'
        };
    }

    return {
        object: createdObject,
        httpCode: 201,
        errorDescription: ''
    };
}
```

```
var myObject = createSomething('argument');
if (myObject.errorCode !== 201) {
    console.log(myObject.httpCode + ' ' + myObject.errorDescription)
}
// myObject enthält nicht das erwartete Objekt, sondern ein
// implementierungsabhängiges (zufälliges) Hilfsobjekt,
// dessen Details Sie von jetzt ab immer mit bedenken müssen.
```

Hier wird eine explizite Prüfung vorgenommen:

```
function createSomething(arguments) {
    // Magische Erstellung.
    success = false; // Erstellung ist fehlgeschlagen.
    if (!success) {
        throw new Error('You don't have permission to create...');
    }

    return createdObject;
}

try {
    var myObject = createSomething('argument');
    // Keine If-Anweisungen, nur der reguläre Fall.
} catch (exception) {
    // Gehen Sie mit dem Fehler um!
    console.log(exception.message);
}
// myObject enthält das erwartete Objekt.
```

Sie können Ihre Linter so konfigurieren, dass sie Muster erkennen, bei denen Ganzzahlen und Zeichenfolgen in Kombination mit If-Anweisungen und Rückgabeprüfungen vorkommen. Als externe Kennungen können Sie durchaus IDs und Codes verwenden, da sie bei der Interaktion mit einem externen System (z.B. einer REST-API) hilfreich sein können. Sie sollten sie jedoch nicht in Ihren eigenen Systemen oder internen APIs verwenden. Erstellen Sie allgemeine Ausnahmen und lösen Sie diese aus. Spezifische Ausnahmen sollten nur dann erstellt werden, wenn Sie bereit sind, sie zu behandeln, und sie spezifisches Verhalten aufweisen. Erstellen Sie keine anämischen Ausnahmen und meiden Sie unausgereifte Sprachen, die auf vorzeitige Optimierung setzen (*https://oreil.ly/Ea2ev*) (siehe Kapitel 16) und bei Fehlern mit Rückgabecodes arbeiten.

Verwandte Rezepte

»Unnötige Ausnahmen entfernen« auf Seite 354

Siehe auch

»Clean Code: Chapter 7 – Error Handling« von Nicole Carpenter (*https://oreil.ly/KmT1Q*)

Verschachtelten Pfeilcode refaktorieren

Problem

Sie nutzten verschachtelten Pfeilcode zur Behandlung von Ausnahmen.

Lösung

Verschachteln Sie Ihre Ausnahmen nicht.

Diskussion

Pfeilcode ist ein Code-Smell (siehe »Verschachtelte Bedingungen refaktorieren« auf Seite 216). Die Verwendung einer übermäßigen Anzahl von Ausnahmen ebenfalls. Das ist eine tödliche Kombination, die die Lesbarkeit beeinträchtigt und die Komplexität erhöht. Sie können die verschachtelten Klauseln refaktorieren. In diesem Beispiel kommt eine Flut von Ausnahmen vor:

```
class QuotesSaver {
    public void Save(string filename) {
        if (FileSystem.IsPathValid(filename)) {
            if (FileSystem.ParentDirectoryExists(filename)) {
                if (!FileSystem.Exists(filename)) {
                    this.SaveOnValidFilename(filename);
                } else {
                    throw new IOException("File exists: " + filename);
                }
            } else {
                throw new IOException("Parent directory missing at " + filename);
            }
        } else {
            throw new IllegalArgumentException("Invalid path " + filename);
        }
    }
}
```

Das ist lesbarer:

```
public class QuotesSaver {
    public void Save(string filename) {
        if (!FileSystem.IsPathValid(filename)) {
            throw new ArgumentException("Invalid path " + filename);
        } else if (!FileSystem.ParentDirectoryExists(filename)) {
            throw new IOException("Parent directory missing at " + filename);
        } else if (FileSystem.Exists(filename)) {
             throw new IOException("File exists: " + filename);
        }
        this.SaveOnValidFilename(filename);
    }
}
```

Ausnahmen sind weniger kritisch als reguläre Fälle. Wenn es mehr Ausnahmecode als normalen Code gibt, dann wird es Zeit, Ihren Code zu verbessern.

Verwandte Rezepte

»Verschachtelten Pfeilcode refaktorieren« auf Seite 219

»Unnötige Ausnahmen entfernen« auf Seite 354

Low-Level-Fehler vor Endbenutzern verstecken

Problem

Sie zeigen den Endbenutzern Low-Level-Meldungen an.

Lösung

Fangen Sie Ihre Fehler ab, einschließlich der unerwarteten.

Diskussion

Sind Sie schon einmal auf einer Website auf eine Meldung wie diese gestoßen?

> 'Fatal error: Uncaught Error: Class 'logs_queries_web' not found in /var/www/html/query-line.php:78 Stack trace: #0 {main} thrown in /var/www/html/query-line.php on line 718'

Das zeugt von schlechter Fehlerbehandlung und kann Sicherheitsprobleme nach sich ziehen. Außerdem leidet dadurch die Benutzererfahrung. Sie sollten immer einen Top-Level-Handler verwenden und Sprachen meiden, die primär mit Rückgabecodes arbeiten (siehe »Rückgabecodes durch Ausnahmen ersetzen« auf Seite 359). Seien Sie darauf vorbereitet, dass Datenbank- und Low-Level-Fehler auftreten können, und testen Sie diese, bevor Sie den Code in Produktion nehmen. Es ist heutzutage nicht unüblich, dass selbst »seriöse« Websites normale Benutzer mit Debugging-Meldungen oder einem Stack-Trace konfrontieren.

Hier ein (schlimmstenfalls für Benutzer sichtbarer) Stack-Trace:

```
Fatal error: Uncaught Error: Class 'MyClass'
  not found in /nstest/src/Container.php:9
```

Richten Sie einen Top-Level-Errorhandler ein:

```
// Eine benutzerdefinierte Funktion zur Ausnahmebehandlung.
function myException($exception) {
    logError($exception->description())
    // Die Ausnahme wird den Benutzern nicht angezeigt.
    // Das ist eine Entscheidung auf Geschäftsebene.
    // Sie könnten auch eine generelle Benutzerfehlermeldung anzeigen.
}

// Festlegen des benutzerdefinierten Exceptionhandlers.
set_exception_handler("myException");
```

Sie können Mutationstests (siehe »Variablen von var in const ändern« auf Seite 73) verwenden, um Probleme zu simulieren und zu überprüfen, ob sie korrekt behandelt werden. Vermeiden Sie schludrige Lösungen, um Ihren Ruf als seriöser Softwareentwickler nicht zu gefährden.

Verwandte Rezepte

»Rückgabecodes durch Ausnahmen ersetzen« auf Seite 359

Try-Blöcke kurz halten

Problem

Ihre Try-Blöcke enthalten zu viele Anweisungen.

Lösung

Seien Sie bei der Behandlung von Fehlern so spezifisch wie möglich.

Diskussion

Ausnahmen sind nützlich. Sie sollten jedoch möglichst präzise gefasst werden, um das Fail-Fast-Prinzip zu honorieren, keine Fehler zu übersehen und falsch-negative Ergebnisse zu vermeiden. Beschränken Sie Try-Blöcke auf möglichst kleine Codeabschnitte und beachten Sie das Prinzip »Throw early and catch late«, das besagt, dass Fehler früh ausgelöst, aber spät aufgefangen werden sollen.

Hier ein Beispiel mit einem zu umfangreichen Try-Block:

```
import calendar, datetime
try:
    birthYear= input('Birth year:')
    birthMonth= input('Birth month:')
    birthDay= input('Birth day:')
    # Es wird nicht erwartet, dass diese drei Anweisungen fehlschlagen.
    print(datetime.date(int(birthYear), int(birthMonth), int(birthDay)))
except ValueError as e:
    if str(e) == 'month must be in 1..12':
        print('Month ' + str(birthMonth) +
              ' is out of range. The month must be a number in 1...12')
    elif str(e) == 'year {0} is out of range'.format(birthYear):
        print('Year ' + str(birthYear) +
              ' is out of range. The year must be a number in ' +
              str(datetime.MINYEAR) + '...' + str(datetime.MAXYEAR))
    elif str(e) == 'day is out of range for month':
        print('Day ' + str(birthDay) +
              ' is out of range. The day must be a number in 1...' +
              str(calendar.monthrange(birthYear, birthMonth)))
```

So sieht es aus, wenn man den Try-Block kürzt:

```
import calendar, datetime

# Sie können spezifische Try-Blöcke hinzufügen, die Fehler
# behandeln, die von den folgenden drei Anweisungen verursacht werden:

birthYear= input('Birth year:')
birthMonth= input('Birth month:')
birthDay= input('Birth day:')
# Der Umfang des Try-Blocks sollte möglichst gering sein.
try:
    print(datetime.date(int(birthYear), int(birthMonth), int(birthDay)))
except ValueError as e:
    if str(e) == 'month must be in 1..12':
        print('Month ' + str(birthMonth) + ' is out of range. '
              'The month must be a number in 1...12')
    elif str(e) == 'year {0} is out of range'.format(birthYear):
        print('Year ' + str(birthYear) + ' is out of range. '
              'The year must be a number in ' +
              str(datetime.MINYEAR) + '...' + str(datetime.MAXYEAR))
    elif str(e) == 'day is out of range for month':
        print('Day ' + str(birthDay) + ' is out of range. '
              'The day must be a number in 1...' +
              str(calendar.monthrange(birthYear, birthMonth)))
```

Wenn Sie eine ausreichend gute Testsuite nutzen, können Sie Mutationstests durchführen (siehe »Variablen von var in const ändern« auf Seite 73), um den Umfang der Ausnahmen so weit wie möglich einzugrenzen. Es ist wichtig, Ausnahmen so präzise wie möglich zu definieren.

Throw early and catch late

»Throw early and catch late« bedeutet, Fehler oder Ausnahmen so früh wie möglich im Programmablauf zu erkennen und auszulösen, aber ihre tatsächliche Behandlung in eine höhere Ebene oder einen geeigneteren Kontext zu verschieben, wo mehr Informationen für eine angemessene Reaktion verfügbar sind. Ziel ist es, Fehler erst dort zu behandeln, wo ausreichend Kontextinformationen für eine fundierte Entscheidung vorliegen, anstatt vorschnelle lokale Entscheidungen auf der Basis potenziell unvollständiger Informationen zu treffen.

Verwandte Rezepte

»Unnötige Ausnahmen entfernen« auf Seite 354

»Keine Ausnahmen bei erwarteten Fällen auslösen« auf Seite 356

KAPITEL 23

Metaprogrammierung

Software ist wie Entropie: Sie ist schwer zu fassen, wiegt nichts und gehorcht dem Zweiten Hauptsatz der Thermodynamik, d. h., sie nimmt ständig zu.

– *Norman Augustine*

Einführung

Metaprogrammierung bezieht sich auf die Fähigkeit einer Programmiersprache, die Manipulation, Erzeugung und Änderung von Code zur Laufzeit zu ermöglichen. Das ist faszinierend. Wenn Sie es einmal entdeckt haben, werden Sie feststellen, dass es das Werkzeug ist, mit dem sich jedes Problem lösen lässt. Aber es ist kein Allheilmittel (siehe »Small Objects erstellen« auf Seite 56) und bringt auch Nachteile mit sich. Der wesentliche Grund, warum Sie keine Metaprogrammierung verwenden sollten, liegt in dem Glauben, damit magische Dinge bewirken zu können.

Metaprogrammierung ähnelt anderen Entwurfsmustern, die ähnliche Begeisterung auslösen:

1. Sie lernen es kennen.
2. Sie verstehen es nicht ganz.
3. Sie studieren es gründlich.
4. Sie beherrschen es.
5. Es scheint Ihnen nahezu überall zu begegnen.
6. Sie missbrauchen es (siehe »Missbräuchlich verwendete Entwurfsmuster entfernen« auf Seite 185) und halten es für Ihre neue Wunderwaffe (siehe »Small Objects erstellen« auf Seite 56).
7. Sie lernen, es zu vermeiden.

Metaprogrammierung entfernen

Problem

Sie verwenden Metaprogrammierung.

Lösung

Verzichten Sie auf Metaprogrammierung zugunsten direkter Lösungen.

Diskussion

Beim Einsatz von Metaprogrammierung befassen Sie sich mit Metasprache und Metamodellen und bewegen sich somit auf einem höheren Abstraktionsniveau als beim Umgang mit Objekten im Anwendungsbereich. Diese zusätzliche Schicht ermöglicht es Ihnen, in einer abstrakteren Sprache über die Beziehungen zwischen den realen Entitäten nachzudenken, verletzt jedoch das Bijektionsprinzip, da in der realen Welt keine Modelle oder Metamodelle existieren, sondern nur Geschäftsobjekte. Wenn Sie ein geschäftliches Problem des realen Lebens angehen, sind Verweise auf Metaentitäten schwer zu rechtfertigen, weil solche Metaentitäten nicht existieren (siehe Abbildung 23-1).

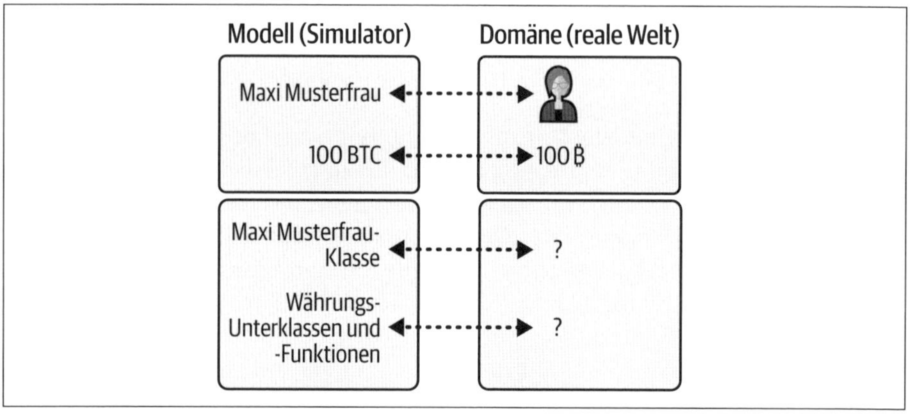

Abbildung 23-1: In der realen Welt gibt es kein Metamodell.

Es ist schwierig, gute Argumente für das Vorhandensein solcher in der realen Welt nicht existierenden zusätzlichen Objekte und Verantwortlichkeiten zu finden. Eines der wichtigsten Designprinzipien – das Open-Closed-Prinzip, eines der SOLID-Prinzipien (siehe »Tiefe Vererbungshierarchien verflachen« auf Seite 303) – besagt, dass ein Modell offen für Erweiterungen, aber vor Änderungen geschützt sein soll.

Diese Regel gilt nach wie vor, und Sie sollten versuchen, sie bei Ihren Modellen zu berücksichtigen. In vielen Implementierungen wird die Öffnung der Modelle jedoch durch Subklassifizierung ermöglicht.

Als Erweiterungsimplementierung scheint der Mechanismus auf den ersten Blick sehr robust zu sein, führt jedoch zu stärkerer Kopplung, da scheinbar harmlose Bezüge zwischen der Basisklasse und ihren Unterklassen entstehen.

Hier ein Beispiel für eine polymorphe Parser-Hierarchie:

```
public abstract class Parser {
    public abstract boolean canHandle(String data);
```

```
    public abstract void handle();
}

public class XMLParser extends Parser {
    public static boolean canHandle(String data) {
        return data.startsWith("<xml>");
    }
    public void handle() {
        System.out.println("Handling XML data...");
    }
}

public class JSONParser extends Parser {
    public static boolean canHandle(String data) {
        try {
            new JSONObject(data);
            return true;
        } catch (JSONException e) {
            return false;
        }
    }
    public void handle() {
        System.out.println("Handling JSON data...");
    }
}

public class CSVParser extends Parser {
    public static boolean canHandle(String data) {
        return data.contains(",");
    }
    public void handle() {
        System.out.println("Handling CSV data...");
    }
}
```

Der Algorithmus fordert die Klasse `Parser` auf, bestimmte Inhalte zu interpretieren. Die Lösung besteht darin, die Aufgabe an alle Unterklassen zu delegieren, bis eine von ihnen signalisiert, dass sie diese Aufgabe erledigen und die Verantwortung für die weitere Fortführung übernehmen kann. Dieser Mechanismus stellt einen speziellen Fall des Chain-of-Responsibility-Entwurfsmusters dar.

> **Chain of Responsibility**
>
> Eine *Chain of Responsibility* oder *Zuständigkeitskette* ermöglicht es mehreren Objekten, eine Anfrage in kettenähnlicher Weise zu bearbeiten, ohne dass bekannt ist, welches Objekt in der Kette die Anfrage konkret bearbeitet. Bei diesem Muster wird die Anfrage durch eine Serie von Handlern weitergegeben, bis einer von ihnen sie bearbeitet oder sie das Ende der Kette erreicht. Die Kettenglieder sind dabei voneinander entkoppelt.

Dieses Muster hat jedoch mehrere Nachteile:

- Es erzeugt eine Abhängigkeit von der `Parser`-Klasse, die den Einstiegspunkt für diese Zuständigkeit bildet (siehe »Globale Klassen entfernen« auf Seite 299).

- Es verwendet Unterklassen in Verbindung mit Metaprogrammierung. Daher sind, ohne direkte Verweise, deren Nutzung und Verweise nicht offensichtlich.
- Da es keine offensichtlichen Verweise und Verwendungen gibt und es schwierig ist, alle Nutzungen zu identifizieren und versehentliche Löschungen zu vermeiden, kann kein direktes Refactoring durchgeführt werden.

Dieses Problem tritt bei allen Open-Box-Frameworks auf. Das bekannteste und beliebteste davon ist die xUnit-Familie (*https://oreil.ly/Yp1R5*) samt ihrer Ableitungen. Klassen sind globale Variablen und erzeugen daher Kopplungen. Sie sind nicht der beste Weg, um ein Modell zu öffnen. Sehen wir uns anhand eines Beispiels an, wie Sie es gemäß dem Open-Closed-Prinzip deklarativ öffnen können.

Dazu entfernen Sie die direkte Referenz auf die `Parser`-Klasse und erzeugen mittels Dependency Inversion, dem D in den SOLID-Prinzipien (siehe »Interfaces entfernen, die nur an einer Stelle genutzt werden« auf Seite 184) eine Abhängigkeit von einem Parsing-Provider. In verschiedenen Umgebungen (Produktion, Test, Konfiguration) verwenden Sie unterschiedliche Parsing-Provider. Diese Umgebungen müssen nicht zwingend derselben Hierarchie angehören. Sie nutzen deklarative Kopplung und fordern die Provider auf, das Interface `ParseHandling` zu implementieren.

Das größte Problem bei der Verwendung von Metaprogrammierung sind die versteckten, intransparenten Verweise auf Klassen und Methoden, die Refactorings und die Weiterentwicklung des Codes verhindern, selbst wenn eine 100%ige Abdeckung vorliegt. Durch den Verlust der vollständigen Fallabdeckung riskieren Sie, bestimmte Anwendungsfälle zu übersehen, die indirekt und schwer erkennbar referenziert und weder durch Ihre Suchen noch durch Refactorings erfasst werden, was in der Produktion unentdeckte Fehler verursachen kann. Der Code sollte sauber und transparent sein und so wenig Metareferenzen wie möglich enthalten, da diese von jemandem, der den Code ändern muss, nur schwer gefunden und verstanden werden können.

Hier ist ein Beispiel für die dynamische Konstruktion eines Funktionsnamens:

```
$selector = 'getLanguage' . $this->languageCode;
Reflection::invokeMethod($selector, $object);
```

Wenn Sie sich in einem Client befinden, dessen Spracheinstellung auf Italienisch gesetzt ist, wird die Methode `getLanguageIt()` aufgerufen. Das Problem mit diesem intransparenten Verweis ist dasselbe wie im Parser-Beispiel. Diese Methode hat scheinbar keine Referenzen, kann nicht refaktoriert werden, kann nicht feststellen, wer sie verwendet, weist eine unklare Abdeckung auf usw. In solchen Fällen können Sie Konflikte durch eine explizite Abhängigkeit (sogar mithilfe von Zuordnungstabellen oder hartcodierten Referenzen) vermeiden, ohne auf die »schwarze Magie« der Metaprogrammierung zurückzugreifen.

Es gibt einige Ausnahmen, die alle eine Gemeinsamkeit aufweisen. Wenn Sie den MAPPER erstellen, müssen Sie sich so weit wie möglich von zufälligen, nicht geschäftlichen Aspekten fernhalten. Zu diesen Aspekten gehören Persistenz, Serialisierung von Entitäten, Drucken oder »Darstellen/Rendern« in Benutzeroberflächen,

Testen oder Assertions usw. Diese Probleme gehören zum orthogonalen Bereich des berechenbaren Modells und beziehen sich nicht speziell auf eine bestimmte Geschäftsdomäne. In die Verantwortlichkeiten eines Objekts einzugreifen, verstößt gegen seinen Vertrag und seine Verantwortlichkeiten. Anstatt »zufällige Schichten« von Verantwortlichkeiten hinzuzufügen, können Sie dies durch Metaprogrammierung lösen.

Denken Sie jedoch daran, dass Sie die Metaprogrammierung um jeden Preis vermeiden sollten, wenn Sie die Möglichkeit haben, Abstraktionen zu verwenden, die in der realen Welt existieren. Die Suche nach solchen Abstraktionen erfordert ein tiefes Verständnis eines neuen Geschäftsbereichs. Sie können in »Sichere Deserialisierung von Objekten« auf Seite 389 mehr über Schwachstellen im Zusammenhang mit der Metaprogrammierung erfahren.

Anonyme Funktionen reifizieren

Problem

Sie verwenden zu viele anonyme Funktionen.

Lösung

Missbrauchen Sie keine Closures und anonymen Funktionen. Kapseln Sie sie in Objekte.

Diskussion

Anonyme Funktionen, Lambdas, Pfeilfunktionen oder Closures sind schwer zu warten und zu testen. Der Code lässt sich nur schwer nachverfolgen und wiederverwenden. Es ist zudem schwieriger, den Quellcode zu lesen und zu lokalisieren – die meisten IDEs und Debugger haben Probleme, den tatsächlichen Code anzuzeigen. Zudem werden diese Funktionen selten wiederverwendet und verletzen das Prinzip der Informationskapselung. Wenn die Funktion nicht trivial ist, können Sie sie verpacken und Algorithmen mithilfe von »Methode in ein Objekt extrahieren« auf Seite 159 reifizieren.

Hier ist eine nicht sehr deklarative Funktion:

```
sortFunction = function(arr, fn) {
  var len = arr.length;
  for (var i = 0; i < len ; i++) {
    for(var j = 0 ; j < len - i - 1; j++) {
      if (fn(arr[j], arr[j+1])) {
        var temp = arr[j];
        arr[j] = arr[j+1];
        arr[j+1] = temp;
      }
    }
  }
```

```
    return arr;
  }

  scores = [9, 5, 2, 7, 23, 1, 3];
  sorted = sortFunction(scores, (a,b) => {return a > b});
```

So sieht es aus, nachdem Sie es reifiziert und in einem Objekt gekapselt haben:

```
class ElementComparator{
  greatherThan(firstElement, secondElement) {
    return firstElement > secondElement;
    // Dies ist nur ein Beispiel.
    // Bei komplexeren Objekten ist dieser Vergleich möglicherweise nicht trivial.
  }
}

class BubbleSortingStrategy {
  // Wenn Sie eine Strategie nutzen, können Sie testen, sie gegen eine polymorphe
  // Strategie austauschen, Algorithmen austauschen und benchmarken usw.
  constructor(collection, comparer) {
    this._elements = collection;
    this._comparer = comparer;
  }
  sorted() {
    for (var outerIterator = 0;
         outerIterator < this.size();
         outerIterator++) {
      for(var innerIterator = 0 ;
          innerIterator < this.size() - outerIterator - 1;
          innerIterator++) {
        if (this._comparer.greatherThan(
          this._elements[innerIterator], this._elements[ innerIterator + 1])) {
            this.swap(innerIterator);
        }
      }
    }
    return this._elements;
  }
  size() {
    return this._elements.length;
  }

  swap(position) {
    var temporarySwap = this._elements[position];
    this._elements[position] = this._elements[position + 1];
    this._elements[position + 1] = temporarySwap;
  }
}

scores = [9, 5, 2, 7, 23, 1, 3];
sorted = new BubbleSortingStrategy(scores,new ElementComparator()).sorted();
```

Eine Ausnahme ist, dass Closures und anonyme Funktionen sehr nützlich sind, um *Codeblöcke*, *Promises* usw. zu modellieren. Es wäre schwierig, sie auseinanderzureißen. Code wird von Menschen gelesen. Software mit anonymen Funktionen funktioniert an sich gut, aber die Wartbarkeit leidet, wenn zu viele Closures aufgerufen werden.

Verwandte Rezepte

»Übertriebene Raffinesse aus dem Code entfernen« auf Seite 155

»Methode in ein Objekt extrahieren« auf Seite 159

Auf Präprozessoren verzichten

Problem

Sie verwenden Präprozessoren.

Lösung

Lassen Sie Ihren Code nicht durch Präprozessoren anpassen.

Diskussion

> **Präprozessoren**
>
> Ein *Präprozessor* führt Aufgaben am bzw. im Quellcode aus, bevor dieser vom Hauptcompiler oder -interpreter kompiliert oder interpretiert wird. Präprozessoren werden in Programmiersprachen üblicherweise verwendet, um den Quellcode zu verändern oder zu manipulieren, bevor er dem eigentlichen Kompilierungs- oder Interpretationsprozess unterzogen wird.

Wenn Sie möchten, dass sich Ihr Code in verschiedenen Umgebungen und Betriebssystemen unterschiedlich verhält, ist es am besten, Entscheidungen zur Kompilierzeit zu treffen. Präprozessoren schaden jedoch der Lesbarkeit, da sie zu vorzeitiger Optimierung (siehe Kapitel 16) und unnötiger, zufälliger Komplexität führen, was die Fehlersuche erschwert. Entfernen Sie alle Compiler-Direktiven. Wenn Sie ein anderes Verhalten wünschen, modellieren Sie es mit Objekten, und wenn Sie glauben, dass es zu Leistungseinbußen kommt, überprüfen Sie Ihre Vermutung durch einen seriösen Benchmark-Test, bevor Sie vorzeitig optimieren.

Hier ist ein Beispiel mit vorverarbeitetem Code:

```
#if VERBOSE >= 2
  printf("Betelgeuse is becoming a supernova");
#endif
```

Dieser Code kommt ohne Anweisungen aus, die ein Präprozessor verändern müsste:

```
if (runtimeEnvironment->traceDebug()) {
  printf("Betelgeuse is becoming a supernova");
}

## Noch besser mit Polymorphie und zur Vermeidung von If-Anweisungen.

runtimeEnvironment->traceDebug("Betelgeuse is becoming a supernova");
```

Das ist eine syntaktische Direktive, die von einigen Sprachen unterstützt und deshalb leicht entdeckt und durch echtes Verhalten ersetzt werden kann. Durch die zusätzliche Komplexität, die Präprozessoren mit sich bringen, wird die Fehlersuche deutlich erschwert. Diese Technik stammt aus einer Zeit, als Speicher und Rechenleistung begrenzt waren. Heutzutage ist Clean Code gefragt, und vorzeitige Optimierungen sollten der Vergangenheit angehören. Bjarne Stroustrup, der Schöpfer von C++, bedauert in seinem Buch *The Design and Evolution of C++*, dass er seinerzeit Präprozessor-Direktiven entwickelt hat.

Verwandte Rezepte

»Vorzeitige Optimierungen entfernen« auf Seite 248

Siehe auch

»Are You Saying That the Preprocessor Is Evil?« auf Standard C++ (*https://oreil.ly/QaP2C*)

»C Preprocessor« auf Wikipedia (*https://oreil.ly/BzQ3t*)

»#ifdef Considered Harmful« von Harry Spencer und Geoff Collyer (*https://oreil.ly/nKHCJ*)

Dynamische Methoden entfernen

Problem

Sie verwenden Metaprogrammierung, um Eigenschaften und Methoden dynamisch hinzuzufügen.

Lösung

Fügen Sie kein dynamisches Verhalten durch Metaprogrammierung hinzu.

Diskussion

Metaprogrammierung beeinträchtigt die Les- und Wartbarkeit. Der Code ist schwieriger zu debuggen, da er zur Laufzeit dynamisch generiert wird und möglicherweise Sicherheitsprobleme aufweist, wenn die Konfigurationsdatei nicht ordnungsgemäß bereinigt wird. Sie sollten Methoden manuell definieren oder das Decorator-Entwurfsmuster verwenden (siehe »Basic-/Do-Funktionen umbenennen« auf Seite 118). Metaprogrammierung ist eine leistungsstarke Technik, die es Ihnen ermöglicht, Code zu schreiben, der anderen Code zur Laufzeit generiert, modifiziert oder analysiert. Dabei entsteht jedoch schnell Code, der schwer zu verstehen, zu pflegen und zu debuggen ist.

Hier ein Beispiel für das dynamische Laden von Eigenschaften und Methoden in Ruby:

```
class Skynet < ActiveRecord::Base
  # Dynamisches Hinzufügen einiger Attribute auf der Grundlage einer
  # Konfigurationsdatei.
  YAML.load_file("attributes.yml")["attributes"].each do |attribute|
    attr_accessor attribute
  end

  # Definieren einiger dynamischer Methoden basierend auf einer
  # Konfigurationsdatei.
  YAML.load_file("protocol.yml")["methods"].each do |method_name, method_body|
    define_method method_name do
      eval method_body
    end
  end
end
```

Dies ist die klassische Definition ohne dynamisches Laden:

```
class Skynet < ActiveRecord::Base
  # Einige Attribute explizit definieren.
  attr_accessor :asimovsFirstLaw, :asimovsSecondLaw, :asimovsThirdLaw

  # Einige Methoden explizit definieren.
  def takeoverTheWorld
    # Implementierung.
  end
end
```

Sie können eine Liste mit zulässigen Verwendungen festlegen oder einige Methoden explizit verbieten. Bei der Metaprogrammierung werden häufig komplexe Codes und Abstraktionen verwendet, die es anderen Entwicklern später erschweren, den Code zu verstehen und zu ändern, was zu zunehmender Komplexität und Fehlern führt.

Verwandte Rezepte

»Metaprogrammierung entfernen« auf Seite 365

»Anonyme Funktionen reifizieren« auf Seite 369

»Benutzereingaben bereinigen« auf Seite 383

KAPITEL 24

Datentypen

> Typen sind im Grunde Assertions bezüglich eines Programm. Ich halte es für sinnvoll, die Dinge so einfach wie möglich zu halten, wozu auch gehört, nichts darüber zu sagen, um welche Datentypen es sich handelt.
>
> – *Dan Ingalls, Coders at Work: Reflections on the Craft of Programming*

Einführung

Typen sind das wichtigste Konzept in Klassifizierungssprachen. Diese Aussage trifft auf statische und stark typisierte Sprachen ebenso zu wie auf dynamisch typisierte Sprachen. Der Umgang mit ihnen erweist sich als herausfordernd, da es eine breite Palette an Herangehensweisen gibt, die von sehr restriktiven bis hin zu recht flexiblen Typisierungsstrategien reichen.

Typprüfungen entfernen

Problem

Sie überprüfen die Typen Ihrer Argumente.

Lösung

Vertrauen Sie den Kollaborateuren. Überprüfen Sie nicht, wer sie sind. Bitten Sie sie, es stattdessen selbst zu tun.

Diskussion

Vermeiden Sie Funktionen wie `kind()`, `isKindOf()`, `instance()`, `getClass()`, `typeOf()` usw. und verwenden Sie für Domänenobjekte keine Reflexion und Metaprogrammierung (siehe Kapitel 23). Vermeiden Sie die Überprüfung auf »undefined«. Verwenden Sie vollständige Objekte (siehe »Leere Konstruktoren vervollständigen« auf Seite 46) und vermeiden Sie Nullwerte (siehe »Nullobjekte erstellen« auf Seite 231)

und Setter. Wenn Sie auf Unveränderlichkeit setzen, wird es keine undefinierten Typen oder zufälligen If-Anweisungen geben.

Hier sind Beispiele für einzelne Typprüfungen:

```
if (typeof(x) === 'undefined') {
    console.log('variable x is not defined');
}

function isNumber(data) {
  return (typeof data === 'number');
}
```

Und hier ein vollständiges Beispiel, in dem Typprüfungen benutzt werden:

```
function move(animal) {
  if (animal instanceof Rabbit) {
      animal.run()
  }
  if (animal instanceof Seagull) {
      animal.fly()
  }
}

class Rabbit {
  run() {
    console.log("I'm running");
  }
}

class Seagull {
  fly() {
    console.log("I'm flying");
  }
}

let bunny = new Rabbit();
let livingston = new Seagull();

move(bunny);
move(livingston);
```

So sieht es aus, wenn Sie die Klasse `Animal` refaktorieren:

```
class Animal { }

class Rabbit extends Animal {
  move() {
    console.log("I'm running");
  }
}

class Seagull extends Animal {
  move() {
    console.log("I'm flying");
  }
}
```

```
let bunny = new Rabbit();
let livingstone = new Seagull();

bunny.move();
livingston.move();
```

Da die Methoden zur Typprüfung bestens bekannt sind, ist es sehr einfach, eine Code-Richtlinie einzurichten, die deren Verwendung meldet. Die Prüfung auf einen Klassentyp koppelt die Objekte an zufällige Entscheidungen und verletzt die Bijektion, da es in der realen Welt keine solche Prüfungen gibt. Es ist ein Code-Smell, der darauf hinweist, dass Ihre Modelle verbesserungsbedürftig sind.

Verwandte Rezepte

»Nullobjekte erstellen« auf Seite 231

»Metaprogrammierung entfernen« auf Seite 365

Mit truthy-Werten umgehen

Problem

Sie müssen mit kontraintuitiven truthy-Werten umgehen.

Lösung

Vermischen Sie boolesche nicht mit nicht-booleschen Typen. Seien Sie besonders vorsichtig bei truthy-Werten.

Diskussion

Einige Funktionen verhalten sich nicht wie erwartet. Obwohl die Entwicklergemeinschaft es als erwartetes Verhalten betrachtet, verletzt es in Wirklichkeit das Prinzip der geringsten Überraschung (siehe »Veränderliche Konstanten einfrieren« auf Seite 80) und die Bijektion (wie in Kapitel 2 definiert) und führt normalerweise zu unerwarteten Ergebnissen. Es sollte nur die echten Wahrheitswerte *true* und *false* geben. Da truthy-Werte Fehler verbergen und zufällige Komplexität mit sich bringen, die an eine bestimmte Sprache gekoppelt ist, sind sie schwerer zu verstehen und erschweren den Wechsel zwischen verschiedenen Sprachen. Seien Sie explizit und arbeiten Sie in logischen Bedingungen mit echten booleschen Werten. Nicht mit Ganzzahlen, nicht mit Nullwerten, nicht mit Zeichenketten, nicht mit Listen: ausschließlich mit booleschen Werten.

> **Truthy und falsy**
>
> *Truthy* und *falsy* sind Begriffe, die in vielen Programmiersprachen zur Beschreibung des Wahrheits- bzw. Falschheitswerts eines nicht-booleschen Datentyps verwendet werden. Jeder Wert kann in einem booleschen Kontext entweder als wahr oder falsch bewertet werden. Wird

ein nicht-boolescher Wert in einem booleschen Kontext ausgewertet, wird er auf magische Weise ohne Warnung in einen booleschen Wert umgewandelt. (Man könnte auch von »irgendwie wahren« und »irgendwie falschen« Werten sprechen.)

Prüfen Sie dieses kontraintuitive Beispiel und versuchen Sie, den Fehler zu entdecken:

```
console.log(Math.max() > Math.min());
// Gibt "false" zurück.
console.log(Math.max());
// Gibt "-Infinite" zurück.
```

In besser konzipierten Sprachen läuft es so:

```
console.log(Math.max() > Math.min());
console.log(Math.max());

// Löst jeweils eine Ausnahme aus, die sinngemäß besagt:
// nicht genügend Argumente übergeben.
// max() und min() erfordern mindestens ein Argument.
```

Da diese Funktionen zur Standard-Math-Bibliothek in JavaScript gehören, lassen sie sich nicht so einfach vermeiden. Seien Sie vorsichtig, wenn Sie Funktionen verwenden, die mithilfe von Sprachtricks gegen Konzepte der realen Welt verstoßen. Hier sehen Sie weitere kontraintuitive Beispiele:

```
!true // -> false
!false // -> true

isActive = true
!isActive // -> false

age = 54
!age // -> false
array = []
!array // -> false
obj = new Object;
!obj // -> false

!!true // -> true
!!false // -> false

!!isActive // -> true
!!age // -> true
!!array // -> true
!!obj // -> true
```

Dieser Code folgt dem Prinzip der geringsten Überraschung (siehe »Veränderliche Konstanten einfrieren« auf Seite 80):

```
!true // -> false
!false // ->true

isActive = true
!isActive // -> false
```

```
age = 54
!age // Sollte eine Typinkompatibilität melden (oder 54 Fakultät zurückgeben).
array = []
!array // Sollte eine Typinkompatibilität melden.
obj = new Object;
!obj // Sollte eine Typinkompatibilität melden.
     // (Was soll in der realen Welt ein "negiertes Objekt" sein?)

!!true // -> true - Es ist idempotent.
!!false // -> false - Es ist idempotent.
!!isActive // -> true - Es ist idempotent.
!!age // Unsinn.
!!array // Unsinn.
!!obj // Unsinn.
```

Da diese automatische Typumwandlung (Casting) in einigen Sprachen ein integriertes Sprachmerkmal ist, lässt es sich nur schwer testen. Um solche Situationen zu vermeiden, können Sie Programmierrichtlinien festlegen oder strengere Sprachen benutzen.

Programmiersprachen wie JavaScript oder PHP unterteilen ihr gesamtes Universum in *wahre* oder *falsche* Werte. Dadurch bleiben Fehler beim Umgang mit nicht-booleschen Werten unerkannt. Sie sollten prüfen, ob auf nicht-booleschen Objekten *!* und *!!* verwendet werden, und andere Programmierer bei Code-Reviews gegebenenfalls warnen. Es wäre besser, boolesche Werte (und ihr Verhalten) strikt von nicht-booleschen Werten zu trennen.

Code-Reviews

Bei *Code-Reviews* wird Quellcode in Bezug auf Probleme, Fehler oder Verbesserungsmöglichkeiten untersucht. Dabei wird der Code von einer Person oder mehreren Personen geprüft, um sicherzustellen, dass er korrekt, effizient und wartbar ist und anerkannten Best Practices und Standards entspricht.

Abbildung 24-1 zeigt, dass sich das Modell anders verhält als die reale Welt, was das Bijektionsprinzip verletzt und zu unerwarteten Ergebnissen führt.

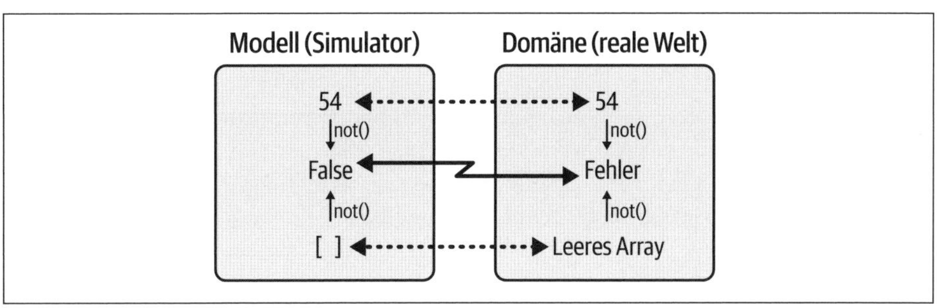

Abbildung 24-1: Die not()-Methode liefert im Modell und in der realen Welt verschiedene Objekte.

Dies ist ein Sprachmerkmal. In einigen strikten Sprachen wird vor solcherlei Zauberei gewarnt. Andere Sprachen wiederum laden geradezu dazu ein, magische Abkürzungen und automatische Typumwandlungen zu nutzen. Das ist eine Fehlerquelle und ein Hinweis auf eine vorzeitige Optimierung (siehe Kapitel 16). Sie sollten immer so explizit wie möglich sein.

Verwandte Rezepte

»Übertriebene Raffinesse aus dem Code entfernen« auf Seite 155

»Vergleiche mit booleschen Werten ändern« auf Seite 222

Gleitkommazahlen in Dezimalzahlen konvertieren

Problem

Sie verwenden in Ihrem Code Gleitkommazahlen (Floats).

Lösung

Wenn Ihre Sprache dies unterstützt, sollten Sie stattdessen Dezimalzahlen verwenden.

Diskussion

Viele Operationen mit Gleitkommazahlen verletzen das Prinzip der geringsten Überraschung (siehe »Veränderliche Konstanten einfrieren« auf Seite 80) und führen zu zufälliger Komplexität und falschen Dezimaldarstellungen. Wählen Sie ausgereifte Programmiersprachen, die Dezimalzahlen unterstützen, und beachten Sie das Bijektionsprinzip, indem Sie Dezimalzahlen auch tatsächlich als Dezimalzahlen darstellen.

Hier sehen Sie ein einfaches Beispiel mit einem unerwarteten Resultat:

```
console.log(0.2 + 0.1)
// 0.30000000000000004

// Sie addieren zwei Dezimalzahlen:
// 2/10 + 1/10
// Das Ergebnis sollte 3/10 sein, wie Sie es in der Schule gelernt haben.
```

Gleitkommazahlen – wie 0,2 und 0,1 – werden im Speicher eines Computers im Binärformat dargestellt. Einige Dezimalzahlen lassen sich nicht exakt binär darstellen, was zu kleinen Rundungsfehlern bei arithmetischen Operationen führt. In diesem Fall sollte das Ergebnis der Addition von 0,2 und 0,1 lauten: 0,3. Aufgrund der binären Darstellung von Gleitkommazahlen ergibt sich jedoch ein leicht abweichendes Ergebnis von 0,30000000000000004. Hier eine bessere Lösung:

```
class Decimal {
  constructor(numerator) {
    this.numerator = numerator;
  }
   plus(anotherDecimal) {
      return new Decimal(this.numerator + anotherDecimal.numerator);
  }
   toString() {
      return "0." + this.numerator;
   }}

console.log((new Decimal(2).plus(new Decimal(1))).toString());
// 0.3

// Sie können die Zahlen mit einer Dezimal-Klasse darstellen, bei der
// nur der Zähler gespeichert wird, oder mit einer generischen
// Bruch-Klasse, bei der Zähler und Nenner gespeichert werden.
```

Da solche Probleme durch Sprachmerkmale verursacht werden, sind sie nur schwer zu entdecken. Sie können Linter so konfigurieren, dass Zahlen nicht auf diese Weise manipuliert werden können. Bei der Arbeit mit dem Commodore 64 (*https://oreil.ly/dXHa1*) entdeckten die Programmierer 1985, dass 1 + 1 + 1 nicht immer gleich 3 ist, und führten deshalb einen Integer-Typ für Ganzzahlen ein. JavaScript, als erwähnenswertes Beispiel, ist erst 30 Jahre später entstanden und leidet dennoch an derselben Kinderkrankheit. In vielen modernen Sprachen können die gleichen Probleme auftreten. Das ist diejenige Art von zufälliger Komplexität, die Sie hinter sich lassen müssen, um sich auf echte Geschäftsprobleme konzentrieren zu können.

Verwandte Rezepte

»Mit truthy-Werten umgehen« auf Seite 377

Siehe auch

IEEE Standard for Floating-Point Arithmatic (*https://oreil.ly/8OeLW*)

Floating Point Math (*https://oreil.ly/qwyCi*)

KAPITEL 25

Sicherheit

> Komplexität ist tödlich. Sie raubt Entwicklern die Energie, macht es schwierig, Produkte zu planen, zu erstellen und zu testen, führt zu Sicherheitsproblemen und sorgt für Frustration bei Endbenutzern und Administratoren.
>
> – *Ray Ozzie*

Einführung

Erfahrene Entwickler müssen über die Fähigkeit verfügen, nicht nur wartbaren Clean Code zu erstellen, sondern auch robuste Lösungen zu entwickeln, die verschiedene Qualitätsattribute von Software wie Leistung, Ressourcenverbrauch und Sicherheit berücksichtigen. Es ist unerlässlich, dass Sie beim Schreiben von Code einen sicherheitsorientierten Ansatz verfolgen, da Sie selbst die erste Verteidigungslinie gegen potenzielle Angriffe darstellen.

Benutzereingaben bereinigen

Problem

Sie verwenden Code, der Benutzereingaben nicht bereinigt.

Lösung

Bereinigen Sie jeglichen von außerhalb kommenden Input, der sich Ihrer Kontrolle entzieht.

Diskussion

Bereinigung von Benutzereingaben

Die *Bereinigung von Benutzereingaben* umfasst die Validierung und Säuberung jeglichen Inputs, um sicherzustellen, dass er den erwarteten Formaten entspricht und sicher verarbeitet werden kann. Das ist wichtig, damit Sicherheitslücken wie SQL-Injektion, Cross-Site-Scripting (XSS) und andere Schwachstellen nicht von böswilligen Benutzern für Angriffe missbraucht werden.

Böswillige Akteure gibt es immer. Sie sollten deshalb mit allen Eingaben sehr vorsichtig umgehen und Techniken zu deren Bereinigung und Filterung verwenden. Validieren Sie alle Eingaben, die von externen Quellen stammen, und prüfen Sie sie auf potenzielle Schädlichkeit. Sie können auch Assertions und Invarianten (siehe »Vorbedingungen durchsetzen« auf Seite 191) verwenden, um die Integrität von Eingaben sicherzustellen.

SQL-Injektion

Bei einer *SQL-Injektion* schleust ein Angreifer bösartigen SQL-Code in ein Programm ein, das mit einer Datenbank kommuniziert. Ein Angreifer kann beispielsweise SQL-Code in Text- oder andere Felder eines Eingabeformulars eingeben und auf diese Weise ins System »injizieren«. Eine Anwendung führt dann möglicherweise Code aus, der auf Daten zugreifen oder diese verändern, sensible Informationen abrufen oder sogar die Kontrolle über das System übernehmen kann.

Betrachten Sie das folgende Beispiel:

```
user_input = "abc123!@#"
# Dieser Inhalt könnte, falls Sie nur alphanumerische Zeichen erwarten,
# gefährlich werden.
```

So sieht es aus, wenn Sie die Eingabe bereinigen:

```
def sanitize(string):
  # Entfernen Sie alle Zeichen, die keine Buchstaben oder Zahlen sind.
  sanitized_string = re.sub(r'[^a-zA-Z0-9]', '', string)
  return sanitized_string

user_input = "abc123!@#"
print(sanitize(user_input)) # Output: "abc123"
```

Sie können alle Eingaben statisch überprüfen und zudem Tools für Penetrationstests verwenden (siehe »Sequenzielle IDs ändern« auf Seite 385).

Bei Eingaben, die sich Ihrer Kontrolle entziehen, sollten Sie immer äußerst vorsichtig sein. Dazu gehört alles, dessen Quelle außerhalb Ihres Systems liegt, etwa serialisierte Daten, Eingaben in Benutzeroberflächen, API-Aufrufe, Dateiuploads usw.

Verwandte Rezepte

»String-Validierungen in Objekte umwandeln« auf Seite 63

»Dynamische Methoden entfernen« auf Seite 372

»Sichere Deserialisierung von Objekten« auf Seite 389

Siehe auch

SQL Injection Strategies von Ettore Galluccio, Edoardo Caselli und Gabriele Lombari

Sequenzielle IDs ändern

Problem

Sie verwendenin Ihrem Code sequenzielle IDs.

Lösung

Exponieren Sie keine offensichtlichen, fortlaufenden IDs.

Diskussion

Die meisten IDs sind problematisch, und sequenzielle IDs stellen eine Schwachstelle dar. IDs verletzten die Bijektion und verursachen Sicherheitsprobleme und Kollisionen (*https://oreil.ly/qVvDG*). Sie sollten keine offensichtlichen Schlüssel verwenden. Verwenden Sie schwer zu erratende Schlüssel oder UUIDs. IDs sind ein Problem beim Umgang mit Domänenobjekten, da sie in der realen Welt nicht existieren und daher immer die Bijektion verletzen. Sie sollten IDs nur dann verwenden, wenn Sie interne Ressourcen über die Systemgrenzen hinaus der Außenwelt zugänglich machen. Dann sind es zufällige Probleme, die Ihre Modelle nicht beeinträchtigen sollten.

Hier ist ein Beispiel mit niedrigen IDs:

```
class Book {
    private Long bookId; // Ein Buch kennt seine ID.
    private List<Long> authorIds; // Ein Buch kennt die IDw der Autoren.
}

Book harryPotter = new Book(1, List.of(2));
Book designPatterns = new Book(2, List.of(4, 6, 7, 8));
Book donQuixote = new Book(3, List.of(5));

// Sie können von nun an mit den echten Objekten weiterarbeiten.
```

Sie können die IDs entfernen:

```
class Author { }

class Book {
    private List<Author> authors; // Ein Buch kennt seine Autoren.
    // Kein merkwürdiges Verhalten, nur das, was für ein Buch angemessen ist.
    // Echte Bücher wissen nichts von IDs.
    // Die ISBN ist eine zufällige Eigenschaft eines Buchs. // Lesern ist sie egal.
}

class BookResource {
    private Book resource; // Die Ressource kennt das zugrunde liegende Buch.
    private UUID id; // Die id ist der Link, den Sie der Außenwelt bereitstellen.
}

Book harryPotter = new Book(new Author('J. K. Rowling'));
Book designPatterns = new Book(
    new Author('Erich Gamma'),
    new Author('Richard Helm'),
```

```
        new Author('Ralph Johnson'),
        new Author(('John Vlissides'))
    Book donQuixote = new Book(new Author('Miguel Cervantes'));

    BookResource harryPotterResource = new BookResource(
        harryPotter,
        UUID.randomUUID());

    // Bücher kennen ihre id nicht. Nur die Ressource kennt sie.
```

Sie können Ihr System Penetrationstests unterziehen, um solche Probleme zu entdecken. Wenn Sie interne Objekte für die Außenwelt sichtbar machen müssen, sollten Sie nicht-offensichtliche IDs verwenden. Auf diese Weise können Sie Brute-Force-Angriffe erkennen (und blockieren), indem Sie den Datenverkehr und 404-Fehler (*https://oreil.ly/JKF4v*) überwachen.

Penetrationstests

Penetrationstests, auch als Pentesting bekannt, sind eine Methode, um durch die Simulation realer Angriffe aktiv die Sicherheit eines Systems zu überprüfen. Dabei werden Schwachstellen identifiziert und wird die Wirksamkeit der vorhandenen Sicherheitsmaßnahmen bewertet. Das ähnelt Mutationstests (siehe »Variablen von var in const ändern« auf Seite 73), mit denen Sie die Qualität Ihrer Werkzeuge und Software überprüfen.

Siehe auch

»Insecure Direct Object References (IDOR)« (*https://oreil.ly/ttUos*)

Verwandte Rezepte

»Spezielle als Flags genutzte Werte (wie 9999) in normale Werte umwandeln« auf Seite 271

Paketabhängigkeiten entfernen

Problem

Sie verwenden einen Paketmanager und vertrauen dem Code anderer Module.

Lösung

Schreiben Sie Ihren eigenen Code, es sei denn, Sie benötigen eine komplexe Lösung, für die es ein Paket gibt.

Diskussion

Es ist ein Branchentrend, so wenig eigenen Code wie möglich schreiben zu wollen. Das hat allerdings auch Nachteile. Es gibt hier keine festen Regeln, sodass Sie abwägen müssen, ob Sie der Rule of Zero (siehe »Code aus Destruktoren entfernen« auf

Seite 259) folgen oder sich auf den Code anderer Leute verlassen wollen. Paketabhängigkeiten führen zu externer Kopplung, Sicherheitsproblemen, architektonischer Komplexität, Gefahren durch Pakete mit Schadcode usw. Sie sollten triviale Lösungen selbst implementieren und sich nur auf ausgereifte Abhängigkeiten verlassen.

Hier ein reales Beispielpaket, das eine nicht sehr umfangreiche Funktion bereitstellt:

```
$ npm install --save is-odd

// https://www.npmjs.com/package/is-odd
// Dieses Paket wird wöchentlich etwa 500.000-mal heruntergeladen.

module.exports = function isOdd(value) {
  const n = Math.abs(value);
  return (n % 2) === 1;
};
```

Sie können eine eigene triviale Implementierung vornehmen:

```
function isOdd(value) {
  const n = Math.abs(value);
  return (n % 2) === 1;
};

// Implementieren Sie es einfach direkt im Code.
```

Überprüfen Sie Ihre externen Abhängigkeiten und beschränken Sie diese auf ein Minimum. Legen Sie außerdem konkrete Versionen fest, um Hijacking zu vermeiden. Sie müssen das Rad nicht immer neu erfinden. Bevor Sie ein Paket verwenden, sollten Sie eine Analyse durchführen, um festzustellen, ob das Paket wirklich benötigt wird und ob es auf dem neuesten Stand ist. Achten Sie auch darauf, wie aktiv die Entwickler sind, wie schnell Probleme adressiert werden, ob Testabdeckung besteht usw. Sie müssen den richtigen Mittelweg finden zwischen dem unnötigen Kopieren von Code und der übermäßigen Abhängigkeit von fremden Codebibliotheken. Wie immer sind das Faustregeln, aber keine starren Vorgaben.

Verwandte Rezepte

»Importlisten kürzen« auf Seite 174

Siehe auch

»Poisoned Python and PHP Packages Purloin Passwords for AWS Access«, Naked Security (*https://oreil.ly/zrK9K*)

»Dev Corrupts NPM Libs 'colors' and 'faker' Breaking Thousands of Apps«, Bleeping Computer (*https://oreil.ly/MyrOs*)

»How One Programmer Broke the Internet by Deleting a Tiny Piece of Code«, Quartz (*https://oreil.ly/7q9Kq*)

»Malware Found in npm Package with Millions of Weekly Downloads«, The Record (*https://oreil.ly/D2Y2h*)

Problematische reguläre Ausdrücke ersetzen

Problem

Sie verwenden in Ihrem Code potenziell schädliche reguläre Ausdrücke.

Lösung

Versuchen Sie, rekursive Regeln in regulären Ausdrücken zu minimieren.

Diskussion

Reguläre Ausdrücke sind problematisch. Sie beeinträchtigen die Lesbarkeit. Rekursive reguläre Ausdrücke sind auch ein Symptom für vorzeitige Optimierung – und stellen manchmal sogar ein Sicherheitsproblem dar. Sie sollten die Fälle durch Tests abdecken, um sicherzustellen, dass die Ausdrücke nicht in endlose Schleifen geraten, und zur Sicherheit Timeout-Handler hinzufügen oder Algorithmen anstelle von regulären Ausdrücken verwenden.

Ein mögliches Problem sind sogenannte Denial-of-Service-Angriffe mit regulären Ausdrücken (ReDoS (*https://oreil.ly/cWmRr*)), eine Unterart des Denial-of-Service-Angriffs (DoS) (*https://oreil.ly/2KsRg*). ReDoS-Angriffe können in zwei Typen unterteilt werden: Das erste Szenario entsteht, wenn eine Zeichenkette, die ein spezifisch konstruiertes, problematisches Muster enthält, an eine Anwendung übergeben und dort als extrem ineffizienter regulärer Ausdruck verwendet wird. Im zweiten Szenario wird eine Zeichenkette als Angriffsvektor an eine Anwendung übergeben und anschließend durch einen anfälligen und ineffizienten regulären Ausdruck evaluiert, was ebenfalls zu einer übermäßigen Ressourcenauslastung führt.

Im folgenden Beispiel sehen Sie einen möglichen Angriff:

```
func main() {
    var regularExpression = regexp.MustCompile(`^(([a-z])+.)+[A-Z]([a-z])+$`)
    var candidateString = "aaaaaaaaaaaaaaaaaaaaaaaa!"

    for index, match :=
        range regularExpression.FindAllString(candidateString, -1) {
            fmt.Println(match, "found at index", index)
    }
}
```

Hier ein gleichwertiger Ansatz, der ohne reguläre Ausdrücke auskommt:

```
func main() {
    var candidateString = "aaaaaaaaaaaaaaaaaaaaaaaa!"

    words := strings.Fields(candidateString)

    for index, word := range words {
        if len(word) >= 2 && word[0] >= 'a' &&
            word[0] <= 'z' && word[len(word)-1] >= 'A'
```

```
            && word[len(word)-1] <= 'Z' {
                fmt.Println(word, "found at index", index)
        }
    }
}
```

Viele Programmiersprachen bieten Alternativen, um den Gebrauch komplexer regulärer Ausdrücke zu vermeiden. Sie können den Code auch auf solche Schwachstellen hin überprüfen. Reguläre Ausdrücke sind knifflig und schwer zu debuggen, daher sollten Sie so weit wie möglich darauf verzichten.

Verwandte Rezepte

»Reguläre Ausdrücke dokumentieren« auf Seite 96

Siehe auch

Sicherheitslücken CVE-2017-16021 (*https://oreil.ly/prblc*), CVE-2018-13863 (*https://oreil.ly/ke0VU*), CVE-2018-8926 (*https://oreil.ly/7iYPh*)

Sichere Deserialisierung von Objekten

Problem

Sie deserialisieren Objekte, die aus einer unsicheren Quelle stammen.

Lösung

Erlauben Sie keine Ausführung von Remote-Code.

Diskussion

Viele Sicherheitslücken hängen mit nicht bereinigten Eingaben zusammen. Ein wichtiger Sicherheitsgrundsatz besteht darin, die Ausführung von fremdem Code zu vermeiden und Eingaben immer als reine Daten zu behandeln. Die Deserialisierung von Objekten aus einer nicht vertrauenswürdigen Quelle ist tatsächlich ein sicherheitsrelevanter Vorgang. Angenommen, Sie haben eine Webanwendung, die serialisierte Objekte als benutzerdefinierte Eingabe akzeptiert, z.B. an einem API-Endpunkt oder über eine Funktion zum Dateiupload. Die Anwendung deserialisiert diese Objekte, um sie im System nutzen zu können. Sendet ein Angreifer bösartig manipulierte serialisierte Daten, um Schwachstellen im Deserialisierungsprozess auszunutzen, könnte er dadurch unter Umständen beliebigen Schadcode ausführen, interne Berechtigungen erlangen oder nicht autorisierte Aktionen innerhalb der Anwendung oder des zugrunde liegenden Systems durchführen. Diese Art von Angriff ist allgemein als »Deserialisierungsangriff« bekannt.

Hier sehen Sie ein kurzes Beispiel:

```
import pickle # Pythons Serialisierungsmodul

def process_serialized_data(serialized_data):
    try:
        obj = pickle.loads(serialized_data)
        # Das Objekt wird deserialisiert
        # und weiterverarbeitet.
        # ...

# Vom Benutzer gelieferte serialisierte Daten:
user_data = b"\x80\x04\x95\x13\x00\x00\x00\x00\x00\x00\x00\x8c\x08os\nsystem
    \n\x8c\x06uptime\n\x86\x94."
# Dieser Code wird ausgeführt: os.system("uptime").

process_serialized_data(user_data)
```

Wenn Sie die Eingabe als Daten behandeln:

```
import json

def process_serialized_data(serialized_data):
        obj = json.loads(serialized_data)
        # Das JSON-Objekt wird deserialisiert,
        # es wird aber kein Code ausgeführt.

user_data = '{"key": "value"}'

process_serialized_data(user_data)
```

Manche Linter können auf Stellen im Code hinweisen, an denen Deserialisierungen vorgenommen werden. Bedenken Sie immer, dass Metaprogrammierung Angreifern Tür und Tor öffnet.

Verwandte Rezepte

»Metaprogrammierung entfernen« auf Seite 365

»Benutzereingaben bereinigen« auf Seite 383

Siehe auch

SonarSource-Regel: »Deserializing Objects from an Untrusted Source Is Security-Sensitive« (*https://oreil.ly/rEUam*)

Glossar

A/B-Testing
: Vergleicht zwei Versionen einer Software, um festzustellen, welche Variante für die Endbenutzer die bessere ist.

Absichtserklärender Code (Intention-revealing Code)
: Code, der seinen Zweck bzw. seine Absicht klar und deutlich vermittelt, erleichtert es anderen Entwickler, ihn zu verstehen, wenn sie später an ihm arbeiten. Dieser Codeansatz fördert eine verhaltensorientierte, deklarative, lesbare, verständliche und wartbare Codebasis.

Antipattern
: Ein Entwurfsmuster, das zunächst vorteilhaft erscheinen mag, letztendlich jedoch negative Auswirkungen hat. Ursprünglich wurden viele Antipatterns von Experten als gute Lösungen angesehen, aber mittlerweile sprechen starke Beweise gegen ihren Einsatz.

Assemblersprache
: Eine Low-Level-Programmiersprache, um Software für spezifische Computerarchitekturen zu schreiben. Es ist eine für Menschen lesbare, imperative Sprache, die leicht in Maschinensprache übersetzt werden kann – die Sprache, die von Computern direkt verstanden und ausgeführt werden kann.

Axiom
: Eine Aussage oder Behauptung, die ohne Beweis als wahr betrachtet wird. Axiome bilden die Grundlage eines logischen Systems und etablieren einen Satz grundlegender Konzepte und Beziehungen, sodass weitere Wahrheiten abgeleitet werden können.

Baby Steps
: Ein Ansatz der schrittweisen Entwicklung, bei dem während des Entwicklungsprozesses immer nur kleine, handhabbare Aufgaben gelöst oder Änderungen vorgenommen werden. Dieser Ansatz hat seinen Ursprung in der agilen Entwicklungsmethodik.

Berechnungskomplexität
: Beschreibt den Bedarf an Ressourcen, insbesondere Zeit und Speicherplatz, die benötigt werden, um bestimmte rechnerische Probleme zu lösen. Die Berechnungskomplexität misst und vergleicht die Effizienz von Algorithmen und Computersystemen.

Bereinigung von Eingaben
: Umfasst die Validierung und Säuberung von Benutzereingaben, um sicherzustellen, dass sie den erwarteten Formaten entsprechen und sicher verarbeitet werden können. So soll die Ausnutzung von Sicherheitslücken durch SQL-Injection, Cross-Site-Scripting (XSS) und andere Angriffe verhindert werden.

Bijektion
: Eine Funktion, bei der jedes Element einer Menge A genau einem Element einer Menge B zugeordnet ist und umgekehrt – eine 1:1-Abbildung.

Bitweise Operatoren
: Manipulieren die einzelnen Bits von Zahlen, um maschinennahe logische Operationen wie AND, OR und XOR durchzuführen. Sie arbeiten mit Ganzzahlen und nicht mit booleschen Werten.

Boolesches Flag
: Eine Variable, die nur zwei Zustände annehmen kann: wahr oder falsch. Boolesche Flags werden häufig verwendet, um den Programmablauf durch bedingte Anweisungen, Schleifen und andere Strukturen zu steuern.

Broken-Windows-Theorie
: Ursprünglich aus der Kriminologie stammend, besagt diese Theorie, dass kleine, scheinbar unbedeutende Probleme oder Mängel – wie etwa zerbrochene Fenster in Gebäuden – im weiteren Verlauf zu einem generellen Verfall der Ordnung führen können. Bemerken Entwickler kleinere Probleme im Code, ignorieren diese aber, weil bereits andere »Fenster zerbrochen sind«, kann dies zu einer Kultur der Vernachlässigung führen, die einen Mangel an Aufmerksamkeit für Details im Entwicklungsprozess zur Folge hat.

Bug
: Der Begriff *Bug* ist eine in der Branche weit verbreitete missverständliche Bezeichnung. In diesem Buch spreche ich stattdessen von Defekten oder schlicht Fehlern. Die Bezeichnung »Bug« (wörtlich »Wanze« oder »Ungeziefer«) geht darauf zurück, dass bei frühen Computern von außen Insekten in deren Schaltungen eindrangen und zu Fehlern und falschen Ausgaben führten. Das passiert heutzutage nicht mehr. Es ist empfehlenswert, stattdessen den Begriff *Defekt* zu verwenden, da er sich auf etwas bezieht, das wir selbst in unsere Programme eingebracht haben, und nicht auf einen externen Eindringling.

Cache
: In einem Cache werden häufig genutzte Objekte für einen schnelleren Zugriff temporär gespeichert. Indem dadurch die Anzahl der Zugriffe auf ressourcenintensive Komponenten reduziert wird, lässt sich die Leistung von Anwendungen verbessern. Die Zwischenspeicherung von Daten im Arbeitsspeicher reduziert den Overhead, der mit dem Zugriff auf langsamere Speichergeräte verbunden ist.

Chain of Responsibility (Zuständigkeitskette)
: Ermöglicht es, Anfragen durch eine Kette von Objekten (Bearbeitern) zu leiten, wobei jedes Objekt die Chance hat, die Anfrage zu verarbeiten, bevor sie an das nächste weitergegeben wird, bis das Ende der Kette erreicht ist. Die Bearbeiter sind dadurch voneinander entkoppelt.

Code-Review
: Eine Untersuchung des Quellcodes, um Probleme, Fehler oder verbesserungswürdige Bereiche zu identifizieren. Dabei wird der Code von einer oder mehreren Personen geprüft, um sicherzustellen, dass er korrekt, effizient und wartbar ist und Best Practices und Standards entspricht.

Collective Ownership
: Das Konzept besagt, dass jedes Mitglied eines Entwicklungsteams die Möglichkeit hat, in der gesamten Codebasis Änderungen vorzunehmen, unabhängig davon, wer die Teile ursprünglich erstellt hat. Dieser Ansatz fördert das Gefühl der gemeinsamen Verantwortung für den Code und erleichtert dessen kontinuierliche Verbesserung.

Continuous Integration/Continuous Deployment (CI/CD)
: Eine Pipeline, die den Prozess der Softwareentwicklung, -prüfung und -bereitstellung automatisiert. Die Pipeline ist darauf ausgelegt, den Entwicklungsprozess zu optimieren, Aufgaben zu automa-

tisieren, die Codequalität zu verbessern und das Bereitstellen neuer Funktionen und Fixes in verschiedenen Umgebungen schneller und besser zu steuern.

Copy-and-paste-Programmierung
Ein Vorgehen, bei der vorhandener Code kopiert und an anderen Stelle eingefügt wird, anstatt neuen Code zu schreiben. Durch Duplizierung leidet die Wartbarkeit Ihres Codes.

Datenklumpen (Data Clump)
Entsteht, wenn dieselbe Gruppe von Objekten häufig zwischen verschiedenen Teilen eines Programms übergeben wird. Das kann zu erhöhter Komplexität, geringerer Wartbarkeit und einem höheren Fehlerrisiko führen. Datenklumpen treten häufig auf, wenn Sie versuchen, verwandte Objekte weiterzugeben, ohne ein geeignetes Objekt zu finden, das diese Beziehung in der Bijektion darstellt.

Decorator-Entwurfsmuster
Ermöglicht es, einem einzelnen Objekt dynamisch Verhalten hinzuzufügen, ohne das Verhalten anderer Objekte derselben Klasse zu beeinflussen.

Demetersches Gesetz
Ein Prinzip, das besagt, dass ein Objekt nur mit seinen unmittelbaren Nachbarn kommunizieren sollte, ohne das Innenleben anderer Objekte zu kennen. Um das Demetersche Gesetz zu befolgen, müssen Sie möglichst lose gekoppelte Objekte erstellen, die voneinander möglichst unabhängig sind. Dadurch wird das Gesamtsystem flexibler und besser wartbar, da Änderungen an einem Objekt mit geringerer Wahrscheinlichkeit unbeabsichtigte Auswirkungen auf andere Objekte zur Folge haben.

Dependency Injection (Abhängigkeitsumkehr)
Ein Designprinzip, das Objekte höherer Ebene von Objekten niedrigerer Ebene entkoppelt, indem es die traditionelle Abhängigkeitsbeziehung umkehrt. Anstatt dass höherrangige Objekte direkt von niederrangigen Objekten abhängen, basieren beide auf Abstraktionen und Interfaces. Da Änderungen an der Implementierung eines untergeordneten Moduls nicht notwendigerweise Änderungen an übergeordneten Modulen erfordern, ermöglicht dies eine größere Flexibilität und Modularität in der Codebasis.

Design by Contract
Vorgestellt in Bertrand Meyers *Object-Oriented Software Construction* (dt. *Objektorientierte Softwareentwicklung*), einem umfassenden Leitfaden für die Softwareentwicklung auf Basis des objektorientierten Paradigmas. Das Konzept des »Design by Contract« hebt die Bedeutung der Erstellung klarer und eindeutiger Verträge zwischen Softwaremodulen hervor. Ein solcher Contract bzw. Vertrag legt die Verantwortlichkeiten und das Verhalten in einer Weise fest, dass die Module korrekt zusammenarbeiten und die langfristige Zuverlässigkeit der Software gewährleistet ist. Vertragsbrüche werden sofort erkannt, was dem Fail-Fast Prinzip entspricht.

Domain-Driven Design
Konzentriert sich darauf, das Design von Softwaresystemen an der Geschäfts- oder Problemdomäne auszurichten, was den Code aussagekräftiger und wartbarer macht und ihn enger an die Geschäftsanforderungen bindet.

DRY-Prinzip: Don't Repeat Yourself
Fordert, in Programmen Redundanz und Codewiederholungen zu minimieren. Ziel des DRY-Prinzips ist es, die Wartbarkeit, Flexibilität und Verständlichkeit von Software zu verbessern, indem Wissen, Code und Informationen möglichst nicht dupliziert werden.

DTO (Data Transfer Object)
Wird verwendet, um Daten zwischen verschiedenen Schichten einer Anwendung auszutauschen. Es handelt sich um ein einfaches, serialisierbares und unveränderliches Objekt, das Daten zwischen Client und Server überträgt. Der einzige

Zweck eines DTO besteht darin, eine Standardmethode für diesen Datenaustausch zwischen verschiedenen Teilen der Anwendung bereitzustellen.

Entity-Relationship-Diagramm (ERD)
Stellt die Struktur von Daten in einer Datenbank visuell dar. Entitäten werden dabei als Rechtecke gezeigt, während Beziehungen zwischen diesen durch Linien dargestellt werden, die die Rechtecke verbinden.

Erklären
Aristoteles zufolge bedeutet Erklären, die Ursachen eines Phänomens oder Ereignisses zu finden. Jedes Phänomen oder Ereignis hat eine Ursache oder eine Folge von Ursachen, die es hervorbringen oder bestimmen. In der Wissenschaft geht es darum, die Ursachen von Naturphänomenen zu verstehen und daraus Vorhersagen abzuleiten, wie sich diese Phänomene in Zukunft verhalten werden.

Essenz und Zufall
In seinem Buch *The Mythical Man-Month* (dt. *Vom Mythos des Mann-Monats*) unterscheidet der Informatiker Fred Brooks zwischen »essenzieller« bzw. wesentlicher und »zufälliger« bzw. akzidenteller Komplexität, basierend auf Aristoteles' Definitionen.
Wesentliche Komplexität ist inhärent und unvermeidbar, da sie sich aus der Natur des zu lösenden Problems ergibt, weil das System sonst nicht wie beabsichtigt und wie in der realen Welt funktioniert. Die Komplexität des Landesystems einer Raumsonde ist beispielsweise essenziell, da dieses System für die sichere Landung eines Rovers unentbehrlich ist.
Zufällige Komplexität hingegen entsteht durch die Art und Weise, wie Lösungen entworfen und implementiert werden, und kann durch gutes Design minimiert werden. Unnötige, zufällige Komplexität ist eine der größten Herausforderungen in der Softwareentwicklung, und Sie werden in diesem Buch viele Lösungen zum Umgang damit finden.

Fassaden-Entwurfsmuster
Bietet ein vereinfachtes Interface zu einem komplexen System oder Subsystem, indem es die dahinterliegende Komplexität verbirgt und eine einfachere Schnittstelle bereitstellt. Fassaden dienen als Vermittler zwischen Kunde und Subsystem und schirmen den Kunden von Implementierungsdetails ab.

Fail-Fast-Prinzip
Das »Prinzip des schnellen bzw. frühen Scheiterns« empfiehlt, die Ausführung von Code so früh wie möglich zu unterbrechen, wenn ein Fehler auftritt, anstatt diesen zu ignorieren und dadurch erst später entstehende Fehler in Kauf zu nehmen.

Flache Kopie (Shallow Copy)
Erstellt einen neuen Verweis auf dasselbe Objekt im Speicher, sodass Originalobjekt und Kopie dieselben Daten teilen. Änderungen an einem der Objekte spiegeln sich im jeweils anderen wider. Im Gegensatz dazu erstellt eine tiefe Kopie (Deep Copy) eine vollständig unabhängige Kopie des Objekts, mit eigenen Eigenschaften und Werten. Änderungen, die Sie an den Eigenschaften oder Werten des Originalobjekts vornehmen, wirken sich also nicht auf tiefe Kopien aus – und umgekehrt.

Feature-Toggle (bzw. Feature-Flag oder -Switch)
Ermöglicht es, bestimmte Merkmale oder Funktionalitäten zur Laufzeit zu aktivieren oder zu deaktivieren, ohne dass ein erneutes Deployment erforderlich ist. Das erlaubt beispielsweise die Durchführung von A/B-Tests oder die Bereitstellung früher Beta- oder Canary-Releases, indem neue Funktionen für eine Untergruppe von Nutzern oder Umgebungen freigeschaltet werden, während sie für andere verborgen bleiben.

Fungible Objekte
Untereinander austauschbare Objekte, die in Wert, Qualität und Eigenschaften identisch sind. Eine spezifische Instanz

eines fungiblen Objekts kann ohne Wert- oder Qualitätsverlust durch eine andere Instanz desselben Objekts ersetzt werden. Fungibilität ist die Eigenschaft eines Guts oder einer Ware, deren einzelne Einheiten im Wesentlichen austauschbar sind und deren Teile nicht von anderen Teilen unterschieden werden können, z.B. Erdöl, Weizen, Strom.

Funktionsneid (Feature Envy)
: Beschreibt das Phänomen, wenn ein Objekt sich mehr für das Verhalten eines anderen Objekts interessiert als für sein eigenes und zu intensiv die Methoden eines anderen Objekts nutzt.

Funktionssignatur
: Definiert den Namen, die Parametertypen und, in streng typisierten Sprachen, den Rückgabetyp einer Funktion oder Methode. Durch Funktionssignaturen werden Funktionen voneinander unterschieden und wird sichergestellt, dass Funktionsaufrufe korrekt ausgeführt werden.

Garbage Collector
: Wird von Programmiersprachen zur automatischen Speicherverwaltung verwendet. Identifiziert Objekte, die vom Programm nicht mehr benötigt werden, und gibt ihren Speicherplatz frei.

Geschützte Attribute
: Instanzvariablen oder Eigenschaften einer Klasse, auf die nur innerhalb der Klasse oder aus ihren Unterklassen zugegriffen werden kann. Sie dienen der Datenkapselung und ermöglichen eine kontrollierte Exposition interner Daten.

git bisect
: Git ist eine Versionsverwaltung für die Softwareentwicklung, die dabei hilft, Änderungen am Code zu verfolgen, mit anderen zusammenzuarbeiten und bei Bedarf zu früheren Versionen zurückzukehren. Git speichert den Versionsverlauf jeder einzelnen Datei und ermöglicht die parallele Arbeit mehrere Entwickler an der gleichen Codebasis. `git bisect` ist ein Befehl, mit dem man ein Commit identifizieren kann, durch das eine bestimmte Änderung in den Code eingeführt wurde. Man beginnt die Suche, indem man ein »gutes« Commit festlegt, das den Fehler noch nicht enthält, und ein »schlechtes« Commit, bei dem der Fehler auftaucht. Auf diese Weise kann das »schuldige« Commit schrittweise eingegrenzt und zügig die Fehlerursache ermittelt werden.

Globally Unique Identifier (GUID)
: Ein eindeutiger Identifikator für Ressourcen wie Dateien, Objekte oder Netzwerkentitäten. GUIDs werden durch Algorithmen erzeugt, die ihre Einzigartigkeit garantieren.

God Objects
: Objekte, die zu viele Verantwortlichkeiten übernehmen oder eine zu große Kontrolle über das System ausüben. Diese Objekte neigen dazu, groß und komplex zu werden, und enthalten oft eine erhebliche Menge an Code und Logik. Sie verletzen das Single-Responsibility-Prinzip (siehe »String-Validierungen in Objekte umwandeln« auf Seite 63) und die Trennung der Zuständigkeiten (siehe »Temporäre logische Steuerungsanweisungen entfernen« auf Seite 130). God Objects entwickeln sich oft zu einem Engpass der Softwarearchitektur und erschweren Wartung, Skalierung und Testbarkeit des Systems.

Gold Plating (»Vergoldung«)
: Die Praxis, einem Produkt oder Projekt unnötige Merkmale oder Funktionen hinzuzufügen, die über die Mindestanforderungen oder Spezifikationen hinausgehen. Das kann aus dem Wunsch heraus geschehen, den Kunden zu beeindrucken oder das Produkt auf dem Markt hervorzuheben. Es kann einem Projekt jedoch schaden, wenn es zu Kosten- und Zeitüberschreitungen kommt oder den Endbenutzern keinen zusätzlichen Wert bietet.

Hashing
Bezeichnet die Abbildung von Daten beliebiger Größe auf einen Wert fester Größe, der als Hash-Wert oder Hash-Code bezeichnet wird. Hash-Werte werden oft als Indizes in großen Collections verwenden, da sich mit ihrer Hilfe Elemente auf eine effizientere Weise finden lassen, als sequenziell über die Elemente zu iterieren.

»If it ain't broke, don't fix it«-Prinzip (»Wenn es nicht kaputt ist, repariere es nicht«)
Eine verbreitete Ansicht in der Softwareentwicklung, die besagt, dass bei einem funktionierenden System keine Notwendigkeit besteht, Änderungen oder Verbesserungen vorzunehmen. Das Prinzip stammt aus einer Zeit, als es noch keine automatisierten Softwaretests gab und man bei jeder Änderung Gefahr lief, die bestehende Funktionalität zu gefährden. Meist tolerieren Benutzer Mängel bei neuen Funktionen, aber sie können negativ reagieren, wenn etwas, das zuvor problemlos lief, nicht mehr wie erwartet funktioniert.

Informationskapselung (»Geheimnisprinzip«)
Ein Prinzip, das darauf abzielt, die Komplexität eines Softwaresystems zu reduzieren, indem interne Abläufe von externen Schnittstellen getrennt werden. So kann die interne Implementierung geändert werden, ohne die Nutzung durch andere Systeme oder Benutzer zu beeinträchtigen.

Interface-Segregation-Prinzip
Das Prinzip der Schnittstellentrennung besagt, dass Objekte nicht von Interfaces abhängen sollten, die sie nicht nutzen. Es ist besser, viele kleine, spezialisierte Interfaces zu definieren als eine große, monolithische Schnittstelle.

Jo-Jo-Problem
Entsteht, wenn viel Navigation in der Klassenhierarchie notwendig ist, um Code zu verstehen oder zu ändern, was die Wartung und Erweiterung der Codebasis erschwert.

Kapselung
Bezieht sich auf den Schutz der Verantwortlichkeiten eines Objekts. Kapselung lässt sich in der Regel erreichen, indem die Details der Implementierung verborgen und der Zugriff auf die Methoden des Objekts eingeschränkt werden. In vielen Programmiersprachen lässt sich die Sichtbarkeit der Eigenschaften und Methoden eines Objekts festlegen, wodurch festgelegt wird, wie andere Teile des Programms darauf zugreifen oder diese ändern können. Dadurch können Entwickler die internen Implementierungsdetails eines Objekts verbergen und ausschließlich das benötigte Verhalten nach außen hin freigeben.

KISS-Prinzip
»Keep It Simple, Stupid« erinnert daran, dass Systeme am besten funktionieren, wenn man sie möglichst einfach hält. Einfache Systeme sind generell leichter zu verstehen, zu nutzen und zu warten als komplexe Systeme, sodass die Wahrscheinlichkeit sinkt, dass sie versagen oder unerwartete Ergebnisse liefern.

Kognitive Belastung
Bezieht sich auf den mentalen Aufwand, der erforderlich ist, um Informationen zu verarbeiten und eine Aufgabe zu erledigen. Es ist die Belastung des Arbeitsgedächtnisses beim gleichzeitigen Verarbeiten, Verstehen und Merken von Informationen.

Kohäsion
Ein Maß dafür, wie gut Elemente innerhalb einer einzelnen Klasse oder eines Moduls zusammenarbeiten, um einen einzigen, wohldefinierten Zweck zu erfüllen. Kohäsion beschreibt, wie eng die Objekte miteinander verbunden und auf das Gesamtziel des Moduls ausgerichtet sind. Eine hohe Kohäsion in der Softwareentwicklung ist erstrebenswert, da sie anzeigt, dass die Bestandteile eines Moduls gut integriert sind und effektiv zusammenarbeiten, um ein spezifisches Ziel zu erreichen.

Komposition

Bei der Komposition werden komplexe Objekte aus einfacheren Objekten, die als Teile oder Komponenten dienen, zusammengesetzt (siehe »Small Objects erstellen« auf Seite 56). Dadurch entsteht anstelle der klassischen »Ist-ein«- oder »Verhält-sich-wie-ein«-Beziehung eine »Hat-ein«-Beziehung (siehe »›Ist-ein‹-Beziehung durch Verhalten ersetzen« auf Seite 309).

Lazy Initialization

Verzögert die Erstellung eines Objekts oder die Berechnung eines Werts, bis tatsächlich darauf zugegriffen werden muss. Dies kann die Ressourcennutzung und die Leistung optimieren, indem der Initialisierungsprozess auf den spätmöglichsten Zeitpunkt verschoben wird.

Linter

Überprüft Quellcode automatisch auf definierte Probleme, um Fehler möglichst frühzeitig im Entwicklungsprozess zu erkennen, da die Behebung von Fehlern umso schwieriger und kostspieliger wird, je später sie erfolgt. Linter können auf eine Vielzahl von Problemen prüfen, einschließlich der Einhaltung von Programmierstilen oder Namenskonventionen und der Existenz von Sicherheitslücken. Sie lassen sich in IDEs integrieren oder in CI/CD-Pipelines nutzen, um die Codequalität zu verbessern. Ähnliche Ergebnisse können Sie auch mit vielen generativen KI-Werkzeugen wie ChatGPT, Gemini und anderen erzielen.

Liskovsches Substitutionsprinzip

Fordert, dass Funktionen oder Methoden, die mit Objekten einer bestimmten Klasse arbeiten, auch mit Instanzen ihrer Unterklassen funktionieren sollten, ohne unerwartetes Verhalten zu verursachen. Es wird durch das »L« in der Abkürzung »SOLID« repräsentiert (siehe »String-Validierungen in Objekte umwandeln« auf Seite 63).

Lose Kopplung

Liegt vor, wenn es nur geringe wechselseitige Abhängigkeiten verschiedener Objekte innerhalb eines Systems gibt. Objekte mit loser Kopplung wissen nur wenig voneinander, sodass sich Änderungen an einer Komponente nicht auf andere Komponenten des Systems auswirken und kein Ripple-Effekt auftritt.

MAPPER

Modell: abstrakte, partielle und programmierbare Erklärung der Realität. Software wird dabei als Konstruktion eines Simulators mit dem Akronym MAPPER definiert, wie in Kapitel 2 beschrieben.

Mock-Objekt

Imitiert oder simuliert das Verhalten eines echten Objekts, um es testen zu können. Mit Mock-Objekten können Entwickler Komponenten testen, die von anderen Komponenten, wie externen APIs oder Bibliotheken, abhängig sind.

Modell

Beschreibt einen Gegenstand mithilfe intuitiver Konzepte oder Metaphern. Ziel eines Modells ist das Verständnis der Funktionsweise. Peter Naur (*https://oreil.ly/aElEa*) zufolge bedeutet Programmieren, »Theorien und Modelle zu entwickeln«.

Monade

Ermöglicht es, Funktionen zu kapseln und zu manipulieren, Operationen zu verketten und Funktionen sowie deren Seiteneffekte konsistent und vorhersehbar zu behandeln. Monaden sind besonders nützlich im Umgang mit optionalen Werten.

Mutationstests

Eine Methode, um die Qualität von Unit-Tests zu beurteilen, indem kleine, kontrollierte Änderungen vorgenommen werden (sogenannte »Mutationen«, beispielsweise: einen booleschen Wert zu negieren, eine arithmetische Operation zu verändern, einen Wert durch null zu ersetzen), um zu überprüfen, ob die Tests diese erkennen können. Dadurch lassen sich Bereiche im Codes identifizieren, die zusätzliche Tests erfordern. Die Ergebnisse können als Maßstab für die Qualität der bestehenden Tests dienen.

Named Parameters
Benannte Parameter erlauben in vielen Programmiersprachen die Zuweisung eines Werts an einen Parameter durch Angabe des Namens statt der Position innerhalb der Funktionssignatur. Benannte Parameter werden auch als Schlüsselwortargumente bezeichnet.

Namensräume (Namespaces)
Dienen der Organisation von Codeelemente wie Klassen, Funktionen und Variablen in logischen Gruppen, um Namenskonflikte zu vermeiden. Durch Namensräume können Elemente innerhalb eines bestimmten Bereichs eindeutig identifiziert werden. Namespaces unterstützen die Erstellung von modularem und wartbarem Code, indem sie verwandte Funktionalität bündeln.

Ninja-Code (cleverer Code, smarter Code)
Bezieht sich auf Code, der zwar clever geschrieben, aber schwer zu verstehen oder zu warten ist. Er wird oft von erfahrenen Programmierern erstellt, die gerne fortgeschrittene Programmiertechniken oder bestimmte Sprachmerkmale verwenden, um besonders effizienten und damit meist vorzeitig optimierten Code zu schreiben. Ninja-Code kann durchaus beeindruckend schnell sein, führt aber aufgrund seiner mangelnden Verständlichkeit zu Problemen bei Wartung, Skalierbarkeit und Weiterentwicklung. Ninja-Code ist das Gegenteil von Clean Code.

»No silver bullet«
Der Ausdruck »No silver bullet« wurde von dem Informatiker und Pionier der Softwareentwicklung Fred Brooks in seinem 1986 erschienenen Aufsatz *No Silver Bullet: Essence and Accidents of Software Engineering* geprägt. Brooks argumentiert, dass es keine einzelne Lösung oder Methode gibt, die alle Probleme der Softwareentwicklung adressieren oder die Produktivität und Effektivität signifikant steigern kann. (Der Ausdruck stammt aus der in einigen Mythen und Legenden herrschenden Vorstellung, dass magische, silberne Kugeln die einzigen Waffen sind, die gegen bestimmte übernatürliche Wesen wirken.)

Nullobjekt-Entwurfsmuster
Schlägt die Verwendung eines spezielles Nullobjekts vor, das sich wie ein reguläres Objekt verhält, aber kaum Funktionalität aufweist. Das Nullobjekt-Entwurfsmuster ermöglicht sichere Methodenaufrufe ohne die Notwendigkeit, Nullreferenzen zu prüfen (siehe Kapitel 14).

Nullzeiger-Ausnahme
Eine häufiger Fehler, der auftritt, wenn auf einen Nullzeiger zugegriffen wird. Das passiert, wenn eine Variable oder Objektreferenz auf keine tatsächliche Speicheradresse oder Objektinstanz zeigt.

Objektorgie
Bezeichnet eine Situation, in der Objekte unzureichend gekapselt sind, sodass ein uneingeschränkter Zugriff auf ihre internen Bestandteile möglich ist. Dieses in der objektorientierten Programmierung häufig vorkommende Antipattern kann durch gestiegene Komplexität zu erhöhtem Wartungsaufwand führen.

Objektreifikation (Objektverdinglichung)
Der Prozess, bei dem abstrakte Konzepte oder Ideen in eine konkrete Form gebracht werden, um spezifische Konzepte oder Ideen darzustellen und anämischen und datenorientierten Objekten Verhalten hinzuzufügen. Die Verdinglichung von Konzepten durch die Schaffung von Objekten ermöglicht es, diese systematisch und strukturiert zu manipulieren.

Observer- bzw. Beobachter-Entwurfsmuster
: Etabliert eine 1:n-Abhängigkeit zwischen Objekten, sodass, ändert ein Objekt seinen Zustand, alle abhängigen Objekte automatisch benachrichtigt und aktualisiert werden, ohne dass ein direkter Bezug besteht. Ein modifiziertes Objekt sendet eine Benachrichtigung aus, ohne die Abonnenten seiner Events konkret zu kennen.

Open-Closed-Prinzip
: Wird durch das »O« in der Abkürzung »SOLID« repräsentiert (siehe »Tiefe Vererbungshierarchien verflachen« auf Seite 303). Es besagt, dass Klassen zwar offen für Erweiterungen, für Änderungen aber geschlossen sein sollten. Verhalten soll erweitert werden können, ohne den Code einer Klasse zu ändern. Das Prinzip motiviert zur Verwendung von abstrakten Interfaces, Vererbung und Polymorphie, um neue Funktionalität hinzuzufügen, ohne bestehenden Code zu verändern. Es fördert außerdem die Trennung der Zuständigkeiten (siehe »Temporäre logische Steuerungsanweisungen entfernen« auf Seite 130), sodass sich Softwarekomponenten unabhängiger voneinander entwickeln, testen und bereitstellen lassen.

Optionale Verkettung (Optional Chaining)
: Ermöglicht den Zugriff auf verschachtelte Eigenschaften eines Objekts ohne vorherige Überprüfung der Existenz jeder Eigenschaft in der Kette, wodurch Fehler vermieden werden, die durch den Zugriff auf nicht vorhandene Eigenschaften entstehen könnten.

Overdesign
: Entsteht, wenn einer Anwendung unnötige Komplexität hinzugefügt wird. Das kann geschehen, wenn versucht wird, sie so funktionsreich wie möglich zu gestalten, statt auf Einfachheit und Konzentration auf die Kernfunktionen zu achten.

Penetrationstest
: Werden eingesetzt, um die Sicherheit eines Systems durch die Simulation von realen Angriffen zu bewerten. Dabei werden Schwachstellen identifiziert und die Wirksamkeit der vorhandenen Sicherheitsmaßnahmen geprüft. Dies ähnelt Mutationstests (siehe »Variablen von var in const ändern« auf Seite 73), bei denen die Qualität der Testwerkzeuge und der Software überprüft wird.

Pfadfinderregel
: Die von Robert C. »Uncle Bob« Martin in seinem Buch *Clean Code: A Handbook of Agile Software Craftsmanship* (dt. *Clean Code: Refactoring, Patterns, Testen und Techniken für sauberen Code*) aufgestellte *Pfadfinderregel* empfiehlt, dass man Code in einem besseren Zustand hinterlassen sollte, als man ihn vorgefunden hat – so wie man als Pfadfinder einen Zeltplatz sauberer zurücklassen sollte, als er beim Betreten war. Diese Regel motiviert Entwickler, bei jedem Kontakt mit der Codebasis kleine, inkrementelle Verbesserungen vorzunehmen, anstatt technische Schulden (siehe Kapitel 21) anzuhäufen. Sie appelliert zudem an die Verantwortung, Dinge zu modifizieren, die nicht vollständig den Standards entsprechen. Diese Regel steht im Widerspruch zum »If it ain't broke, don't fix it«-Prinzip.

Poltergeist
: Ein kurzlebiges Objekt, das nur zur Initialisierung oder zum Aufrufen von Methoden einer anderen, langlebigeren Klasse genutzt wird.

Polymorphe Hierarchie
: Organisiert Klassen in einer hierarchischen Struktur, basierend auf Verhaltensähnlichkeiten und Vererbungsbeziehungen. Das ermöglicht die Erstellung von spezialisierten Klassen, die Verhalten von allgemeineren Klassen erben. Dabei definiert eine abstrakte Basisklasse gemeinsames Verhalten, das von konkreten Unterklassen geerbt wird und erweitert werden kann.

Die Bildung von Unterklassen stellt eine Möglichkeit dar, Polymorphie zu implementieren (siehe »Nicht-polymorphe Funktionen in polymorphe umwandeln« auf Seite 225). Es ist jedoch eine relativ starre Methode, da man eine Superklasse nach der Kompilierung nicht mehr ändern kann.

Polymorphie
: Ermöglicht es, dass Objekte verschiedener Klassen durch Methoden, die dieselbe Signatur aufweisen, auf die gleiche Weise reagieren können. Dies unterstützt flexible Softwarearchitekturen, indem es unterschiedliche Implementierungen derselben Schnittstelle ermöglicht.

Präprozessor
: Führt vor der eigentlichen Kompilation oder Interpretation Aufgaben am bzw. im Quellcode aus, um diesen zu verändern oder zu manipulieren.

Primärschlüssel
: Im Kontext von Datenbanken ist ein Primärschlüssel ein eindeutiger Identifikator für Datensätze in einer Tabelle. Er ermöglicht eine effiziente Suche und Sortierung der Daten. Ein Primärschlüssel kann eine einzelne Spalte oder eine Kombination von Spalten sein, die erst in Kombination einen eindeutigen Wert für jeden Datensatz der Tabelle bilden. In der Regel wird ein Primärschlüssel zusammen mit einer Tabelle erstellt und als Referenz von anderen Tabellen in einer Datenbank verwendet, die Beziehungen zu dieser Tabelle haben.

Prinzip der geringsten Überraschung
: Fordert, dass sich ein System so verhalten muss, dass es seine Benutzer möglichst wenig überrascht und sich ihren Erwartungen entsprechend verhält, sodass sie leicht vorhersagen können, was bei der Interaktion mit dem System passieren wird. Man sollte möglichst intuitiv und einfach zu bedienende Software entwickeln, die zu einer hohen Benutzerzufriedenheit und Produktivität führt.

Promise
: Ein Objekt, das das Ergebnis einer asynchronen Operation repräsentiert, sei es ein Erfolg oder Misserfolg.

Rapid Prototyping
: Wird in der Produktentwicklung genutzt, um schnell funktionierende Prototypen zu erzeugen und von Endbenutzern testen zu lassen. Diese Methode ermöglicht es Entwicklern, ein Design zu testen und zu verfeinern, bevor sie konsistenten, robusten und eleganten Clean Code erstellen.

Referenzielle Transparenz
: Referenziell transparente Funktionen liefern bei identischer Eingabe stets dasselbe Ergebnis und weisen keine Seiteneffekte wie das Verändern globaler Variablen oder das Ausführen von I/O-Operationen auf. Eine Funktion (oder ein Ausdruck) gilt als referenziell transparent, wenn sie (er) durch ihr (sein) evaluiertes Ergebnis ersetzt werden kann, ohne das Verhalten des Programms zu beeinflussen. Referenzielle Transparenz ist ein Schlüsselkonzept in der funktionalen Programmierung, die Funktionen als mathematische Ausdrücke betrachtet, die Eingaben auf Ausgaben abbilden.

Repository-Entwurfsmuster
: Stellt eine Abstraktionsschicht zwischen der Geschäftslogik einer Anwendung und der Datenzugriffsschicht dar, was zu einer flexibleren und wartbareren Architektur führt.

Ripple-Effekt
: Beschreibt in der Softwareentwicklung das Phänomen, dass Änderungen an einem Teil des Systems unerwartete und weitreichende Auswirkungen auf andere Teile des Systems haben können. Ähnlich den Wellen, die entstehen, wenn ein Stein ins Wasser geworfen wird, kann eine Änderung an einem Objekt Einfluss

auf andere, davon abhängige Systemteile haben und dort Fehler oder unerwartetes Verhalten verursachen.

Rubber Duck Debugging
Eine Methode, bei der man seinen Code Zeile für Zeile so erklärt, als würde man einer Gummiente das Programmieren beibringen. Durch das Verbalisieren jedes einzelnen Schritts des Codes können Fehler oder logische Inkonsistenzen aufgedeckt werden, die sonst möglicherweise übersehen würden.

Rule of Zero
Rät dazu, keinen Code für Aufgaben zu schreiben, die bereits durch die Programmiersprache oder bestehende Bibliotheken abgedeckt werden. Falls ein gewünschtes Verhalten ohne zusätzlichen Code implementiert werden kann, sollte auf bestehenden Code zurückgegriffen werden.

Sapir-Whorf-Hypothese
Auch als Theorie der sprachlichen Relativität bekannt. Nimmt an, dass die Struktur und der Wortschatz der Sprache, die eine Person spricht, ihre Wahrnehmung und ihr Verständnis der Welt beeinflussen und formen. Die eigene Sprache reflektiert nicht nur die Realität, sondern trägt auch zu deren Gestaltung bei. Das bedeutet, dass die Art und Weise, wie man die Welt »denkt« und erlebt, teilweise durch die Sprache bestimmt wird, in der man sie beschreibt.

Semaphor
Ein Synchronisationsobjekt, mit dessen Hilfe der Zugriff auf gemeinsam genutzte Ressourcen geregelt und die Kommunikation zwischen nebenläufigen Prozessen oder Threads koordiniert werden kann.

Separation of Concerns (Trennung der Zuständigkeiten)
Ein Prinzip, das darauf abzielt, Software in distinkte, in sich geschlossene Bereiche zu unterteilen, wobei jeder Abschnitt eine spezifische Funktion oder Aufgabe übernimmt. Dies fördert ein modulares und wartbares Design, das leichter zu verstehen, zu skalieren und wiederzuverwenden ist. Durch die Unterteilung in kleinere, besser überschaubare Teile können sich die Entwickler jeweils auf einzelne Zuständigkeiten konzentrieren.

Shotgun Surgery
Beschreibt eine Situation, in der eine Änderung in einem Teil des Codes zahlreiche weitere Anpassungen in verschiedenen Bereichen des Systems nach sich zieht, ähnlich der Streuung von Schrotkugeln, die gleichzeitig mehrere Ziele treffen.

Simula
Die erste objektorientierte Programmiersprache, die auch als erste Klassen einführte. Ihr Name weist deutlich darauf hin, dass der Zweck der Softwarekonstruktion darin bestand, einen Simulator zu erstellen. Dies ist auch heute noch bei den meisten Computeranwendungen der Fall.

Single Point of Failure
Ein Element eines Systems, dessen Ausfall das gesamte System lahmlegen kann. Das System hängt von dieser Komponente ab, ohne die es nicht ordnungsgemäß funktionieren kann. Gute Systemdesigns nutzen Redundanz, um solche Schwachstellen zu vermeiden.

Single-Responsibility-Prinzip (Prinzip der eindeutigen Verantwortlichkeit)
Teil der SOLID-Prinzipien, besagt, dass jede Klasse oder jedes Modul nur für einen Aspekt der Funktionalität innerhalb der Software zuständig sein sollte und dass diese Zuständigkeit vollständig innerhalb der Klasse gekapselt sein sollte. Mit anderen Worten: Es sollte nie mehr als einen Grund geben, eine Klasse zu ändern.

SOLID-Prinzipien
SOLID ist ein Akronym für fünf Grundprinzipien der objektorientierten Pro-

grammierung. Sie wurden von Robert C. Martin (*https://oreil.ly/InN0z*) definiert und stellen Leitlinien und Heuristiken dar, keine starren Regeln. Sie werden in den entsprechenden Kapiteln erläutert:

- Single-Responsibility-Prinzip (siehe »String-Validierungen in Objekte umwandeln« auf Seite 63)
- Open-Closed-Prinzip (siehe »Boolesche Variablen reifizieren« auf Seite 209)
- Liskovsches Substitutionsprinzip (siehe »Tiefe Vererbungshierarchien verflachen« auf Seite 303)
- Interface-Segregation-Prinzip (siehe »Überladene Interfaces verschlanken« auf Seite 176)
- Dependency-Inversion-Prinzip (siehe »Interfaces entfernen, die nur an einer Stelle genutzt werden« auf Seite 184)

Spaghetti-Code

Schlecht strukturierter und schwer wartbarer Code. Der Vergleich mit Spaghetti verweist auf die verworrene Struktur solchen Codes. Spaghetti-Code enthält oft redundanten oder duplizierten Code sowie zahlreiche bedingte Anweisungen, Sprünge und Schleifen, denen sich nur schwer folgen lässt.

Spread-Operator

In Sprachen wie JavaScript oder PHP gebräuchlich, dargestellt durch drei Punkte (...). Erlaubt die Erweiterung eines iterierbaren Objekts, wie Arrays oder Zeichenketten, an Stellen, an denen null oder mehr Elemente erwartet werden, z.B. bei Funktionsargumenten oder Variablen. Mithilfe dieses Operators lassen sich beispielsweise Arrays zusammenführen oder kopieren sowie einem Array Elemente oder einem Objekt Eigenschaften eines anderen Objekts hinzufügen.

SQL-Injektion

Eine Form des Angriffs, bei dem bösartiger SQL-Code in eine Anwendung eingeschleust wird, die mit einer Datenbank kommuniziert. Ein Angreifer kann beispielsweise SQL-Code in Formularfelder zur Texteingabe eintragen und auf diese Weise ins System »injizieren«. Daraufhin führt eine Anwendung möglicherweise Code aus, der auf Daten zugreift, diese verändert, sensible Informationen abruft oder sogar die Kontrolle über das System übernimmt.

Statische Funktion

Eine Methode, die zu einer Klasse und nicht zu einer Instanz dieser Klasse gehört. Sie kann ohne die Erstellung eines Klassenobjekts aufgerufen werden.

Strategie-Entwurfsmuster

Definiert eine Familie von Algorithmen, die zur Laufzeit austauschbar sind. Dadurch kann ein Client-Objekt, je nach Kontext oder Situation zur Laufzeit, aus einer Reihe von Algorithmen wählen. Es begünstigt zudem eine nur lose Kopplung zwischen dem Client-Objekt und den verwendeten Strategien, sodass das Verhalten des Client-Objekts leicht erweitert oder geändert werden kann, ohne dessen Implementierung zu beeinflussen.

Strukturierte Programmierung

Fördert die Verwendung klar definierter Konstrukte wie Schleifen und Funktionen, um Programmflüsse zu steuern und dadurch Klarheit, Wartbarkeit, Lesbarkeit und Zuverlässigkeit von Programmen zu verbessern. Dabei wird ein Programm in kleinere, überschaubare Teile heruntergebrochen, deren Zusammenspiel mithilfe dieser Konstrukte gesteuert wird.

Technische Schulden

Beschreibt die über die Zeit zunehmenden Kosten für die Wartung und Verbesserung von Softwaresystemen durch schlechte Entwicklungspraktiken oder Designentscheidungen. Technische Schulden häufen sich an, wenn Entwickler Abkürzungen nehmen, Kompromisse beim Design eingehen oder Probleme in der Codebasis nicht angemessen adressieren.

»Tell, don't ask«-Prinzip
: Empfiehlt, mit Objekten zu interagieren, indem man deren Methoden aufruft, anstatt nach deren Daten zu fragen.

Test-Driven Development (TDD)
: Die testgetriebene Entwicklung ist ein Prozess, bei dem in kurzen Zyklen zuerst fehlschlagende Tests geschrieben werden, die ein neues Feature oder Verhalten definieren. Anschließend wird der notwendige Code implementiert, um diese Tests zu bestehen, gefolgt von einem Refactoring, um ihn allgemeinen Standards anzupassen. Eines der Hauptziele der TDD besteht darin, durch gut strukturierten Code, der zudem erprobten Entwurfsprinzipien folgt, die Wartung des Codes zu erleichtern. Dadurch lassen sich Fehler in einem frühen Stadium des Entwicklungsprozesses erkennen, da neuer oder geänderter Code sofort nach dem Schreiben getestet wird.

»Throw early and catch late«
: Hebt hervor, dass Fehler oder Ausnahmen so früh wie möglich erkannt werden sollten, aber ihre Behandlung in einem späteren, geeigneteren Kontext erfolgen sollte, anstatt lokale Entscheidungen auf der Basis unvollständiger Informationen zu treffen.

Trait
: Ermöglicht die Defintion gemeinsamer Merkmale oder Verhaltensweisen, die von mehreren Klassen gemeinsam genutzt werden können, ohne dass diese von einer gemeinsamen Superklasse vererbt werden müssen. Traits fördern die Wiederverwendung von Code aus unterschiedlichen Quellen, ohne dass eine Vererbung von einer gemeinsamen Superklasse nötig ist.

Truthy und falsy
: Bezeichnungen in Programmiersprachen für den Wahrheitswert von nicht-booleschen Datentypen, die in einem booleschen Kontext als wahr oder falsch bewertet werden können. Dabei wird ein nicht-boolescher Wert auf magische Weise und ohne Warnung in einen booleschen Wert umgewandelt. (Man könnte auch von »irgendwie wahren« und »irgendwie falschen« Werten sprechen.)

Turing-Modell
: Eine theoretische Maschine, die jede berechenbare Aufgabe ausführen kann, die durch einen Satz von Anweisungen oder einen Algorithmus beschrieben werden kann. Die Turing-Maschine gilt als theoretische Grundlage der modernen Informatik und dient als Modell für den Entwurf und die Analyse von aktuellen Computern und Programmiersprachen.

UML-Diagramme
: Bieten standardisierte visuelle Darstellungen zur Beschreibung der Struktur und des Verhaltens von Softwaresystemen durch einen Satz von Symbolen und Bezeichnungen: der Unified Modeling Language. UML-Diagramme waren besonders in den 80er- und 90er-Jahren populär und sind mit dem Wasserfall-Modell verbunden, bei dem man vor der eigentlichen Codierung zuerst das Design ausarbeitet – im Gegensatz zum Vorgehen bei agilen Methoden. Viele Organisationen verwenden auch heute noch UML-Diagramme.

Unangemesse Intimität (Inappropriate Intimacy)
: Liegt vor, wenn zwei Klassen oder Komponenten zu stark voneinander abhängig sind. Dadurch entsteht eine enge Kopplung, die Wartung und Erweiterung des Codes erschwert.

Versionskontrollsystem
: Ermöglicht es Entwicklern, Änderungen am Quellcode eines Projekts zu verfolgen, unterschiedliche Versionen zu verwalten und Rollbacks vorzunehmen. Es unterstützt die Zusammenarbeit, da auf diese Weise mehrere Entwickler gleichzeitig an derselben Codebasis arbeiten können. Git ist das derzeit am weitesten verbreitete System.

VM-Optimierung
Viele moderne Programmiersprachen laufen auf virtuellen Maschinen (VMs), die Hardware-Details abstrahieren und viele Optimierungen vornehmen. Als Entwickler kann man sich ganz darauf konzentrieren, guten, lesbaren Code zu schreiben und vorzeitige Optimierung zu vermeiden (siehe Kapitel 16). Das Schreiben von besonders cleverem, performantem Code ist fast immer überflüssig, da VMs die meisten Leistungsprobleme lösen. In Kapitel 16 erfahren Sie, wie Sie echte Beweise dafür finden, dass Code optimiert werden muss.

Vollständige Kontrolle der Umgebung
Bei Tests ist es besonders wichtig, eine konsistente und vorhersagbare Testumgebung zu schaffen, die nicht von externen Faktoren abhängt. Hierfür ist es notwendig, externe Abhängigkeiten, Netzwerkbedingungen, Datenbankisolierung, Zeitverhalten und weitere Größen genau zu steuern.

Vorbedingungen, Nachbedingungen und Invarianten
Vorbedingungen müssen vor dem Aufruf einer Funktion oder Methode erfüllt sein und definieren Anforderungen an die Eingabeparameter. *Invarianten* sind Bedingungen, die während der Ausführung eines Programms konstant bleiben müssen, unabhängig von eventuellen Änderungen. *Nachbedingungen* schließlich beziehen sich auf den Zeitpunkt nach dem Aufruf einer Methode. Damit können Sie Korrektheit gewährleisten, Fehler erkennen oder den Programmablauf steuern.

Wasserfall-Modell
Ein stufenweiser, sequenzieller Ansatz in der Projektorganisation, bei dem Aufgaben in eine Reihe von unterschiedlichen Phasen mit klar definierten Übergängen unterteilt werden, anstatt iterativ vorzugehen. Das Wasserfall-Modell war vorherrschend, bis in den 90er-Jahren des vorigen Jahrhunderts agile Methoden an Bedeutung gewannen.

Index

A

B

C

D

E

F

G

H

K

L

M

N

O

P

R

T

U

V

W

X

Y

Z

Über den Autor

Maximiliano Contieri kann auf eine 25-jährige Karriere in der Softwarebranche zurückblicken und war parallel dazu als Hochschullehrer aktiv. Im Laufe der Jahre hat er als passionierter Autor auf verschiedenen populären Blogging-Plattformen regelmäßig Artikel zu einer Vielzahl von Themen wie Clean Code, Refactoring, Softwaredesign, testgetriebene Entwicklung (TDD) und Code-Smells veröffentlicht. Sein Programmierstil ist geprägt von deklarativen und verhaltensorientierten Paradigmen und legt Wert auf die Anwendung grundlegender Prinzipien zur Erstellung eleganter, skalierbarer und robuster Software.

Kolophon

Auf dem Cover des *Clean Code Kochbuchs* ist eine Kegelrobbe (*Halichoerus grypus*) abgebildet. Wegen ihrer ausgeprägten, großen Nasen werden diese Tiere auch liebevoll »Pferdeköpfe« und »hakennasige Schweine des Meeres« genannt.

Kegelrobben wiegen zwischen 250 und 400 Kilo und können zweieinhalb bis drei Meter lang werden. An Land bewegen sie sich mit ihren kurzen Brustflossen kriechend fort. Sie werden bis zu 35 Jahre alt und sind fähig, bis zu einer Stunde lang über 300 Meter tief zu tauchen.

Aufgrund ihres scharfen Seh- und Hörvermögens sind Kegelrobben hervorragende Jäger, die oft in Rudeln aktiv sind. Sie ernähren sich von Fischen, Krustentieren, Tintenfischen, Kraken und gelegentlich von Seevögeln. Täglich können sie zwischen vier und sechs Prozent ihres Körpergewichts an Nahrung aufnehmen.

Es gibt weltweit drei Hauptpopulationen von Kegelrobben: eine im Nordatlantik (Ostkanada und Nordosten der USA), eine im östlichen Nordatlantik (Großbritannien, Island, Norwegen, Dänemark, Färöer-Inseln, Russland) und eine in der Ostsee. Ihr Lebensraum umfasst felsige Küsten, Inseln, Sandbänke, Schelfeis und Eisberge.

Die Kegelrobbe ist unterschiedlichen Bedrohungen ausgesetzt: Die Tiere verfangen sich in Fischernetzen, leiden unter Störungen durch Menschen, werden chemisch oder durch Ölverschmutzung kontaminiert, kollidieren mit Schiffen und anderen Fahrzeugen und werden illegal bejagt. In Deutschland sind Kegelrobben als gefährdet eingestuft. In den USA sind sie als Meeressäuger geschützt, einige andere Länder erlauben jedoch die legale Tötung, um die Population zu kontrollieren und die Auswirkungen der Robbe auf kommerziell wichtige Fischbestände zu minimieren. Trotz dieser Herausforderungen ist die Gesamtpopulation groß und wird als wenig gefährdet eingestuft. Viele der Tiere auf den Titeln der O'Reilly-Bücher sind vom Aussterben bedroht und repräsentieren einen Schatz der Evolution.

Die Umschlagillustration von Karen Montgomery basiert auf einem antiken Stich aus dem historischen Werk *British Quadrupeds*. Auf dem Cover verwenden wir die Schriften Gilroy Semibold und Guardian Sans, als Textschrift die Linotype Birka, die Überschriftenschrift ist die Adobe Myriad Condensed, und die Nichtproportionalschrift für Codes ist LucasFont's TheSans Mono Condensed.